영아의 의사소통장애

-진단·평가 및 중재-

Communication Disorders in Infants and Toddlers:

Assessment and Intervention, 3/E

Frances P. Billeaud 지음

임영옥·전병운·조광순 옮김

박학사

This edition of ***Communication Disorders in Infants and Toddlers, 3e*** by ***Frances P. Billeaud*** is published by arrangement with Elsevier Inc.

ISBN : 0750674210

Translated version ISBN: 978-89-91633-54-4

Publication Date in Korea: 2009. 4. 25

Translated by **Pakhaksa** Publishing Co.

Printed in Korea

역자 서문

3세 미만의 영아의 의사소통장애와 관련한 몇몇 자료들이 제시되고 있으나 여전히 현장에서는 유용한 지식과 정보를 찾게 된다. 이런 의미에서 영아의 발달지체 및 장애에 대한 의학적·교육적 측면에서의 진단 및 평가와 사례를 기술한 이 책은 현장 임상가들에게 유용한 자료가 될 것이다.

이 책은 영아의 의사소통장애에 대한 이해를 돕기 위해 영아기의 의사소통장애의 준거 및 기준, 발달지체와 장애가 의사소통에 영향을 주는 관계성을 기술하고, 당면하는 다양한 사례를 소개하였다.

또한 특수교육 측면에서 조기중재팀들의 역할과 영아의 판별 및 진단·평가 등을 다루었으며, 의사소통장애의 의학적 측면에서는 청각장애 영아의 재활 및 의사소통 발달 등을 구체적으로 다루었다. 그리고 부록에 첨부된 미국과 여러 국가의 다양한 전문 기관 및 인터넷 자료는 독자들의 직접적인 검색을 위해 원문 그대로 실었다. 원서에서 표기된 영어의 원문해석은 독자들이 읽기 쉬운 용어와 문맥의 흐름에 알맞은 단어로 기술하였으며 간혹 새로운 용어에 대해서는 독자들의 이해를 돕고자 '역자 주'에서 의미를 간략히 기술하였다. 그 밖에 많이 나오는 신생아, 영아, 유아, 아동이라는 용어는 원문 내용에 가장 적합한 용어로 기술하였다.

이 책은 영아의 의사소통장애에 당면한 가족들에게 위로와 해결책을, 교육적인 이해를 얻고자 하는 이들에게는 교과서적인 역할을 하게 될 것이며 의학적 의문의 실마리를 찾는 이들에게는 좋은 의학서가 될 것이다.

이 책을 통하여 부모와 가족, 언어치료사, 유아특수교사, 사회복지사 및 의학 관계자들, 대학의 전공자들 및 연구자들에게 영아의 의사소통장애를 이해하는 데 도움이 되기를 바란다.

이 책을 번역하도록 허락한 박학사의 구본하 사장님과 번역판의 편집을 담당한 김재석 편집장, 감수하여 주신 배재대학교 남청 교수와 아주정형외과 임상덕 원장, 문맥을 다듬어 준 솔루니 채옥순 원장과 류지혜 언어치료실 원장께도 감사를 표한다. 그리고 번역을 도와준 공주대학교의 권회연 선생과 Canada York University의 Ruth Kim에게 감사를 드린다. 또한 늦은 밤까지 원고와 씨름하는 것을 이해하고 기다려 준 우리의 가족들에게도 진심으로 감사를 전한다. 많은 분들의 관심과 참여에도 불구하고 여전히 전달의 한계로 남는 부분들에 대해서는 독자들의 아낌없는 조언을 부탁드린다.

하나님은 우리에게 음성 언어뿐만 아니라 다양한 방식으로 의사소통을 할 수 있도록 지혜를 주셨다. 독자들이 이 책을 읽을 때마다 전문적인 지식 이상의 것들을 발견하는 계기가 되기를 희망한다. 현장에서 영아의 의사소통 문제로 어려움을 겪는 가족과의 관계 속에서 심성의 언어로 의사소통을 나누며 더 나아가 개개인 모두가 영성의 언어로 자유함을 얻기를 소망한다.

2009년 2월

역자

▼

영유아와 가족들이 발달에 문제가 발생할 때 극복해야 하는 의사소통 발달 및 장애에 관해서 많은 것을 가르쳐 준 모든 영유아와 가족들에게 이 책을 바칩니다. 또한 전문가 팀에 참가하여 이 책을 출판할 수 있도록 허락해 준 팀원들의 가족에게도 이 책을 바칩니다. 이 책을 이용하는 전문가들이 장래에 어린 환우와 그를 걱정하는 가족들에게 서비스를 제공할 때 이 책이 유용한 자원임을 알게 되기를 희망합니다.

▲

저자 서문

1999년의 마지막 달은 20세기의 마지막이자 저자의 어린 손자가 미처 달을 채우지 못하고 조기 출산한 달로 기억한다. 어린 손자의 신생아기와 걸음마기는 언어발달 지연의 징후가 되는 많은 합병증을 갖고 있었다. 우리 가족은 발달지체 혹은 발달장애를 겪고 있는 모든 가족들의 걱정과 경험에 대해 심적으로 깊은 이해를 하게 되었다. 본 저자의 전문적인 지식은 가족들이 일상적으로 직면하게 되는 문제들을 분석하는 데 도움이 되었고, 어떠한 방법으로 관리할지를 선택할 때 상당한 지침을 제공하기는 하였으나, 아기가 수면무호흡증, 저산소증 및 빈번한 의료적 치료와 싸울 때 야기되는 반복적이며 예상할 수 없는 위기에 대한 심리적·정서적 반응을 완화시키는 데에는 그다지 도움이 되지 않았다. 아기가 입원해 있는 동안 번갈아가며 아기를 지키는 부모의 걱정을 진정시키는 데는 어떠한 도움도 되지 못했다. 다행스럽게도, 손자의 건강문제는 해결이 되었고, 손자의 언어체계도 손상되지 않은 것으로 나타났다. 본 저서를 저술하고 있는 지금도 손자는 말이 늦기는 하지만 일상적인 수준에서 새로운 단어를 배우고 있으며, 정상적인 의사소통 능력 발달에 대한 예후는 양호하다.

다소 복잡한 병력에도 불구하고, 왜 의사소통 기술 획득에 대해서 우려하는 것일까요? 의사소통은 인간이 기울이는 모든 노력 중에서도 가장 복잡한 것입니다. '의사소통 능력은 가장 기초적인 학문기술이다'라는 사실은 당연한 진실이어서 민감하게 언급되는 적이 거의 없다. 이는 생명을 유지하려면 공기가 필요하다는 사실과 유사하다. 이 사실은 보편적인 지식으로 생각되기 때문에 굳이 반복할 필요가 없을 것이다. 그러나 한 개인에게서 공기를 빼앗았을 때 초래되는 극적인 결과는 즉각적인 주의뿐만 아니라 특별한 조치를 취하게 한다. 이와 대조적으로 영유아가 겪고 있는 의사소통 발달장애는 심지어는 문제가 있다는 사실을 알고 있는 혹은 문제가 있을지도 모른다고 의심하고 있는 사람들조차도 종종 대수롭지 않게 지나치곤 한다. 의사소통의 지체 또는 장애는 뇌가 발달하는 가장 적절한 기간 중에 아동이 일상적인 것들을 경험하지 못하게 한다는 사실에도 불구하고, 전언어기 및 전상징기의 비전형적 의사소통 발달에 대한 조기중재의 절박감은 최근에서야 중요한 관심 분야가 되었다. 의사소통 능력 발달과 관련된 과정들의 복잡성은 비전형적인 의사소통 발달에 대한 조기중재를 실행하는 데 방해가 될 수 있다.

의사소통 능력은 태어나기 전부터 발달하기 시작하며, 인지, 심리정서, 행동 및 사회성 발달의 중추가 된다. 의사소통 능력이란 타인이 전달하는 의사를 이해하는 능력(수용 능력), 자기 자신의 감정과 아이디어를 처리하고 전달하고자 하는 메시지를 암호화하는 능력(맵핑), 그리고 의사를 주고받는 파트너에게 그 정보를 전달하는 능력(표현 능력)을 말한다. 의사소통은 다양한 수단, 즉 제스처, 신체언어(몸짓), 상징적 표상(예: 아동의 가족이 사용하는 언어체계), 문자 상징, 기타 상징적 표상(예: 음악보표, 수학공식)을 통해 이루어집니다.

생의 초기에 이루어지는 어머니와 영아의 상호작용은 영아의 언어 및 의사소통 발달의 기초가 된다. 대부분의 영아들은 첫돌 무렵부터 의미 있게 단어를 사용하기 시작하며, 이후 급격히 많은 표현어휘 습득이 이루어진다. 이해어휘 수는 표현어휘 수에 비해 더 많이 증가하게 된다.

출생 후 3세까지, 대부분의 영아들은 언어의 기본인 음운론, 의미론, 형태론, 구문론 및 화용론을 습득한다. 3세가 되면 아동은 일반적으로 자신의 느낌과 경험을 연관지으며 타인과 대화를 나누게 된다. 우리는 세 살 된 아동은 대부분의 사람들이 이해할 수 있을 정도의 표현 언어를 구사하게 되기를 기대한다.

의사소통 능력의 발달은 영유아 발달의 기본이 되는 여러 요인들에 의해 영향을 받게 된다. 각각의 요인들은 서로 상호작용할 뿐만 아니라, 각기 영향을 주기도 한다. 매년 태어나는 6~10%의 신생아는 발달과정을 촉진시키는 기본적인 요소들 간의 상승작용에 의한 장애로 인해, 전형적인 언어발달 과정을 따라가지 못한다. 미국에서 심각한 의사소통 발달의 문제를 경험하고 있는 0~36개월 사이의 영아의 수는 1년에 63만~105만 명이나 된다. 의사소통 발달의 문제는 점진적으로 영유아의 사회, 정서, 행동, 전학문 능력에 영향을 미친다.

비전형적 의사소통 발달은 여러 원인 요인들과 밝은 예후에 영향을 주는 요인들 및 발달 특성, 심각성 수준, 시기와 관련이 있다고 할 수 있다. 의사소통의 문제는 때로는 어린이가 발달과정에서 겪는 단일영역의 문제가 되기도 하고 때로는 신체성장, 인지 및 운동 기능, 그리고 다른 발달 영역에 영향을 미치는 복잡한 문제가 되기도 한다.

최근 몇 년 동안 여러 전문 학문 분야에서 의사소통의 발달 및 장애에 관한 연구가 방대하게 이루어졌다. 본 저서의 제2판이 출간된 이래로, 인간유전자 프로젝트, 의학 및 사회과학 연구, 그리고 조기중재 분야의 임상활동으로부터 의사소통 발달에 관한 광범한 정보들이 알려지게 되었다. 이러한 다양한 학문 간의 지식기반은 어떠한 위험요인이 비전형적 의사소통 발달과 관련이 있는지 예견할 수 있는 우리의 능력과 영유아기에서 나타나는 의사소통의 문제의 판별 및, 평가, 진단 및 관리할 수 있는 능력을 향상시켰다. 두드러진 진전은 아주 작은 미숙아 및 다양한 의학적 질환과 감각장애를 지니고 태어난 영아들의 생명을 유지시켜 주는 기술 및 약리학에서 이루어졌다. 전언어 발달단계에 있는 신생아와 복잡하고 다양한 지체 및 장애를 경험하고 있는 영아들을 관리하는 기술에 관한 지식은 급격히 발전하였다. 동시에 의사소통장애 전문가 및 관련 전문 분야의 종사자(소아과의사, 사회복지사, 간호사, 작업치료사, 물리치료사, 심리사, 유아교육교사 및 영아기의 건강 및 발달을 다루는 의료전문 요원) 모두의 전문 활동에 영향을 주고 있는, "메가포스(megaforce)"인 관리의료로 인해 건강관리체계에는 수많은 변화가 있었다.

본 저서는 소아 중 가장 어린 영아집단의 서비스에 관심이 있는 의사소통장애 전문요원(그리고 관련 전문 분야의 종사자)들을 위한 것입니다. 전문요원들의 임상적 도구로 또한 의사소통 지체 혹은 장애로 진단되었거나 그런 위험이 있는 아동들에게 서비스를 제공할 때 적용해 볼 수 있는, 실제적 도움이 될 수 있는 지침서가 되기를 바라는 의미에서 집필된 것입니다. 이 분야의 서비스는 아동 가족과 관련 분야의 동료 전문요원들 간의 상호작용을 수반하기 때문에 수시로 변하는 정책 및 관리의료의 압력에 영향을 받고 있는 서비스 체계와 요구에 당면하는 상황에서의 팀의 구성 절차 및 의뢰, 협력, 효율적이고 효과적인 의사소통 방법을 제공하고자 특별한 노력을 하였다.

본 저서는 또한 일생 동안 의사소통 능력이 손상된 자들의 요구를 다루게 되는 전문가 양성 프로그램의 자원으로, 또한 장애가 있는 영아와 그 가족들의 요구를 다루게 되는 대학원 과정의 교재로 사용할 수 있을 것입니다.

본 판, 『영아의 의사소통장애: 진단·평가 및 중재』는 모든 장에 걸쳐 새로운 정보를 추가하여 이전 판을 전반적으로 보충하였다. 그리고 두 개의 새로운 장, 즉 영아의 자폐성 스펙트럼장애에 관한 장과 전문가와 가족 모두에 도움이 될 수 있는 인터넷 자료에 중점을 둔 부록을 추가시켰다. 다양한 전문 분야의 연구보고서에 보고된 연구 결과와 정보에서 부적절한 것들을 제거하고 종합하고자 노력하였다. 비록 본 저서에서 다룬 내용이 이러한 연구들의 일부분에 지나지 않은 것이지만, 향후의 연구에 도움이 될 참고 문헌을 부록에 제공하였다. 관련 기관과 자료 및 장비 공급자들의 연락처 또한 부록에 첨가하였다.

끝으로 본 저서의 집필에 기여한 저자들, 즉 소아과의사이자 유전학자인 Theodore F. Thurmon과 미국의 첫 조기중재 센터 중 하나인 센터의 장이면서 언어병리사인 Suzanne G. Thurmon, 3개의 민간 및 공립 병원의 영아 서비스 코디네이터이며 루이지애나대학교 연합보건전문학교의 직원이자 교육학 석사인 Donna B. Broussard, 애리조나 보건과학학교의 철학박사이자 청능사인 Thomas G. Rigo, 그리고 라피예트(Lafyette) 소재 루이지애나대학교의 철학박사인 Shalini Arehole에게 특별한 감사의 뜻을 전한다. 또한 본 개정판을 발간할 수 있도록 아낌없이 시간을 할애해 주시고 전문지식을 공유해 주신 모든 사람들과 그룹에게도 감사의 뜻을 전한다.

우리는 진심으로 독자들이 특별한 관리 및 이해를 필요로 하는 가족과 아기를 위해 헌신할 때 본 저서가 유용한 도구라는 사실을 알게 되기를 바란다. 그들의 복지는 우리의 공통된 바람이다.

Frances P. Bille
루이지애나주 라피예트
2002

차 례

제 1 장

의사소통장애

준거기준

Frances P. Billeaud

이 책은 인간과 그들의 관계에 대한 것이다. 또한 특성이 다른 아기를 둔 부모와 가족에 대한 것이며, 아동의 비전형적인 발달로 인해 가족의 생활에 개입하게 되는 사람들에 대한 이야기이기도 하다.

이 책은 의사소통장애의 원인이 되는 요인들과 의사소통장애를 가진 아동과 그들의 가족들에게 유용한 서비스 체계에 관한 자료들로 구성된다. 치료 및 중재 전략, 연구 및 기술에 관한 정보도 포함되어 있다. 그러나 단순히 지식과 기술적인 전문지식만을 손에 넣는 것만으로는 충분하지 않다. 궁극적으로 전문가의 지식, 기술 및 능력은 특정 환경에 놓인 개개의 아동과 그들의 가족을 위하여 적용될 때에만 의미가 있다.

이 책은 도전과 희망에 관한 것이다. 또한 접하기 어렵고 전달하기가 쉽지 않은 사실들에 관한 것이다. 동료 전문가, 영유아 그리고 가족들 간의 상호작용에 대한 것이며, 다음의 이야기 속에 나오는 사람들처럼 실제 인물들에 관한 것이기도 하다.

사례 연구 1-1

엘렌(Ellen)

"제 아이가 뭔가 이상해요."라고 엘렌의 엄마인 앤(Ann)은 소아과 의사에게 말했다. 그녀는 자신의 불안이 근거가 없는 것임을 확인했다. 소아과 의사는 이제 3개월 된 자신의 작고 예쁜 딸에게 지나치고 성급하게 많은 기대를 하고 있다고 말했다. 엘렌이 끊임없이 울고 좀처럼 잠들지 못하는 것은 '약간의 콜릭 증상(영아가 다양한 불쾌감으로 잠들지 못하는 증상)' 때문이며, 이 증상은 어쩌면 엄마가 아기를 돌보는 동안 느끼는 불안감이 아기에게 전이된 것과 관계가 있을 수 있다고 의사가 말했다. 소아과 의사는 엄마 자신이 먼저 숙면을 취하고 긴장을 풀면서 아기를 즐거운 마음으로 키우면 아기도 역시 안정이 될 것이라고 분명히 말하였다.

몇 개월이 지난 후, 무엇인가가 이상하다는 엄마 앤의 반복적인 주장에도 불구하고 의사는 모든 것이 정상이라고 확신하였다. 의사는 엘렌의 지속적인 체중 증가, 정상적인 머리 둘레, 혈액검사 결과 및 다른 신체적 증거들은 엘렌이 정상적으로 발달하고 있다는 것을 보여 주는 것이라고 말하였다.

엘렌은 15개월이 되었을 때까지도 여전히 잠을 잘 자지 못하였다. 엘렌은 귀의 감염과 함께 빈번한 발작을 일으켰다. 그리고 한 번 울면 몇 시간씩 울음을 그치지 않는 일이 빈번하였다. 꼿꼿하게 앉지 못했고, 걷지도 못했으며, 말도 하지 못하였다. 그리고 끊임없이 침을 흘렸다. 앤은 지치고 좌절하였다.

엘렌의 발달의 심각성을 앤만큼 걱정하는 사람은 아무도 없는 것처럼 보였다. 앤의 남편인 롸저(Roger) 역시 걱정을 하고는 있었지만, 사업이 잘 되지 않는 바람에 거의 모든 시간을 사업을 관리하는데 보내고 있었다. 자포자기하는 심정으로 앤은 가정의사한테 인근 도시의 소아신경과 의사에게 엘렌을 의뢰해 달라고 간청하였다. 가정의사는 엘렌의 걷기 및 말하기 문제를 검사할 때가 되었기 때문에 이 문제에 동의하였다. 앤은 딸이 가장 빠르게 진료 받을 수 있는 6주 후 오전 10시에 예약하고 80마일을 운전하여 신경과 의사의 진료를 받게 했다. 정오에 앤은 엘렌에 대한 진단 결과를 받았다. 엘렌은 뇌성마비였다.

사례 연구 1-2

데이비드(David)

36개월인 데이비드는 수집해 놓은 장난감 트럭을 가지고 놀기 좋아하는 활동적인 아이였다. 약간 편식을 하기는 하였지만 데이비드의 엄마는 데이비드가 좋아하는 몇 가지 음식(피자, 감자튀김, 생선튀김)으로 데이비드의 기분을 좋게 해 주었다.

데이비드는 병원에서 갓 태어난 여동생이 집에 왔을 때, 아무런 관심이 없었다. 가족들은 데이비드가 신생아였을 때 섭식의 문제를 겪었으나, 갓 태어난 아기는 그렇지 않아서 기뻐하였다. 데이비드는 심각한 탈수증상으로 인해 한 번 입원한 적이 있었으며, 그가 어렵게 출생한 이후부터 건강해지기까지 오랜 시간이 걸리는 것처럼 느껴졌다. 그러나 일단 음식을 먹게 되자 데이비드는 성장하고 발달하였다. 데이비드의 아빠인 헨리(Henry)는 의과대학 졸업반에 다니고 있었다. 그가 교육을 받고 있는 병원에서 데이비드의 조기 의료적 문제를 신속하게 치료받을 수 있었던 것은 다행이었다. 또한 가정의 재정 상태도 데이비드의 엄마인 빅토리아(Victoria)가 집에서 온종일 아기를 돌볼 수 있을 정도로 넉넉하였다.

빅토리아는 남편인 헨리에게 아들의 말이 왜 더디게 발달하는지 물어 보았다. 아이는 세 단어 혹은 네 단어만 말하며, 그것마저도 자주 사용하지 않았고, 말할 때도 거의 이해하기가 힘들었다. 때때로 데이비드는 발화할 때마다 같은 단어를 다르게 조음하기도 하였다. 헨리는 병원에 데이비드의 청력 검사를 예약하였다. 검사 결과, 언어발달의 문제의 원인이 되는 청력장애는 없는 것으로 결과가 나왔다. 엄마는 분명 이유가 있을 것이라고 생각하며 헨리에게 의학 도서관에 있는 자료들을 확인해 보라고 재촉하였다. 헨리는 의학 도서관에서 실마리를 찾지 못하였다. 그는 개인적인 연구를 할 시간이 충분하지 않았지만 계속해서 찾아보겠다고 약속하였다.

가족들 모두 데이비드가 총명하다는 사실을 분명히 알고 있었다. 데이비드는 블록으로 정교한 구조물을 능숙하게 만들었다. 그리고 듣는 것은 무엇이든지 이해하는 것 같았다. 데이비드는 할아버지 농장에 있는 농기구에 호기심을 보였으며, 다양한 형태의 트럭들을 식별하는 법을 배웠다. 그리고 가장 좋아하는 책에 배열된 그림을 보며 제시하는 것을 골라보라고 하였을 때 아주 쉽게 골라내었다. 데이비드가 주의를 기울이는 시간이 짧은 것은 사실이었으나 여러 사물들에 흥미를 보였고, 아빠가 데이비드와 놀아 줄 시간이 있을 때면 데이비드는 아빠와 함께 앉아 15~20분 동안 책을 볼 수 있었다.

데이비드는 특히 고속도로의 유조차, 콤바인, 수확기, 덤프트럭 등의 그림을 볼 때 헨리의 무릎에 앉아 아빠의 따뜻한 가슴에 기댄 다음, 아빠가 커다란 팔로 감싸 안아 주는 것을 좋아하였다. 데이비드 평상시에는 부모와 조부모가 애정을 가지고 쓰다듬거나 어루만지는 것을 거부하였기 때문에 헨리는 데이비드가 이러한 활동을 좋아한다는 사실을 매우 자랑스럽게 생각하였다.

빅토리아는 아들이 말을 더 잘하기 위해서 부모가 어떻게 도와줄 수 있는지 언어치료사(speech-language pathologist; SLP)의 도움을 받아야 한다고 끝내 남편을 설득하였다.

병원의 언어치료사인 친구이자 근처 대학에 근무하고 있는 그는 데이비드가 장난감을 가지고 놀 수 있는 익숙한 환경에서 아동을 관찰할 수 있도록 집으로 방문하기로 하였다. 데이비드를 만난 언어치료사는 전화로 방문진료를 약속할 때 데이비드 엄마가 설명한 대로 그가 아주 활동적이라는 사실을 알게 되었다. 데이비드는 협조적이었으며, 언어치료사가 검사를 하기 위해 가져다 달라고 부탁한 사물을 가져다주었고, 구강의 구조를 볼 수 있도록 기꺼이 입을 벌렸다. 그리고 뚜껑이 닫혀 있는 컵 안에 있는 사과 주스를 마시기 전에 손님에게 과자를 권하기도 하였다. 언어치료사는 플라스틱 컵의 입술 닿는 부분이 물어 뜯겨 있는 것을 알아 차렸다.

빅토리아는 데이비드가 "컵을 물어뜯어야" 액체를 삼킬 수 있는 것 같다고 설명하였다. 그녀는 데이비드가 동생이 태어나기 전에 젖병을 뗀 결과가 아닌가 추측하고 있었다. 빅토리아가 뚜껑이 없는 컵이나 큰 컵에 주스를 주었을 때 데이비드는 "항상 한 번에 너무 많은 양을 마셔서" 목이 메곤 했다고 말했다. 빅토리아는 데이비드가 또한 음식물의 일부를 버리고 먹는데, 예를 들면 피자 위에 얹은 치즈 이외에 다른 토핑(topping) 같은 것들은 버리고 나서 '음식을 빨아먹기'를 좋아한다고 하였다.

몇 가지 활동을 통해서 데이비드를 관찰한 후에 언어치료사는 빅토리아에게 더 구체적인 평가를 할 수 있도록 데이비드를 대학의 언어 및 청능 클리닉에 데리고 갈 것을 요청하였다. 언어치료사는 데이비드의 언어 산출의 문제는 구강운동의 협응 문제와 직접적인 관련이 있는 것이 아닌지 의심스럽다고 말하였다. 진단 결과는 언어치료를 받아야 하는 것으로 확인되었고, 데이비드는 아빠가 새로 가입한 의료협회가 있는 도시에서 사설 언어치료사에게 언어치료를 계속 받고 있다.

사례 연구 1-3

켄트(Kent)

켄트의 부모는 켄트를 '남자다운 아이'라 말한다. 켄트는 코트니(Courtney)와 엔지니어인 마이클(Michael) 부부에게 태어난 2명의 자녀 중 막내이다. 켄트의 누나는 세 살이 더 많고 1학년이다. 코트니는 켄트가 태어나자 아이를 돌보기 위해 직장을 그만 두었다. 이제 켄트는 세 살이 되었으므로 코트니는 적어도 시간제 근무로라도 직장에 복귀하고 싶어 했다. 그러나 코트니는 켄트를 기꺼이 돌보아줄 어린이집을 찾을 수 없었다. 켄트는 유별나게 잘 생긴데다 밖에서 노는 것을 좋아하였다. 그러나 아직 배변 훈련이 완전히 되어 있지 않은데다 말을 거의 하지 못하였다.

코트니는 켄트가 어쩌다가 말을 하고, 말한 횟수도 적기 때문에 걱정을 하고 있었다. 켄트가 말한 적이 있는 단어들은 거의 모두 마치 "한 번 사용하고 나면 다시는 그 단어를 말하는 것에 흥미를 잃어버리는 것"처럼 사라져버리는 것 같았다. 누나의 친구들은 왜 켄트가 말을 하지 않는지, 왜 '우스운 행동'을 하는지 묻기 시작하였다. 코트니는 웃으며 "남자 아이들은 다 그런 거야."라고 대답하였다. 그러나 틀림없이 다른 무언가가 있다는 것을 알고 있었으며, 왜 켄트가 엄마와 같이 놀려 하지 않는지, 그리고 왜 장난감을 '정상적인 방법'으로 가지고 놀지 않는지 이상하게 생각하였다.

켄트는 엄마가 옆에 있는지 자주 확인하면서 자신이 원할 때만 애정표현을 하며 엄마가 안아 주어도 켄트 누나가 그 나이였을 때 좋아했던 만큼 반응을 보이지 않는다고 하였다.

켄트는 "TV에서 방영되는 만화나 액션 쇼에는 완전히 몰두하지만" 대부분의 사물에는 주의력이 짧았다. 켄트의 부모는 켄트가 무언가 하려고 하지 않고, 아침에 옷을 입거나 TV를 끄는 것처럼 아주 간단한 일조차도 하지 않으려는, '가장 고집 센 아이'라고 인정하였다.

마이클과 코트니는 켄트가 시리얼에 들어 있는 많은 곡물에 알레르기가 있기 때문에 켄트가 무엇을 먹는지 주의해야 한다는 것을 알고 있다. 소량의 옥수수 감미료가 포함된 음식이나 다양한 시리얼 제품은 켄트에게 복통을 일으키고 지나친 과잉행동을 유발시켰다. 켄트의 엄마나 아빠는 때때로 번갈아가며 '에너지를 소진하는' 켄트의 과잉행동이 밤까지 지속되어 밖으로 뛰쳐나가는 것을 막기 위해 밤을 새워야 했다.

켄트가 항상 요구에 반응하지 않고, 지시에 잘 따르지 않았기 때문에 마이클과 코트니는 아이가 '정신지체'가 있는 것으로 보일 것이라는 두려움이 있었다. 그들은 켄트가 '그 나름의 방식'으로는 꽤 총명하다고 말하였다. 그들은 켄트가 부족한 사회적 상호작용과 언어로 인해 어느 시점이 되어 학교에 가게 되면 문제를 일으키게 될 것이라는 사실을 알고 있었다. 그래서 켄트를 언어발달지체아들을 위한 프로그램에 참여시키고 싶어 하였다.

그러나 프로그램을 보러 갔을 때 일부 아동들이 이상한 행동을 하는 것을 보고 놀랐다. 어떤 아동들은 타인에게 혹은 환경에 거의 주의를 기울이지 않는 것처럼 보였으며, 켄트의 부모는 켄트가 그 아이들을 보고 나쁜 버릇을 배우지 않을까 걱정하였다. 교사는 켄트가 현 프로그램의 서비스를 받을 수 있는 적격성이 있는지 확인하기 위해서 검사를 받아야 한다고 말하였다. 마이클과 코트니는 켄트가 검사에 "충분히 협조할 수 없는 것"을 분명히 알았고 켄트가 일단 검사를 받으면 '장애로 명명될(labeled)' 수도 있다는 사실을 걱정하였다. 그들은 자신들에게 열려 있는 길들이 제한적이라는 것 때문에 감정적으로 괴로워하며 좌절하였다.

사례 연구 1-4

세드릭(Cedric)

루비(Ruby)에게는 십대의 딸이 있다. 그 딸은 아기를 낳고 두 주 만에 가출하였다. 아기 세드릭은 정상적으로 태어난 건강하고 아름다운 작은 남자 아이였다. 세드릭은 현재 네 살이며, 엄마라고는 외할머니인 루비 밖에 모른다. 루비는 세드릭을 자랑스러워 한다. 루비가 일을 가는 날에는 세드릭은 집에서 두 명의 자녀를 돌보는 이웃집에 맡긴다. 양육자는 세드릭이 지금껏 돌보았던 아이들 중 최고의 아이라고 자랑했다. 세드릭은 예의바르고 영리하였으며, 두 명의 어린아이를 돌보는 양육자를 돕기도 하였다. 집에서는 할머니의 가사 일을 돕고 자기 방을 깨끗하게 청소하였다.

세드릭은 헤드 스타트 프로그램에 다닐 수 있는 자격이 있지만 루비는 세드릭이 '학교에 있게 될' 시간은 나중에 언제든지 있을 것이라는 생각에, 루비 자신이 잘 알고 있는 양육 환경 속에 있는 것을 선호하였다. 루비의 한 가지 걱정은 세드릭이 전혀 말을 하지 않는다는 것이었다. 그럼에도 불구하고 세드릭은 의사소통을 아주 활발하게 한다. 가령 흥분할 때는 눈동자가 흔들리고, 얼굴 표정은 마음을 사로잡고, 자신이 가리키는 바를 이해시킬 수 있는 몸짓 레퍼토리가 다양하였다. 사실 세드릭은 거의 말할 필요가 없는 것 같았다.

루비가 세드릭을 데리고 대학의 〈언어 및 청각 클리닉〉에 갔을 때에도 그저 양육자가 "학교가 시작하기 전에 세드릭을 검사해 보는 것"이 좋을 것이라고 말하였기 때문에 거기에 동의했을 뿐이었다. 의사소통 평가의 표준화된 절차 중의 하나로 청력 테스트가 실시되었다. 아이가 아마도 난청일지도 모른다고 의심하였던 청각사는 세드릭이 양쪽에 최중도 감각신경 난청을 가지고 있다는 사실에 깜짝 놀랐다.

루비는 이 사실을 들었을 때 사실이 아니라고 격렬하게 부정하였다. 루비는 직원에게 세드릭이 얼마나 잘 듣는지 '보여 주겠다'고 완강한 태도를 보였다. 루비는 지나치게 흥분하고 있었기 때문에 직원은 그녀가 자신의 뜻을 증명하는 것에 동의하였으며, 일방경을 통해 루비가 세드릭에게 지시하는 것(세드릭이 쉽게 따랐던 지시), 세드릭에게 요구하는 것(세드릭이 쉽게 응하였던 요구), 루비가 세드릭의 자발적이며 정교하며 말을 사용하지 않는 의사소통에 반응하는 것을 지켜보았다.

'기계'가 보여 준 결과에도 불구하고, 세드릭이 정말로 들을 수 있음을 증명하였다는 사실에 만족한 루비는 희색이 만연하여 관찰실을 나왔다.

루비가 일방 투시 거울의 다른 쪽에서 지켜보고 들어보는 동안, 검사관이 세드릭을 데리고 관찰실로 들어갈 수 있게 허락해 달라고 요청하였을 때 그녀는 흔쾌히 승낙하였다. 재차 세드릭은 의사소통의 상호작용을 위해 어른의 지시에 따르게 되었다. 그러나 검사관이 세드릭에게서 등을 돌리고 상호작용을 요구하자, 세드릭은 아무런 반응 없이 계속하여 장난감을 가지고 놀았다. 루비는 세드릭이 전에 없이 검사관에게 '무례하게' 행동하는 것에 당황하였다. 검사관이 말을 할 때 세드릭이 검사관의 얼굴을 보지 못했다는 점을 지적해 주자, 루비는 그것은 별 차이는 없을 거라고 주장하였다.

루비와 함께 앉아 있던 직원은 루비에게 세드릭과 의사소통을 할 수 있는 인터컴 마이크로폰을 사용할 수 있게 해 주었다. 그녀는 제안을 받아들였으며, 아이에게 구체적인 지시를 내리기 시작하였다. 그러나 세드릭은 전혀 반응하지 않았다. 세드릭의 주의를 끌기 위해 몇 번 더 시도를 하였지만 소용이 없었다. 세드릭과 함께 관찰실에 있던 검사관이 세드릭은 독화(speechreading)을 할 수 있는 비범한 아이지만, 자신이 말하는 것은 전혀 듣지 못하는 것 같다고 했을 때, 루비는 처음으로 세드릭의 청력장애를 인정하면서 하염없이 울었다.

사례 연구 1-5

빗찌(Bitsy)

빗찌는 엘리자베스(Elizabeth)의 애칭으로 신생아 집중 치료실(Neonatal Intensive Care Unit; NICU)에 누워 있는 조그마한 미숙아에게는 '엘리자베스'가 너무 성숙한 느낌의 이름 같아서 '빗찌'라고 불렀다. 빗찌는 모든 것이 안정되면 며칠 안에 집으로 돌아갈 예정이었다. 신생아 집중 치료실은 2개월 전 빗찌가 태어난 이후로 자신이 아는 유일한 집이었다. 빗찌는 태어났을 때, 체중이 4파운드(1.8kg)도 되지 않았지만, 큰 걱정거리는 구개 파열(cleft palate)과 구순 파열(cleft lip)이었으며, 이 문제로 인해 코 위에 삽관해 놓은 영양 공급관을 제거해도 좋을 만큼 튼튼해졌을 때에도 충분한 영양을 섭취할 수 없었다.

간호사들은 빗찌가 때때로 호흡을 멈추기 때문에 주의 깊게 지켜보아야 한다고 말했다. 빗찌의 엄마인 케런은 간호사들에게 빗찌를 돌보는 법을 많이 배웠으며, 무언가 악화될 경우에 도움을 받을 수 있는 간호사들이 가까이 있어 빗찌에게 수유할 수 있는 것을 상당히 편안하게 생각하였다. 수유를 하기 위해 빗찌를 똑바로 세울 때에는 질식하지 않도록 머리를 받쳐주어야 했다. 빗찌는 정상적으로 빨지 못했기 때문에 특수한 젖병과 젖꼭지를 사용하여야 했다. 빗찌의 입술과 입천장의 파열을 폐쇄하는 수술이 끝난 후에, 간호사는 빗찌가 수유를 더 잘할 수 있을 것이라고 했다.

케런은 주름 장식이 있는 커튼과 새로 칠한 요람으로 꾸며 놓은 방이 있는 집으로 빗찌를 데려가는 것을 기뻐하면서도 한편으로는 걱정하였다. 빗찌를 돌보기 위한 일들이 너무 많았다. 케런은 빗찌의 장래에 대한 공상에 사로잡혀 있었다. 말을 하기 시작할 때, 과연 빗찌는 어떻게 소리를 낼까? 다른 사람들이 빗찌가 하는 말을 이해할 수 있을까? 얼굴에 빗찌를 당혹스럽게 할 수도 있는 특히, 십대가 되면 더욱 당혹스럽게 할 수도 있는 흉터가 남지는 않을까?

케런이 유일하게 알고 있는 구개 파열과 구순 파열을 가진 사람은 케런 어머니의 손위 사촌으로, 그 사람은 말을 할 때 콧소리가 심하게 났다. 누가 빗찌에게 콧소리를 내지 않고 말하는 법을 가르칠 수 있을까? 빗찌가 기침을 하였을 때에야 케런은 비로소 공상에서 깨어났다.

사례 연구 1-6

브렌든(Brendan)

브렌든은 중상류층의 가정에서 누나와 연년생으로 태어났다. 양친 모두 대학 교육을 받았으며, 빠른 속도와 실력 및 능력을 요구하는 전문직에 종사하고 있었다. 다행히 브렌든의 엄마는 브렌든을 분만한 후에 6주간의 출산 휴가를 받을 수 있었다.

브렌든의 누이인 앤은 어린이집에 다니고 있었고, 그곳에서의 일과와 교직원들에게 아주 잘 적응하는 것 같았다. 처음부터 앤은 남동생을 좋아하였다. 브렌든은 처음부터 일련의 문제가 있었다. 브렌든의 엄마는 가장 어려운 시기에 브렌든과 함께 보낼 수 있도록 출산 휴가를 3주 더 연장할 수 있었다. 브렌든의 문제는 분만(유도 분만)시의 저산소증, 첫돌이 될 때까지 계속된 수면 무호흡증, 반복적인 귀의 감염 그리고 환경 알레르기였다. 브렌든은 우수한 의료 서비스를 받았지만, 성장 패턴을 보면 24개월이 되었을 때 체중과 신장이 다소 표준에 미달하였고, 말하는 것과 표현 언어 기술은 상당히 지체되어 있었다. 브렌든의 수용 언어는 연령에 적절한 것으로 보였지만 놀이 기술은 기대 이하였다. 브렌든은 사물을 가리켰으며, 자신이 관심 있어 하는 사물을 주시하면서 어른과 다른 아이들을 끌어당겼다. 그러나 사물을 가져다주면 그저 흥미를 잃을 때까지 가지고만 다녔다.

급격히 발달하는 앤의 의사소통 기술과는 대조적으로 브렌든은 가정이나 어린이집에서 들었던 소리나 억양의 패턴을 실험해 보는 것에 관심이 없어 보였다. 브렌든의 부모는 브렌든이 손으로 가리키거나, 툴툴거리거나 혹은 원하는 것이 손이 닿는 위치에 있으면 스스로 가져옴으로써, 무엇을 필요로 하는지 알릴 수 있을 만큼 영리하였기 때문에 말을 하지 않는 것에 대해서 걱정하지 않았다. 그때까지도 브렌든은 단어들을 구나 문장으로 결합시키지 못하고 있었으며, 일관되게 사용할 수 있는 단어는 실제로 10개밖에 되지 않았다. 그중에서 3, 4개의 단어를 제외한 단어들은 가족 이외의 사람들이 들으면 분명하게 이해할 수도 없었다. 브렌든이 말할 수 있는 단어는 대부분 'b'로 시작하는 단어였으며, 모음은 끊어지고 마지막 자음은 생략되었다.

깨어 있는 대부분의 시간 동안 말하고 노래 부르고 질문하는 활발하고, 조숙한 누이와는 다르게 브렌든은 상반된 성격을 갖고 있었다. 누이에 반해 그는 조용하고, 유순하며, 주의 깊고 냉담하였다. 그러나 자기가 쥐고 있는 장난감을 누이나 작은 친구들이 잡으려 하면 큰 소리로 저항하였으며, 또래 집단보다는 친숙한 어른들을 더 좋아하는 것 같았다.

브렌든은 밖에 나가는 것, 올라타는 정글짐, 미끄럼틀, 물놀이를 좋아하였다. 브렌든은 아주 조용하기 때문에 갑자기 수영장에 뛰어들거나, 더 큰 아이들에게 적합하도록 설계된 놀이 기구에 너무 높이 올라가지 않도록 주의 깊게 지켜야 했다. 그의 부모는 브렌든을 '아주 남자다운 아이'라고 자랑스럽게 생각하였다. 그리고 브렌든은 남자 아이이기 때문에 의사소통 기술이 지체된다고 보았으며 첫째, 원래 남자 아이들의 성격이 다 그러니까, 둘째, 나이 차이가 나지 않는 두 아이들 중에서 동생이니까, 셋째, 누이가 브렌든 대신 말을 해 주고, 넷째, 가족의 바쁘고 떠들썩한 생활방식 때문에 말을 많이 할 시간이 없으니까 등의 이유로 의사소통지체가 있는 것 같다고 말하였다.

가족의 친한 친구가 브렌든에 대한 평가를 제안하였을 때, 부모는 내키지 않았다. 브렌든은 반복적으로 귀에 감염을 앓아 왔지만〔그래서 아마도 일시적으로 전도(음)성 난청(conductive hearing losses)이 생겼을 수도 있지만〕, 부모는 항상 브렌든이 귀가 아플 때마다 신속하게 의료 서비스를 받았으며, '충분히 잘' 듣는 것처럼 보였다는 점을 지적하였다. 그들은 분명 잘 생기고 상냥한 어린 아들을 사랑하고 좋아하였으며, 멀지 않아 의사소통 기술의 발달 단계를 '따라잡을' 것이라고 확신하였다. 결국 브렌든의 부모는 소아과 의사한테서 브렌든의 건강 상태가 양호하며, 근육의 협응력도 잘 이루어지고 있으며, 눈에 보이는 청력 혹은 인지의 문제는 없다는 사실을 다시금 확인받았다.

"세 살이 될 때까지 기다려봅시다. 세 살이 되어도 여전히 말하는 것이 뒤처진다면 그때 무엇인가를 해 보도록 하지요."라는 의사의 지시대로 브렌든의 부모는 기다리기로 하였다.

▼ 역학적 데이터베이스의 통계 자료로서의 가족

엘렌, 데이비드, 켄트, 세드릭, 빗찌, 브렌든은 역학적 사례연구의 일부이다. 그러나 무엇보다도 중요한 것은 이들이 자녀의 행복을 걱정하며 돌보아주는 가족이 있는 아동들이라는 것이다. 이들의 가족 중 어떤 가족은 자녀에게 의사소통의 문제가 있음을 일찍 알고 있었으며, 또 어떤 가족은 나중에 알게 되었다. 어떤 가족들은 의사소통의 어려움보다도 다른 문제들, 때때로 생명을 위협하는 문제들에 대처해야 했다. 각각의 사례에서 자녀에게 의사소통장애가 있다는 충격은 가족 전체에 영향을 주었다. 가족들은 자녀의 의사소통장애로 인해 자녀에 대한 희망, 꿈, 기대를 상당히 변화시켜야 했다.

통계적 개관

미국에서는 여러 가지 이유들 때문에 의사소통장애를 가진 아동의 수에 대한 정확한 통계 데이터를 얻기가 어렵다. 그 중에서도 가장 큰 이유는 정부기관 및 전문가 집단이 사용하는 진단 범주들이 다양하여 서로 다른 관점에서 인구 집단을 보기 때문이다. 미국 보건복지서비스(U.S. Department of Health and Human Services)의 계획·평가 담당 차관보가 지적하였듯이[1] "장애를 가진 아동에 대한 자료의 출처가 미약하며, 장애를 가진 아동에 대한 추정치 또한 장애를 어떻게 정의하느냐에 따라 차이가 있다. 1992년 12월에는 일부 장애를 가진 저소득층의 18세 미만 아동 548,700명에게 현금 보조를 제공하는 사회보장금(Supplementary Social Security Income; SSI)을 제공하였다."(p. 1). 이와는 대조적으로 미국 교육부에서는[2] 6~21세 사이의 모든 아동

3,507,488명이 일반적으로 의사소통장애 전문가가 담당하는 장애 범주(즉, 청각장애, 말-언어장애, 중복장애 및 특수 학습장애)에 의해 특수 교육 서비스를 받았다고 보고하였다. 반면에 공중보건과 관련한 출현율과 발생률을 추적하는 기관에서는 유년기의 만성질환과 관련된 범주를 주로 사용하여 그러한 범주에 속하는 장애(disability) 및 기능 손상(impairment of function)을 정의하기 위하여 상이한 기준을 적용하고 있다. 뉴어체크(Newacheck)와 테일러(Taylor)[3](p. 364)는 대상 집단을 확인하는 방법상의 문제를 제시하였으며, 그러한 방법상의 문제들은 정의의 다양성이 있으며, 신뢰도 있게 추정하는 것을 어렵게 한다고 다음과 같이 말하였다.

> 특히 공통적인 정의를 내리기 위한 기준이 부족하기 때문에, 연구자들은 유년기의 만성질환 출현율에 대하여 서로 매우 상이한 추정치를 산출해 왔다. 또한 출현율 자료를 수집할 때, 이용하는 상이한 방법(집단에 기초한 연구, 임상 연구, 부모의 보고, 의료 기록 검토, 보고된 질병의 형태)들에 의해서도 차이를 보여 왔다. 이렇게 상이한 방법들을 이용한 결과, 한 가지 이상의 만성질병을 앓고 있는 아동의 추정치는 5% 이하에서부터 30% 이상에 이르기까지 다양하게 보고되고 있다.

문제를 더욱 복잡하게 만드는 것은 교육 문제를 다루는 정책 입안자와 보건의 문제를 다루는 정책 입안자 사이에서 장애(disability)라는 용어를 서로 다르게 정의한다는 것이다. 국립보건통계센터의 조사국(Census Bureau for the National Center for Health Statistics)이 수행한 1992년도 미국 보건 면접조사(National Health Interview Survey)에서는 공공시설에 수용되지 않은 미국인을 조사하기 위하여 가구 조사법을 실시하였다. 이 조사에서 '장애'는 '만성적인 건강상의 질병 혹은 손상으로 인하여 활동에 제약을 받는 것'을 포함하는 것으로 광범위하게 정의되었다.[4] 5세 이하의 아동의 경우에는 놀이를 할 수 있는 능력을 척도로 이용하였으며, 그 결과 2%가 장애가 있는 것으로 보고되었다. 이 연구에서는 5~17세의 경우에는 장애에 대한 기준을 바꾸어(놀이를 할 수 있는 능력에서 취학할 수 있는 능력으로) 조사를 함으로써, 이러한 변화는 연령 집단 간의 비교를 어렵게 만들었다. 일부 사회 서비스 및 국민보건조사 체계에서는 일상생활에서 활동을 방해하는 질병 혹은 일군의 질병으로 장애를 정의하고 있다.

1991~1992년도 〈소득과 프로그램 수혜〉에 관한 조사에서는 질병으로 인한 개인 및 사회적 결과를 포함시킨 포괄적인 분류체계인 '국제 장애 분류(International Classification of Impairments, Disabilities, and Handicaps; ICIDH)' 체계를 이용하여 장애에 의한 기능적 손상을 비롯한 만성 장애 조건에 대한 정보를 수집하였다. '0~5세 사이의 아동의 경우, 장애는 (1) 동일한 연령대의 대부분의 아동들이 하는 평범한 활동에 제약을 받는 것, 또는 (2) 아동이 발달적 요구에 의해 치료 혹은 진단상의 서비스를 받는 것으로 정의하였다. 6세 이상의 아동의 경우, 장애는 정규 학교 수업을 받을 수 없는 것으로 정의하였다.'[5](p. 1).

웬거(Wenger)와 동료들은[4] 500만 가지의 장애 조건이 400만 명의 아동들에게 장애를 일으키고 있으며, 이는 한 아동이 평균 한두 가지의 장애 조건을 지니고 있다는 것을 의미한다고 하였다. 미국보건 면접조사에서는 아동에게 다섯 번째로 자주 발생하는 장애군이 '언어장애'이며, 18세 미만의 아동 중 335,000명, 즉 6.7%가 이러한 장애를 겪고 있다고 보고하였다. 이 조사에 의하면, 의사소통장애 전문가가 담당하고 있는 언어장애 이외의 다른 장애 집단으로는 통계적으로 청력장애가 있는 18세 미만의 아동이 190,000명(3.8%), 학습장애가 있는 18세 미만의 아동 167,000명(3.4%), 선천적 기형을 가진 18세 미만의 아동 108,000명(2.2%) 및 뇌성마비를 앓고 있는 18세 이하의 아동 99,000명(2%)이 추가적으로 포함되었다고 보았다.

진단상의 분류

정확한 역학적 데이터 수집을 더욱 어렵다는 것은 어떤 아동은 여러 진단분류에 포함되지만, 어떤 아동은 전혀 포함되지 않는다는 것이다. 다음 출처 즉, 의사들이 이용하는 '현 의학적 절차 용어(Current Procedural Terminology; CPT)'[6]와 '국제 질병 분류(International Classification of Diseases-CM; ICD)'[7], 국제 질병 분류 새 개정판 분류(ICD-10-CM), 미국 말·언어·청각학회(American Speech-Language-Hearing Association; ASHA)가 '2001년도 개정된 말-언어 병리학의 행동강령(2001 Revised Scope of Practice in Speech-Language Pathology)'[9]에서 진단·평가 및 중재의 기준으로 채택한 세계보건기구(World Health Organization; WHO)의 '기능, 장애 및 건강에 관한 국제 분류(International Classification of Functioning, Disability, and Health; ICF)'[8], 미국 소아과학회의 '일차 의료에 있어서의 아동 및 청소년의 정신 진단 분류(Classification of Child and Adolescent Mental Diagnoses in Primary Care)'[10] 미국 정신과협

회의 '진단 및 통계 지침서(Diagnostic and Statistical Manual; DSM)'에 수록되어 있는 심리적, 정신과적 진단 코드[11] '영유아 정신 건강 및 발달장애에 관한 진단 분류(Diagnostic Classification of Mental Health and Developmental Disorders of Infancy and Early Childhood)'[12] 장애인 교육법(Individuals with Disabilities Education Act; IDEA)의 교육 적격성 기준(Part C에 의해 서비스를 받는 영아 및 가족의 적격성 기준이 주마다 다름)[13] 및 1973년에 제정된 '장애인 재활법(Rehabilitation Act)'의 504조(Section 504)에서 규정된 서비스 전달을 위한 다양한 주의 지침[14]은 특정한 의학적 진단 범주의 경계를 넘나드는 몇 가지 혹은 많은 장애진단명(label)을 가진 아동들을 비교하는 것이 얼마나 어려운지 보여 주고 있다.

실제의 수치가 얼마이든 간에, 미 교육부는 진단된 의학적 장애 조건, 문서화된 발달지체 혹은 양자 모두로 인해 서비스를 받을 자격이 있는 아동의 범위를 볼 때, 장애인 교육법의 Part C에 규정된 서비스를 받고 있는 영유아의 수가 기대치에 이르지 못한다는 것을 인정하고 있다. 따라서 연방정부는 주정부에게 서비스를 받을 자격이 있는 모든 아동들을 찾아내어 서비스할 것을 강력하게 권고하고 있다.[15]

동시에 조기 중재 전문가들은 5~8세가 될 때까지도 거의 중재를 받지 못하는(그리고 때때로 부모 및 전문가들이 장애가 있음을 인식하지 못하는) '경도장애(Less Severe Disabilities)' 아동들을 지원해야 한다고 주장하고 있다.[16]

▼ 쟁점에 대한 실제적 접근법

출생에서 세 살까지의 짧은 기간 동안 대부분 영아들은 자신들의 요구에 반응하는 타인에게 100% 의존하던 것에서 친숙한 환경 속에서 돌아다니고, 경험에 대해 생각하고, 사람들이 자신에게 한 말을 이해하고, 감정과 의도를 공유하기 위해 타인이 알아들을 수 있을 정도로 말을 사용할 수 있게 된다. 이러한 중요한 발달 지표는 전형적 혹은 '정상적인' 아동 발달의 결과이며, 서로 영향을 미칠 수 있는 상호 의존적 변인들의 관계 속에서 발생하게 된다. 〈표 1-1〉에는 의사소통 발달에 기여하는 요소들이 간결하게 제시되어 있다.

〈표 1-1〉 조기 언어발달에 영향을 끼치는 요인

신체적·신경 생리학적 요인
- 신체 구조의 통합: 구두, 청각, 호흡 기제
- 조절 능력
- 감각통합
- 신경섬유의 수초 과정
- 뇌피질 통합
- 신체적 건강

조기 언어발달 순서
- 자극의 지각
- 경험의 기억
- 전상징기(R: 수용 언어)(예: 소리변별)
- 전상징기(E: 표현 언어)(예: 옹알이, 음성 놀이)

상호적 활동
- 감각통합
- 발음의 역학
- 공명 역학
- 조음 역학
- 대근육 및 소근육 조절 기능
- 인지 과정
- 실행 기능(예: 억양, 강세)
- 사회·문화적 관습의 통합

발달 영역
- 감각통합
- 신체 성장
- 대·소근육 조절
- 감정 조절
- 인지 기술
- 의사소통 기술
- 사회적 기술

정서적·환경적 요인
- 애착과 정서의 안정
- 경험에 노출
- 의사소통의 필요성과 동기 부여
- 의사소통을 위한 기회
- 의사소통을 하려는 의도의 영향(예: 선택, 보상, 타인 또는 환경에 영향을 미치는 힘)

의사소통 기술
- 상징적, 음성/비언어적(E, R)
- 상징적, 비음성(E, R)(예: 제스처, '아기 사인')
- 상징: 첫 단어 및 일어문(E)
- 상징적 복합성(E, R)(예: 의미론, 통사론, 구문론)

E: 표현 언어 양식(expressive modality).
R: 수용 언어 양식(receptive modality).
* 전형적이든 비전형적이든 언어발달은 여러 요소의 동시적 성숙과 발달의 연합에 의해 발생한다. 한 영역의 발달에 문제가 생기면 다른 영역의 발달에 부정적인 영향(발달의 상호작용 이론)을 줄 가능성이 있다.

발달의 교류적 요소

헬렛(Hallett)과 프락터(Proctor)[17]는 아동 발달에 미치는 생물학적 구조, 중추신경계의 성숙 및 환경의 상호 의존성을 지적하였다:

"출생에서 2, 3세가 될 때까지 대뇌 피질은 성인 뇌의 대사율 및 신경세포 돌기 수준으로 상호작용하기 시작한다. 그러므로 신경세포 돌기 중 최소한 5/6는 출생 후 언어발달 기간에 생긴다."

헬렛과 프락터는 더 나아가 뇌 자체의 '신경구조'(다시 말해, 시냅스의 증식 및 위치)는 아동의 생애 중 3세까지, 즉 언어 이전기의 발달 기간에 입력된 경험에 의한 자극에 의해 영향을 받을 수도 있다고 보고하였다(pp. 12-13). 따라서 〈표 1-1〉에 제시된 진행 중이거나, 지체되었거나 혹은 장애를 겪고 있는 기능 혹은 요인들이 아동의 전체적인 발달 구조에 어떤 영향을 미치는지 고려하여야 한다.

전형적인 언어발달과 비전형적인 언어발달

수많은 이유로 인해(어떤 이유들은 잘 이해할 수 있지만, 또 어떤 이유들은 아직 분명하게 밝혀지지 않음), 일부 영유아들은 3세가 될 때까지 기대되는 의사소통 능력을 발달시키지 못한다. 이 책을 읽는 대부분의(전부는 아닐지라도) 독자들은 관련 학문분야의 특정과목의 수강을 마쳤을 것이므로, 전형적인 언어발달 순서에 대해 완전한 이해를 하고 있을 것이다. 3세까지 기대되는 언어 습득 순서를 다시 한번 살펴보고자, 부록 A에 몇몇 관련 참고 자료를 제공하였다.

전상징기(presymbolic period)라 하더라도, 아동들이 전형적인 의사소통 발달 과정을 따라가지 못하면 이는 우려해야 한다. 매년 태어나는 영아들 중에서 대략 6~10%는 의사소통 능력을 촉진시키는 기본적인 요소들 간의 상호 관계가 형성되지 않아 발달 과정을 따라가지 못한다. 발달 과정을 따라가지 못하는 영아의 수는 63만~105만 명에 이르는 것으로 추정된다.[4] 이들 아동과 가족들에게 주는 그 영향은 사회·정서·행동적, 혹은 선수 학습 능력에서 나타나게 된다.

의사소통 능력은 태어나기 전부터 발달하기 시작하며, 인지·심리정서·행동·사회적 발달의 중추가 된다. 의사소통 능력이란 타인이 전달하는 의사를 이해하는 능력(수용 언어 능력), 자기 자신의 감정과 아이디어를 처리하고, 전달하고자 하는 메시지를 부호화하는 능력(언어 맵핑), 그리고 의사를 주고받는 상대방에게 정보를 전달하는 능력(표현 언어 능력)을 말한다. 최초에 어머니와 영아 사이에서 이루어지는 상호작용은 아동의 언어적 의사소통 능력 발달의 초석이 된다. 대부분의 아동들은 첫돌 무렵부터 의미 있게 단어를 사용하기 시작하며, 단기간에 표현 언어 레퍼토리를 만들 뿐만 아니라, 이보다 더 많은 수용 언어 레퍼토리를 만들게 된다. 태어나서 처음 몇 해 동안 대부분의 영유아들은 구두 언어의 기본, 즉 기본적인 음운론, 의미론, 형태론, 구문론 및 화용론에 숙달한다. 세 살까지의 영유아들은 일반적으로 타인과 대화를 나눌 때 갖게 되는 느낌과 경험에 능숙해진다.[18]

비전형적인 의사소통의 발달은 긍정적 결과의 예후에 영향을 주는 일련의 원인, 즉 영구적인 요인들, 그 특성, 심각성, 시기와 관련이 있다는 것은 분명하다.

때로는 의사소통의 문제가 아동의 건강, 신체적 발육, 인지 능력, 운동 기능 및 기타 발달 영역에 영향을 미치는 복합적인 문제들의 일면으로 나타나기도 하며, 의사소통 발달지체 혹은 장애가 유일하게 확인되는 발달상의 문제일 때도 있다.

▼ 조기 중재에 관한 역사적 조망

조기 중재에 관한 오늘날의 접근법을 이해하려면 특별한 요구를 가진 영유아의 많은 가족과 전문가들이 기울인 노력을 이해하여야 한다. 과거 수십 년에 걸쳐 아동 발달 및 교육 분야, 의학 및 건강, 사회 서비스, 기타 관련 분야의 전문가와 연구자들의 기여로, 학문 분야에 있어서 많은 진보가 이루어졌다. 의학, 간호, 물리치료, 작업치료, 말-언어 병리학, 청각학, 생물과학, 사회복지 및 유아교육학을 포함한 수많은 전공분야의 학문 간에 이루어진 최근의 연구들은 소아과 의사들의 임상 경험으로, 발달지체아 및 발달장애아에 대한 조기 중재의 중요성을 입증하는 풍부한 자료를 제공해 주고 있다.[19-26]

조기 중재 발달에 따른 교육 법령 및 그 역할

최근의 아동 중재에 관련된 지식 발전의 태동은 3~5세의 유아 집단에 초점을 맞춘 1970년대와 1980년대에 수행된 프로젝트가 시작되었으며, 이후 이 연령대의 아동 집단이 조기 중재의 대상으로 간주되었다. 영유아의 발달과 효과적인 중재에 관한 방대한 양의 정보들은 1980년대 말과 1990년 초에 수행된 연구 및 시범 프로그램(pilot demonstration programs)에서 축적되었다. '장애'를 가진 것으로 확인된 유아들에게 서비스를 제공할 경우 이에 대한 재원을 연방정부가 제공하게 되면서 여러 주에서 학교체계 안에 취학 전 유아교육 프로그램을 개설하였다.

장애인 교육법 Part B(이전에는 공법 94-142로 알려짐)에 규정된 바에 따라, 서비스를 받고 있는 유아(3~5세)의 수는 1986년 260,931명에서(the Education for the Handicapped Act 하에서) 1993년 478,617명으로 장애인 교육법(IDEA)으로 알려진 법의 개정 시점까지 증가하였다.[27] 비록 특별한 요구를 가진 아동에 대한 조기 모델 프로그램과 취학 전 유아들을 위한 프로그램의 결과가 커다란 성과를 보였지만, 그 시기에 마련된 기본 원칙은 발달지체 및 발달장애를 가진 영유아들의 교육이 최상의 효과를 거두기 위해서는 취학 전 유아 연령 훨씬 이전에 교육을 받아야 한다는 사실로 귀결되었다.

애초부터 공법 94-142(장애인 교육법) 하에서는, 신생아부터 21세까지를 위한 프로그램을 수립하는 데 있어서 주정부는 선택권을 부여받았다. 공법 94-142는 주정부에 6세 아동~21세까지를 위한 서비스를 의무화했으나, 3~5세의 유아들을 위한 서비스를 권장 사항으로 하였다. 1990년 의회는 장애아 교육법을 장애인 교육법(IDEA)으로 명칭을 바꿔 재차 승인하였다.[28] 1986년에는 공법 99-457의 형태로 수정 법안이 추가되었으며,[29] 이 수정 법안은 나중에 공법 102-119로 수정되고 Part H로 알려지게 되었다.[30]

Part H는 아직 특별한 요구를 가진 3~5세의 유아들을 위한 프로그램을 확립하지 않은 주정부의 경우에는 프로그램을 의무화하도록 하였다. 더욱이 Part H는 주정부가 자체적으로 결정한 지침을 이용하여, 특별한 요구를 가진 영아와 그의 가족들을 위한 서비스 제공에 있어 다학문적이고, 지역사회 중심, 가족 중심의 통합된 프로그램을 수립하도록 권장하였다. Part H의 독특한 특징은 다음과 같다.

(1) 참여하는 주정부들이 제도를 확립하고 운영하도록, 기금이 제공되는 5년간의 계획 입안 기간을 두었다. (2) 각각의 주들이 자체적으로 제도의 확립 및 관리를 감독할 '선도기관(lead agency)'을 지정할 수 있도록 권한을 위임하였다. (3) 각각의 주들이 발달지체 혹은 발달장애로 의학적 진단을 받은 아동과 발달지체 혹은 발달에 문제가 있는 장애 조건을 지니고 있는 아동을 포함시킬 뿐만 아니라, 프로그램에 참가할 수 있는 자격 요건을 자체적으로 수립하도록 위임하였다. (4) 자격 요건을 갖춘 아동의 가족들이 아동의 발달을 최상으로 향상시키는 것을 도울 수 있도록 가족들의 요구를 다루도록 규정하였다. (5) 각각의 주들이 가족들을 위하여 마련된 개별화 가족 지원 계획

(IFSP)이 실행되고 있는지 감독할 수 있는 절차 및 지침을 개발하도록 권한을 위임하였다. (6) 의뢰된 아동이 서비스에 적합한 지를 확인하기 위하여 필요한 진단 및 평가 과정이 단기간에 이루어지도록 규정하였다. (7) 가족에 서비스 조정(이전에 '사례 관리'라는 용어로 불리던)을 의무화하였다. (8) 가능한 자연스러운 환경에서 서비스를 제공할 것을 규정하였다. 자연적 환경(naturalistic environments)이란 일반 아동, 즉 장애가 없는 동일한 연령의 또래 아동들이 있는 일반 환경으로 정의하며, 일반적으로 가정과 아동 보육기관으로 해석한다.

Part H의 입법 취지는 명백히 특별한 요구를 가진 영아들의 발달을 최상으로 촉진하는 것이었다. 많은 주정부에서, 특히, '선도기관'이 주(州) 교육부(the state department of education)인 주에서는 아동들이 정규 학교 수업을 받을 수 있도록 준비시키는 것이 Part H 노력의 일차적인 초점이 되었다.

사실 Part H 체계를 벗어나는 많은 3세 유아들은 특별한 요구를 가진 취학 전 유아를 위해 마련된 Part B 프로그램(특수교육)의 체계로 전환된다.

1997년에 재승인된 장애인 교육법은 영아일 경우에는 법령의 참조를 Part H에서 Part C로 바꾸고, 가족의 역할을 강화시켰으며, 이행 계획에 관한 요건을 확대시켰다.[31]

납세자의 돈을 배분하고, 실행하는 정책 입안자의 입장에서는 아동들이 학교에 입학할 준비(2000 교육정책 발의에서 언급한 주제이기도 한)가 되어 있는지 확인하는 것이 중요하다. 흥미롭게도 '비범주적 취학 전' 프로그램*('장애아를 위한 취학 전 프로그램'의 뒤를 이은 '비범주적 프로그램'이 더 성공했으나)에 포함된 대부분의 아동들이 의사소통 기술이 상당히 지체되어 있음에도 불구하고, 정규 학교 수업에 대한 준비가 의사소통 능력에 달려 있다는 사실에 특별한 주의를 기울이지 않았다.

의사소통 능력과 교육

교실에서 수행성과라는 관점에서 의사소통 능력은 기초적인 학업 기술이다. 그러나 이러한 사실은 의사소통 기술이 너무 기본적인 기술이기 때문에 자주 간과하게 된다. 웨더

---

* [역자 주] 비범주적 취학 전 프로그램(non categorical program): 다양한 장애를 가진 취학 전 아동을 위한 프로그램을 말한다.

비(Wetherby)[32]는 국가가 제공하는 특수교육 서비스에 관한 통계 자료를 재검토하여, "의사소통 및 언어의 문제는 발달장애 범주 전반에 걸쳐 나타나는 가장 일반적인 특징이다."라고 했다.

의사소통장애를 가진 아동들은 또래 아동들의 언어 체계와 자신들의 언어 체계를 개인적으로 비교할 수 있는 능력이 없다. 일반적으로 의사소통지체 혹은 장애와 관련한 신체적 통증이나 불편은 없다. 의사소통지체 혹은 장애는 신체적인 퇴행이나 다른 '과학적으로 측정할 수 있는' 결함이 미리 나타나지 않는다. 의사소통장애는 치명적이지도 않으며, 대개는 의사소통지체 혹은 장애를 가진 아동과 또래 아동을 구별하는 특징을 수반하지도 않는다.

자주 의사소통이 어려운 아동들을 부모, 교사 혹은 다른 어른들은 '미숙'하거나 '느리다'라는 말로 평가한다.

일반적으로 아동들이 새로운 상징조합(즉 문자, 숫자)으로 의미를 전달하는 구어-의사소통 기술이 가능할 시기가 되어서야 교사들은 아동이 언어를 사용하는 데 문제가 있다는 사실을 분명히 인식하게 된다. 의사소통 발달과 관련된 복잡한 과정과 그 상호의존성은, 특히 신체적 장애가 없는 경우에는 조기에 의사소통의 문제를 해결하기 위한 조치를 지나치게 가볍게 만드는 것 같다.[33]

Part C가 통과된 이래로 모든 주정부에서 조기 중재 프로그램을 확립하게 되었으며 신생아에서부터 36개월의 영유아들과 가족들이 서비스를 받고 있다.

물론 읽고 쓰기를 준비하는 것이 중요하기는 하지만 그것이 의사소통 발달지체 및 장애가 미치는 영향의 모든 초점이 되어서는 안 된다. 심각한 의사소통의 문제가 있는 경우에는 아동의 삶 전체에 영향을 미치게 된다는 것을 알아야 한다.

의료 및 조기 중재

전형적인 임산부 및 위험성이 높은 임산부에게 제공하는 출생 전 태아 관리의 향상, 신생아학, 유전자 치료, 일부 질병에 관한 출생 전 태아기 수술의 극적인 진보, 그리고 다양한 질병을 매우 효과적으로 관리할 수 있는 약리학의 발달은 의학계가 예전에는 생존할 수 없었던 신생아가 생존할 수 있도록 공헌해 왔다. 오늘날 임신 6개월 만에 태어난 아기들이 살아남는 것은 보기 드문 일이 아니다. 불과 몇 년 전만 해도 1,500g 이하의 체중으로 태어난 신생아들은 생존이 불가능한 것으로 간주되었다. 그러나 지금은 진보한 지식과 기술 덕분에 1,000g의 체중으로(때로는 그 이하의 체중으로) 태어난 신생아들도 살아남는다.

특수화된 장비, 약물, 그리고 잘 훈련된 임상가들이 유용 가능 이상으로 신생아 관리에서의 진보가 이루어졌다. 위험군 영아들과 그 가족들을 위해서 간호학, 작업치료, 물리치료 및 의학적 사회사업 분야의 발달 전문가들이 기여하고 있다. 헤이델리스 엘스(Heidelese Als)와 동료들의 연구는 신생아 집중 치료실의 간호 환경에 대한 개념을 변화시켰다.[34-39] 최상의 실제가 적용될 때에는, 연약한 신생아들이 부딪혀야 하는 감각 자극을 감소시키려면 조명을 어둡게 하고 소음 수준을 낮추어야 한다. 일부 신생아들에게는 가족과 자원봉사 직원이 조산한 아기의 피부에 피부를 접촉시키며('캥거루식 양육') 돌봐주고 있다.

이전에는 단순히 신생아의 생명을 지키기 위한 의학적 필요에만 초점을 맞추었지만, 이제는 신생아와 그 가족의 정서적인 요구가 높은 우선순위이다. 또한 신생아의 삶의 질, 애착 및 정서적 조절력을 증가시키는 과정이 위험군 영아들을 위한 치료 계획의 중요한 부분으로 간주되고 있다.

종합병원에서 언어치료사가 신생아 집중치료 팀의 일원인 것이 상대적으로 당연한 것으로 여겨지게 되었다. 언어치료사가 신생아 집중치료 팀의 일원으로 포함되는 경우, 언어치료사는 발달 진단·평가(developmental assessment)에 참여하고, 신생아와 양육자 간에 이루어지는 의사소통의 초기 상호작용에 대해서 가족 및 동료 전문가들과 상담하며, 신생아가 입으로 수유할 준비가 되었는지, 어떠한 특수화된 수유 장치와 적절한 자세가 필요한지를 결정하는데 있어서 의사, 간호사, 작업치료사를 돕는다. 이러한 언어치료사의 역할은 상대적으로 새로운 것으로, 전문적인 훈련과 기술이 필요하다. 신생아 집중 치료실에서 언어치료사의 역할에 대한 보다 상세한 정보는 제5장에 포함되어 있다

또한 청능사도 신생아 의료에 있어서 중요한 역할을 한다. 영유아의 요구를 다룸에 있어서 전통적인 청력 검사와 함께 청각 시스템의 이상을 측정하는 전기 생리학적 측정법을 이용하는 것은 흔한 일이 되었다. 청력 손상의 조기 발견 및 적절한 재활 전략의 조기 적용(필요하면 조기에 보청기를 착용하거나, 인공 와우를 이식하는 것 포함)은 청력이 손상된 아동의 발달 결과를 향상시키는 데 기여하고 있다. 영

아의 청력 손상의 진단·평가 및 관리하는 기술에 관한 추가 정보는 제6장과 제9장에 수록되어 있다.

태아 및 신생아 의료 발전의 결과는 긍정적인 면과 부정적인 면이 교차한다. 한편으로 살아남은 조산아들의 수는 계속 증가하고 있고; 의학적으로 면역반응이 제대로 발휘되지 못하는 영아들을 성공적으로 치료하고 있으며; 일부 선천적 기형 관리가 조기에 성공적으로 이루어지고 있다. 그러나 이러한 신생아 모두에게 '정상적인' 발달 과정을 보장하는 것은 불가능하다. 살아남은 많은 신생아는 하나 혹은 그 이상의 영역에서 발달을 저해하는 문제들을 안고 있다. 신생아에게 남아 있는 어떤 장애들은 (뇌성마비, 심각한 안면장애 및 일부 증후군에서처럼) 확연히 눈에 보이는 반면, 다른 장애들은 (특정한 만성질환, 일부 신경계 질환, 대부분의 수용 의사소통장애, 및 일부 표현 의사소통장애에서처럼) 표면적으로 분명하게 나타나지 않기도 한다. 결론은 상당히 많은 수의 영아들이 발달지체 혹은 장애를 예견할 수 있는 질병을 가진 채로 살아남으며, 그들이 안고 있는 발달지체 혹은 장애는 전문적인 수많은 학문 분야에서 전문지식을 가진 전문가들의 관리가 필요하다.

영아를 돌보는 의사들은 신생아 집중 치료실을 거치지 않은 신생아들도 돌보게 된다. 대다수의 신생아들은 신생아 집중 치료실에 입원할 수 없다. 미국의 병원에서 태어나는 대부분의 아기들은 병원에 입원하는 짧은 기간 동안 하루나 이틀 동안만 보통 신생아실에 있게 되고 남은 기간은 모자동실을 이용하게 된다. 게다가, 미국 일부지역에서는 조산사 혹은 자격을 갖춘 간호사가 담당하는 가정 분만이 일반적으로 행해지고 있다. 신체적으로 건강해 보이는 영아에게서도 때때로 의사들이 발견할 수도 있고 발견하지 못할 수도 있는 상당한 발달지체 혹은 장애가 나타날 수 있다.

웨이다(Wajda)와 브로손(Brorson)은 2001년도에 21명의 의사를 대상으로 실시한 조사에서 정확하게 선별하여 언어치료사에게 진단·평가가 의뢰된 아동의 수는 전반적 발달지체 아동의 48%, 자폐 아동의 38%, 언어지체 아동의 38%, 음성장애가 있는 아동의 24%뿐이었다고 보고하였다. 의과대학에서 질병과 관련이 없는 영유아의 지체 및 장애를 확인하고 관리하는 것에 관한 훈련 부족과 쉴 틈 없이 바쁜 의료계 현실에서 시간상의 압박은 의사들이 영유아의 문제에 충분히 주의를 기울일 수 없게 만들며, 많은 영유아들이 왜 취학할 연령이 되어서야 문제의 심각성을 발견하게 되는지를 설명해 주고 있다.

국립보건연구원을 포함한 미국 소아과학회(AAP)와 다양한 공중보건기관들은 이러한 문제를 해결하기 위해 상당한 노력을 기울이고 있다. 아동(및 어머니의) 건강을 증진시키는 것 못지않게 신생아의 사망률을 감소시키는 것을 공통적인 목표로 삼고 있다. 태아의 조기 관리 및 지속적인 관리에 대한 대중인식운동, 연방정부가 기금을 제공하는 여성·신생아·아동(WIC) 영양 프로그램; 지역사회를 기반으로 하여 아동 의료서비스를 제공할 수 있는 아동의료센터(Kid-Med)의 설립; 및 미국 소아과학회의 가정의학 입법(Medical Home Initiative)의 제안 등은 아동의 의료서비스를 개선시키기 위한 국가의 노력인 예이다.

유감스럽게도 국가는 아동의 건강 및 복지를 증진시키고자 하는 흐름을 저해하는 다른 사회적 문제와 싸우고 있다. 임신기간 동안의 약물 이용의 급증, 자가 면역결핍 질환(예: 후천성 면역결핍 증후군)의 확산, 성관계를 통해 전염되는 질병(매독 포함)의 높은 발병률, 십대와 젊은 성인 중 흡연자 수의 증가 및 이 연령 집단에 광범위하게 퍼져 있는 알코올 남용은 잠재적으로 질병에 걸린 어머니로부터 태어난 영아들의 발달장애를 증가시키기 때문에 문제가 되고 있다. 이와 더불어 어머니의 낮은 사회경제적 지위와 낮은 교육 수준이 결합될 경우, 그것은 영아의 발달지체 및 발달장애 위험 가능성을 한층 더 높이는 매우 심각한 문제가 된다.[41] 의학계가 독자적으로 또는 교육계의 구성원들과 협력하는 것만으로는 이러한 중요한 문제들을 해결하기 어렵다. 이러한 문제들을 해결하려면 정치, 법, 의학, 교육, 종교, 가족 그리고 개인이 모두 함께 노력해야 한다.

▼ 가족, 아기 그리고 조기 중재

수년간, 비전형적인 발달 패턴을 가진 아동의 가족들은 아동을 도울 수 있는 방법을 찾기 위해 온 힘을 다하고 있다. 미국에서 특별한 요구를 가진 아동의 가족을 대하는 사람들의 태도에서 상당한 변화가 있었다. 아동보호법, 특별한 요구를 가진 영아의 가족에 대한 서비스를 보장한 교육 법령, 가장 어린 연령의 아동들을 다루는 소아의학 및 관련 보건 전문직의 임상 기준의 개발, 공중보건 입법 및 그 밖에 이루어진 최근의 발전들은 모두 특별한 요구를 가진 아동의 가족들이 처해 있는 문제들을 해결하기 위한 사회의 시도이다.

그러나 개별 가족의 입장에서 보면, 자신들이 처해 있는 특별한 상황을 고려하여 세워진 공공정책의 유용 가능성 또는 부족한 것에 관한 지식 및 의사소통의 발달을 포함한 아동의 발달과 관련된 문제들에 관한 지식이 있는지는 모두 개별적일 수밖에 없다. 개별 가족의 문제들은 아동과 다른 가족 구성원과의 관계를 포함하게 된다. 부모는 아동의 발달에 따른 자신의 경험에 독특한 문제에 직면한다. 자신의 감정, 기대, 관점, 정보의 수준 및 정보를 처리할 수 있는 능력의 수준, 현재의 걱정, 우선 사항, 대처하는 기제들 모두가 부모들이 의사 결정에 영향을 주는 요소들이다.

또한 이러한 요소들은 가족과 아동의 비전형적인 발달에 관여하는 전문가와의 관계에도 영향을 줄 수 있다. 모든 가족들은 실생활에서 시간, 에너지, 관심 그리고 자원에 대한 과잉요구에 균형을 맞추어야 한다.

많은 전문가의 주의를 요하는 발달상의 문제를 가진 아동의 가족들은 의사소통장애 전문가에게 의뢰된 많은 가족들의 공통적인 상황인 아동의 요구를 충족시키기 위해서 자신들의 시간, 에너지 및 다른 자원을 분배할 때, 상당한 스트레스를 경험할 수 있다. [그림 1-1]은 많은 가족들이 대처하게 되는 그러한 요구를 보여 주고 있다. 그림에서 보이는 각각의 요소들은 긍정적, 부정적 측면을 갖게 되는데 가족들은 일상 활동의 균형을 맞춤과 동시에 비전형적으로 발달하고 있는 아동의 요구에 대처해야 한다.

대부분의 가족들은 건강하게 정상적으로 발달하고 있는 아동을 갖고자 하는 기대를 하고 있다는 가족의 관점을 고려해야 한다. 그러므로 태어난 아기가 장애를 가지고 있을 때, 가족 기능의 정서, 재정, 부부간의 관계, 그리고 사회적인 측면에 중대한 영향을 끼치게 된다는 점을 고려해야 한다.

부모의 입장에서 아동의 문제는 신생아 집중 치료실에 입원하는 것을 연장해야 할지, 막대한 재정적 고충을 감당해야 할지, 선천적 혹은 후천적 장애나 질병에 대한 장기적인 관리가 필요한 의학적 혹은 외과적 치료를 시급하게 결정을 내려야 할 때도 있다. 가족들은 건강한 아이를 출산할 것을 예상하였기 때문에, 자신들이 기대했던 생활과 반대되는 갑자기 달라진 생활에 적응하는 데 시간이 필요하다. 아니면, 아기가 태어났을 때 건강해 보여서 큰 의학적 문제를 경험하지 않았을 경우에, 아동의 발달 상태가 정상적이지 못하다는 사실을 알게 되었을 때 받게 되는 충격을 상상해 보라.

아동이 사회적 상황에 대처할 수 있을 지, 양육 환경에 적응할 수 있을 지, 그리고

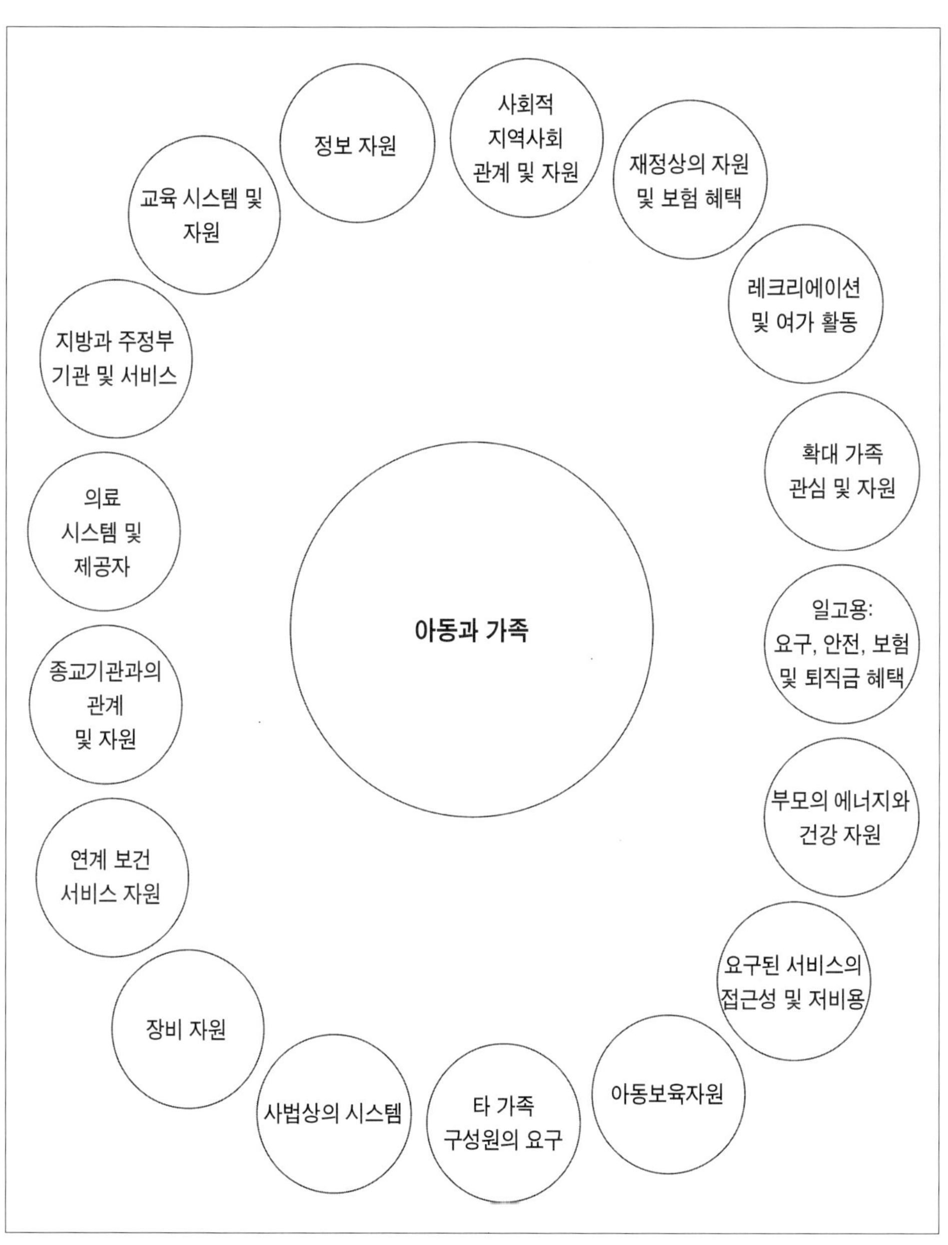
정보 자원
사회적 지역사회 관계 및 자원
재정상의 자원 및 보험 혜택
교육 시스템 및 자원
레크리에이션 및 여가 활동
지방과 주정부 기관 및 서비스
확대 가족 관심 및 자원
의료 시스템 및 제공자
아동과 가족
일고용: 요구, 안전, 보험 및 퇴직금 혜택
종교기관과의 관계 및 자원
부모의 에너지와 건강 자원
연계 보건 서비스 자원
요구된 서비스의 접근성 및 저비용
장비 자원
아동보육자원
사법상의 시스템
타 가족 구성원의 요구

[그림 1-1] 아동과 가족

학령기가 되었을 때 학교생활을 계속할 수 있을 지에 대해 가중되는 불안(혹은 진단·평가를 통해 '결함' 혹은 '상당한 지체'가 있다는 전문가의 예상치 못한 선고에 대처하는 것)은 가족에게 힘든 일이다. 어떤 가족들은 다른 가족들보다 더 잘 극복하고, 아동의 발달을 촉진시키기 위해 이용할 수 있는 자원을 더 잘 확인하여 이용하며, 아동을 더 잘 옹호할 수 있다. 그러한 노력에 대해서 지원이 필요한 가족을 돕고, 가족 자신의 요구와 아동의 요구를 충족시키는 데 따른 선택을 하도록 가족의 타고난 능력을 증진시키는 것이 전문가가 해야 하는 역할들 중 하나이다.

조기 중재 전문가는 그러한 목표를 가족에게 '권한을 부여(empowering)'하는 것이라고 말하고 있다. 가족들이 종종 자신들은 이미 그러한 결정을 내릴 수 있는 능력이 있는 것으로, 자신들이 필요로 하는 아동의 발달을 최적화할 수 있도록 정보에 근거한 결정을 하도록 도와주는 것이라고 한다.

의사소통장애 전문가와 조기 중재

비전형적인 의사소통 발달의 영향에 대한 이해를 위한 참고 기준은 아동에 대한 1차 진단 혹은 적격성 판정을 위한 진단명(eligibility label)에 관계없이, 학교에서 특수교육을 받고 있는 아동의 대다수가 말-언어치료 서비스를 받고 있다는 점을 포함해하야 한다. 분명한 것은 이들 아동은 학교에 입학할 때가 되어서야 갑작스럽게 의사소통지체 혹은 장애를 일으키는 것이 아니라는 점이다. 문식성 기술(literacy skill)은 구두 언어 능력을 기초로 형성되기 때문에, 학교에 입학할 때가 되어서야 드러나는 의사소통지체 혹은 장애는 읽기 및 읽고 문식성 능력을 기초로 하는 다른 과목들의 학습문제 위험에 빠뜨린다.[30, 42] 연구들은 특수교육 서비스에 의뢰된 적격성 판정을 받은 상당수의 아동들이 의사소통지체, 장애 혹은 양자 모두가 공존한다는 사실을 보여 주었다.

의사소통 발달에 영향을 주는 것으로 연구를 통해 증명되고 있는 문제들로는 자폐, 주의력결핍 과잉행동 장애, 뇌성마비 및 특정한 유전 증후군들이 있다. 사실 많은 사례에서, 의사소통장애 혹은 심한 의사소통지체의 존재 그 자체가 진단의 기준이 되고 있다. 이 문제는 제2장과 제7장에 보다 구체적으로 다루어져 있다.

최근까지 의학계는 일반적으로 조기 의사소통지체를 특별히 주목할 만한 것으로 간주하지 않았다. 소아과 의사들은 자주 자녀가 말이 늦는 것에 대해서 우려하는 부모들에게 3세가 될 때까지 문제가 지속될 경우 의뢰를 하겠다는 말을 하곤 한다. 비구어적 의사소통기의 말과 언어의 발달에 기여하는 인지, 사회, 정서, 감각 그리고 신체적 요인에 관한 많은 신생아 연구들이 이루어졌고, 이를 통해 얻어진 정보는 정보 기술이 진보하면서 더욱 쉽게 이용 가능하게 하고 있다. 축적된 연구 지식에 대한 조기 중재의 이점에 대한 인식과 소아과 의사들에게 조기 중재 서비스에 의뢰할 것을 권장하는 미국 소아과학회의 노력은 의학계가 소아의료 대상아동들에게서 나타나는 빈번히 발생하면서도 눈에 잘 보이지 않는 문제를 다루는 방법에 있어 변화하게 하고 있다. 또한 '발달지체'에 관한 합리적인 의학적 진단기준의 적용은 아동의 생애에서 더욱 일찍 발달 문제에 주의를 기울이고 있다.[7,9]

학교에 입학하기 전(그리고 문식성을 배우기 전)의 몇 년 동안, 의사소통 문제가 있는 아동들은 다양한 다른 문제 위험요인들을 갖게 된다. 의사소통에 문제가 있는 아동은 사회성 발달이 비정상적으로 이루어질 위험이 있다. 영아가 양육자의 노력에 적절하게 반응하지 않는다면, 역으로 초기에 이루어지는 중요한 타인과의 상호작용이 부정적 영향을 줄 수 있다. 연구들은 초기의 상호작용적 의사소통 능력과 전의도적인 의사소통 능력(preintentional communicative abilities)이 손상된 아동에게 부모 혹은 양육자가 정상아동과는 다르게 반응한다는 것을 보여 주었다.[43–45] 이러한 사례에서는 특별한 전의도적 의사소통 중재전략을 사용하여야 한다. 언어치료사는 부모 혹은 양육자가 전형적으로 발달하는 신생아에게 기대되는 행동들이 나타나지 않는 것에 주목하기보다는, 오히려 상호작용하고자 하는 자신들의 노력에 대해 아동이 어떤 반응을 보이는지를 관찰하도록 양육자 교육이 필요하다.

말을 통해서 자신의 감정을 전달할 수 있는 능력이 불충분하기 때문에 좌절을 경험하게 된 영아들은 자주 문제행동을 보이며, 영아가 전달하고자 하는 것이 무엇인지를 이해하려는 가족과 양육자를 더욱 좌절시킨다. 의사소통의 어려움이 행동상의 문제를 촉발한다는 사실을 미처 생각하지 못하는 가족 혹은 보육교사들은 일차적으로 문제행동(예: 퇴행, 지나친 의존, 빈번한 떼쓰기 등) 자체에 주의를 기울이게 된다.[19] 바람직하지 않은 행동을 유발시키는 근원적인 이유가 의사소통 능력의 손상일 경우, 언어치료사는 가족 및 보육교사들이 이러한 상황에 대처할 수 있도록 돕는 즉, 성인들이 문제행동에 효과적으로 대처할 수 있도록 상담자의 역할을 한다.

의사소통지체 혹은 의사소통장애와 관련이 있는 일부 질병은 아동의 신체 발달에 부정적인 영향을 준다. 혀를 움직이는 것이 어려운 아동이나, 입천장이 기형인 아동들은 섭식 및 삼키는데 문제가 있을 수 있다. 영양상의 도움을 필요로 하는 아동은 그 결과로 인해 위험에 노출될 수도 있다. 언어치료사는 울음소리가 지속적으로 이상하게 들리는 영아에게 특별한 신체적 문제〔예: 후비공폐쇄증(choanal atresia), 후두폴립증식(laryngeal polypoid growths), 성대불완전마비(vocal fold paresis), 혹은 편측마비(unilateral paralysis), 점막하(submucous) 혹은 구개열(overt palatal cleft)〕가 있는지 확인하기 위해서, 이비인후과 의사에게 진단을 해야 할 필요가 있게 된다. 시간이 경과함에 따라 이러한 특별한 신체적 문제는 뼈 혹은 연골 조직의 성장 패턴에 영향을 주거나, 적절한 영양을 방해하기도 한다.

조음 능력이 지나치게 부족한 영아는 신체적으로 성장함에 따라, 치아 구조나 아래턱 구조의 변형을 가져오는 설소대 강직증(ankylosis of the lingual frenum)을 앓을 수 있다. 이 문제들은 제2장과 제8장에서 상세하게 다루고 있다.

발생률이 높으면서도 눈으로 식별할 수 없는 장애

의사소통 발달에 영향을 주는 지체 및 장애를 가진 아동은 빈번하게 발생하면서도 눈으로는 식별할 수 없는 장애 아동들의 많은 일부분을 차지한다. 소아과 대상 아동 집단에는 비전형적인 의사소통의 발달을 보이는 눈으로 식별할 수 있지만, 발생률은 낮은 의사소통장애(예: 안면장애, 다운증후군과 같이 특징적인 신체적 특질을 보이는 증후군 등)를 가진 아동들도 있지만, 의사소통 발달지체 혹은 장애를 가진 대다수의 아동들은 또래 집단의 아동들과 외형적으로 흡사해 보인다. 종종 이러한 아동들의 의사소통 능력 발달과정에서 겪는 어려움이 경시되거나, 그냥 지나치게 되는 것은 그들이 '정상적으로 보이기' 때문이다. 일반인들과 다른 전문가 집단에게 이러한 의사소통 문제의 파급성과 다른 발달 영역에 악영향을 줄 수 있는 잠재적 가능성을 일깨우기 위해서는 의사소통장애 전문가의 지속적인 노력이 필요하다. 임상 프로그램을 통해서 의사소통 문제의 조기 중재가 효과를 거둘 수 있음을 증명하는 것은 소아과 집단과 가족을 대상으로 다른 전문가들과의 지속적인 의사소통을 통해서 가능해진다. 스타크(Stark)[46]가 주장하였던 것처럼, 아동을 대상으로 하는 의사소통장애 전문가들은 전문적인 역할의 일부로서 이러한 책임성을 가져야 한다.

▼ 비용관리 의료보험과 조기 중재

급격한 의료비용의 증가에 따른 비용관리 의료보험(managed care plans)의 빠른 확산으로 조기 중재 서비스 및 의료 환경의 조절이 요구되고 있다. 비용관리 의료보험 하에서, 1차 의료 제공자〔primary care providers; PCPs: 즉 면허를 받은 산과의(醫) 전문의, 소아과 의사, 가정의학 전문의〕는 환자가 다른 서비스를 받아야 할지를 조정한다. 사실상 이들은 모든 의료 서비스를 관할하는 문지기의 역할을 한다. 비용관리 의료보험의 회원들은 1차 의료 제공자를 통해 서비스를 받게 된다. 대부분이 그러한 것은 아니지만, 많은 비용관리 의료보험은 개인별로 할당되는 균등 할당액이라고 할 수 있다. 할당액은 비용관리 보험 집행자가 고안한 공식이나, 계약을 맺은 1차 의료 제공자와 보험 집행자 간의 협의를 통해 산출된 공식에 기초하여 정해지며, 각 보험의 회원들을 위해 참가하고 있는 1차 의료 제공자들에게 지급하는 기본적인 의료 수가이다.

1차 의료 제공자는 계약상의 합의에 따라 고정 금액을 지급받는다. 지급받는 금액은 정해진 기간 동안에 의료보험 회원에게 제공된 모든 의료에 소요되는 비용에 따라 정해진다. 1차 의료 제공자가 전문가 및 하위 전문가에게 의뢰하는 것을 감소시키고, 비용이 많이 드는 검사 절차, 입원 혹은 양자 모두를 제한함으로써 비용을 '절약'할 수 있다면, 보험에 명시된 기간이 만료되었을 때 남아 있는 기금은 자원을 절약한 것에 대한 보상으로 1차 의료 제공자에게 지급된다.

할당액은 윤리적인 의사결정과 의료가 환자의 건강을 최고로 생각하는지, 의료에 있어서 전문가와 하위전문가의 역할이 무엇인지, 관련된 비용관리 의료분야는 무엇인지(예: 언어치료, 작업치료, 물리치료, 청능치료) 대해 커다란 논쟁을 불러일으키는 주제이다.[47]

문지기 혹은 의뢰기관으로서 1차 의료 제공자의 역할은 비용관리 의료가 시행되기 이전에 관련된 문제들과는 다른 개인 경제 의미를 가지게 된다. 균등 할당액의 제한 액수를 지키기 위해서, 의뢰에 관한 권한을 가진 사람들이 3세 이전의 중재가 발달지체 혹은 발달장애를 가진 아동들에게 필요하다는 확연한 사실을 무시하게 될 것인가? 비용관리 의료보험이 미치는 영향이 무엇인지 아직 사람들이 인식을 하지 못하고 있는 상황에서 언젠가는 반드시 일부 보험 운영방식이 바뀌게 될 것이다. 1차 의료 제공자의 환자 의뢰에 의존하는 전문가들은 이러한 환경에서 살아남기를 바란다면, 신중하게 이러한 상황을 감시하여야 한다. 한 예로, 의사소통장애 전문가들이 비용관리 의료보험 참가 아동들에게 언어치료 서비스를 제공하였으나, 1차 의료 제공자가 언어치료 서비스를 의뢰하지 않았다는 이유로 할당액을 지급받지 못하는 일이 발생하곤 한다. 서비스에 대한 사전 확인은 비용관리 의료보험의 필수 요건이다. 사전 확인서는 1차 의료 제공자의 의뢰가 있어야 한다. 일반적으로 의료비용의 지급은 방문 횟수에 따라 결정되며, 추가적 방문을 통해 치료연장이 필요할 때에는 관리 의료보험 증명서 발급자(의사소통 치료에 대한 지식이 있거나 없을 수도 있는)가 요구하는 증명 서류를 제출하여야만 인정된다.

공법 102-119 및 최근에 수정된 장애인 교육법(신생아부터 3세 미만 영아 집단과 관련이 있는 공법 205-17, Part C)은 임상가에게 가능한 범위까지 자연적 환경에서 영아에게 서비스를 제공하도록 하고 있다. 이러한 서비스 제공이 문제가 되는데, 그 이유는 가정과 아동 보육시설이 의료센터의 자격이 없기 때문이고 많은 조기 중재 프로그램이 지역사회 조직(예: 정신지체인협회)을 통해서 또는 지역 내 학교 서비스의 일환으로 운영되고 있기 때문이다. 다행스런 것은 한 의료 단체에서 특별한 요구가 있는 영아를 다루는 특별 부서를 만든 것이다.[48]

1차 의료 제공자와 지속적인 의견 교환을 하여야 한다는 원칙을 유지하는 것은 중요한 문제이다.[49, 50] 1차 의료 제공자들이 왜 조기 의뢰가 중요한지 인식하도록 돕는 것이 가장 중요하다. 비용관리 의료보험을 집행하는 부서에 있는 증명서 발급자의 행동을 바꾸는 것은 전문적인 기술을 요하는 새로운 영역이다. 보험마다 요건이 상이하기 때문에, 서비스를 허락하는 방식으로 운영되는 특정 보험의 요구 사항을 이해하는 것은 특히 어려운 문제이다.

▼ 가족과 전문가의 팀 구성

영아 집단을 대상으로 하는 전문가들은 영아가 받는 의료에 관한 진정한 의사결정자는 가족이라는 사실을 즉각적으로 깨달아야 한다. 전문가들은 영아에게 적합한 의료에 관한 선택 사항들을 권고하고, 중재 혹은 치료 전략을 제안하고, 적절한 정보를 제공할 수 있다. 그러나 궁극적으로 제시된 사항을 선택할지, 선택하지 않을 지를 결정하는 것은 가족이다. 영아의 출생시 어려운 결정(예를 들면 선천적 질병을 가진 자녀에게 필요한 외과 수술이나 특수한 치료의 허락, 다른 의료 전문의의 선택, 비싼 의료비용의 지급 방법 추구와 같은)을 하도록 강요받게 되는지, 아니면 나중에 다른 어려운 결정 상황에 직면하든 간에, 영아의 장애를 치료할 수 없게 되거나 영아의 발달 과정이 손상되었다는 사실을 깨닫게 되는 것은 가족에게는 하나의 외상을 입게 되는 사건이 되기 때문에 가족들은 엄청난 정신적 에너지와 개인적 긴장을 느끼게 된다는 것을 알아야 한다.

가족은 각각 수준과 비율에 있어 차이가 있는 위로와 성공을 통해 적응해 간다. 물론 가족 구성원 모두가 동일하게 적응하는 것은 아니며, 가족 구성원 모두가 관련된 문제를 중시하지 않을 수도 있다. 대처 기술은 가족 내에서도 다양하게 나타난다. 영아의 발달지체 혹은 발달장애를 극복하고 그것에 적응하는 것은 일차원적인 문제가 아니다. 때로는 영아 문제에 대처하는 것이 느리게도 진행되기도 하고, 때로는 그러한 상황에 대처한 초기의 수준에 비하면 비약적으로 발전하기도 한다.

가족들이 문제에 대처하지 않기로 결정하거나, 여러 가지 이유로 문제에 대처할 수 없을 때, 단기간 혹은 장기간의 '정체' 기간이 있을 수 있다.

가족의 관심사, 우선사항 및 자원은 전문가의 관심사, 우선사항 및 자원과 다를 수 있다. 영아를 위하여 최선의 결과를 얻고자 하는 가족과 전문가의 목표 사이에 일치하는 부분이 있다면, 가족과 전문가가 효과적으로 협력할 수 있을 것이다.

가족들과 함께한 저자의 경험은 대처와 적응에 관한 연구 보고서에서 밝혀진 바와 같다. 어떤 가족들(또는 가족의 구성원들)은 개방적이며, 민감하고, 정보를 구하고, 제안 및 관리 전략을 신속하게 끝까지 이행하는 반면, 어떤 가족들은 무엇인가를 해야 한다거나 할 수 있다는 제안에 저항하고, 심지어는 영아의 문제를 (공공연하게 혹은 암암리에) 부정하는 경우도 있다.

또 어떤 가족들은 중재 혹은 치료 계획 초기에는 협조적이었다. 이 계획에 참여하는 것에는 별 의욕이 없는 경우도 있다. 이러한 반응은 인간의 본성에 기인한 것이며, 반드시 참여한 가족 구성원의 특성이나 전문가의 수완으로 설명할 수 있는 것은 아니다. 더욱이 종종 가족들은 가족들이 받아들이기 어려운 특수한 치료 과정이나 관리 과정을 따를 것을 전문가들이 집요하게 주장하기 때문에 전문가들에게 협력할 수 없다고 말하기도 한다. 가족들의 선택은 종교적인 믿음, 자녀를 양육해 온 종래의 방식, 사회적 혹은 문화적 가치관, 단순한 직감 등에 기초할 수 있다. 부모의 선택이 범죄나 의료적인 방치 혹은 아동학대를 초래하는 경우를 제외하면, 부모들은 자유롭게 가족들이 가장 잘 이해할 수 있는 선택을 할 수 있다.

전문가로서, 우리는 가족들이 우리가 제안한 것 이상으로 무수히 많은 어려운 결정을 하고 있다는 사실을 상기하여야 한다. 특별한 요구를 가진 아동으로 인해 우리들의 중재가 영향을 미치는 것은 삶의 일부분이지만, 가족들의 삶은 훨씬 더 복잡하게 영향을 받는다. 가족들은 가족 나름의 속도에 맞추어 움직인다. 우리의 책임은 가족들이 가장 잘 이해할 수 있는 결정을 내릴 수 있도록 충분한 정보를 제공하는 것이다. 우리는 가족의 관심사와 우선사항이 무엇인지를 이해하도록 개방적이어야 한다. 또한 가족들이 이용할 수 있는 지원과 자원이 무엇인지 알아내야 한다.

의사소통의 중재 시기가 결정적으로 중요하고, 때로는 바라는 성과를 거두기 위해서 당장의 의사소통 중재가 아주 중요하다 하더라도, 가족들은 우리와는 다른 시각으로 상황을 볼 수 있다. 가족은 일상생활에서 일부 서비스에 소요되는 비용과 다른 재정적 우선순위의 균형을 맞추는 문제에 직면해 있다. 또한 조기 중재 전문가 팀의 여러 구성원에 의해 서비스를 받는 가족들은 아동과 다른 가족 구성원의 요구를 돌보는 것 이외에도 스케줄 예약, 차편 및 다른 문제들을 해결하여야 한다. 가족은 비용관리, 의료제도 및 프로그램 자격 적합성 요건, 종신 보험 상환, 서비스 이용 가능성 및 접근 가능성, 의약품, 필요한 장비에 대한 요구들을 권고 사항에 대하여 즉각적인 결정을 내려 주길 바라는 전문가의 요구보다 우선시 할 수 있다.

가족 및 전문가와 협력할 때 주의를 요하는 또 다른 문제는 가족 구성원 특히, 어머니 혹은 주 양육자가 조기 중재 팀의 구성원(실행할 수 있지만 아마도 같은 환경에서 실행하지 않을)으로서 어느 범위까지 역할을 하느냐의 문제이다.

많은 사람들에게 있어 이 개념은 쉽게 받아들여질 수 있는 것이 아니다. 문화적 배경, 가치, 이전의 삶의 경험, 교육적 배경, 사회·경제적 지위, 신앙체계 및 기대(특히 장애와 전문가와의 관계에 대한 기대)들은 모두 팀의 구성원이 된다는 것과 관련이 된다. 많은 전문가들이 조기 중재 활동을 착수하는 이상적인 방법은 가족에게 팀 구성원의 자격을 부여하는 것이라고 생각하지만, 대부분의 경우 모든 조기 중재의 경험이 우리가 접촉하게 될 모든 가족들에게는 매우 새로운 것이라는 사실을 명심하여야 한다.

전문가와 가족들은 서로 적응하고, 중재의 과정에 대한 약속과 기대하는 것을 결정하는 속에서 만족스러운 협력 관계를 확립하려면 전문가와 가족 구성원 모두의 시간과 인내가 필요하다. 전문가는 가족이 진정한 파트너가 되겠다고 결정한다면, 진정한 파트너로 일하는 데 이용할 수 있는 정보와 도구를 제공하여야 한다.

▼ 조기 중재 전달 모형

의사소통장애를 갖고 있거나, 의사소통장애 위험이 있는 영아는 발달 프로그램으로의 의뢰를 통해서, 혹은 임상 프로그램을 통해서 언어치료사의 중재를 받을 수 있다. 발달 프로그램은 종종 지역사회에 기반을 둔 기관에서, 장애인 교육법의 Part C의 규정에 따라 제공된다. 임상 프로그램은 보다 전통적인 의료 환경에서 사설 전문요원에 의해 제공된다. 임상 프로그램은 '기관 중심'으로 제공되는 경향이 있다. 다시 말하자면 가족들이 아동을 전문가에게 데리고 간다. 반대로 Part C는 서비스를 가능한 범위까지는 자연적 환경에서 제공하도록 하고 있다. 이는 종종 전문가가 아동의 집이나, 보육 시설로 직접 방문하여야 한다는 것을 의미한다.[51]

물론 Part C 법령이 센터에 기초한 프로그램을 금지하고 있는 것은 아니나, 일반적으로 아주 어린 영아는 치료 프로그램에 참여하지 않는다. 아주 어린 영아의 정상적 환경은 가정이다. 그러나 많은 영아들은 부모의 직업상 보육시설에서 많은 시간을 보내게 된다. 의사소통 문제가 1차적인 문제인 경우, 발달 프로그램과 임상 프로그램의 철학은 비전형적으로 발달하고 있는 영아와 그 가족들의 요구에 부합하여 적용되고 있다. 발달에 적합한 실제는 모든 관리 프로그램의 평가 기초가 되고 있다.

장애인 교육법에 따르면, 아동이 서비스를 받을 자격이 있으면 가족들 또한 서비스를 받을 자격이 있다.[52] 그러나 조기 중재를 받을 때 도움이 될 수 있는 많은 아동들이 Part C에 의한 서비스를 받지 못하고 있다. 이는 아동의 발달지체가 주정부가 정한 적격성 기준을 만족시킬 만큼 '심각하지 않기' 때문에, 혹은 아동이 지니고 있는 위험 요소가 제한된 적격성 기준에서 배제되어 있기 때문이다. 예를 들어서 환경적 위험 아동(특히, 가족의 낮은 사회경제적 지위와 어머니의 낮은 교육 수준이 결합된 아동들)은 조기 중재의 유익함이 있는 집단이다.[53] 주정부들이 적격성을 가리는 기준에 위험군 집단도 포함시킬 것이 권고되지만, 대부분의 주정부들은 재정적인 이유 때문에 환경적으로 위험한 상황에 놓여 있는 아동들을 적격성 기준에서 제외시키고 있다.

임상 서비스 전달 모형에 의해서 서비스를 받을 수 있는 자격은 기관과 실제에 따라 상당히 다르다. Part C 모형과 마찬가지로 임상 모형에서도 조기에 언어치료사의 서비스를 받도록 하는 영아는 신체적 이상(특히, 안면 장애), 청력장애, 그리고 중복장애를 가진 영아들이다. 사설 기관의 서비스 자격 적격성은 가족의 수입 수준, 보험의 범위 혹은 다른 요소 등, 영아의 발달적 요구와는 무관한 요인들에 의해 결정된다. 어떤 가족들은 아동이 가진 질병으로 인해 나타나는 많은 측면들과 뒤이어 일어나는 자신들의 생활 변화에 적응하는 데 다른 가족들보다 더 오랜 시간이 걸리기도 한다는 사실을 주목하여야 한다.

발달치료는 발달의 진척이 이루어진 후 시작이 된다. 발달치료를 시작하고자 할 때, 가족들은 복합적인 서비스가 필요한 것을 느끼거나 인식하면서도 한 가지의 서비스만을 받기로 결정할 수도 있다. 특히 아동 치료 팀 구성원인 모든 전문가들은 영아 초기 발달 시기의 시냅스 형성 및 모든 발달영역의 평행적 발달 성숙의 중요성에 대한 관점을 가지고 장애를 가진 아동과 가족들을 위한 최상의 성과를 얻기 위해 협력적 팀 노력을 하는 것이 얼마나 유익한지 이해하는 것이 중요하다.

▼ 가족의 선택은 양자택일적일 수밖에 없는가?

효과적인 부모-전문가 협력 관계를 형성하고자 할 때, 언어치료사는 개인들이 각각 다른 것과 마찬가지로 가족들도 다르다는 사실을 인정하여야 한다. 그 동안 가족의 개념은 오직 두 명의 부모와, 한 명 또는 그 이상의 자녀, 그리고 확대 가족(즉, 조부모, 고모/이모, 삼촌/외삼촌, 사촌)으로 구성된다는 관점에서 많이 벗어나고 있다. 대부분의 가정에서 이제 혈연관계가 있는 확대 가족의 구성원들이 자녀, 부모와 한 지붕 아래 사는 것을 보기 힘들다. 물론 이러한 관습은 문화 집단에 따라 상당히 다르기는 하다.

현재 상당수의 아동들은 종종 여성이 가장의 역할을 하는 편모 가정에서 자라고 있다. 때로는 혈연관계가 없는 절친한 친구나 가까운 사람들이 한 지붕 아래서 함께 살지 않는다 하더라도 가족의 구성원으로 간주되고, 또한 가족의 기능을 하기도 한다. 입양가족 혹은 위탁 가족이 아동에 대한 책임을 지는 사람들일 수도 있다. 두 명의 부모가 모두 있는 가정에서조차도 부모 모두가 직업을 가지고 있을 수 있기 때문에, 아동은 깨어 있는 대부분의 시간 동안 가정탁아 또는 기관 중심 보육 프로그램의 보육 교사의 손에 맡겨질 수 있다. 보육기관의 교사들은 자주 바뀌기 때문에, 아동이 수시로 새로운 얼굴을 접하는 것은 꽤 흔한 일이다. 어떤 아동들에게는 '주 양육자'를 확인하는 것이 쉽지 않을 수도 있다. 이러한 문제들은 아동의 발달과 의사소통 문제 대한 관리 계획 수립 및 이행에 영향을 줄 수 있기 때문에, 제9장에 보다 상세하게 다루었다.

궁극적으로 아동에 관한 의사결정은 가족의 손에 달려 있기는 하나, 아동과 가족을 대상으로 하는 전문가들은 의사결정 과정에 영향을 주는 요소도 고려하여야 한다. 개방적인 전문가들은 아동의 문제를 염려하는 모든 사람들에게 도움이 되도록 하기 위해서는 위에서 언급한 서비스 전달 모형을 혼합하는 것이 가능하다는 것을 고려하게 된다. 때가 되면 아동과 가족에 따라서는 Part C 서비스를 받을 자격이 있게 되지만, 그렇지 못하는 아동과 가족도 생기게 된다. 가족들은 아동의 발달시점에 따라서는 장애인 교육법 제도에 포함되지 않는 특수한 전문가가 다루는 것이 더 적합할 수도 있다고 생각하여 사설 기관의 임상가나 특별임상 프로그램의 이용을 선호할 수도 있다.

또 다른 시점에서는 가족들은 Part C의 서비스 모형을 통해 제공되는 다학문적 접근법이나 일부 특별한 소아과 진료를 이용하기를 바랄 수 있다. 따라서 전문가들은 선택 사항에 대한 가족의 결정이 시간 경과에 따라, 그리고 아동에게 필요한 것에 대한 가족의 인식, 가족의 우선순위, 그리고 가족의 자원에 따라 달라질 수 있다는 것을 알게 된다.

전문가들에게 새롭게 제기되는 문제는 이용할 수 있는 선택 사항의 범위를 이해하고, 가족들이 전문가의 권고 사항의 의미를 이해할 수 있도록 가족과 정보를 공유하고, 가족과 다양한 서비스 전달 체계의 장점과 단점에 대한 솔직한 의견을 나누는 것 등 가족이 아동과 가족 스스로에게 적합한 서비스를 결정하도록 지원하는 것이다. 〈표 1-2〉는 장애 또는 장애 위험이 있는 영아와 가족에게 제공되는 서비스의 틀을 제안하고 있는 기본적 서비스 전달 모형에 관한 개요를 제시하고 있다.

〈표 1-2〉 다양한 서비스 전달 모형의 특징 비교

모형	가능한 서비스 제공 장소	서비스 수혜 집단 및 사용되는 접근방법	초점
임상적 모형	• 병원 또는 의료환경(예: 신생아 집중 치료실) • 외래 환자 서비스 • 의료 센터, 전문의, 또는 의료 프로그램 • 전문화된 다학문적 팀 협력(예: 안면 이상 팀, 구순 파열 또는 구개 파열 팀, 섭식 팀)	• 신생아, 1세 영아, 걸음마기 영아 • 아동 중심의 서비스 • 치료와 보육의 안내 및 선택은 전문가의 전문성에 의존함. • 의사들의 지시체계가 잘 수립된 서비스(권위의 체계) • 부모는 전문가의 지식과 전문성에 의존함. • 부모는 선택권을 부여받고, 특별한 중재절차에 대한 훈련을 받으며, 지역사회 자원에 대한 지식을 제공받음.	• 예방 • 진단 • 평가 • 치료/관리 • 퇴원 계획 • 팀 협력 • 부모 훈련 및 교육 • 건강, 복지 및 발달 촉진
임상적 모형	• 자문을 받거나 자문 없이 이루어지는, 언어치료사에 의한 전통적인 기관 중심의 개별 또는 집단 치료	• 대상자들은 임상적 실제(치료) 구조 따라, 0~3세 미만 영아의 일부, 또는 제한된 비율만이 서비스를 받음. • 언어치료사 또는 청각사는 여러 기관과 계약을 맺어 아동이 다른 환경(예: 가정, 보육시설)에서 서비스를 제공받음.	• 단일 전문 분야적, 아동 중심 치료 • 가족 참여는 치료 목표의 유지 목적을 위해 임상가의 지시에 의해 이루어짐.
집단 또는 다학문적 모형	• 종종 자문, 또는 자문 없이 치료실에서 이루어지는, 전문가 집단에 의한 전문 치료	• 선택된 하위그룹의 통합을 위해서 0~3세의 아동과 가족을 통합하여 서비스를 제공(예: 자폐, 뇌성마비, 언어장애). • 서비스는 아동의 발달적 또는 신체 건강 요구, 아동의 장애 조건 또는 진단에 따라 제공됨.	• 아동 중심적 • 전문가들의 다학문적 팀에 의존함(예: 물리치료, 작업치료 및 말-언어치료; 심리치료, 말-언어치료 및 사회복지; 말-언어치료 및 심리치료)

(다음 쪽에 계속됨)

〈표 1-2〉 다양한 서비스 전달 모형의 특징 비교 (계속)

모형	가능한 서비스 제공 장소	서비스 수혜 집단 및 사용되는 접근방법	초점
발달적 모형	• 다학문적 조기 중재 팀(기관 중심 또는 가정 중심과 센터 중심의 혼합 형태).	• 서비스를 받는 연령은 특정 선택 집단(예: 정신지체, 뇌성마비, 자폐)에서 0세에서 3세 미만의 영아와 가족의 포괄적 포함에 이르기까지 다양함. • 대개 서비스는 가족 중심적이고 연방과 주의 조기 중재 규정에 의해 수행됨. • 법의 요구와 상관없이 대개는 개별화 가족 지원 계획에 의해 서비스를 제공함. • 서비스는 가족의 우선순위에 맞추어지고, 아동 발달을 증진시키는 것이 목표임.	• 서비스는 임상과 교육 모형 사이에 존재. • 역사적인 원천은 종종 발달장애 프로그램, 특정 장애 부모 협회에서 지원하는 센터, 혹은 대학의 실습 또는 연구 프로그램에 기인함.
발달적 모형	• 기관들의 공동 협력으로 이루어지는 다학문적 발달 진단·평가 팀: • 의료기관 • 종합병원의 치료실 • 발달장애 센터 • 지방 교육청 • 시민기관에서 후원하는 센터들(예: SERTOMA, Scottish Rite Easter Seal Society)	• 서비스는 3세의 유아와 가족까지도 포함할 수 있으나 법 규정에 의해 제한받을 수 있음. • 프로그램은 중재, 치료를 위한 다른 곳 의뢰를 위해 전문적 진단·평가 서비스를 제공함.	• 매우 전문화된 환경에서 계획된 목표를 위해서 진단·평가가 이루어짐. • 일반적으로 아동 중심이지만 좀 더 가족 중심이 될 수도 있음.
초학문적 모형	위와 같음	• 위와 같으나 팀 구성원들은 가족 서비스의 제공 및 영아에게 직접, 간접적 중재 서비스를 제공할 수 있음.	• 협력적, 가족 중심적 진단·평가가 이루어지고, 팀의 전문가 사이에서 역할 분담이 이루어짐.

NICU(Neonatal Intensive Care Unit): 신생아 집중 치료실
SLP(Speech-Language Pathology/Pathologist): 언어치료사
IFSP(Individual Family Service Plan): 개별화 가족 지원 계획

▼ 전문가의 능력

채택된 서비스 전달 모형이 무엇이든 간에(부모는 제공되는 치료 또는 기관이 어떤 모형을 적용하고 있는지 알 수도 있고, 모를 수도 있음), 발달장애 또는 발달장애의 위험이 있는 영아를 대상으로 하는 전문가들은 반드시 기본적인 능력, 지식 기반 및 경험 배경이 있어야 한다. 〈표 1-2〉는 모든 전문가들이 잘 알아야 하는 다양한 서비스 전달 모형의 특징들을 비교하고 있다.

미국 말·언어·청각협회(American Speech-Language-Hearing Association; ASHA)는 영아를 대상으로 하는 전문가를 위한 지침서를 출판했다.[52] 추가적으로 Part C의 시행 규칙 및 규정에 대한 전문가에게 요구되는 일정한 능력에 대한 개요가 제시되어 있다. 미국 특수아동협회(Council for Exceptional Children; CEC)의 유아분과(Division of Early Childhood; DEC)는 다학문적 중재에 대한 지침을 개발하였다.[54] 미국 소아과학회(AAP)는 발달장애 아동을 다루는 의사들을 위한 지침서를 제안한 바 있다.[55] '치료 범위: 자폐의 선별과 진단 지침(The Practice Parameter: Screening and Diagnosis of Autism)'은 미국 청각학회, 미국 작업치료협회, 미국 말·언어·청각협회, 미국 국립 자폐위원회 및 발달소아과학회를 포함한 일부 전문가 단체에서 채택되었다.[56]

전문가에게 아동을 위임하는 가족들은 종종 정서적, 재정적으로 스트레스를 받을 때마다, 아동의 인생을 바꿀 수도 있는 결정을 내려야 하는 순간에 적절한 조언을 해 줄 수 있는 전문가들과 접촉하기를 바란다. 사회·경제적 지위, 지능 수준, 교육적 배경, 혹은 가족 구성에 관계없이 부모들은 간절하게 아동의 요구에 따른 이용 가능한 최선의 치료를 확보할 수 있기를 바란다. 어떤 가족들은 아직 치료법이 알려지지 않은 중증 장애의 치료 가능성에 대한 전혀 비현실적인 기대를 할 수도 있다. 시간이 지남에 따라, 가족의 기대는 전문가와의 상호작용의 결과로서, 그리고 가족 스스로의 인생 경험을 통해서 보다 현실적이 될 것이다. 전문가들은 아동의 발달 성과를 최적화하기 위해서는 아동 장래에 대한 가족의 희망과 적절한 관리 사이의 조화를 이룰 수 있도록 하여야 한다.

이 책의 다음 장에서는 의사소통장애에 대한 진단·평가 및 관리에 있어서 특수한 문제들을 중점적으로 다루고 있다.

▼ 참고 문헌

1. U.S. Department of Health and Human Services: Research notes, January 1995.
2. U.S. Department of Education: *Seventeenth report to congress on the implementation of Individuals with Disabilities Education Act*, Washington, DC, 1995.
3. Newacheck PW, Taylor WR: Childhood chronic illness: prevalence, severity, and impact, *Am J Public Health* 82:364-371, 1992.
4. Wenger BL, Kaye HS, LaPlante MP: Disabilities among children. Disability Statistics Abstract, No. 15, Washington, DC, 1996, U.S. Department of Education, National Institute on NIDRR Outcome.
5. U.S. Department of Health and Human Services/Public Health Service: Disabilities among children age 0-17 years—United States, 1991-1992, *MMWR Morb Mortal Wkly Rep* 44:33, 1995.
6. American Medical Association: *Physicians' current procedural terminology*, Chicago, 1996, CPT Intellectual Property Services, AMA.
7. American Medical Association: *International classification of diseases: clinical modification*, ed 9, Dover, Del, 1996, AMA.
8. American Speech-Language-Hearing Association: *2001 Scope of practice in speech-language pathology*, Rockville, Md, 2001, Author.
9. Threats TT: New classification will aid assessment and intervention, *The ASHA Leader* 6(18):12, 2001.
10. American Academy of Pediatrics: *The classification of child and adolescent mental diagnoses in primary care: diagnostic and statistical manual for primary care (DSM-PC) child and adolescent version*, Elk Grove Village, Ill, 1997, AAP Division of Publications.
11. American Psychiatric Association: *Diagnostic and statistical manual of mental disorders*, ed 4, Washington, DC, 1996, American Psychiatric Association.
12. Zero to Three/National Center for Clinical Infant Programs: *Diagnostic classification:0-3-diagnostic classification of mental health and developmental disorders of infancy and early childhood*, Arlington, Va, 1994, Author.
13. U.S. Department of Education: Assistance to states for the education of children with disabilities and early intervention program for infants and toddlers with disabilities, 34CFR, Part 303: early intervention program for infants and toddlers with disabilities, *The Federal Register* 64(48):12505-12554, 1999. (Full text of final regulations for IDEA available at http://www.icase.org/idea/regulations/12416.htm)
14. Rehabilitation Act of 1973, Sec. 504 (34 CFR 104.3 [j].
15. OSEP's Hehir voices concern about need for more child-find in Part H, *Early Child Rep* 7:7, 1996.

16. Fewell R: Educator says research points to need for more aid for children with less severe disabilities (excerpts from keynote address of Rebecca Fewell at the 1996 Conference of the Division of Early Childhood), *Early Child Rep* 8:3, 1997.
17. Hallett T, Proctor A: Maturation of the central nervous system as related to communication and cognitive development, *Infant Young Child* 8(4):1-15, 1986.
18. Roeper T, deVilliers P: *What every three-year-old needs to know*. Seminar presented at the ASHA Convention, New Orleans, La, Nov 17, 2001.
19. Prizant BM, Meyer EC: Socioemotional aspects of language and social-communication disorders in young children, *Am J Speech-Lang Pathol* 2:56, 1996.
20. Catts HW: The relationship between speech-language impairments and reading disabilities, *J Speech Hear Res* 36:948, 1993.
21. Lockwood SL: Early speech and language indicators for later learning problems: recognizing a language organization disorder, *Infant Young Child* 7:43-52, 1994.
22. Menyuk P: Syntactic and reading disabilities. In Stark J, Menyuk P. Wurtzel S, eds: *Language learning and reading disabilities: a new decade*, New York, 1980, Queens College Press.
23. Ramey CT, et al: Infant health and development program for low birth weight premature infants: program elements, family participation, and child intelligence, *Pediatrics* 89:454, 1992.
24. Bryant DM, Ramey CT: An analysis of the effectiveness of early intervention programs for environmentally at-risk children. In Guralnick M, Bennett FC, eds: *Effectiveness of early intervention*, Orlando, Fl, 1987, Academic Press, p 33.
25. Campbell RA, Ramey CT: Effects of early intervention on intellectual and academic achievement: a follow-up study of children from low-income families, *Child Dev* 65:684, 1994.
26. Shonkoff JP, Hauser-Cram P: Early intervention for disabled infants and their families: a quantitative analysis, *Pediatrics* 80:650, 1987.
27. Preschool program data, *Early Child Rep* 5:7, 1994.
28. Education for the Handicapped Act of 1975, Pub L No. 94-142.
29. Amendments to the Education for the Handicapped Act of 1986, Pub L No. 99-457.
30. Individuals with Disabilities Education Act of 1990, Pub L No. 101-476.
31. Wetherby AM, Prizant BM: Toward earlier identification of communication and language problems in young children. In Meisels SJ, Fenichel E, eds: *New visions for the developmental assessment of infants and young children*, Washington, DC, 1996, Zero to Three/National Center for Clinical Infant Programs, p 289.
32. Wetherby AM: *First words project: improving identification of communication disorders*. Seminar presented at the Louisiana Speech-Language-Hearing Association 2000 Conven-

tion, Baton Rouge, La, Nov 6,2000.

33. Alfonso DD, Wahlberg V, Persson B: Exploration of mothers' reactions to the kangaroo method of prematurity care, *Neonatal Network* 7:43, 1989.
34. Als H: Individualized, family-focused developmental care for the very low birthweight preterm infant in the NICU. In Friedman SL, Sigman MD, eds: *Advances in applied developmental psychology*, vol 6, Norwood, NJ, 1992, Ablex.
35. Becker PT, et al: Outcomes of developmentally supportive nursing care for very low birthweight infants, *Nurs Res* 40:150, 1991.
36. Lawhon G, Melzar A: Developmentally supportive interventions. In Cloherty JP, Stark AR, eds: *Manual of neonatal care*, ed 3, Boston, 1991, Little, Brown, p 581.
37. McCormick MC: Advances in neonatal intensive care technology and their possible impact on the development of low birthweight infants. In Friedman SL, Sigman MD, eds: *The psychological development of low-birthweight children: advances in applied developpsychology*, Norwood, NJ, 1992, Ablex, p 37.
38. Parker SJ, et al: Outcome after developmental intervention in the neonatal intensive care unit for mothers of preterm infants with low socioeconomic status, *J Pediatr* 120:780, 1992.
39. Schmidt E, Wittreich G: *Care of the abnormal newborn: a random controlled clinical trial study of the "kangaroo method of care for the low birth-weight newborns."* Paper presented at the 1996 World Health Organization Interregional Conference on Appropriate Technology Following Birth, Rome, Italy, October 1986.
40. Wajda V, Brorson K: *Referrals for speech and language services: are medical students/residents prepared?* Poster session presented at the ASHA Conference, New Orleans, La, Nov 15, 2001.
41. Bendersky M, Lewis M: Environmental risk, biological risk, and developmental outcome, *Dev Psychol* 30:484, 1994.
42. Scarborough HS: Very early language deficits in dyslexic children, *Child Dev* 61: 1728, 1990.
43. Barnard KE, Kelly JF: Assessment of parent-child interaction. In Meisels SJ, Shonkoff JP, eds: *Handbook of early childhood intervention*, Cambridge, Mass, 1990, Cambridge University Press, p 278.
44. Barnard KE: Influencing parent-child interactions for children at risk. In Guralnick M, editor: *The effectiveness of early intervention*. Baltimore, Md, 1997, Paul H. Brookes, p 249.
45. Hudson KM. Giardino AP: Child abuse and neglect. In Meisels SJ, Shonkoff JP, eds: *Handbook of early childhood intervention*, Cambridge, Mass, 1997, Cambridge University Press, p 278.
46. Stark RE: Early language intervention: when, why, how? *Infant Young Child* 1:44, 1989.

47. Shapland C: Be aware that managed care can affect children with disabilities, *Pacesetter* 20:12, 1997.
48. HMO makes an important connection to early intervention, *Early Child Rep* 7:1, 1996.
49. Droter D: But where are the data? Planning services for infants and families in an era of managed care, *Infant Young Child* 9:vi, 1996.
50. Barnett WS, Escobar CM: Economic costs and benefits of early intervention. In Meisels S, Shonkoff JP, eds: *Handbook of early childhood intervention*, Cambridge, Mass, 1990, Cambridge University Press, p 560.
51. U.S. Department of Education: Early intervention program for infants and toddlers with disabilities, *Federal Register* Sec. 303.361; 40968, July 30, 1993.
52. Ramey CT, Yeates KO, MacPhee D: Risk for retarded development among disadvantaged families: a systems theory approach to preventive intervention, *Adv Special Educ* 4:249, 1984.
53. American Speech-Language-Hearing Association: The roles of speech-language pathologists in service delivery to infants, toddlers, and their families, *ASHA* 32:4, 1990.
54. DEC Task Force on Recommended Practices: *DEC recommended practices: indicators of quality programs for infants and young children with special needs and their families*, Reston, Va, 1993, Council for Exceptional Children pp 47, 69.
55. Liptak GS: The role of the pediatrician in caring for children with developmental disabilities, *Pediatr Ann* 24:232, 1995.
56. Filipek PA, et al: Practice parameter: screening and diagnosis of autism. Report of the Quality Standards Subcommittee of the American Academy of Neurology and the Child Neurology Society, *Neurology* 2:468-479, 2000.

제 2 장

영아 발달지체와 장애의 원인

의사소통 능력과의 관계

Frances P. Billeaud

이 장에서 다루게 될 주요 내용에 앞서 용어에 대한 간단한 논의를 하고자 한다. 이러한 위험 요인이 높은 발달지체 및 장애가 있는 영아들에게 중재 서비스를 제공하는 임상가들이 장애 조건 및 행동에 대해 적용하는 용어가 다른 집단의 전문가들에게 다른 의미를 가질 수 있기 때문에 다소 혼란스러울 수 있다. 임상가들은 그들이 평소에 사용하는 용어의 정의를 같은 아동에게 서비스를 제공하고 있는 다른 분야의 전문가들이 이해를 하고 있는지 또는 보편적으로 사용되고 있는지 염두에 두지 않는다는 것을 이해하는 것이 중요하다.

전문용어에 대한 논란은 '정책적으로 적합해야 한다'는 현재의 사회적 경향 때문에 좀 더 복잡해졌다. 따라서 심리사들은 관행적으로 정신지체(mental retardation)라는 용어를 제한된 정신 능력으로 정의하고, 진단 명칭을 붙이는데 사용하지만, 신체장애 및 지적장애가 있는 사람들을 위한 기관에서 일하는 교사 및 기타 전문가들은 발달지체(developmentally delayed)라는 용어를 사용할 수 있다. 특수교육 프로그램에서 일하는 사람들은 동일한 개인을 인지장애(cognitively challenged) 또는 정신장애(mentally handicapped)라고 부르기도 하고, 개인이 장애에 영향을 받는 정도를 가리키는 조건을 추가하기도 한다〔예: 경도-중등도(mild-moderate) 또는 중도-최중도(severe-profound)〕.

이러한 명칭 부여는 보통 정부기관의 법규와 규정, 전문가들의 임상 기준, 또는 장애를 가진 사람들을 지원하는 서비스 기관에 의해 이루어진다. 때때로 국가 및 주 법령에 포함된 법률 용어는 서비스를 받을 적격성을 의미하는 정의를 사용하며, 서비스에 대한 적합성이 있는 한정된 집단의 사람들에게만 자격을 주는 데 사용되기 때문에 다른 분야와는 다른 독자적 정의를 내리기도 한다.

이러한 점을 염두에 두고, 이 장에서는 전문가들이 주의해야 하는 영아기의 장애 조건과 행동에 대해 정보를 제공하고자 한다. 전문가들은 의뢰된 아동의 상태를 인식하는 것이 중요하다.

▼ 의뢰된 아동의 수용 및 위험군 아동의 진단

전문가들은 의뢰받은 아동의 상태와 증상에 의해 대상 아동이 치료 또는 관리가 필요한지를 결정하게 된다. 의사들은 건강 또는 발달에 영향을 주는 특별한 신체조건, 질병의 진행 및 이상을 찾는다. 심리사 및 다른 전문가들은 눈으로 관찰하는 행동, 인지 능력과 정신적 및 정서적 상태와 발달의 지표를 찾는다. 교육자 및 영유아 발달 전문가들은 아동의 교육에 대한 준비 상태를 판단하기 위해 여러 발달 '영역'에 걸쳐(예: 신체, 사회, 자조, 인지) 아동의 발달 상태를 관찰한다. 물리치료사 및 작업치료사들은 신경운동계 성숙, 신체 능력, 평형, 감각 자극의 통합 운동 패턴을 진단한다. 언어치료사들은 아동의 특정한 감각 특징, 즉 구강, 신경운동, 아동의 수용 및 표현 의사소통의 질적 및 양적 특징을 평가하고 그들의 강점, 능력, 발달에 대한 가능성 또한 진단한다. 다른 분야의 전문가들은 아동의 현재 기능 수준의 다른 측면을 관찰하고, 미래의 발달 가능성들을 확인하도록 훈련 받는다.

모든 전문가들은 그들의 훈련 및 경험에 근거한 다양한 관점에서 아동의 상태를 결정한다. 또한 아동에게서 얻은 자료가 아래에 제시된 가능성들의 한 가지 또는 복합적 특성을 나타내는지에 대해서 결정한다.

- 차이(difference): 특정 환경에서는 다소 비정상적이지만 아동의 가족, 문화 또는 사회(예: 지역의 방언 특성, 작은 키) 내에서는 정상적으로 보이는 조건 또는 행동을 말한다.
- 지체(delay): 규준 또는 수행 준거에 비추어 볼 때 아동의 나이, 성별 또는 신체적 조건에 비해 기대 이하로 판단되나 발달 잠재력을 가진 신체 조건, 상태 또는 행동을 말한다. 언어 시작이 늦은 증상에 대해 특별한 병인이 규명되지 않았을 때, 이런 아동들을 흔히 '언어발달지체'라고 한다. 또한 '발달지체'라는 용어는 몇몇 전문가 집단의 경우, 평생에 걸쳐 그러한 상태가 계속될 수 있다는 의미로 사용된다는 것을 인식할 필요가 있다〔예: '전반적 발달지체(pervasive developmental delay)' 또는 정신지체의 유사어로 사용되는 '인지지체(cognitive delay)'〕.
- 장애(disorder): 하나 또는 그 이상의 발달 영역에서 기능적 능력을 손상시키는 조건이나 행동(예: 언어장애, 자폐 스펙트럼 장애)을 말한다. 어떤 장애는 치료될 수 있는 반면, 어떤 장애는 보상 기술이 필요하며, 또 장애에 따라서는 모든 훈련과 재활 노력에도 불구하고 여전히 존재할 수 있다.
- 결손(deficit): 특정한 신체적 특성, 기능 또는 기술적인 면에서 결핍(absence) 또는 심각한 제한점이 있는 것을 의미한다. 전문가 집단에 따라서는 '발달지체' 또는 '인지지체'를 의미하는 용어로 결손이라는 용어를 사용한다는 것에 주의해야 할 필요가 있다. 양쪽 용어 모두 인지 능력에 있어서 평생 동안 결함이 있다는 뜻을 내포하고 있다. 이러한 상태는 조기 중재 및 지속적인 특별 훈련으로 최적으로 기능하도록 할 수는 있지만, 항상 결함이 존재함을 의미한다. 발달지체라는 대체 용어를 사용하는 제안자들은 인지적 제한이 있다는 것은 인정하지만, 개인들에게 기능적 능력이 개선될 가능성이 별로 없다는 의미의 용어를 사용하는 것은 잔인하고 현명하지 못하다고 주장한다. 이는 범위에 제한이 있긴 하지만, 대부분의 경우에 발달에 진전이 나타나는 것을 의미한다.
- 불능(disability): 전형적인 방법으로는 특정한 과제를 수행하는 데 있어 능력의 제한

점(예: 학습장애, 언어장애)이 있음을 말한다. 이 용어의 시사점은 적절한 지원을 통해 대체 또는 응용 방법을 마련하여 장애로 인한 상태를 보상하도록 해 주면 기능적 능력 수준을 높일 수 있다는 것이다. 주의: 독자들은 때때로 무능력(disability)이라는 용어가 사회적 불리(handicap)라는 용어와 혼용하고 있으며, 특히 비전문가들한테 그런 사례가 있음을 주시해야 한다.

- 사회적 불리(handicap): 손상된 상태나 행동이 같은 연령의 다른 아동들이 참여하는 일상적인 활동에 참여하지 못하게 방해하는 정도를 의미한다. 어떤 개인 또는 상황에서 사회적 불리를 초래하는 것이 다른 사람이나 상황에서는 그렇지 않을 수 있다. 예를 들어, '편측성 성대마비'(unilateral vocal cord paralysis) 또는 '발달적 구어실행증'(developmental verbal dyspraxia)은 노래를 부르거나 '정상적인' 음성 또는 명료한 발음을 발달시키는 데는 장애가 되지만, 대체 의사소통 전략(alternative communication strategies) 또는 보완 의사소통 장치(augmentative communication devices)의 적절한 사용으로 성공적인 의사소통을 할 수도 있다. 이와 달리 전농(profound deafness)은 개인의 다양한 일상에 걸쳐 지속적인 사회적인 불리(handicap)를 야기시킨다.

목표: 영아의 기능적 능력 신장

발달하고 있는 아동의 기능적 능력은 선천적(출생시 존재하는) 및 후천적 질환과 장애를 포함하여 많은 요소들에 의해 영향을 받는다. 언어치료사가 영유아 집단에서 직면하는 공통적인 문제들로는 다음과 같은 것들이 있다: (1) 질병의 진행, (2) 장애 증후(예: 뇌성마비), (3) 구조적 이상(예: 안면 구개파열), (4) 증후군(특수한 유전적, 염색체, 신체적 또는 심리신경학적 장애를 확인할 수 있는 증상의 집합), (5) 일련의 조건(CHARGE 중복*과 같이, 일련의 장애 조건의 결합), (6) 스펙트럼 장애(자폐 스펙트럼 장애처럼, 예후가 더 좋거나, 더 나쁠 수 있다는 것을 예상할 수 있는 특별히 진단된 조건에 관한 일련의 증후) 및 (7) 신체적 또는 심리학적 외상.

---

* [역자 주] charge sequence: 하전된 아미노산 서열, 단백질의 접힘에 관여하는 아미노산 서열. 참고논문: Kundrotas P. J. & Karshikoff A. K. (2004). Charge sequence coding in statistical modeling of unfolded proteins. Boichimica et Biophysica Acta, 1702(2004), 1-8.

영아의 출생시 조건 또는 초기 영아기 때 발달되는 장애 조건은 신생아실의 발달 치료팀(developmental care teams)의 구성원인 언어치료사들이 확인할 수 있다. 대개 그러한 조건들은 복잡하고, 그 조건을 지닌 영아의 건강 및 안녕에 대해 심각한 결과를 초래한다. 그러나 신생아 장애 조건의 초기 증상이나 특성 중 일부는 일반적이지 않은 울음소리, 수유의 어려움, 비대칭적인 구강구조, 안면구조의 비대칭적인 운동과 같이 매우 단순한 양상을 보인다. 그러한 조건의 진단 및 치료를 위해서 영아를 돌보는 병원에 있는 또는 기타 의료기관의 전문가들은 특별한 훈련을 받는 것이 중요하다. 영아들을 돌보는 언어치료사는 의사들에게 의뢰해야 할 장애 조건과 알려야 할 것들에 대한 일반적 정보가 무엇인지에 대해 반드시 알고 있어야 한다.

제1장에서 지적한 것처럼, 조기 중재는 아동의 생물학적 발달이 뇌에서 시냅스연결의 빠른 증식으로 이루어지는 시기에 적용된다는 이점을 가진다. 그러한 과정이 심각한 신체장애(예: 뇌성마비) 또는 명백한 해부학적 이상(예: 구개파열)을 극복할 수는 없을지라도, 재활이 일어나도록 신경심리학적, 생태적 환경은 최적화시킬 수 있다.

언어발달의 관점에서 "대뇌반구피질의 차별적인 성장은 대뇌피질이 의사소통을 위한 신경 구조의 대부분을 통합하는 곳이기 때문에 말-언어 기능에 대단히 중요하다. 피질 연합 영역은 출생시 형성되고 활성화되는 피질 수용체의 발달에 비해 지연된다."(p. 257).[1] 더 나아가서, 러브(Love)와 웨브(Webb)[1]는 다음 사항을 지적하고 있다.

> "정상적으로 발달하는 1세의 영아는 한 개 또는 더 많은 유사 어휘를 사용하는데, 대개는 만져보거나 본 경험이 있는 물체의 이름들이다. 이 단계의 언어발달에서는 청각, 촉각 및 시각 관련 영역으로부터 신경학적 정보를 통합하는 능력이 필요하다. 2~3세 시기에 어휘력이 빠르게 성장하는 것은 분명히 두정엽(parietal lobe)에 있는 배위 연합 영역의 성숙과 상관이 있을 수 있으며, 연합 영역에서 온 정보를 통합시키게 된다."(p. 258).

생애 초기에 이루어지는 뇌의 '가소성(plasticity)' 때문에, 영아의 뇌가 손상되었을 때, 때때로 손상되지 않은 뇌의 영역은 손상된 영역의 각각의 기능(들)을 대신하는 능력이 있다.[1,2] 따라서 뇌의 초기 성숙 및 성장 자체는 조기 중재 노력에 긍정적 영향을 미친다.

적절한 조기 중재 실제는 긍정적으로 아동 발달의 기대되는 결과를 신장시키며 촉진하기 쉬운 환경을 조성하게 된다. 이상적인 조기 중재 실제는 가족 중심적이고, 문화적으로 민감하며, 특정 아동의 요구를 바탕으로 하고 있다고 할 수 있다.

예방의 개념

웨더비(Wetherby)와 프리잔트 (Prizant)[3]는 다음과 같이 지적하였다.

> "의사소통 및 언어 문제의 초기 판별과 적절한 중재는 조기 언어장애와 의사소통장애와 밀접하게 관련되며, 그 결과로 발생하는 많은 문제점들을 예방할 수 있다. 원인론적 관계에서는 많은 의문이 남아 있긴 하지만, 대부분의 연구자들은 의사소통지체 또는 장애가 있는 영아들이 정서 및 행동 장애로 발달할 위험이 높다는 것에 동의한다."(p. 290).]

예방(prevention)이라는 용어는 종종 의학 및 기타 보건의료 기관에서는 일반 대중들이 사용하는 용어와는 다소 다르게 사용된다. 의료보건 분야는 예방을 다음과 같이 분류하여 사용한다.

- 1차 예방(primary prevention)은 바람직하지 않은 결과가 발생하는 것을 방지하도록 조치하는 방법으로 구성된다(예: 특정한 문제의 위험 수위가 너무 높아서 출산하지 않기로 결정한 부부에 대한 유전 상담).
- 2차 예방(secondary prevention)은 발생한 문제의 치료 및 개선으로 구성된다〔예: 구개 파열을 폐쇄하도록 사용되는 외과적 방법, 와우 이식(cochlear implant)을 하거나 짧은 설소대(lingual frenum)를 자르는 수술; 완전한 훈련 또는 재활이 목적일 때는 말-언어치료를 수행함〕.
- 3차 예방(tertiary prevention)은 장애 조건의 개선이 가능하지 않을 경우 치료를 통해 대상 조건의 부정적 영향을 감소시키는 것이다〔예: 발작(seizures)을 감소시키거나 막기 위한 약물의 처방, 보상 기술이 목표일 때 언어치료의 실시, 청력 손실 시 청력을 최상화시키기 위한 적절한 증폭 장치의 착용〕.

선별, 평가 및 진단

의사소통 발달에서 문제의 원인을 규명할 수도 있지만, 규명할 수 없는 경우도 많다. 원인을 규명할 수 있는 경우, 해당 장애 조건에 대한 치료 및 관리 계획이 다른 장애 조건에 대한 계획과는 다르기 때문에 원인을 이해하는 것이 바람직하다. 예를 들어, 전농이 있는 아동에 대한 접근법은 청력이 정상 범위 내에 있는 아동에 대한 접근법과 다르다. 마찬가지로 특정한 증후군 또는 스펙트럼 장애로 진단된 아동의 경우에는, 증후군 또는 일련 요인이 복합된 것과 관련된 특성군(cluster)들로 인해 생긴 기능적 요소에 초점을 맞춘 치료·관리 계획을 받는 것이 더 나을 수 있다. 예를 들어, 자폐로 진단된 아동에 대한 치료법 선택은 다운증후군 또는 어셔 증후군(usher syndrome)으로 진단된 아동의 의사소통 기능을 효과적으로 하기 위해 고안된 치료 방법과 다르다. 드물게 발생하는 특정 증후군〔예: 베크위드 위드만 증후군(beckwith-wiedemann syndrome), 스미스-매가니스 증후군(smith-Magenis syndrome), 스미스 렘리 옵티즈 증후군(smith-lemli-optitz syndrome)〕이 있는 아동의 치료를 위해 설정된 목표는 계획된 순서(planned sequence)[4]로 구어산출을 위해 구성된 방법을 통해 달성되기 쉬울 것이다.

로빈(Rubin)은[5] 정확한 병인 진단의 중요성을 강조한다:

> … 정확한 병인 진단은 병리학적 원리를 이해하여 특정 질환을 예방하는 데 도움을 준다(예: 선천적 감염, 주산기 질식, 납중독)(p. 25).

로빈은 또한 정확한 진단은 적절한 의학적·치료적·교육적 관리의 수행을 위한 판별 및 계획에도 중요하다고 보았다. 그러나 정확한 진단을 하는 것이 항상 쉬운 일이 아니며, 시간이 소요될 수 있고, 사실상 파악이 어려울 수도 있음을 말하고 있다.[5] 위에서 지적한 바와 같이, 진단·평가가 필요한 아동을 판별하는 데 사용되는 전문 용어는 전문 분야에 따라 다양하다. 대부분 모든 전문가들은 선별이 판별의 첫 번째 단계라는 것에 동의한다. 선별은 공식적(형식적)일 수 있다(예: 진단·평가를 해야 할 필요성이 있는 하위집단을 선택하기 위해 특정 프로토콜 및 준거가 적용된다). 선별(screening)은 비형식적일 수 있다(예: 가족 구성원 또는 양육자가 아동의 행동 또는 능력이 또래들과 '다르다'라는 것을 감지할 수 있다). 청력 선별검사, 콜레스테롤 선별검사 및 납중독 선별검사는 거의 모든 사람들에게 친숙한 공식적 선별검사들이다. 일단 관련 하위 그룹 또는 개인이 확인되면, 다음 단계에서는 기능의 진단 또는 평가를 수행하거나, 바로 진단 단계로 이동할 수도 있다.

흔히 이해하고 있는 진단(diagnosis)이라는 용어는 특정한 진단이 내려지는 수준에 따라 사용된다. 전문적으로 진단은 다음 중 어떤 하나가 될 수 있다: 확진(confirmed), 차별적(differential) 또는 최종(definitive) 진단(가장 신뢰할 수 있는); 가설적 진단(증상에 대해 가능성을 열어 두고 검사를 시행하는 것) 및 기술적 진단(과학적 방법으로 실제의 존재를 확신하지 않은 상태로 일반적으로 사용되는 진단명을 이용하여 특정 장애 조건의 존재나 행동을 암시함). 각각의 진단 수준은 실제적으로 적용되고 있지만, 각각은 또한 특정한 한계를 지닌다. 예를 들어, 확진이나 차별적 진단은 특정한 명칭에 대한 기준을 충족시키지만〔예: AIDS(acquired immunodeficiency syndrome), 재발 호흡 유두 종증(recurrent respiratory papillomatosis), 유약 X 증후군(fragile X syndrome), 뇌탈출증(cephaloceles), 감각신경성 난청(sensorineural hearing loss)〕, 장애 조건 또는 질병으로 진단된 아동의 개개의 기능을 설명하지는 못한다. 그러나 그러한 진단은 반응 수준, 행동 및 예후에 대해서 일반적인 기대치와 관련되어 있다.

일반적으로 말해서, 장애 조건 또는 질병이 의미하는 바를 잘 이해하고, 치료 및 관리 계획을 적절하게 고안하기 위해서는, 가능한 정확한 진단을 내리는 노력을 할 필요가 있다. 또한, 초기 진단은 종종 잇따라 발생하는 2차 장애(disability)를 예방하기 위해 매우 중요하다. 이 점에 있어서 세퍼르나우(Seperneau)의 진술은[6] 모든 장애에 적용될 수 있고, 태아 알코올 증후군(fetal alcohol syndrome; FAS)과 태아 알코올 영향(fetal alcohol effects; FAE)에도 적용될 수 있다: "태아 알코올 증후군 및 태아 알콜 영향의 초기 진단 및 적절한 진단은 결과가 장기적이며, 환자 및 그들의 가족이 경험하는 장애를 감소시킬 수 있다."[6,7]

많은 장애 조건들은 순서적이고 예측 가능한 방식으로 전형적으로 이루어지는 발달 과정에서 실패하게 하거나 혼란이 있기 때문에, 최종 진단과 차별적 진단은 몇 개월 또는 몇 년의 기간에 걸쳐 나타나는 특징들의 증거 자료가 필요하다. 뇌성마비 및 자폐는 시간이 경과하면서 명확해지는 질환의 예들이다. 그러나 조건 및 기능의 진단·평가는 지속적인 과정이다. 진단·평가를 지속적으로 시행하는 것은 예방의 개념 및 조기 중재 이익의 개념에서 중요하다. 실상 조기 중재 법률은 아동의 생애 초기 3년 동안 지속적으로 사정하는 것을 요구하고 있다. 특정 조건에 대한 최종 진단이 내려지기 전에, 아동의 발달에 있어서 비전형적인 특징 및 기능의 인식은 발달을 최적화하기 위해 특별한 관리가 필요하다는 것을 의미한다. 진단·평가 절차 및 도구는 제7장과 제8장에서 논의할 것이다.

비전형적인 발달을 바라보는 소위 의학 모형(medical model)의 지지자와 발달 모형(developmental model)의 지지자 사이에는 일정 수준의 갈등을 보이고 있다. 말하자면, 의학 모형은 '결손(deficit)'의 판별에 근거하여 아동을 부정적 의미를 가진 용어로 명명하며, 따라서 해당 아동 및 아동의 가족이 싸워야 할 어려움들을 증가시킨다. 다른 한편, 발달 모형은 현재의 발달 시점에서 강점 및 요구를 확인하며 따라서 '가족 친화적인' 좀 더 긍정적인 접근법을 사용한다. 사실 두 모형 모두 유용하며 서로 배타적일 필요는 없다. 부모들은 '진단명'을 드러내거나 비밀로 유지하는 것 중 선택할 수 있다. 가족과 접촉하는 어떤 사람들은 그 마음가짐이 부당하다는 것을 알고도 '이질적인' 아동에 대해 부정적인 반응을 보인다.

무관심은 피할 수도 없지만, 그렇다고 보편적인 것도 아니다. 전문가들은 비전형적인 발달의 원인에 대해서 알고, 현재의 기술과 잠재적 기술을 진단·평가하고 최적의 결과를 촉진하는 방법에 대한 자신이 있어야 한다. 그러한 능력은 가족 및 전문가 집단과 협력하는 과정을 통하여 얻어질 수 있다. 개인 및 같은 진단명을 가진 집단의 발달 결과를 추적하는 것은 영아들을 중재하게 되는 전문가들이 유념해야 할 책임이다.

매우 어리고, 병세가 심각한 영아들의 생존율이 높아지고 있고, 그러한 영아들이 조기 중재 기관 및 취학 전 환경에서 점차적으로 많아지고 있기 때문에, 같은 문제를 가진 영아의 예후가 더 좋아지고, 미래를 위해 축적되도록, 이들 영아들의 발달 진전을 주의 깊게 모니터하고 상세히 기록하는 것 또한 중요하다. 이 장의 다음 부분에서는 의사소통 발달에서 지체 또는 장애를 가지게 하는 특정 요인과, 이러한 요인들을 알아보는 방법을 살펴보고자 한다. 제8장에서는 조기 의사소통 발달 요인들의 영향을 진단·평가하는 데 좀 더 자세한 정보를 제공하고 있다.

▼ 의사소통장애의 원인

유전 및 염색체 이상

인간 발달에서 장애 원인을 발견하는 방법의 하나는 인간 유전학 지식을 이용하는 것이다. 의사소통장애와 관련된 유전 및 염색체 이상은 의학 방면에서 언어 병리학을 공부하는 많은 전문가에게 관심 대상이 되었다. 모두는 아니지만, 많은 유전 및 염색체 문제가 출생시 또는 출생 전에 분명히 나타나며, 종종 특정한 생물학적 형질의 표현형(phenotypes)과 관련이 있다. 의학 방면에서 유전학자와 언어치료사들은 그러한 장애가 있는 영아를 진단하는 과정에서 자연스럽게 협력관계를 가진다.

윌너(Willner)[8]는 다음과 같이 표현한다: "배아 발생(embryogenesis) 및 발달에 대한 분자생물학 분야에 있어서 최근에 이룩한 발전으로 인해, 인간이 기형에 이르도록 하는 증후군이 발생할 때, 유전자(genes)와 기제(mechanisms)를 확인할 수 있도록 하였다. 이러한 유전자 및 돌연변이의 확인은 정확한 DNA 진단, 유전 상담 및 재발 예방을 하게 하며, 이는 현재 안면장애를 가진 환자들의 최첨단 관리에 이용되고 있다." 윌너는 다른 형태의 유전장애를 가진 환자들의 관리도 마찬가지일 것으로 보고 있다.

의학 기술이 발달하기 전까지는 염색체 또는 유전적 이상을 가진 많은 아동들이 조기 사망하는 운명에 처해 있었기 때문에, 그러한 아동에 대한 장기간의 결과에 대한 연구 보고가 제한되어 있었고, 사실상 신뢰할 수 없는 경우도 많이 있을 수 있다. 이제 유전적 이상을 가진 아동들 중 점점 더 많은 아동들이 생존하게 되었으며, 전문가 팀에서 조기 중재 관리를 받음으로써 삶의 질에 대한 접근성은, 기능적 능력의 발달과 더불어 결과적으로 그러한 아동들의 예후를 낙관적으로 할 수 있게 만들었다. 장애의 영향을 받고 있는 아동들에게서 얻은 발달 결과 자료의 세심한 문서화는 같은 장애로 진단받은 다른 아동들의 예후를 수립하는데 매우 중요하다. 그러한 정보는 부모의 의사결정과 유전자 치료 과정에 있어 매우 중요하다.

선천적 기형, 증후군, 일련 군 및 스펙트럼장애

제3장에서는 의사소통장애와 관련된 선천적 증후군 및 장애 조건에 대한 세부 정보를

다루고 있다. 또한 알려진 증후군과 관련된 일반적인 의사소통장애에 관한 표를 제시하고 있다(〈표 3-5〉 참조). 모든 증후군의 상대적인 발생 빈도는 매우 낮지만, 증후군이 있는 아동의 상당수는 의사소통장애 전문가에게 의뢰된다. 증후군이 있는 아동들은 같은 요구를 가진 아동들 보다 우선 먼저 초기에 의뢰되는 아동들일 가능성이 많다. 이 아동들을 위해서는 특정 증후군의 특성과 관련된 추가적이고, 매우 특별한 치료 계획을 수립해야 한다는 것을 명심해야 한다.

최근의 연구에서, 증후군이 있는 개개인의 염색체 문제는 같은 염색체에 이상이 있는 경우일지라도 다소 가변적이라는 사실이 입증되었다. 이는 해당 염색체의 변형이 다른 위치에서 일어날 수 있고, 다른 효과를 만들어내면서 다른 형상을 가질 수 있기 때문이다〔예: 파괴(breaks), 추가 물질(extra material), 탈락(deletions), 왜곡(distortions)〕.

확인된 염색체 변형을 가진 모든 사람들이 같은 특성을 지니는 것은 아니라는 것을 기억하는 것이 중요하다. 현재 진행중인 과학 연구에서는 특정의 특성과 관련된 명확한 부위를 찾아내려고 노력하고 있다. 어떤 증후군들은 이미 '지도화(mapped)'되었다. 그러한 문제를 가진 아동들의 특성 및 행동을 임상적으로 기술할 필요성이 시급해졌고, 그러한 문제를 다룬 전문적인 문헌 연구들이 늘어나고 있다.[9]

의사소통장애와 관련된 기타 질병 및 증상

후천적 질병

인지나 중추신경계통의 기능에 영향을 미칠 가능성이 있는 질병들은 의사소통의 발달과 기능에도 부정적인 영향을 미칠 수 있다. 〈표 2-1〉에는 의사소통 발달에 부정적 영향을 주는 좀 더 일반적인 후천적 질병들을 제시하고 있다.

외상

영아는 태아기부터 아동기 발달 전단계에 걸쳐 신체적 외상을 입기 쉽다. 호흡계통, 중추신경계통 및 언어 기제를 담당하는 해부학적 구조의 손상은 자궁에서 태아가 겪은 물리적 압력이나 생명의 유지를 목적으로 고안된 치료의 역효과로, 예를 들면 내이 신경독성(ototoxic) 약물의 사용 또는 분만시 외과기구에 의해 입은 손상 등으로 예기치 않은 문제의 결과로 발생할 수 있다. 가능성이 많은 다른 요인으로는 수술 외상(예: 말

〈표 2-1〉 의사소통지체 및 장애와 관련된 병인학

지체 및 장애	병인학
• 알레르기(만성이며, 입, 코, 인후의 호흡 체계 또는 점막 조직에 영향을 미침)	• 거대세포 바이러스 • 뇌염, 뇌막염 • 태아 알코올 영향 • 포진
• 질식과 잦은 저산소증으로 인한 발작	• 인간면역결핍 바이러스와 후천성 면역결핍 증후군
• 낮은 에너지와 낮은 주의력을 초래하는 만성질환	• Rh부적합성(치료하지 않은) • 풍진(독일 홍역) • 매독
• 선천적, 후천적 감염, 질병, 질환	• 톡소플라즈마균(주혈원충병)
• 다른 질병과 언어기제의 이상	• 후비공 폐쇄 • 위식도 역류질환 • 후두파열(후천성, 또는 선천성 균열) • 후두유두종 • 후두협착증 또는 폐쇄 • 후두천명〔[역자 주] 숨을 쉴 때 기도의 폐색(막힘)에 의하여 생기는 소리〕 • 후두막(성문 또는 성문하 후두염) • 종양(폴립) • 공간점유병소 구강인두 병소(대류, 대설) • 성대결절 • 성대낭종
• 신체 이상(언어장애와 관련된)	• 뇌 이상 • 뇌량의 무발생증 • 무뇌증 • 뇌류([역자 주]: 두개골의 골결손을 통하여 뇌조직을 포함한 낭이 탈출하는 것) • 전전뇌증([역자 주]: 전뇌의 시상분할이 이루어지지 않아 생기는 기형) • 수두증(뇌수종) • 심실 내의 출혈(특히 II–IV 등급) • 간질장애 • 뇌졸중 • 기타 중추신경조직 이상 및 조건(즉, 뇌성마비, 근긴장 감소)

(다음 쪽에 계속됨)

〈표 2-1〉 의사소통지체와 장애와 연합된 병인학 (계속)

지체와 장애	병인학
• 신체 상해 및 외상	• 말-언어의 이해 및 산출과 관련된 신체 기제의 손상을 초래하는 사고 • 재발성 후두신경 손상을 초래하는 출산시 상해(보통 시간이 지나면 나아짐) • 선천적, 주산기, 영아 후기 • 장기관의 튜브삽입 • 반복적 튜브삽입에 의한 상해 • 말-언어의 이해 및 산출과 관련된 기제의 손상을 초래하는 신체의 상해와 질병, 이상을 치료하는데 필요한 급진적 외과적 수술 • 기관절제

• 심리정서적 장애, 〈박스 2-1〉 참조	• 주의력장애(attentional disorder)*
	  • 주의력결핍장애(ADD)
	  • 주의력결핍 과잉행동장애(ADHD)
	• 자폐 스펙트럼장애(ASD)
	• 전반적 발달장애(PDD)

• 감각 손상	• 청력〔선천적, 후천적; 전도(음)성, 감각신경성〕 • 기타 감각 손상(시각, 평형, 감각자극에 대한 과잉-과소민감증)
• 약물이나 혈청에 대한 부작용	• 약물이나 혈청주사액에 사용된 성분, 현탁액([역자 주]: 의약품에 첨가제와 정제수 또는 기름을 넣고 현탁한 액), 코팅제에 대한 알레르기 • 내이 신경독성 약물 • 치명적 영향을 초래하는 혈청주입 요소에 대한 반응
• 증후군	• 포괄적인 세부사항을 위해서는 〈표 3-5〉 참조

* 비록 이러한 장애들이 『정신장애의 진단 및 통계 편람(Diagnostic and Statistical Manual)』(제4판)과 기타 표준 참고 자료에서는 심인성으로 분류되지만, 이러한 질병들이 실제로는 신경유전학적이라는 증거가 있다.

의 산출 또는 언어발달과 관련된 인접 구조를 절제해야 하는 악성종양의 제거, 말 기제와 관계가 없는 외과 수술 절차 중 미주신경의 손상), 기계적 외상〔예: 중요한 기관에 입은 총상, 또는 흔들린 아기 증후군(shaken baby syndrome)[10]〕, 익사사고, 교통사고 및 추락사고와 같은 사고의 결과로 발생하는 기타 손상이 포함된다.

기관절개술(tracheostomies)이 필요한 영아는 많은 이유로 특별한 관심의 대상이 된다. 사이몬(Simon)과 맥고웬(McGowen)[11]은 영아에 있어서 기관절개술은 인공호흡기에 의존하거나, 성문하 협착(subglottic stenosis: 성문 아래의 기도가 좁아짐), 기관연화증(기관 연골이 연화함), 신경근육장애, 선천적 기형〔예: 두개안면기형(craniofacial anomalies), 후두 종양(laryngeal neoplasms), 심장 기형(cardiac anomalies), 상기도 폐쇄증(croup) 및 후두개염(epiglottitis: 후두개의 염증)〕을 지닌 아기에게 시행할 수 있다고 말하였다. 그들은 "기관절개술을 받은 영아의 말-언어발달은 삽관술의 시기와 관련이 있다. 만약 영아가 전언어발달 단계 동안 기관절개술을 받은 경우, 말-언어치료가 의사소통 체계의 확립 및 초기 음성 산출 두 가지 모두를 위해 필요할 것이다."라고 진술하였다(p. 1).[11]

말 또는 언어발달을 손상시키는 또 다른 외상들로는 구강 구조에 전기적 화상을 입어 발생한 넓은 흉터 조직(예: 영아가 전원이 연결된 전기 코드를 물었을 때), 화학적 화상으로 남은 흉터 조직(예: 배수구 청소 화약약품을 삼킨 영아에게서 보이는) 및 납과 같은 중금속에 노출되어 신경 계통에 손상을 주는 맹독류에 의한 외상(예: 영아가 페인트 조각을 먹었을 때) 등이 있다.

조절력, 정서 및 정신 건강 문제

제5장에서 상세하게 논의되겠지만, 조절장애(regulatory disorders)는 신생아에게만 국한된 것은 아니다. 대부분의 시간을 '기분이 좋지 않은' 상태를 보이는, 기분 좋게 하기가 힘든 영아들은 일상생활의 요구 적응에 필요로 하는 것들에 과민증을 보이며, 그러한 어려움을 '까다로운(fussy)' 또는 '과민한(irritable)' 행동으로 나타낸다. 그러한 영아들은 양육자와 불만족스러운 상호작용을 경험하게 된다. 디겡기(DeGangi)와 동료들은[12] "까다롭고, 예민하고 요구가 지나친 영아들은 부모를 매우 힘들게 한다."고 하였다(p. 115). 그들은 그러한 영아의 행동으로 인해, 영아가 한 동안 만족스러운 정서를 보일 경우, 부정적 상호작용이 일어나는 것을 두려워한 나머지 부모들이 과소자극(understimulation)의 형태를 취할 수 있다고 하였다. 반대로 스펙트럼 상의 다른 한쪽에서는, 부모는 괴로움을 느끼지만, 항시 변하는 영아의 분명한 요구를 만족시켜야 영아가 행복해 한다는 생각으로, 부모는 영아의 변화하는 요구에 과잉자극적으로 반응할 수도 있다(너무 많은 장난감 또는 활동을 제공함).

특수한 심리사회적 또는 심리정서적 장애의 진단은 3세 이하 영아에게는 드문 일이다. 그러나 그러한 문제의 상당수는 진단 기준 상에 제시된 3세 이전의 발병을 원칙으로 한다(예: 자폐). 의학 전문가들은 주의력장애, 품행장애, 기질장애 및 성격장애로 이어질 수 있는 영아기의 비전형적인 행동문제를 기록할 의무가 있으며, 그러한 행동문제는 대부분 초기 영아기에 그 증상이 나타난다.

외상후 스트레스장애(post-traumatic stress disorder)는 3세 이하의 영아에게도 발병할 수 있는 것으로 보고 있다.[13-15] 이러한 문제는 선택적 함묵증(elective mutism)이나, 출현율이 높지는 않지만 전문가들에게는 익숙한 다른 형태의 구어 문제로 명백해진다〔예: 비전형적 강세(atypical stress), 속도(rate), 유창(fluency)〕.

랜디(Landy)와 피터(Peter)[16]는 지나치게 공격적인 행동을 나타내는 영아에 대해 다음과 같이 설명하였다:

이 영아들의 발달지체는 첫째로 신경학적, 생리학적 문제, 또는 이전의 상호작용의 어려움으로 인해 생긴 애착장애로 인해 발생할 수 있다. 이러한 문제로 인해 다른 사람들과 상호작용하는 데 어려움을 겪게 되며, 상징화(언어나 가작 놀이 같은)가 지연되고, 충동 조절을 하지 못하게 될 수 있다(p. 28).

랜디가 영아 및 취학 전 유아 프로그램의 책임자로 근무하는 'The Hink-Dellcrest Center'는 2002년에 그들의 정신건강상담소를 이용한 영유아 중 절반 정도가 언어장애를 가지고 있다고 보고하였다.[17]

〈표 2-1〉에 의사소통 발달의 어려움과 관련될 수 있는 심리정서적 장애가 나열되어 있다.

▼ 단일 및 복합 위험 요소: 진단·평가에서의 역할

의사소통장애 전문가들은 말-언어발달에 문제가 있을 수 있는 아동들을 판별하는 다양한 요인들을 알아야 한다. 예를 들어 러셀(Russell)과 프리(Free)[18]는 "위험에 노출되기 쉬운 출생 전 발달적 시기에 잠재적으로 해로운 물질에 노출되었던 영아들은 종종 어머니가 약물 남용을 지속하고, 모자간의 상호작용 및 학습 경험이 제한된 영유아기 환경에서 성장하는, 생물학적 및 환경적 위험에서 자라게 된다."(p. 181).

조산 그 자체가 발달지체 또는 장애의 확실한 지표가 되지는 않는다. 그러나 조산아 집단, 특히 신생아 합병증이 발생된 것으로 알려진 하위그룹은 발달장애의 가능성이 높다. 헥크(Hack)와 동료들[19]은 "신생아 전문의는 출생시 체중이 751g 이하인 신생아의 34%, 751~1000g인 신생아의 66%, 1001~1250g인 신생아의 87%, 1251~1500g인 신생아의 93%를 살려내는 것으로 밝힌바 있다. 산과적 측정에 의할 경우, 조산으로 인한 생존율이 23주에서는 23%, 24주에서는 34%, 25주에서는 54%이다."라고 하였다(p. 587). 이런 영아들의 상당수가 심각한 두개내(intracranial) 이상이 발생하며, 이들 중 60%는 장애(handicap)를 가지게 되는 것으로 추정되고 있다. 중증장애는 23주에 태어나는 신생아의 50%, 24주에 태어나는 신생아의 38%, 25주에 태어나는 신생아의 8%에서 발견되는 것으로 나타나고 있다.[20] 러프(Ruff)와 로슨(Lawson)[21]은 저체중 신생아를 생후 9개월 및 24개월 관찰한 결과, 놀이시 정상적으로 태어난 또래 아기들보다 더 낮은 집중력, 새로운 사물에 대한 더 낮은 반응, 더 낮은 반사작용을 보인다고 기술하였다. 그들은 다음과 같은 결론을 내렸다.

> "이러한 자료들은 영아의 주의력이 현재 및 미래 기능의 중요한 지표가 될 수 있다는 것을 보여 준다. 생후 6개월 경 주의가 산만하고 사물에 대한 탐구심이 적은 영아들은 사물 및 그 특성을 학습하는 것이 어려우며, 더불어 더 많은 정보를 얻는 전략을 개발할 수 없게 될 수 있다. 따라서 주의력 문제는 세상에 이미 알려진 지식을 발달시키고, 언어가 출현하는 데 심각한 결과를 초래할 수 있다."(p. 122).[21]

어떤 연구(전체적인 논의는 제5장 참고)에서는 기관지폐형성이상(bronchopulmonary dysplasia; BPD)을 겪은 조산아가 언어발달지체나 장애를 가질 확률이 높다고 보고 있으나, 다른 연구에서는 그러한 결론에 의문을 제기한다. 루이스(Lewis)와 동료들[22]은 기관지폐형성이상증을 가진 아동들은 언어발달이 늦을 위험에 처해 있지만, 8세 때 나타날 언어장애의 가능성을 더 확연하게 예언하는 다른 요인들(재태기간, 출생시 체중, 신경학적 위험 및 패혈증(septicemia)과 복합적으로 작용하여, 기관지폐형성이상증이 있으면 언어장애를 가질 확률이 더 높아진다고 결론지었다(p. 122).[21]

헥크(Hack)와 동료들[23]은 242명의 극저체중 출생아(Very Low Birth Weight; VLBW)의 생존 집단을 정상체중아인 대조군과 비교하였을 때, 극저체중 출생아 집단의 74%만 고등학교를 졸업하였다고 보고하였다(비교: 대조군은 83%). 극저체중 출생아 생존자들은 대조군보다 평균 IQ 점수가 더 낮았다(87 대 92). 또한 10%의 극저체중 출생아 생존자들이 감각신경성장애를 가졌다(비교: 대조군의 경우 1% 이하). 그들은 "극저체중 출생아와 관련된 교육적으로 불리한 조건이 초기 성인기까지 지속된다."라고 결론지었다(p. 149).

또 다른 연구에서 헥크와 동료들[24]은 221명의 20개월 연령 최극저체중 출생아(extremely low birth weight; ELBW)의 집단을 연구하였다. 모든 출생아들은 대학 병원의 3단계 신생아 중환자실에 입원한 병력이 있었다. 연구자들은 영아의 24%가 뇌성마비, 난청 및 전맹을 포함하여 심각한 감각신경성장애를 지니고 있는 것으로 보고하였다. 신경발달장애가 전체 집단의 48%에서 발생하였다(p. 725).

1994년 연구에서, 헥크와 동료들[25]은 극저체중 출생아(750g 미만)로 태어난 68명의 취학연령 아동들을 65명의 저체중 출생아(LBW = 750~1499g) 및 61명의 정상출생아(정상적 출생체중) 집단과 비교하였다. 극저체중 출생아 집단은 "인지 능력, 심리운동 기술 및 학업 성적 면에서 두 개의 비교 그룹보다 열등하였다." 그들은 또한 더 많은 행동 문제 및 주의력 문제를 가졌다. 특히 정신지체의 비율이 21%(대조군 각각의 경우 8% 및 2%인 것과 비교하여)로 더 높게 나타났다: 그들은 "생존한 750g 이하의 저체중 아동들은 극저체중 아동의 하위집단을 대표하며, 신경행동성 기능장애 및 학업 수행 문제 위험에 처하게 된다."(p. 753)고 결론지었다.

렌데크(Lindeke)와 동료들은 신생아 중환자실에서 치료를 받은바 있는 학령기 아동의 학교 중심 서비스의 예측 요인에 관한 연구를 하였다.[26]이들의 연구는 1998년에 출간된 렌데크의 연구를 기초로 한 것으로, 이때의 연구에서는 학령 전 유아기 특수교육 서비스 이용에 비해 학령기 특수교육 서비스 이용은 두 배나 증가한 것으로 보고한 바 있다. 2001년 연구에서는 염색체 또는 선천적 기형, 대사장애가 있는 아동, 또는 신생아 중환자실에서 5일 이하 입원한 아동을 제외시켰을 때, 신경행동 위험 점수(neuro behavioral risk score; NBRS), 뇌 손상과 관련한 병인의 총계, 신생아 중환자실에 머무는 기간이 추후의 학교 중심 특수교육 서비스와 정적 상관이 있다고 했다.

단일 요인이나 그 이상의 위험 요인 자체가 비전형적 의사소통 발달의 원인이 되지는 않지만, 그러한 요인을 가지지 않은 아동들 보다 더 가능성이 증가하는 것으로 나타나고 있다. 심지어 의사소통기술과 관련이 없을 것 같은 장애 조건들의 간접적 영향은 전형적인 언어발달과 말하기 발달의 문제를 가중시킬 수 있다. 예를 들면, 비정상적인 양육 실제와 관련이 있을 수 있는 정상적인 아동기 경험의 부족은 어휘 습득 또는 아동의 호기심 수준에 영향을 줄 수 있으며, 따라서 의사소통을 하려는 아동의 욕구를 좌절시킬 수 있다. 또한 가족의 지나친 과보호나 반대로 무관심은 의사소통 하려는 아동의 욕구를 좌절시킬 수 있다. 작업치료의 영역으로 고려되는 소근육 운동기술의 손상은 영유아기 구어지체 또는 장애와 관련된 조건인 발달적 구어실행증에 영향을 주기도 한다.

언어치료사는 아동의 사례력을 모을 때, 가족 또는 다른 정보 제공자로부터 받은 정보가 의미하는 모든 가능성에 민감하여야 한다. 때로 하나의 요인보다는 여러 요인이 의사소통지체 또는 장애의 원인인 경우도 있다. 위험 요인들은 아동의 생애에 한번 영향을 주고 더 이상 존재하지 않거나 반대로 여전히 영향을 주고 있는, 치료 프로그램의 일부로 수정이 될 수도 되지 않을 수도 있다. 영아의 의사소통장애 원인에 대한 개요가 〈표 2-2〉에 제시되어 있다.

〈표 2-3〉에는 특정 조건들의 잠재적 발병률이 제시되어 있다. 차별적 진단 과정은 의뢰와 치료 선택을 포함한 적절한 관리의 방향을 제시해 줄 수 있다.

아동이 비전형적 발달을 보여 가족이 아동을 전문적인 치료에 의뢰하게 되면 가족들은 전문가들이 '수수께끼(mysteries)'의 실마리를 풀게 되기를 기대한다. 아동의 발달을 규준과 비교하는 것 외에, 언어치료사는 적어도 두 가지의 다른 정보의 원천을 고려하게 된다: (1) 영아를 돌보았던 타인들과 가족으로부터의 보고, 그리고 (2) 의뢰된 영아의 상태를 이해하는 데 필수적인 정보를 찾아낼 수 있는 철저한 사례력 완성.

부록 A에는 가족을 유전 상담에 언제 의뢰할 것인지를 결정하는 데 유용한, 특정 위험 요인 및 가족력과 관련된 좀 더 상세하고 추가적인 정보를 문서화하는 서식의 예가 제시되어 있다. 현재 아동에게 존재하는 단일 또는 복합적인 위험 요인들로부터 아동의 언어발달의 지체나 장애의 가능성은 반드시 확인되어야 한다. 치료사들은 태아기, 주산기 및 출생 후 사건 및 질환, 가족력, 환경적 위험 및 불리한 사회 조건, 영아의 기질 및 애착 형성에 따른 자기 조절 능력, 영아의 정서 상태를 확인해야 할 필요가 있다.[27]

〈표 2-2〉 영아기의 의사소통장애의 원인 개요

유형와 발현 시기	진단의 예	비고
• 유전장애 및 증후군 **발현 시기:** 수태기	• 다운증후군 • 골덴하(goldenhar) 증후군 • 어셔(usher) 증후군	• 상세한 논의는 제3장 참조
• 후천성 질환 및 장애 **발현 시기:** 출생 전기, 주산기, 출생 후기	• 태아 알코올 증후군 • 뇌염 • 톡소플라즈마균 • 유두종증 • 내이 신경독성 약물에 의한 청력 손상	• 이 유형은 폭넓은 범위의 바이러스 및 세균, 기형 발생인자를 포함함.
• 말-언어발달에 중요한 구조 또는 체계의 이상을 유발시키는 자궁 내 성장 파열 **발현 시기:** 출생 전	• 특정 형태의 안면파열 • 기관지 연골의 기형 • 무뇌증 • 후두천명 • 후두막	• 이들의 영향은 의사소통과 관련하여 임상적으로 심각하지 않은 조건(예: 사지에 영향을 주는 양막대 증후군)에서부터 의사소통 발달에 결정적인 영향을 주는 조건에 이르기까지 범위가 다양함.
• 감각 손상 **발현 시기:** 주로 출생 전에 발생하지만 주산기 또는 출생 후에 발생할 수 있음	• 선천적 또는 후천적 청력 손상 • 중복 감각 손상 • 극도의 과잉 또는 과소 민감증	• 감각 손상은 선천적 조건 또는 외상과 질병, 약물 반응에 의한 후천적 조건에 의해 발생할 수 있음.
• 의사소통 발달 조건과 관련된 신체 상해 또는 외상 **발현 시기:** 출생 전기, 주산기, 출생 후기	• 뇌성마비 • 흔들린 아기 증후군 • 장기간 튜브삽입 • 음성 기제에 영향을 주는 화학적 화상 • 한쪽 또는 양쪽 성대의 마비 또는 국부마비	• 신체 상해와 외상은 사고로 또는 외과적 수술 절차나 의도적 신체 학대에 의해 발생할 수 있음.
• 중증 또는 장기적 정서적 외상 **발현 시기:** 출생 후	• 외상후 스트레스장애 • 아동학대와 방치	• 아동 방치와 학대는 발달지체 아동군에서 더 많이 발생하는 것으로 보고되고 있음.
• 전반적 발달지체 및 발달장애와 관련된 장애 **발현 시기:** 출생 전, 출생 후	• 납중독 • 특정 대사장애 • 성장부전증	• 이 유형에는 광범위한 가능성 있는 문제들이 포함됨.

(다음 쪽에 계속됨)

〈표 2-2〉 영아기의 의사소통장애의 원인 개요 (계속)

유형과 발현 시기	진단의 예	비고
• 심인성장애 **발현 시기**: 현재일 수 있으나 출생 시에 감지되지 않았거나 유아기에 발생	• 자폐증 • 달리 분류되지 않는 전반적 발달장애 • 아동기 붕괴성장애	• 차별적 진단은 적합한 치료 선택의 필수 요소임.
• 사회 환경 요인에 의한 지체 및 장애 **발현 시기**: 가변적	• 부모의 낮은 교육 수준이 결합된 극도의 빈곤 • 극도의 고립 및 자극 부족	• 이 요인들은 아동 발달에 복합적 영향을 주는 것으로, 영양 부족, 빈곤한 주택 환경, 위해 물질이 많은 주변 환경, 아동기 흔한 질병으로 인한 합병증과 더불어 기본적 의료 서비스 접근성 부족, 유용한 적합한 말-언어 모형 부족, 비 전형적 아동 양육 실제 등이 포함될 수 있음.
• 언어발달장애와 동시 발생도가 높은 기타 신경 생리적 요인 **발현 시기**: 가변적	• 주의력결핍 과잉행동장애 • 중추 청각정보처리장애 • 감각통합장애 • 학습장애	• 이 장애들과 관련된 많은 신경 생리 기제는 의사소통 기능과 관련된 기제와 공통적이라는 견해가 있음. 가변적 주의집중 또는 비전형적 학습 양식의 영향은 정상적인 선택적 언어 기능 습득의 방해요인이 될 가능성이 있음.

신뢰성 있는 진단은 알려진 위험 요인들과 가족 안정성, 안전한 양육적인 환경, 신체건강, 인지 능력, 정서건강과 같은 보호 요인들을 균형 있게 고려했을 때 가능하다. 특히 영아의 경우에는 명확한 진단을 내리기가 항상 어렵다. 아동이 어린 경우에는 추정적 진단을 통해 치료사는 단일 또는 복합적 요인들이 존재하는지 알아보아 관리 또는 중재 전략을 선택할 수 있다. 많은 경우, 전문가로 구성된 팀이 문제의 원인을 직접 확인하고, 최상의 치료와 관리 계획을 세우는 데 부모와 협조하는 것이 필수적이다. 제4장에서는 팀의 개념과 효과적인 팀 실행 과정에 대해 다루게 된다.

〈표 2-3〉 의사소통장애 및 관련 장애 조건

조건	발생률	변인 영향
말 또는 언어 손상	• 20.8%의 장애 아동이 말-언어 손상이 있음. 3~10%의 일반 아동이 말-언어 손상이 있음.	• 오조음([역자 주]: 부정확한 구음) • 발성장애 • 유창성장애 • 수용 언어 및 표현 언어장애 • 1차적으로는 말 또는 언어장애 때문에 구음장애가 있게 되지만 다른 장애나 증후군의 일부 영향으로 이 문제가 나타날 수 있음.
청력 손상	• 1:1,000명 정도로 선천성 농 아동이 출생. • 0~18세 아동 중 5%가 청력 손상을 지님. • 6~21세의 아동 중 1.3%의 장애 아동이 난청임. • 1%의 일반인이 난청이며, 0.2%는 난청 정도가 심함.	• 전도(음)성 난청 • 감음 신경성 난청 • 혼합성 난청 • 전농 • 장애 조건은 선천적 또는 후천적일 수 있음. • 흔히 말-언어지체 또는 장애가 발생
발달지체	• 5세 미만 아동의 2~5%가 발달지체가 있음.	• 여러 영역에서 일반화된 지체가 결합되어 나타나기도 하고, 의사소통지체만 단독으로 나타나기도 함.
자폐	• 15:10,000명의 아동이 자폐를 가짐. • 6~21세의 장애 아동 중 0.5%가 자폐를 가짐. •전반적 발달장애로 나타나는 경우는 전체인구의 0.5%이다.	• 중증 언어 손상 • 특이한 행동 • 사회적 상호작용장애
중복장애	• 6~21세의 장애 아동 중 1.8%는 중복장애를 가짐.	• 많은 중복장애는 의사소통장애가 하나의 특성으로 포함되고 있음.
외상성 뇌 손상	• 6~21세의 장애 아동 중 0.1%는 외상성 뇌손상을 가짐.	• 많은 외상성 뇌손상 아동이 의사소통 문제를 겪음.
특정 학습장애	• 6~21세의 장애 아동 중 51,5%가 학습장애가 있음. • 학습장애 아동의 70~80%가 언어장애가 있음. • 6~21세의 장애 아동 중 51.1%는 특정학습장애를 가짐.	• 미연방정부의 난독증 정의에는 읽기, 쓰기, 듣기 및 말하기 중 어느 한 문제가 있어도 포함됨.

(다음 쪽에 계속됨)

〈표 2-3〉 의사소통장애와 관련 장애 조건 (계속)

질환	출현율	변인 영향
주의력결핍장애	• 6~21세의 장애 아동 중 2.2%가 주의력결핍장애를 보임.	• 많은 주의력장애 아동들이 언어장애나 지체를 지님. • 주의력결핍 과잉행동장애는 3세 전에도 진단될 수 있음.
뇌성마비	• 3~7%의 신생아는 뇌성마비를 지니고 있음 • 0.5%의 인구가 뇌성마비를 지니고 있음	• 뇌성마비는 3세 이전에 진단됨. • 50%의 뇌성마비 아동은 의사소통장애를 지니고 있음.

▼ 참고 문헌

1. Love RJ, Webb WG: *Neurology for the speech-language pathologist*, ed 3, Boston, 1996, Butterworth-Heinemann.
2. Fox N, Leavitt L, Warhol J: *The role of early experience in infant development*, St. Louis, 2000, Johnson & Johnson Pediatric Institute.
3. Wetherby AM, Prizant BM: Toward earlier identification of communication and language problems in infants and young children. In Meisels SJ, Fenichel E, editors: *New visions for the developmental assessment for infants, toddlers, and young children*, Washington, DC, 1993, Zero to Three/National Center for Infants, Toddlers, and Families, p 289.
4. Solomon BI, Sonies BC: *Oral-motor, speech and swallowing functions in three rare genetic syndromes*. Seminar presentation at the 2001 ASHA Conference, New Orleans, Nov 16, 2001.
5. Rubin IL: Etiology of developmental disabilities, *Infant Young Child* 3:25-32, 1990.
6. Superneau D: *Fetal alcohol syndrome and fetal alcohol effects: clues to detection and behavioral implications*. Presentation at the Contemporary Forums Conference on The Child with Special Needs, New Orleans, April 1997.
7. Hymbaugh K: Data analysis: fetal alcohol syndrome surveillance network, *MMWR* 51:433-435, 2002.
8. Willner JP: Genetic evaluation and counseling in head and neck syndromes. In Rothschild MA, editor: Syndromic and other congenital anomalies of the head and neck, *Otolaryngol Clin North Am* 33(6):1159-1170, 2001.
9. Weistuch L, Schiff-Myers NB: Research note: chromosomal translocation in a child with

SLI and apraxia, *J Speech Hear Res* 39:668, 1996.

10. Committee on Child Abuse and Neglect, American Academy of Pediatrics: Shaken baby syndrome: rotational cranial injuries—technical report, *Pediatrics* 108(1):206-210, 2001.
11. Simon BM, McGowan JS: Tracheostomy in young children: implications for assessment and treatment of communication and feeding disorders, *Infant Young Child* 1:1-9, 1989.
12. DeGangi GA, Craft P, Castellan J: Treatment of sensory, emotional, and attentional problems in regulatory disordered infants: parts 1 and 2, *Infant Young Child* 3(3):1-8, 9-19, 1991.
13. Zeanah CH: The assessment and treatment of infants and toddlers exposed to violence. In Osofsky JD, Fenichel E, editors: *Caring for infants and toddlers in violent environments: hurt, healing, and hope*, Arlington, Va, 1994, Zero to Three/National Center for Clinical Infant Programs, p 29.
14. Zeanah CH, Boris N, Scheeringa M: Psychopathology in infancy, *J Child Psychol Psychiatry* 38:81, 1997.
15. Zeanah CH: *Disorders of attachment*. Paper presented at the Contemporary Forums Conference on The Child with Special Needs, New Orleans, April 1997.
16. Landy 5, Peters RD: Identifying and treating aggressive preschoolers, *Infant Young Child* 3:24-38, 1990.
17. Hinks-Dellcrest Center of Toronto: Research agenda statement of the clinical programs of the Hinks-Dellcrest Center of Toronto. Available at: http://www.hincksdellcrest.org.
18. Russell FF, Free TA: Early intervention for infants and toddlers with prenatal drug exposure, *Infant Young Child* 3(4):78-85, 1992.
19. Hack M et al: Very low birth weight outcomes of the National Institute of Child Health and Human Development Neonatal Network, *Pediatrics* 87:587, 1991.
20. Allen M, Donohue P, Dusman A: The limit of viability: neonatal outcome of infants born at 22-25 weeks gestation, *N Engl J Med* 329:1597, 1993.
21. Ruff HA, Lawson KR Assessment of infants' attention during play with objects. In Schaefer CE, Gitlin K, Sandgrund A, editors: *Play diagnosis and assessment*, New York, 1991, Wiley, p 115.
22. Lewis BA et al: *Predictors of speech-language outcomes in VLBW and BPD children*. Presentation at the 2001 ASHA Conference, New Orleans, La, Nov 16, 2001.
23. Hack M et al: Outcomes in young adulthood for very-low-birth-weight infants, *N Engl J Med* 346(3):249-157, 2002.
24. Hack M et al: Neurodevelopment and predictors of outcomes of children with birth weights of less than 1000 g: 1992-1995, *Arch Pcdiatr Adolesc Med* 154(7):725-731, 2000.
25. Hack M et al: School-age outcomes in children with birth weights under 750 g, *N Engl J Med* 22;331(12):753-759, 1994.

26. Lindeke L et al: Neonatal predictors of school-based services used by NICU graduates at school age, *Matern Child Nurs* 27(1):41-46, 2002.
27. Landy S, Tan KK: *Understanding the contribution of multiple risk factors on child developat various ages.* Working Paper of the Applied Research Branch Strategic Policy, Human Resources Development Canada, Quebec, Oct 1998.

제 3 장

의사소통장애의 의학적 측면

Theodore F. Thurmon & Suzanne G. Thurmon

의사소통장애의 의학적 측면은 자연적으로 후천적이거나 선천적일 수 있다. 양 범주에서 말과 언어 결함이 있는지를 증명하기 위해 검사를 수행하고 능력을 판단해야 한다. 결함 및 능력은 진단상의 범주 안에서 매우 다양할 수 있다. 후천적 장애는 보통 상해(傷害)(예: 외상, 감염, 독소)로부터 유발된다. 이러한 후천적 장애의 기제는 상해를 평가하거나 치료하는 의사와의 상담을 통해 더 이해할 수가 있다.

중추신경계, 말초신경 및 조음 기관의 병소(focal lesions)는 특정한 말-언어장애를 일으킬 수 있다[그림 3-1]. 외상이나 감염이 이러한 것 중 어떤 구조를 어떻게 파괴하는지를 쉽게 관찰할 수 있다. 일부 독소도 이러한 병소로서 효과를 가진다. 아미노글리코사이드 항생물질(예: 젠타마이신, 카나마이신, 네오마이신, 스트렙토마이신, 토브라마이신)은 유전학적으로 이 효과에 취약한 사람에게 작용하는 특정 여덟 번째 신

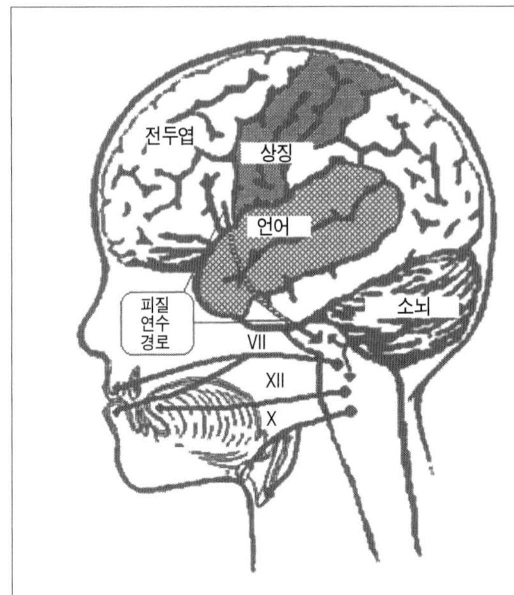

수준 5: 전두엽. 말더듬.

수준 4: 측두엽 피질.
표현 언어 및 수용 언어 실어증.

수준 3: 소뇌.
끊어지고 단조로운 구어.

수준 2: 피질 연수 경로.
빈약한 협응을 보이는 구어.

수준 1: 뇌신경 VII, X, XII.
마비성 구어장애, 왜곡.

[그림 3-1] 신경학적 병소의 위치와 말-언어장애.

출처: Bakes FP: Chapter 14, Speech, language, and hearing. In Falkner F, editor: *Human development*, Philadelphia, 1996, WB Saunders.

경 독성을 가지고 있다. 달팽이관 및 망막은 무산소증 및 유독물질에 매우 민감하다. 페리실비안 주변 영역(perisylvian: 좌뇌의 외측구)의 말 및 언어 중추의 유전적 이상은 지속적으로 발달하는 말더듬 현상을 보인다.[1]

출생시 사망할 수도 있는 질식 또한 일반적인 뇌 손상으로 인한 인지 능력의 결함을 야기시킨다. 수많은 유독물질들도 일반적으로 뇌손상을 일으킬 수 있다. 뇌 형성의 이상이나 소두증(microcephaly)은 비슷한 수준의 뇌 기능장애를 일으키며, 다운증후군과 몇 가지의 다른 선천적 장애에서 나타난다. 자손에게서 선천적 소두증을 자주 일으키는 경우는 인구 간 이동이 없는 상태에서 맺는 혈연 간 혼인에 있다. 혈연 간 혼인은 친인척 간의 남녀가 결혼하는 것을 의미한다. 입술/구개가 파열된 환자의 대부분이 다양한 정도의 뇌 발달에서 이상이 나타나며,[2] 파열 정도가 심할 경우 인지에도 영향을 미칠 수가 있다.

선천적이라는 말은 어려운 출생과정을 통하여 장애가 생기는 것이 아니라 출생시에 이미 장애가 존재한다는 것을 의미한다. 이 절은 선천적 장애에 초점을 맞추고 있다. 비록 장애를 가졌다 하더라도, 이러한 장애가 출생 시에 나타나지 않다가 아동이 성장할수록 더 명백해질 수도 있다. 이러한 다양한 장애들 사이에는 공통점이 적고 오로지 개별 장애에 대한 연구를 통해서만 이해할 수가 있다.

▼ 기형 발생인자의 영향

선천적 장애는 보통 유전되며, 드물지만 발달하는 태아가 상해를 입었을 경우에 선천적 장애의 결과를 가져다 줄 수 있다. 기형 발생인자(teratogens)로 인한 태아의 치명적 손상은 일반적으로 생각하는 것보다 훨씬 드물게 나타난다. 태아가 임신기간을 무사히 넘기기도 하지만, 그만큼 손상을 입기 쉽지 않다. 유전적 원인은 진단이 어렵기 때문에 이러한 원인은 자주 후천적 질병이나 상해로 인한 것으로 자주 잘못 오인될 수도 있다. 또한 보편적으로 모든 시대와 사회단계에서 원하지 않는 특징을 설명하고자 할 때 우화적 표현을 사용하는 경향이 있다.[3] '기형 발생인자'라는 용어 자체 또한 신들(gods)의 끈질긴 행동을 의미하는 그리스 용어에서 기원되었다.

이미 알려진 기형 발생인자와 물질이 미치는 영향이 〈표 3-1〉에 제시되어 있다. 만약 손상 있는 것을 깨달으면, 임신기간 중 초기 10주 동안에는 태아에게 다량씩 직접적으로 주어야 한다. 이러한 상황이 발생할 경우, 태아마다 방어기제가 유전적으로 다르기 때문에 태아에게 미치는 정도 또한 다양할 수 있다(즉, 동일한 복용량은 일부 태아에게는 심각한 장애를, 다른 태아는 거의 영향을 받지 않을 수도 있다). 기형 발생인자의 영향을 받는 모든 환자가 말-언어장애를 가질 수 있다.

말과 언어에 미치는 기형 발생장애의 효과는 말 산출이나 언어발달에 중요한 해부학적 구조와 신경의 손상으로부터 발생한 결과이다. 기형 발생인자는 일반적으로 증후군을 발생시키고(syn=함께, drome=발생하다), 일시에 다양한 영역에 손상을 입히며, 이렇게 다양한 구조의 변형은 동시에 관찰된다. 또한 단일 유전자만으로도 다양한 신체 구조와 기관의 기능 및 발달에 영향을 미치면 증후군이 발생할 수 있다. 증후군에 대해서는 다음에 나타나는 일반적인 유전 이상 범위에서 비중 있게 다룰 것이다.

치명적인 상해는 태아에게 실제적 손상의 직접적인 증거를 보일 경우를 제외하고는 선천성장애의 원인으로 받아들여져서는 안 된다. 예를 들어, 선천성 톡소플라즈마

〈표 3-1〉 인간 기형 생성 인자의 나타나는 특징

약물

약물의 직접효과(출산 후 우울증과 같음)

의존성을 유발하는 약물
- 위축(withdrawal)

호르몬(hormones) 및 항호르몬(antihormones)
- 내분비(endocrine) 효과: 태아의 발달

스트렙토마이신, 다라프림(daraprim), 키닌제제(quinine)
- 전맹

테트라사이클린(tetracyclines)
- 치아의 기형

분만시 사용한 약물
- 민감한 태아

지연된 효과

다이에틸스틸베스트롤(diethylstilbestrol[역자 주: 유산 방지용의 합성호르몬제])
- 생식기관 이형성(genital metaplasia)

기형 발생인자 효과

- 태아 성장과 발달의 어려움

알코올
- 검열 축소(blepharophimosis[역자 주: 눈꺼풀 틈새 축소, 실눈증이라고도 함]), 코와 입술 사이가 희미함(faint philtrum)

아미놉테린(aminopterin[역자 주: 백혈병 치료제]
- 왜소증(dwarfism), 발육 부전의 두개(hypoplastic cranium)

항응고제(anticoagulants)
- 대퇴골두골단분리증(stippled epiphyses), 발육 부전의 코(hypoplastic nose)

기형 발생인자의 효과 (계속)

카르바마제핀(carbamazepine[역자 주: 항경련제])
- 눈꼬리가 치올라간 눈(up-slanting eyes), 짧은 코, 손톱 발육 부전

코카인
- 팔다리, 심장 및 신경관의 결함

플루코나졸(fluconazole[역자 주: 항 진균제])
- 뇌와 두개골 이상

하이단토인스(hydantoins)
- 넓은 얼굴, 손톱 발육 부전, 손가락 발육 부전

리튬
- 심장의 엡스타인(ebstein) 이상

메틸수은
- 전농, 맹, 마비

페니실라민(penicillamine)
- 피부 발육 부전

흡연
- 저체중 출생

트라이메사다이온(trimethadione)
- V자 모양의 눈썹, 치아와 구개의 비정상

탈리도마이드(thalidomide)
- 해표상지증〔海豹狀肢症, phocomelia[역자 주: 팔다리가 아주 짧은 아기가 바다표범을 닮았기 때문에, 이 선천적 기형을 phocomelia(phoco: 바다표범 + melia: 팔다리)라고 함]〕, 심장 기형, 청각장애

발푸로익산(valproic acid)
- 납작머리증(단두증: brachycephaly), 소인증(microstomia), 이분척추

비타민A 함유제(레티노산: retinoic acid)
- 소이증(microtia), 파열(clefts), 뇌 이상

(다음 쪽에 계속됨)

〈표 3-1〉 인간 기형 생성 인자의 나타나는 특징 (계속)

감염	
산모의 감염	**태아 감염**
• 결함은 태아에게서 초점성 혈전성 혈관폐색(focal thrombotic vascular occlusions)을 일으킨다. • 화농성 감염 • 바이러스성 감염 • 양막의 감염	• 저체중, 시각과 청각 손상, 정신지체 등이 일반적으로 나타난다. • 거대세포 바이러스 • 풍진(rubella) • 매독(syphilis) • 톡소플라즈마균(toxoplasmosis) • 수두(varicella)
산모의 장애	
소화기 당뇨병 • 뿔줄기 결함(conotruncal defects), 꼬리쪽의 퇴행(caudal regression) **고혈압** • 저체중아, 소두증, PDA **고체온(hyperthermia)** • 관절구축증, 저체중 출생, 신경관 결함 **영양 결핍** • 저체중 출생	**중증 근무력증** • 신생아의 근무력증 **근긴장성 영양실조** • 관절구축증, 정신지체 **페닐케토뇨증** • 소두증, 왜소증, 두드러진 가운데 안면(prominent mid-face) **쌍둥이 낳기(twinning)** • 파열, 인어다리 증후군(sirenomelia), 총 배설강 외번증(exstrophy of cloaca)
위험한 절차와 외상	
산모의 외상과 외과적 수술	**직접적인 태아 외상**
• 태아의 뇌에 혈액 중단은 손상을 일으킨다. • 모의 저혈압 • 모의 저산소혈증	**고혈압성 정맥주사** • 초점 혈전 혈관폐색 **X-ray(진단으로써가 아닌 치료력이 있거나 극단적인 상태)** • 소두증, 눈이나 생식기의 기형

출처: Thurmon TF: *A Comprehensive Primer on medical genetics*, New York, 1999, Parthenon Publishing Group.

(congentital toxoplasmosis)는 유전으로 인한 맥락망막 대뇌 형성이상(chorioretianl cerebral dysplasia)[4]과 매우 유사하기 때문에, 정확한 혈청 테스트를 하지 않고는 감별할 수가 없다. 다른 기형 발생장애들도 발생학적으로 동일한 효과를 거의 다 지니고 있다. 이러한 발생학적 측면이 언어치료사와 연관성이 없는 것처럼 보일 수가 있지만 문제를 이해하려면 병인을 이해해야 한다. 원인 추측 또한 더 정확해 질 수가 있다. 선천성 톡소플라즈마 감염으로 인해 발생한 청각장애는 종종 흔한 일로 여겨지지만 실제로 혈청 진단에 의한 연구에 따르면 톡소플라즈마 감염이 선천성 청각장애의 원인이 된 경우는 1,000명의 신생아 중 오직 2명에 불과하였다.[5] 반대로 선천성 청각장애를 지닌 신생아의 가족을 면밀히 평가한 결과, 최소 50%가 유전적인 원인임이 밝혀졌다.[6]

▼ 염색체 이상

염색체 중 21번 염색체는 산모의 나이와 관련이 있다. 그 외 일부 염색체 이상도 나이와 연관이 있지만 대부분 이상들의 원인은 알려져 있지 않다. 실험에 의하여 염색체 이상을 유발하는 기제들은 실제적인 이상을 유발하지는 않는 일부는 부모(보균자)에게 있는 염색체 이상 유전자가 감수분열된 결과이다. 또 부모가 관련 염색체 이상을 가진 경우에는 다음 세대에 유전될 확률이 높다.

다양한 형질의 수많은 유전자가 염색체 이상으로 인해 복제되거나 삭제되지만, 어떤 표현형질(phenotypes)이 나타날지는 알 수가 없다. 염색체 이상에서는 다음과 같은 특성이 흔히 발견된다. 성장과 발달이 미약하고, 언어장애를 가지며, 다양한 무형의 특징들을 보인다. 이러한 특성을 가진 환자의 평가에는 염색체 분석을 항상 포함해야 한다.

전형적인 증후군들은 여러 가지의 염색체 이상과 관련이 깊다. 좀 더 잘 알려진 증후군으로는 상염색체의 3염색체성(염색체 13, 18, 21); 터너 증후군(X염색체의 홑염색체) 및 묘성증후군(염색체 5번의 단염색체성)이 있다. 성염색체(XXX, XXY 및 XYY)의 3염색체성은 더 보기 흔한 염색체 이상의 하나지만, 염색체의 특징의 잠재성을 띄기 때문에 인식하기 어렵다. 염색체 이상은 좀 더 나이 든 아동들과 어른들의 행동장애를 평가할 때 주로 발견된다.

▼ 일반적인 유전적 이상

일반적으로 기형 발생장애보다는 말-언어발달에 영향을 미치는 다른 유전적 장애가 훨씬 더 흔하다. 이러한 유전적 이상은 대체로 증후군이 없는 사람에게로부터(단일 결함) 발견된다. 일반적인 유전적 이상은 보통 사람들 중에서 보다 소인을 가진 사람들과 친척 관계에서 흔히 발생한다. 더 정확하게 말하자면 직계가족 구성원에게 이러한 이상이 나타날 출현 빈도는 일반인 출현 빈도의 제곱근이다. 다인자 유전이론은 이러한 빈도의 수학적 관련성을 기반으로 한다. 이 이론은 일부 형질들이 모든 유전인자와 전체 환경적 요소의 종합적 효과로서 유발된다고 보고 있다. 이러한 요인의 영향력은 알아차릴 수 있을 정도로 충분히 강해야 한다. 유전인자가 발현이 되면 영향력의 정도에 따라 단계가 나뉜다. 이러한 단계는 위계를 이루며, 결과적으로 형질은 경증에서 중증에 이르게 된다. 다인자 유전이 하나의 이론에 불과하기는 하지만, 이 이론은 다른 병인학과는 구별성을 가지며, 해당 장애가 친척들에게서 일어날 수 있는 빈도를 예측할 수 있도록 해 준다. [그림 3-2] 및 〈표 3-2〉는 이러한 개념을 설명하고 있다.

잦은 유전적 이상은 해부학적 또는 신경학적 이상을 통해 말과 언어 기능에 영향을 줄 수 있다. 구순열이나 구개열은 입술소리 및 공명음을 방해한다. 배아의 동일한 원시 구조가 심장과 조음 기관을 형성한다. 그러므로 구개파열(cleft palate) 및 높은 입천장(high-arched palate)은 심장 기형(heart malformation)과 자주 연관이 있으며, 중이(middle-ear) 및 내이(inner ear) 이상, 하악후퇴증(retrognathia), 설하수(glossoptosis), 후두형성부전증(laryngeal hypoplasia), 또는 구어에 부정적 영향을 끼칠 수 있다. 직계가족의 구성원들은 임상적으로 유사한 장애를 가질 수 있다. 그러나 더 잠행적인(insidious) 문제는 부모가 입천장 인두기능부전(velopharyngeal incompetence)과 같은 경증의 장애를 가졌다 하더라도, 그로 인해 자녀의 구어 발달에 부적절한 역할 모델을 할 것이라는 것이다(즉, 장애가 있는 아동의 언어장애는 부모의 부정적 학습으로부터 배운 영향일 수도 있다).

후두의 횡격막, 파열, 폐쇄증, 협착증은 증후군의 특징으로도 발생하지만, 후두 협착증을 제외하고는 유전적으로 단독 발생할 수 있다. 심각한 경우에는 이러한 문제가 신생아의 생명을 위협할 수 있으며, 가벼운 경우에는 쉰 소리에서 약한 목소리 발성 불능증에 이를 수 있기까지의 구어 산출에 심각한 저해 요인이 될 뿐만 아니라, 영구적인

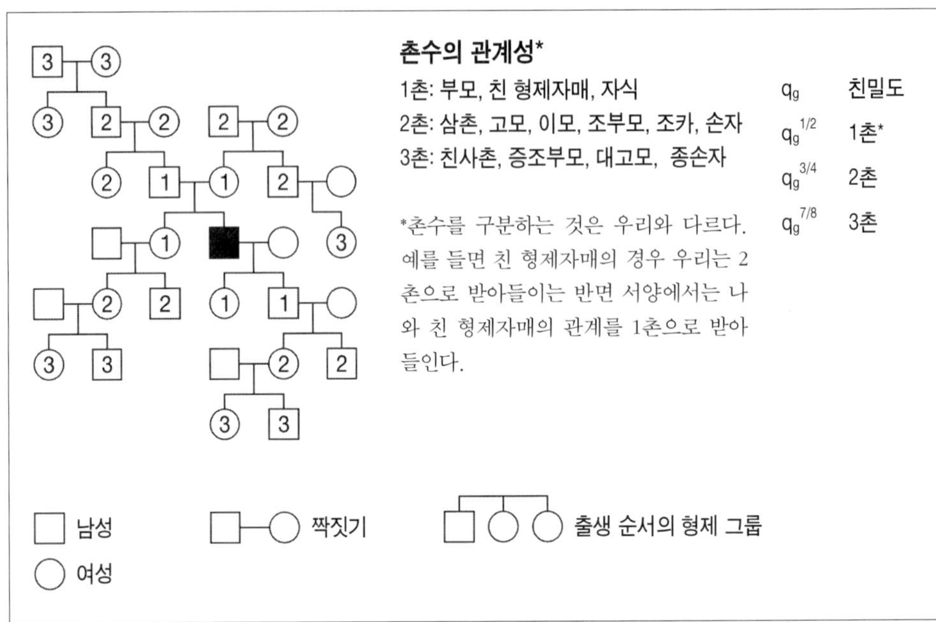

[그림 3-2] 환자의 친척 중 다인자 유전장애가 나타날 확률의 계산. 환자는 검은 색으로 표시함. 기호 안의 숫자는 환자와의 촌수(친척 관계의 정도)를 나타낸다. 숫자 표기는 분수제곱으로 설명되어 있으며, 출현할 빈도를 분수로 설명한다. 분수의 분수제곱은 더 큰 숫자적 의의를 가지고 있다. 10에서 빈도가 1로 표현되었거나, 0.1로 빈도가 나왔다면, 3에서는 제곱근은 0.32가 되거나 1/30이 된다.

출처: Thurmon TF. *A comprehensive primer on medical genetics*, New York, 1999, Parthenon Publishing Group.

폐 손상이 야기할 수도 있다. 이러한 질환은 조영제를 사용한 X선 투시법으로 진단하며, 일반적으로 이비인후과 의사의 치료가 필요하다.

신경관은 코 위쪽 뿌리에 있는 미간에서 척추의 꼬리뼈까지 이어져 있는 배아기 구조이다. 중추신경계와 연관된 골격 구조는 신경관에서 파생된다. 신경관의 이상으로 많이 알려진 질환은 무뇌증, 뇌류 및 척수막탈출증(이분척추)이다. 이러한 질환은 국한되어 있는 것처럼 보이지만, 사실상 구어 산출과 언어발달에 종종 영향을 미치고 신경체계를 통한 비정상적인 발달이 있다.

이렇게 잦은 유전적 이상의 특징은 눈으로 확인할 수 있기 때문에 유전성을 확인하기 쉽지만, 구어와 언어의 발달도 같은 방식으로 유전되는 것으로 보인다(즉, 다인자 유전). 그 밖에 잘 알려진 말과 언어의 선천적 장애가 일반 사람에게로부터 나타날

〈표 3-2〉 친척 관계에서 다인자장애의 발생빈도

장애	정상적인 부모		소인을 가진 부모	
	발생 빈도	2대에 발현 위험	소인을 가진 아동의 위험	2대에 발현 위험
입술과 입천장의 파열	0.1%	2%	통계적으로 무의미	통계적으로 무의미
양측성	통계적으로 무의미	6%	통계적으로 무의미	통계적으로 무의미
심장의 기형	0.5%	2% (동일 유형)	14% (어머니의 영향)	통계적으로 무의미
추가적 위험	통계적으로 무의미	4% (다른 유형)	통계적으로 무의미	통계적으로 무의미
신경관 결함				
미국	0.1%	3.2%	4%	8%
영국	0.3%	5%	통계적으로 무의미	통계적으로 무의미

출처: Carter CO: Multifactorial genetic disease. In McKusick VA, Claiborne R, editors: *Medical genetics*, New York, 1973, Hospital Practice Publishers.

때 유전적 이상과 유사한 빈도를 가진 가족 구성원에게 영향을 미친다. 일반적으로 유전적 이상으로 인해 부모가 말-언어장애를 가진 경우는 치료가 복잡해진다. 다인자 유전질환의 예상 출현빈도와 비슷하게 전반적 발달장애-자폐-아스퍼거 증후군의 스펙트럼이 가족에게서 나타난다. 스펙트럼장애를 가지지 않은 직계가족의 구성원들도 유사한 구어 및 심인성 질환의 위험이 높아지는 경향이 있다.

거의 1,000명 중 약 5명의 아동이 다인자 유전으로 인해 증후군이 아닌 선천적 정신 결함(단순 가족성 정신지체)을 단독으로 지니고 있다. 언어장애는 이러한 아동들의 가장 큰 의사소통의 문제이며, 정신적 능력이 매우 낮은 아동의 경우에는 조음 능력도 떨어지게 될 수 있다. 잦은 유전적 이상이 부모에게 있을 경우, 영향력의 정도에 따라 구어를 학습하는 데 어려움을 야기할 수도 있고, 잇따라 치료를 지속하기 어려워 질 수도 있다. 또한 유전성은 아니지만, 문화나 언어적 차이가 이러한 발달장애와 공존하게 되어 진단을 혼란스럽게 할 수 있다. 이러한 차이를 구별하기 위하여 신중한 신경학적 및 발달 진단·평가가 필요하다.

▼ 단독 문제인가 혹은 증후군의 일부인가?

선천성 질환을 가장 이해하기 어렵게 만드는 점은 일부 사람들에게서는 이러한 질환이 단독 문제로 나타나지만, 일부 사람들에게는 다양한 증후군의 특징으로 발견된다는 사실이다. 예를 들어, 유전에 의한 청각장애의 사례 중 절반은 단독 결함 대신에 증후군을 지니고 있다. 증후군은 다양한 원인이 존재할 수 있을 뿐만 아니라 말-언어장애와 연관된 특징 외에 많은 다른 특징들을 가질 수 있어 환자들에게 동일한 접근법을 사용할 수 없다. 〈표 3-3〉은 단독으로 일어난 질환과 증후군으로 발생한 질환의 빈도를 비교하고 있다.

일반적으로, 증후군이 있는 환자는 단독 결함이 있는 환자보다 더욱 제한된 잠재력을 지니고 있다. 증후군의 일부 특징은 말-언어치료에 반응을 보이는 그들의 능력을 제한할 수 있다. 따라서 이러한 증후군에는 다학문적 접근법이 필요하다. 다학문적 접근을 안정시키고 조정하는 실제의 어려움은 또 다른 제한적 요소이다. 비록 일부 증후군들은 눈으로 바로 확인이 가능하지만, 일반적으로 진단은 유전학자나 기형학자와 같은 경험 있는 의사가 내려야 한다. 〈표 3-4〉는 고려되어야 할 문제의 범위를 보여

〈표 3-3〉 일반적인 유전 이상 단독과 증후군 형태의 차이 비교

장애	단독	증후군
구순열	88%	12%
구개열	60%	40%
심장 기형	75%	25%(반은 염색체 이상)
신경관 결함	90%	10%

출처: Thurmon TF: *A Comprehensive Primer on medical genetics*, New York, 1999, Parthenon Publishing Group.

〈표 3-4〉 신경관 결함과 관련된 증후군의 예

증후군	결과	원인
골덴하(Goldenhar) 증후군	반측안면성, 소인증, 이개전방의 주름, 소이증, 안구상 유피종, 척추편층이상	다인자 유전
18번 염색체의 3염색체성	임신 중의 왜소증, 소두증, 두드러진 후두부, 작은 귀, 작은 얼굴, 짧은 흉골, 검지 손가락과 가운데 손가락의 겹침, 새끼손가락과 약지 손가락의 겹침, 엉덩이와 손가락의 구축, 심장 격막의 기형	염색체 이상
태아 발프로에이트 증후군	태아 심장 기형, 신경관 결함, 안각격리증(telecanthus: 양 안검의 내 안각부의 거리가 넓은 상태), 짧은 코, 작은 입, 긴 손가락	기형 발생인자

출처: Jones KL: *Smith's recognizable patterns of human malformation*, ed 4., Philadelphia, 1998, Saunders.

주고 있다.

▼ 멘델장애

멘델장애는 불연속적인 유전을 가진 유전질환이다(즉, 우성, 열성, 성염색체). 불연속이라는 용어는 수학적 기초를 가지고 있다. 이것은 사람이 유전자를 지니고 있거나 지니고 있지 않을 수 있으며, 순서도 없다는 것을 의미한다. [그림 3-3]에서 [그림 3-6]에 걸쳐 멘델의 유전법칙을 설명하고 있다.

많은 멘델장애는(약 150 종류가 알려짐) 말-언어 결함을 발생시키지만, 모두 드물게 발생한다. 멘델장애는 신경학적 이상을 통한 해부학적 비정상성에서부터 말-언어의 특정 장애에 이르기까지 광범위하게 나타난다. 일부는 단독 장애지만, 대부분은 증후군이다. 맥쿠식(McKusick)이 출간한 백과사전에서 멘델장애에 대하여 가장 좋은 소개를 받을 수 있다(인터넷 주소: http://www3.ncbi.nlm.nih.gov/Omim/). 동일 가계의 정상적인 유전자가 나타나야 하기 때문에 비정상적인 유전자가 무엇인지 확인하려면, 단독 장애들은 구어와 청각의 유전적 토대를 설명해 준다.

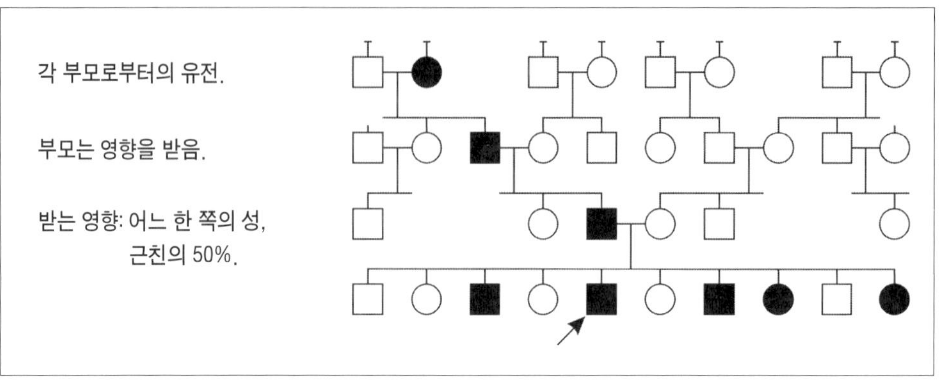

[그림 3-3] 상염색체 우성 유전

다른 장애 없이 특정 언어장애를 가진 아동에 대한 대가족 연구가 염색체 13q21에 초점을 두었다. 데이터는 대부분 상염색체 열성유전과 일치하였지만, 다양한 침투성이 있는 우성 유전을 배제할 수는 없었다. 원인이 되는 유전자가 유전자 지도에서 아직 발견되지 않았다. 염색체 7q31상에 있는 FOXP2 유전자의 암호서열 14에서 단일 뉴클레오티드 G가 A로 변환되는 것은 구강안면 실행증(orofacial dyspraxia)과 함께 말-언어장애를 일으키는 상염색체 우성질환의 원인이 되며, 문법적인 시제, 인칭 및 성을 생성하지 못하는 특징을 보인다. 선행연구에서는 구강안면 실행증에 관련된 유전자가 X염색체에 있다고 보고하였다. 최근 유사 말-언어장애를 가진 증후군(Wieacker-Wolff 증후군)의 유전자 자리는 염색체 Xq13-q21인 것으로 밝혀졌다. 좀

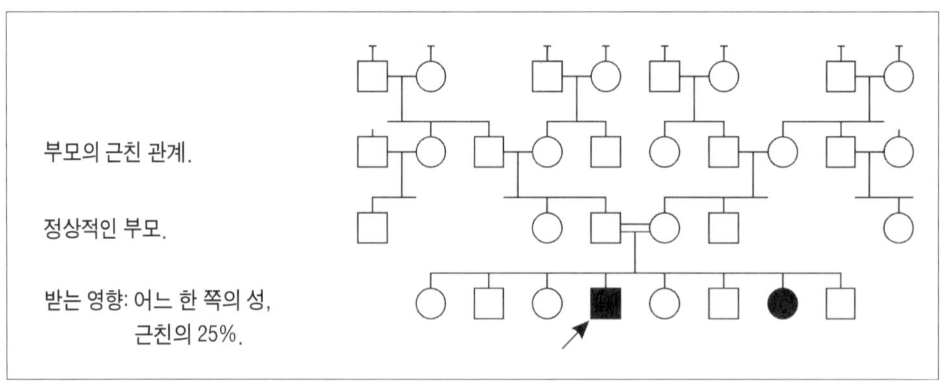

[그림 3-4] 상염색체 열성 유전

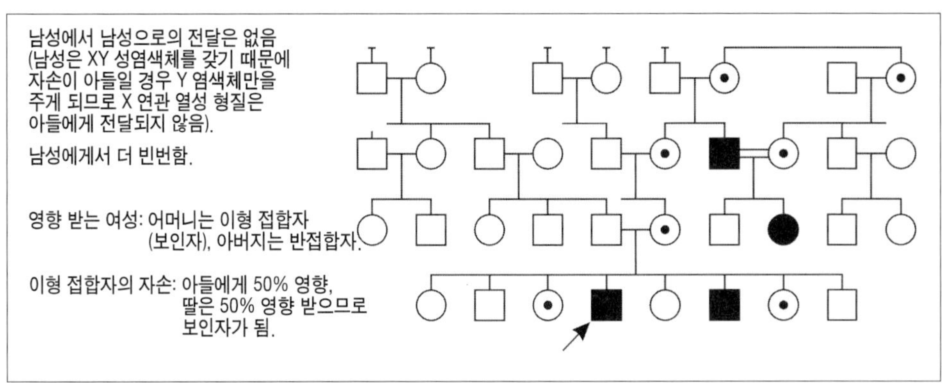

[그림 3-5] 성염색체 열성 유전

더 신비로운 증후군인, 상염색체 우성의 롤랜딕 간질(rolandic epilepsy)과 구어실행증(speech dyspraxia)은 마비성 구어장애(oromotor apraxia)는 없지만, 유창한 구어에 필요한 운동 조직과 협응에 어려움을 보이는 구강운동 부전증(dysarthria) 및 경도의 표현 언어장애를 보인다. 롤랜딕 간질과 구어실행증이나 구어 발달이 심하게 지체되는 단독 상염색체 우성 질환인 가족 발달성 실어증에 대한 유전자는 아직 발견되지 않았다. 언어 문제로 인한 학습장애는 3상염색체 우성형인 난독증(dyslexia)을 특징으로 하는데, 이것은 염색체 2p16-p15, 6p21.3 및 15q21로 지도화되고 있다. 이에 대한 특정 돌연변이는 아직 별견되지 않았다. 또한 난독증은 일부 증후군의 공통된 특징으로도 나타난다.

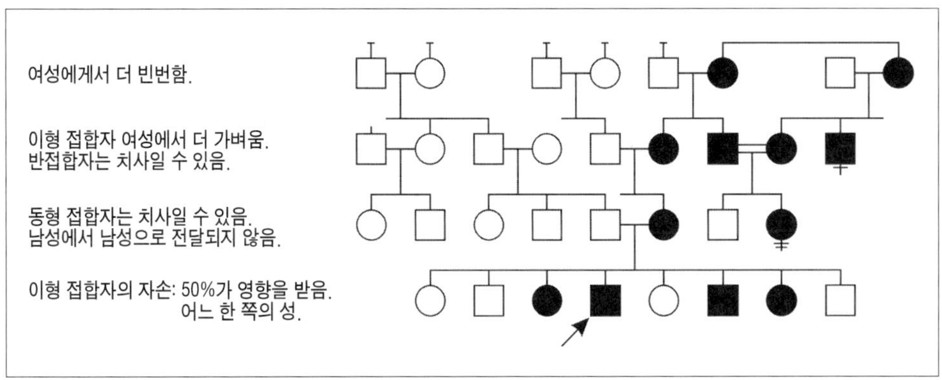

[그림 3-6] 성염색체 우성 유전

선천성 연하곤란(congenital dysphagia)은 증후군의 특징으로만 나타날 것이다(총 약 50개). Opitz G/BBB 증후군에만 존재하는 또 다른 보편적 특성은 이안증(wide-spaced eyes)*이기 때문에, 연하곤란은 단독 상염색체 우성질환(염색체 22q11.2)이나 성염색체 질환(염색체 Xp22)으로 나타날 수 있다. 보편적인 특징은 아니지만 비공의 전방변위(anteverted nares),** 파열(인두, 후두 또는 식도); 장기 이간증; 요도 밑 열림증, 발달지체가 있을 수 있다. 다양한 형태의 유전성 인두 근이양증은 나중에는 연하곤란을 촉발하지만, 초기에는 단독으로 나타날 수 있다.

비증후군성 난청(nonsyndromic hearing loss)은 단독성 멘델법칙의 특성에 더 잘 들어맞는 질환의 하나이다.[10] 일부 유전자에 대한 검사방법이 생겨나고 있지만, 매우 세심한 평가조차도 어떤 유전자를 검사할 지에 대한 지침을 적게 제공하고 있다. 현실적으로는 아직까지 유전자 검사의 베터리***처럼 실험적 진단이 내려지지 않았다. 코넥신(connexin) 26 돌연변이는 더 흔히 볼 수 있는 상염색체 열성형을 일으키고 보기 쉬운 상염색체 우성형을 유발하기도 한다. 코넥신 26 유전자의 완벽한 염기서열분석이 가능하다. 일반적으로 가족마다 서로 다른 변이가 나타나기 때문에 새로운 사례를 접할 때마다 다른 이론적 접근을 사용하는 것이 이상적이다.

비증후군성 맹(nonsyndromic deafness)인 22번 상염색체 열성형에 대한 유전자 지도가 완성되었다. 대부분은 언어 습득 이전(언어발달 전에 발병)에 발병하고 그 이후에는 안정화된다. 25번 상염색체 우성형도 지도화되었으며, 대부분은 언어 습득 이후(언어 습득 후 발병)에 발병하고 진행성이다. 매우 흥미롭게도 일부 유전자에서는 서로 다른 돌연변이가 증후군성 형질뿐만 아니라, 우성이거나 열성 형질을 일으키기도 한다. 지난 몇 년 동안 비증후군성 성염색체질환의 일부가 증후군성으로 인식되어 비증후군성 성염색체질환의 수는 감소하였다. 성염색체성 질환 중 두 개의 질환은 언어 습득 이후에 진행성의 형태로 나타나고 그중 하나는 유전자지도가 완성되었다. 언

---

* [역자 주] 이안증(wide-spaced eyes): 두 눈 사이의 간격이 일반인들보다 멀리 떨어져 있는 증세.

** [역자 주] 전방변위(anteverted nares): 앞쪽으로 구부러져 있음

*** [역자 주] 베터리(battery): 무언가를 함께 사용하기 위해서 여러 가지의 비슷한 것들을 배치하는 것.

어 이전기에 안정적인 형태를 가지는 성염색체질환 세 종류가 지도화되었다. 다른 세 종류의 성염색체성질환은 아직 완전히 지도화되지 않았다.

멘델장애의 진단은 종종 숙련된 의사의 진료가 필요하다. 그러나 이 질환은 친척들 사이에서 일어날 수가 있으며 가계의 혈통을 통해서 확인할 수 있다. 정밀한 진단 없이도 다른 사례의 특성 목록을 만들면 새로운 사례에 대해서 임상적 예측이 가능하다. 결혼, 출생, 사망 및 상속의 공식적인 기록이 가계의 정보를 가장 정확히 알려 주는 원천이 되고 있지만 가족 구성원의 가계도가 가장 많이 사용된다. 가톨릭 교회 및 모르몬 교회는 정보의 풍부한 원천이 되어 유전적 질환의 진단을 내리는 전문의학 유전학자가 주로 상담한다.

가장 유익한 정보는 환자의 증조부모의 자손들에게서 발견되며, 종종 가족의 가계 중 일부로 제한된다. 가계의 유전 패턴을 알 수 있도록 가계정보를 기록하는 표준화된 방법이 개발되었으며 충분한 가계정보를 제공해 줄 수 있다. 또한 가계도는 매우 많은 가족 정보를 압축한 것이다. 집단을 도표화하는 방법이 다양하기 때문에 해당 환자의 차트를 통해 범례가 포함되도록 하여야 한다. [그림 3-7]은 표준화된 도표화 방법을 제시하고 있다.

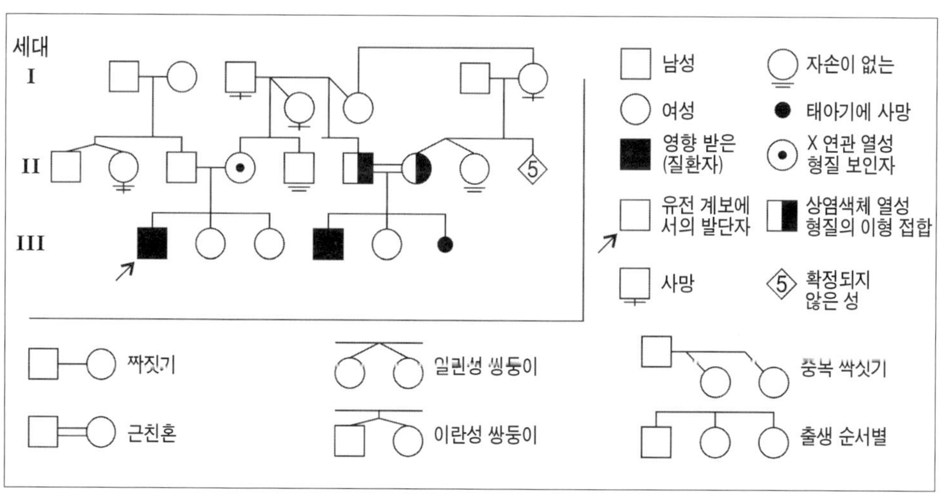

[그림 3-7] 성염색체 우성 유전

출처: Thurmon TF: *A comprehensive primer on medical genetics*, New York, 1999, Parthenon Publishing Group.

유전적 장애가 있는 아동을 둔 부모는 동일한 장애를 가진 다른 아동의 예후에 대한 정보나 충고를 구할지도 모른다. 또는 동일한 장애를 가진 다른 자녀가 태어날 가능성이 있는지, 소인을 가진 자녀와 형제자매들이 동일한 장애를 가진 자녀를 갖게 될 것인지에 관심을 가질 수 있다. 이러한 상담은 유전학자 및 유전 상담가와 같은 의료 전문가에 의해 이루어져야 하며, 다른 임상 전문가들도 그들에게 가족을 의뢰할 수 있어야 한다. 언어치료사들이 좀 더 복잡한 선천성 구어장애 및 청각장애에 대한 처치와 조화를 이룰 수 있도록 유전적 질환을 다룬 풍부한 경험을 가진 의학적 유전학자가 언어치료사를 지원해야 한다.

▼ 인간 게놈

게놈 프로젝트가 인간 유전자를 모두 확인하였지만, 많은 유전자들의 기능이 아직 알려지지 않았으며, 예상 밖의 복잡성이 발견되었다: 유전자의 일부는 서로 간이나 유전자 일부와 결합하여 보완적 또는 상이한 기능을 수행할 수가 있다. 또한 원인이 되는 유전자가 발견되지 않은 유전적 질환이 수없이 많이 남아 있다. 비연속적인 유전을 하는 많은 장애들이 적어도 하나의 유전자에 기인하고 있다. 또한 이러한 기제에는 복잡성이 존재한다. 표면적으로 동일하게 보이는 장애들이 다른 유전 패턴을 가진 다른 유전자들일 수도 있다.

결합에 대한 연구는 이러한 측면에서 가치가 있다. 결합은 DNA의 동일한 가닥에서 유전자의 물리적인 근접성이다. 이것은 염색분체가 동일한 염색체 상의 유전자 위치에 근접해 있는 특정 대립유전자(DNA marker)의 빈도를 계산하여 분석하는 것이다. 유전자의 위치가 넓게 분포되어 있다면 교차가 생겨, 다른 염색체상 유전자 자리에 있는 대립유전자와 재결합할 것이다. 재결합 빈도는 재결합한 비율이다. 비율이 낮을수록 두 개의 유전자 사이 결합이 더 강하다.

결합 방법론(linkage methodology)으로 다인자 유전장애도 설명할 수 있게 되었다. 일정한 간격의 DNA 지표가 유전적 장애가 있는 가족의 대규모 형제자매에게서 유형화되었다. 각 형제 쌍의 질환 정도를 평가하기 위해 컴퓨터 프로그램이 사용된다(소인을 양 쪽 모두 가졌거나, 한 쪽만 가졌거나, 하나도 가지지 않음을 확인한다). 그 결과는 그래프의 Y선 상에 표시된다. 형제들은 유전에 의해 0, 1이나 2의 지표 대립유전자를 가져야 한다. 각 유전자 자리에 해당하는 수치는 X-선 상에 표시된다. 양 쪽 모두 소인을 가진 형제의 그래프의 기울기 결과가 음성일 경우, 지표는 질환의 발생에 영향을 주는 유전자 가까이에 있다는 것을 의미한다. 개인이 갖는 개별적 다유전성을 고려했을 때, 이러한 결과는 게놈에 산포되어 있으며, 실제 장애의 발생과 정도에 영향을 주는 수정된 유전자들이 있다는 것을 의미한다. 다인자 유전을 일으키기 위해서는 수많은 유전자가 있지만, 이러한 주동유전자(oligogenes)나 주동유전자의 결합이 다인자 유전 질환을 직접적으로 유발하지 않을 확률이 크다.

연관연구(association studies)는 이러한 개념을 확장시킨다. 결합연구가 가족 내에서 연구되어지는 것에 반해, 연관연구는 모집단의 소인을 가진 사람과 소인이 없는 사람에게서 특정 DNA 지표나 지표 쌍을 가질 출현율을 비교한다. 단일염기다형성(SNPs)이 가장 일반적인 지표이다. 이 지표는 하나의 뉴클레오타이드에 의해 개인 간의 편차를 만드는 위치를 나타낸다. 예를 들어, 그 위치에서 한 사람은 아데닌을 가지는 반면, 또 다른 사람은 티민을 가질 수 있다. 형제쌍법으로 분석할 수 있는 각 간격 내에 매우 많은 SNPs들이 존재한다. 그러므로 이것은 훨씬 고차원적인 해결방법이다. 게놈 프로젝트는 비연속적인 유전적 장애을 일으키는 아직 발견되지 않은 유전자를 찾아내고, 다인자 유전장애를 일으키는 수정 유전자를 모두 알아내는데 도움을 줄 것이다.

▼ 장애의 빈도

본 장에서 논의되었던 모든 장애 범주와 개별 장애의 범주에서 가장 일반적인 장애는 어떤 것들이 있는가? 이 질문에 대해서는 두 가지 수준의 대답이 가능할 것이다: (1) 개별언어치료사의 전망, (2) 모집단 빈도.

특정한 말-언어의 실제에서 장애인지 아닌지를 좌우하는 다양한 요인들이 있다. 예를 들어, 어떤 언어치료사들은 안면 외과 수술 팀과 같은 특별한 전문가 집단과 연계되어 있다. 아퍼트 증후군(apert syndrome)과 같이 몹시 희귀한 질환에서는 이러한 상황이 자주 벌어진다. 다른 범주의 장애들은 보통 언어치료사를 포함시키지 않고 다른 특정 전문가 집단이 다룬다. 실제 말-언어장애를 수반하지만 일반적으로 언어치료사의 도움을 받지 않을 수 있다. 심장 기형이 바로 그런 예이다.

각 장애의 토론부에서 다양한 모집단 빈도 자료를 이미 언급하였다. 아마 가장 빈번하게 발생하는 장애는 다운증후군일 것이며, 1년에 신생아의 0.16%에서 발생한다. 현대의 의학발전으로 다운증후군을 가진 사람의 수명이 계속 연장되기 때문에 실제 모집단 발병률은 더 높다. 심장 기형은 출생 시에 다운증후군보다 좀 더 일반적인 집단이지만, 심장 기형의 유형이 각기 달라서 각 유형의 빈도는 낮은 편이다. 구개파열 및 구순파열, 신경관 결함, 난청, 비증후군성 말-언어장애와 비증후군성 정신결함은 일반적으로 빈도가 더 낮다. 대부분의 다른 선천성 질환은 일반적인 모집단에서 낮은 빈도로 발생한다.

기본적으로 가장 낮은 출현율을 가진 상염색체 우성의 멘델장애의 출현율은 돌연변이 출현율과 같은 약 0.001%이다. 상염색체 열성질환의 경우, 기본적 출현율이 더 높거나 낮을 수 있는데, 양 쪽의 변이와 모집단의 교배 구조의 기능 때문이다. 다양한 유형의 선택 기제로 인해 많은 멘델장애의 다형성들이 나타난다. 다형성(polymorphism)은 기본적인 출현율보다 장애가 발생할 확률이 더 높다. 또한 일부 멘델장애는 유전자변이나 도태로 인해 격리된 특정 모집단에서 높은 빈도로 나타나기도 한다.

대부분의 기형 발생물질로 인한 장애는 매우 희귀하다. 일부(즉, 알코올, 사이토메갈로 바이러스, 담배의 치명적 영향)만이 상염색체 우성멘델장애의 기본적 출현율보다 더 높게 발생한다. 부분적으로 이것은 용량에 의존하는 경향이 다르기 때문이기도 하지만, 기형감시물질을 배후에서 감시하고 조절하는 사회적 역할도 크게 작용하였다. 우리 사회의 산업기술이 점점 더 복잡성을 띠고 있기 때문에, 기형 발생물질의 감시 및 조절 기제가 점점 더 중요해지고 있다.

기형 발생증후군과 멘델증후군은 많은 의사소통 요소에 영향을 미친다. 모두 드물게 발생하며, 이 질환과 관련한 의사소통에 대한 연구들도 거의 없었지만,[11] 언어치료사가 개별 환자의 진단적 평가의 중요성을 지적한 연구들이 나와 있다. 〈표 3-5〉에서 의사소통 요소와 관련된 임상적으로 알려진 증후군에 관한 정보를 요약하였다.

많은 다른 증후군들과 관련된 의사소통 요소에 대한 일부 연구가 있지만, 구별이 가능하지 않다. 일부 사례에서는 증후군이 영향을 주는 신체 체계가 분명하지 않을 수 있다. 킹-코페츠키(King-Kopetzky)증후군이 그 예이다.[12] 이 증후군은 순음청력검사

〈표 3-5〉 의사소통 요소와 관련성 연구에서 임상적으로 확인된 증후군들

증후군	CLP	NE	LI	A	C	R	V	CHL	SNL
아르스코그 장기간이간증,* 단지증, 숄 음낭				P	O				
무안검증-대구증				F	F			F	P
연골무형성증				O		F	F	F	
선단 이골증				F	F			O	
선단 골연화증				P	P			O	
태아 중독, 협착성대	F			F	F	F		F	
알레르스-쉰베르그병(골화석증)				F	F			F	F
알포오트 신장병증, 청각장애									F
알스트롬 청각장애, 망막색소염, 비만, 당뇨									F
실룩걸음, 큰 입, 정신지체			F		F				
무홍채증, 소뇌장애, 정신지체		F	F						
아퍼트 아크로세팔리, 합지증				F	F	F		F	
백위드-위드맨 애그좀팔로스, 대설증, 거인증				F	F				
양측대퇴골 발육 부전	F			F		F		F	
상악골 접합장애				O					
왜소증, 광화학적 피부염					O		F		
브랜키오악큘로패셜 증후군				F					
카펜터 애크로세팔로폴리신닥틀리				F	F	F		F	
대뇌늑골하악골			F	F					
차지 결합			F	F	F	F	F	F	F
점상연골형성부전증			F					F	
염색체 10q+			F		F				
염색체 11p+			F		F	F			
염색체 18p−			F	F	F				
염색체 18q−	F		F	F	F	F		F	
염색체 1q+	F		F	F	F	F		F	
염색체 21 3염색체성(다운증후군)			F	F	F	O		F	I
염색체 3p+	F		F	F	F	F		F	
염색체 4p−	F		F		F	F		F	
염색체 4p+			F		F				
염색체 5p−(Cri-du-chat)			F		F		F		

(다음 쪽에 계속됨)

〈표 3-5〉 의사소통 요소와 관련성 연구에서 임상적으로 확인된 증후군들 (계속)

증후군	CLP	NE	LI	A	C	R	V	CHL	SNL
염색체 6q−	F		F	F	F	F		F	
염색체 7q+	F		F	F	F	F		F	
염색체 8(3염색체성)			F	F	F				
염색체9p−			F		F				
염색체9p+	F		F		F	F		F	
염색체X−(터너증후군), 짧은 키, 성적인 유치증	O			O	I	O		F	F
염색체X(손상된 X 증후군) 큰 귀, 긴 얼굴, 어수선한 말			F		F				
염색체XXY(클라인펠터 증후군)			F	F	F				
갈고리 모양의 엄지, 정신지체		F	F						
파열과 구두 양성낭기형종	F			F	I	F		F	
코케인 프로코시어스 시날일리티			F	F	F	I	F	F	F
커핀 사이리스 다섯 번째 손가락형성부전			F						
근력저하, 비만, 앞니돌출			F	P	F				
안면피부골격증후군		F	F						
두개안면 골형성부전				F	O	F		F	
잠재안구	O			O	O	O	O	F	F
미모밀생(많은 눈썹), 왜소증, 사지 감소(limb reduction)	F		F	F	F	F	F	F	
변형 왜소증				O		F	F	F	
디 조오지 증후군(CATCH-22)	F							F	
우성의 두개골간 발육 이상				F		F		F	O
두보위쯔 짧은 좌우비대칭 눈 틈새, 습진, 작은 키	O		F	P	F	O	F	O	
자율신경이상증		F		F	F	F	P		
손발가락 결손증, 외배엽성 발육 이상, 구개파열(EEC)	F			F	O	F		F	
엘러스-댄로스 하이퍼릴레스티시티, 유약조직				O				O	
추체외로장애, 성기능 부전, 탈모증		F	F						
안면-귀-척추 다발성 기형				F	O	F		F	
태아 알코올성 성장 결핍, 소두증, 실눈증	F		F	F	F	F		F	
부동-하버 왜소증, 삼각 얼굴, 언어발달지체						F			

(다음 쪽에 계속됨)

〈표 3-5〉 의사소통 요소와 관련성 연구에서 임상적으로 확인된 증후군들 (계속)

증후군	CLP	NE	LI	A	C	R	V	CHL	SNL
포익스-채브니-매리 연수상부전(진행) 마비			F	F	F	F	F		
프리맨-셀돈 휫슬링페이스, 손의 척골 탈선					F		F		P
전골간단 발육 이상								F	O
전비측 발육 이상	O			O	O	O		O	
길레이 데 라 뚜렛 음성 및 운동성의 자가 단절						F			F
성장지체, 손발의 소(小)비만, 습진		F	F						
헐-리구스 정신박약, 함몰안면, 뼈발육 부전			F						
헐라맨-스트라이프 소두증, 작은 코, 빈모증				P	F	O			
홀라보르텐-스팟쯔 영아신경축삭성이영양증		F	F						
호모시스틴뇨성 수정체전위증, 홍조, 골다공증		F	F	P	F	P			
뇌수종, 뇌회결손, 망막 발육 이상		F	F						
저연골형성증				O	F	F		O	
저혈당증-손발가락결손증	O			F		O		O	
면역결핍, 중심절 분안정, 혀돌출증				F	F				
조핸슨-블리져드 알래나시 발육 부전, 갑상성기능저하증		F	F		F				F
캐부키 메이크업 증후군			F	F					
니에스트 편평한 얼굴, 두꺼운 관절, 플래스티스 폰딜리, 작은 키	F			F		F		F	
랜거-기디온 모발비지절 증후군			F		O			F	
편평한 얼굴, 합동 탈구, 짧은 손톱	F			F		F		F	
표범 흑점, 장기간이간증, 청각장애(난청), 폐협착증					F				F
대두증, 지방종, 혈관종			F		F				
우성 가성반음양, 정신지체-베로우스 유형*			F		F				F
상악 악면 골형성부전증		F		F					
정신지체, X와 6번 염색체 연결, 여성형 유방, 비만증			F		F				
정신지체-부제노스 에어리스 유형+			F		F				
지중부(팔다리의 중부) 골유합증	F			F					
안면양측의 뫼비우스 다발성기형				F	F	F			
모어분열설(혀), 청각장애, 무지이열증(OFD II)	O			O	O	O		O	

(다음 쪽에 계속됨)

〈표 3-5〉 의사소통 요소와 관련성 연구에서 임상적으로 확인된 증후군들 (계속)

증후군	CLP	NE	LI	A	C	R	V	CHL	SNL
왜소발육증, 심낭의 협착, 망막의 황색점증				O		F	F		
복합 골유합증								F	
근무력증, 선천성, 신장된 얼굴		F		F			F		
근긴장성 영양실조	O	F		F	F	F		O	
근긴장성 근장애, 연골형성이상증, 눈과 얼굴의 기형		F		F					
네이져(nager) 안면말단 골형성부전				F	O	F		F	
근신경섬유종증				O	O	O	O		O
누난 폐협착증, 물갈퀴 모양의 목, 난장이				F	F	I		O	
망막의 가성신경교증노리(norrie pseudoglioma of retina)					F				F
옵티즈(opitz) 장기간이간증, 요도하열(G,BBB)	F			F		F	F	F	O
구강-안면-손발가락(OFD I)				P	F	O		I	
골연골근 영양 실조						P	F	P	
불완전한 골형성								F	F
오토팔라토디지탈 증후군(otopalatodigital syndrome)	F			F	F	F		F	
구개인두 부전증(무능력)				F		F			
펜드레드(pendred) 갑상선 기능저하증, 귀먹음									F
파이퍼 아크로세팔로 신댁틀리, 넓은 엄지손가락 및 발가락				F	O	O		F	
광근간대경련증, 당뇨병, 귀먹음, 대뇌 기능부전		F							F
프라더-윌리(prader-willi) 근력저하, 성기발육 부전			F	F	F	O			
프로져로이드(progeroid) 소인증, 색소정 모반(피부기형)		F					F		F
다발성 익상편(날개 모양 조각-특히 안열의)	F							F	
슬와부(무릎 후면) 익상편	F			F		F		F	
비만성골형성부전증				F					
레프섬(refsum) 유전성 운동 및 감각성 신경병증		F							F
레트(rett) 치매, 수의적 손 운동의 손실			F	F	F				
로비나우(robinow) 태아 얼굴, 짧은 이마, 생식기 형성부전	F			F		F		F	
풍진성 태아증			F	F	F				F
루벤스틴-태이비 넓은 엄지,매부리 코, 처진 눈			F	F	F			P	
러셀-실버(russel-silver) 가성뇌수종, 왜소증				F			F		

(다음 쪽에 계속됨)

〈표 3-5〉 의사소통 요소와 관련성 연구에서 임상적으로 확인된 증후군들 (계속)

증후군	CLP	NE	LI	A	C	R	V	CHL	SNL
세이어쓰레이-첫슨 하악 형성 부전, 합지증				O	O	O		P	
쇼워츠-잠펠(schwartz-jampel) 근병, 소구증(작은입증)				F	F	F	F		
섹클(seckel) 왜소증, 돌출된 코			F	P	F			P	
왜소증, 과신전된 탈장(SHORT)		F	F					F	
쉬피린-골드버그 두개골융합증, 거미손가락증				F	F		F		
겸상적혈구 빈혈증									F
시모사(simosa) 긴 두개안면 증후군				F		F			
심슨 블독 페이스 이형성증, 클롬지네스, 테더드 혀				F			F		
스미스-매가니스(smith-magenis) 단두증, 언어 및 음성장애		F	F				F		F
소토스(sotos) 대뇌 거대증				F	F				
구어 발달지체, 얼굴 및 비대칭 사지				F					
척추골단 발육 이상	F			F	O	F		F	F
반성유전(X-linked), 척추골간단 발육 이상		F	F		F				
스틱클러(stickler) 편평한 얼굴, 근시, 척추골단 발육 이상	F			F		F		F	F
스토레지-글루타민-5-인상염(storage-glutamyl-5-인산염)			F	F	F		F	F	F
라이소솜 저장병(일반적 라이소좀 저장병)			F	F	F		F	F	F
라이소솜 저장병 IVB adult*(라이소솜 저장병 GM1)[C]				O	I			F	F
라이소솜 저장병: 라이소솜 저장병, GM2, A(M)B[C]			F	F	F		F	F	F
라이소솜 저장병: 헌터(hunter)ǂ			F	F	F		F	F	F
라이소솜 저장병: 훌러(hurler)ǂ			F	F	F		F	F	F
라이소솜 저장병: 르로이(leroy)ǂ				F	F		F	F	P
라이소솜 저장병: 마노시도시스알파 Bǂ			F	F	F		F	F	F
라이소솜 저장병: 마노시도시스(mannosidosis B)ǂ			F	F	F		F	F	F
라이소솜 저장병: 매로턱스-라미(maroteaux-lamy)ǂ				F			O	F	P
라이소솜 저장병: 모르퀴오(morquio)ǂ					O		F	F	P
라이소솜 저장병: 수도-헐러(pseudo-hurler)ǂ				P	F		P	P	P
라이소솜 저장병: 샌힐리포(sanfilippo)ǂ			F	F	F		P	F	P
라이소솜 저장병: 스키에이(scheie)ǂ				O	I			F	F
라이소솜 저장병: Schindler(alpha-galactosidase B)ǂ		F	F						

(다음 쪽에 계속됨)

〈표 3-5〉 의사소통 요소와 관련성 연구에서 임상적으로 확인된 증후군들 (계속)

증후군	CLP	NE	LI	A	C	R	V	CHL	SNL
사이알릴 산 저장병 ‡		F	F						
합지증 I, 소두증, 정신지체		F	F						
트리저-콜린스(treacher-collins) 하악안면 골형성부전증	F			F	O	F		F	O
어셔(usher) 색소성 망막염, 청각장애					O				F
밴 더 우데 립 핏(van der woude lip pit)/구순열	F			F		F		F	
벨로-카디오-페이셜(velo-cardio-facial: 쉽프린즈shprintzen)	F			F	F	F		F	I
워덴버그 중앙 색소 결핍증, 장기간이간증, 청각장애	O			O		O		O	
웨이버(weaver) 대두증, 작은 코, 굴지증	O			F	F	O		O	
윌리엄즈(williams) 산개된 입술, 음성 결손, 심장 기형				F	F		F		
윌슨(wilson) 간렌즈핵의 퇴화		F		F	F				

출처: data from McKusick VA: 멘델 유전: 상염색체 우성형, 상염색체 열성형, X-linked 표현형, ed 12, Baltimore, 1998, Johns Hopkins Press; Jones KL: *Smith's recognizable patterns of human malformation*, ed 4, Philadelphia, 1988, WB Saunders; and Siegel-Sadewitz V, Shprintzen R: The relationship of communicative disorders to syndrome identification, *J Speech Hearing Disord* 47:338, 1987.

Column headings

CLP: 구개열 구순/구개 | NE: 신경학적 이상 | LI: 학습장애
A: 조음장애 | C: 인지장애 | R: 공명장애
V: 음성장애 | CHL: 전도성 청각장애 | SHL: 감음 신경성 청각장애

Column codes

F: 자주 | I: 보통 | O: 종종 | P: 가능성이 있음.
만약 코드가 없다면, 그것은 손상이 나타나는지, 아닌지 문헌을 통해서 결정하기가 힘들다는 것이다.

*말-언어장애와 유사한 정신지체를 가진 연결된 X 증후군의 표현형
† 말-언어장애와 유사한 정신지체를 가진 열성 증후군의 표현형
‡ 인지와 건강의 악화와 퇴행의 특징을 포함하는 잠재성장애의 특징

[역자 주]
**아르스코그(Aarskog): 유전자의 이상으로 저신장 등을 초래.
***장기간이간증(臟器間離間症, hypertlorism): 두 장기 또는 그 부분 사이의 거리가 비정상적으로 넓어져 있는 발달상의 결손.
****라이소솜 저장병 IVB adult: 신드롬이 초기 단계가 아닌 확실해진 상태

에서는 정상이지만, 구어를 이해하는 데 어려움이 있다. 다른 증후군들은 기본적으로 일련의 신경학적 이상을 가지며, 신경과 의사만이 식별할 수 있다. 의사소통 요소는 대체로 평범하고, 구어를 전혀 하지 못하는 가장 심각한 경우에서부터 말-언어가 지체된 경증의 경우까지 다양한 모습으로 나타난다.

아마도 가장 식별하기 어려운 장애는 선천성 대사이상들일 것이며, 이러한 장애는 실험실 검사가 이루어지지 않았다면, 알아차릴 만한 특색이 적게 나타날 수 있다. 이는 희귀하기 때문에 일반 병원 및 임상 실험실에서는 이루어지기 힘들다. 대개 누가 검사를 하고, 어디에서 시행하는지 유전의학자에게 도움을 받을 수 있다. 의사소통장애의 원인이 되는 병인이 부족한 환자에게는 이러한 장애에 대한 실험실 검사가 고려되어야 할 것이다.

▼ 참고 문헌

1. Foundas AL, Bollich AM, Corey DM, Hurley M, Heilman KM: Anomalous anatomy of speech-language areas in adults with persistent developmental stuttering, *Neurology* 57(2):207-215, 2000.
2. Nopoulas P, Berg S, Canady J, Richmann L, Van Demark D, Andreason NC: Structural brain abnormalities in adult males with clefts of the lip and/or palate, *Genetics in Medicine* 4:1-9, 2002.
3. Thurmon TF: *Mutagens, Radiation, and Teratogens: Modern Witches*. Shreveport, LA: Grand Rounds, LSU Medical Center, 1991.
4. McKusick VA: *Mendelian Inheritance in Man. Catalogues of Autosomal Dominant, Autosomal Recessive, and X-Linked Phenotypes* (10th ed). Baltimore: Johns Hopkins Press, 1992; 251-270.
5. Sever JL, Ellenberg JH, Ley AC, et al: Toxoplasmosis: maternal and pediatric findings in 23,000 pregnancies, *Pediatrics* 82:181, 1988.
6. Thurmon TF: *A Comprehensive Primer on Medical Genetics*. Parthenon Publishing Group, New York, 1999.
7. Carter CO: Multifactorial Genetic Disease. In VA McKusick, R Claiborne (eds), Medical Genetics. New York: Hospital Practice Publishers, 1973.
8. Locke JL, Mather PL: Genetic factors in the ontogeny of spoken language: evidence from monozygotic and dizygotic twins, *J Child Lang* 16:553, 1989.
9. Gilger 1W: Genetics in disorders of language, *Clin Commun Disord* 2:35, 1992.

10. Van Camp G, Willems PJ, Smith RJH: Nonsyndromiic hearing impairment: Unparalleled heterogeneity, *Am J Hum Genet* 60:758, 1997.
11. Dykens E: Psychologists and geneticists: two cultures, *Am J Hum Genet* 59:29, 1996.
12. Stephens D, Zhao F: The role of a family history in King Kopetzky Syndrome (obscure auditory dysfunction), *Acta Otolaryngol* 120(2):197-200, 2000 Mar.

제 4 장

조기 중재 팀

적절한 도움 주고받기

Frances P. Billeaud

영아와 가족들이 전통적인 의료 모형 하에서 서비스를 받는지, Part C 조기 중재 모형 하에서 서비스를 받는지와 관계없이 언어치료사(SLP)들은 분명한 팀의 구성원이다. 팀의 관리자 또는 우두머리인 부모는 최고 결정권을 가진 사람들이다. 실제로 부모가 항상 팀 관리자였지만, 팀이 관계를 맺게 되는 초기 단계에서는 부모들은 자신들이 선택한 전문가들에게 중요한 권한을 부여하기 때문에, 전문가들은 가끔 스스로를 절대적인 리더로 생각하게 된다. 초기 단계에서 가족들은 전에는 결코 상상하지 못한 사실, 즉 자신의 자녀의 치료에 대한 어려운 결정을 내려야 한다. 동시에 그들은 자신의 자녀가 특별한 치료가 필요하다는 소식을 접하거나, 우려하던 바가 현실로 나타난 후에 가족의 미래에 닥칠 정서적, 재정적 영향력을 극복하기 위해 최선을 다하고 있다.

조기 중재 팀은 전문성을 갖춘 다양한 전문가들로 구성될 수도 있고, 가족의 요구에 따라 부모와 1인 또는 2인의 전문가들로 구성될 수도 있다. 팀의 역할은 각 전문 영역을 초월하여 가능하다; 그러나 독립적인 전문가들이 가지고 있을 축적된 지식 및 기술에 의존하는 전통적인 전문가 철학으로부터 효과적인 부모-전문가 협력에 의존하는 철학으로 전환하기 위해서는 팀 구성원들 간의 높은 신뢰, 최고의 실제를 성취하기 위한 헌신, 기꺼이 노력하는 마음 및 지도력이 필요하다. 변화란 절대 쉽게 일어나지 않으며, 기관 내 또는 기관 간의 시스템 변화가 일어나는 것이 어렵긴 하지만, 이러한 변화가 정당하다고 받아들인다면 가능하고 기대할 만한 일이다.

러터맨(Luterman)[1]은 "말-언어 병리학에서 부모와 전문가는 당연히 동맹자이다. 양쪽 다 가장 열렬하게 같은 것을 원한다."고 진술하였다: 『의사소통 기술이 향상된 아동』(p. 175)

▼ 가족 중심의 팀 효과

가족은 자신의 자녀를 돕고자 하는 1차적 목적을 위해 중재 또는 치료 팀의 구성원을 선택한다. 처음에는 전문가들이 문제를 '해결' 또는 '치료'해 주길 바라면서 그 목적에 부합하는 전문가들을 선택하려고 할 것이다. 의사소통지체 및 장애의 본질에 대한 이해가 생기고, 가정에서 매일의 활동들이 효과적인 치료의 일부분이라는 것을 명백하게 깨달으면서 팀 구성원으로서의 가족 역할도 더욱 더 다양해진다. 장애인 교육법(Individuals with Disabilities Education Act; IDEA) 하의 중재의 목표는 가족 스스로가 아동 발달을 증진시킬 수 있도록 능력을 부여하는 것이다. 따라서 의사소통지체 및 장애가 있는 영아를 다루는 전문가들은 상당량의 시간을 부모와 함께 중재를 계획하는 데 사용한다. 가정환경에서 나타나는 영아의 활동과 행동에 대하여 가정의 일상생활들, 그리고 문화 및 자녀를 기르는 일상적인 행위에 대한 정보를 받아낸다. 그리고 가정 상황에서 적용된 중재 및 치료의 효과를 평가하는 데 참여한다. 전문가들은 양육에 대한 지침, 부모 교육, 부모 훈련 및 상담을 제공하며, 이러한 역할이 전체적인 관리 계획의 일부로서 포함된다. 아동에 대한 직접적인 서비스와 아동보호센터 직원, 다른 전문가들에 대한 자문 서비스도 언어치료사의 책임 중 일부가 될 수 있다.

전문가들과 접촉하는 가족들은 자녀의 질환에 대해서 다양한 수준의 정보를 접함으로써 도움을 얻고자 하는 것이다. 어떤 수준에서 그들은 그것을 알고, 예상하고, 전해 들은 가운데 '뭔가 잘못 되었다'는 것을 알고 있다. 그들은 전문가나 전문가 팀이 그들에게 도움을 주기를 바란다. 그들은 마음속으로 구체적으로 받고 싶은 도움이 있을 수 있거나 전문가들이 적합한 도움에 대하여 내린 결정을 신뢰할 수도 있다. 또한 그들은 치료팀에 전문가를 선택할 권리를 가진 것처럼, 다른 전문가를 팀에 추가하고, 서비스를 중단하고, 중단 후에 서비스를 재개하고, 2차적 선택을 하거나 서비스 제공자를 바꿀 권리를 갖고 있다. 가족들은 항상 그러한 선택을 할 수 있지만, 전문가들 중 자신의 프로토콜*이 가족의 선택 사항보다 우선시 된다고 교육 받았다. 그들은 대개 가족이 그러한 선택권 중 최소한도로 사용하는 것도 약속을 '불이행'한 증거로 판단해 왔다. Part C가 수행된 지난 10년 동안, 전문가들의 인식도 어느 정도 변화되었다. 하지만 의료보건 서비스의 출현은 최상의 실제와는 다소 다른 방향으로 철학을 형성할 수 있다.

가족 체계 이론

부모-전문가 팀은 치료, 관리, 중재의 결과를 최적화하는 데 필수적인 것이 당연하다는 것을 볼 수 있다. 임상가들은 개별 아동의 가족을 이해하는 것이 가족의 참여가 필수적으로 요구되는 효과적인 중재계획을 세우는 데 도움을 주기 때문에, 가족 체계 이론의 관점에서 가족 단위를 고려하는 것이 효과적이라는 인식을 하게 되었다. 가족 체계 이론은 어떻게 가족들이 움직이는지 이해하면 도움을 줄 수가 있다. 써머쓰(Summers)와 동료들[2], 웨이맨(Wayman)과 동료들[3]은 가족 체계를 다음과 같은 요소들의 상호 관련성(interrelationship)으로 제시하였다.

- 가족 구조: 가족의 인원수, 구성원 간의 서로에 대한 관계성, 가치관 및 신념
- 가족 상호작용: 각각의 구성원이 다른 구성원들과 상호작용하는 방법과 가족 단위 내에서의 본분 및 역할
- 가족 기능: 가족 단위가 구성원에 부과한 책임
- 가족 생활주기: 시간에 따른 환경 변화와 아동 성숙에 따라 발생하는 가족 구조, 기

*[역자 주] 프로토콜(protocols): 주관적 판단을 섞지 않은 관찰의 정확한 보고(서).

능 및 상호작용에서의 주기

가족은 개별 구성원 및 가족 단위 전체에 영향을 미치는 많은 사건, 스트레스, 즐거움, 난관들에 민감하다. 전문가들은 직접적 또는 간접적인 상호작용을 주고받는 개별 구성원들뿐만 아니라, 그들이 인식하는 생활과 가족 기능에 영향을 미치는 스트레스, 논쟁 및 가치에도 관심을 기울여야 한다.

러터맨[1]이 지적한 것처럼, 장애 아동의 가족이 모두 화목하지 못한 것은 아니지만 어떤 가족들은 기능장애가 있을 수 있으며 스트레스는 확실히 받고 있다. 장애 아동이 있다는 사실이 가족에게 미치는 영향은 개별 가족마다 다르다. 어떤 가족은 가족 유대감을 증진시키기도 하고, 이미 가족 유대감이 약화되어 있는 가족에게는 참기 어려운 스트레스를 주기도 할 것이다. 의사소통장애를 포함하여 기능장애의 위험이 있는 아동에게 서비스를 제공하는 전문가들은 가족 간의 반응과 대처 능력의 다양한 범주에 직면하게 된다.

부모들은 그들의 자녀에게 심각한 문제가 있다는 것을 처음 예상하거나 알게 되었을 때, 충격과 혼란에서 분노와 절망까지 매우 다양한 양상을 보였다고 밝혔다. 쿠블러-러쓰(Kubler-Ross)[4]는 "사랑하는 사람이 질병의 말기 증상을 보일 때나, 사별의 경험을 하는 것과 비슷한 것처럼, 어떤 부모들은 큰 슬픔에 빠지게 되는 단계에 들어서게 된다."고 기술했다. 이에 반해서 어떤 부모들은, 특히 다른 가족 중에 동일한 질환에 걸린 가족이 이미 있는 경우에는 질환소식을 쉽게 받아들였다고 보고하였다.[5,6]

한 가족의 개인적 경험을 담은 다음의 글은 부모의 정서적 상태에 대한 주의가 중요하다는 것을 보여 주고 있다:

> 우리가 부모로서 도와달라고 전문가를 찾아갔을 때, 우리의 마음속에는 분노에 찬 작은 목소리가 '왜 이런 일이 생기는 거야?'라고 말한다. 이러한 분노에 찬 목소리는 크게 들린다. 이러한 분노 뒤에는 아주 큰 두려움이 있다. 알 수 없는 것에 대한 두려움, 사랑하는 귀중한 것을 잃어버릴 것에 대한 두려움, 실패의 두려움이 밀려온다.
>
> 내 아이는 중도의 언어장애 진단을 받았다. 아이가 진단을 받은 지 1년이 지난 시간 동안 나의 마음은 황폐해졌다. 그에 대한 나의 반응은 현실과는 완전히 어울리지 않았다. 나에게는 매우 힘든 일이었다. 나는 매일 그것과 싸워야 했다.

> 나는 아이를 데리고 치료를 받으러 다니는 동안 다른 엄마들은 자신의 아이를 데리고 공원에 가는 것을 경험하였다. 내 아이를 보호하려는 나의 본능은 내 아이와 그의 친구들 사이가 점점 멀어지는 속력을 줄일 수가 없었다.
>
> 내 자신이 아이를 보살피기에 적합하지 않다는 심판을 받고, 아이를 빼앗기는 것이 나에게는 가장 두렵고 악몽 같은 일이었다(나의 이런 악몽은 심한 정신지체와 간질 증상이 있던 언니를 내가 4살 때 누군가가 데려간 사실에서 기인한다).
>
> 이미 말한 것처럼, 이성적이라고는 결코 말할 수 없지만, 이런 생각들과 싸우고 있다. 이러한 상태의 부모는 실패, 무능, 분노의 감정만이라도 진정시키려고 애쓰고 있다. 서비스가 반드시 필요하고, 부모가 그것을 받아들인다 할지라도, 부모가 잃은 권위와 자존심은 아직 남아 있는 것이다.[7]

때때로 전문가는 심각한 발달 문제가 있다는 진단을 가족에게 알리는 것을 들으면 힘들어 할 부모들처럼 어려워한다. 진단과 이후의 치료에 대한 전문가들의 권고를 받아들일 때 가족들이 느끼는 감정의 문제에 대해 가족과 상호작용하는 역할을 하는 전문가들은 관심을 가지고 주의를 기울여야 한다. 진단 및 평가는 대개 그들의 아동에게 내려지는 '진단명'에 가족이 처음으로 마주치는 과정이기 때문에, 전문가는 진단명이 치료의 필요성, 관리 프로그램, 적절한 중재 단계의 선택과 관련되며, 그들 자녀에 관한 기록은 비밀이 보장될 것이라는 사실을 가족에게 알려 주는 것이 중요하다. 가족이 한 번에 받아들일 수 있는 정보의 양은 제한되어 있으며, 확실한 장애 진단이 내려질 경우에는 특히 그러하다. 그 때 얼마나 많은 양의 정보를 제공할 것인지 판단하는 것은 임상가의 책임이다.

어떤 가족들은 처음으로 상황에 부닥쳤을 때 위기를 맞을 수 있다. 예를 들어 그들의 자녀가 심각한 질병으로부터 고통 받을 수도 있으며, 생명을 지키기 위해 필요한 외과적 또는 의학적 치료를 통해 회복하고 있을 수도 있다. 또한 그들은 모든 에너지와 자원을 필요로 하는 재정적, 또는 병리적 문제에 압도당할 수도 있다. 이러한 위기가 해결될 때까지는 가족 구성원이 기본적인 양육 이상으로 아동의 필요에 따른 치료에 적극적으로 참여하는 것은 아마 매우 어렵거나 불가능할 수도 있다. 때때로 치료에 참여하는 것조차 가족의 능력 범위를 넘어서는 경우도 있다. 그러한 경우에 사회복지기관(social welfare agencies)이나 법원(courts)이 일정 기간 아동을 맡음으로, 주 양육자가 적절한 지원을 받을 수 있도록 하는 것이 필요하다고 생각한다.

가족 체계 이론의 관점에서는 아동의 환경을 생태학적으로 고려한다. 즉, 가족 환경 내의 모든 것이 모든 가족 구성원들에게 크고 작은 영향을 미친다. 철학적 관점과 중재의 실제적 적용이라는 두 가지 측면에서 가족체계 이론은 유용하다. 이러한 개념은 가족 구성원들에게는 새로운 것이기 때문에, 부모-전문가 팀 연계가 이루어지는 초기 단계에 소개하는 것이 도움 될 수 있을 것이다. Part C 하에서 가족-요구에 대한 평가는 특별한 강점(자원); 요구(관심영역); 그리고 활동, 기관, 가족 기능 간의 상호 관련성을 인식하도록 도와주는 생태지도를 그리는 것으로 시작할 수 있다. 생태지도 절차는 가족이 희망하는 서비스를 선택하고 우선 사항을 결정하는 데 효과적으로 도와준다.

생태지도(eco-map)

허트맨(Hartman)과 레어드(Laird)[8]는 생태지도를 개발하기 위한 형식을 제공하였다[그림 4-1]. 먼저 가족 구성원들이 포함된다(중앙의 원에 가족들의 이름들이 쓰여진다). 가족과 가족의 연합 및 활동(외부 원에 나타난) 사이의 연관성은 서로 다른 종류의 선으로 표시되어 있다. 크고 굵은 선은 강하고 긍정적인 관계를 의미한다; 좀 더 가늘게 이어진 실선은 진행 중인 긍정적, 또는 중립적 관계를 나타낸다; 철도 모양의 선은 스트레스가 많은 관계를 강조한다; 점선은 빈약한 상호 관계나 가족이 정확하게 찝어낼 수 없는 다른 관계들을 표시한다. 화살표는 가족 단위를 향하거나 멀어지는 에너지, 자원, 노력의 흐름 방향을 의미한다. 그 결과로 만들어진 생태지도는 전문가의 안내를 받아 가족이 만들며, 어떤 가족 자원이 필요하고, 관심영역이나 필요가 무엇인지를 검토하기 위한 기초로 사용되는 도구가 된다. 이러한 통찰은 중재 프로그램의 요소를 계획하고 형성하는 데 유용하게 사용될 수 있다. 생태지도는 시간이 지나면서 가족 내부 및 주변의 상황에 따라 변경될 수 있다.

생태지도가 만들어진 다음에는, 가족-요구 평가에 사용되는 다른 도구들도 개별 가족 체계의 관점에서 선택되고 해석될 수 있다. 개인과 사회 자원들 중 이용할 수 있는 자원들이 무엇이 있고, 서비스 조정, 시간 관리가 필요한지를 판단하기 위해 질문지를 사용할 수 있다. 그러한 도구를 통해 제공받은 정보는 가족 체계의 관점에서 고려

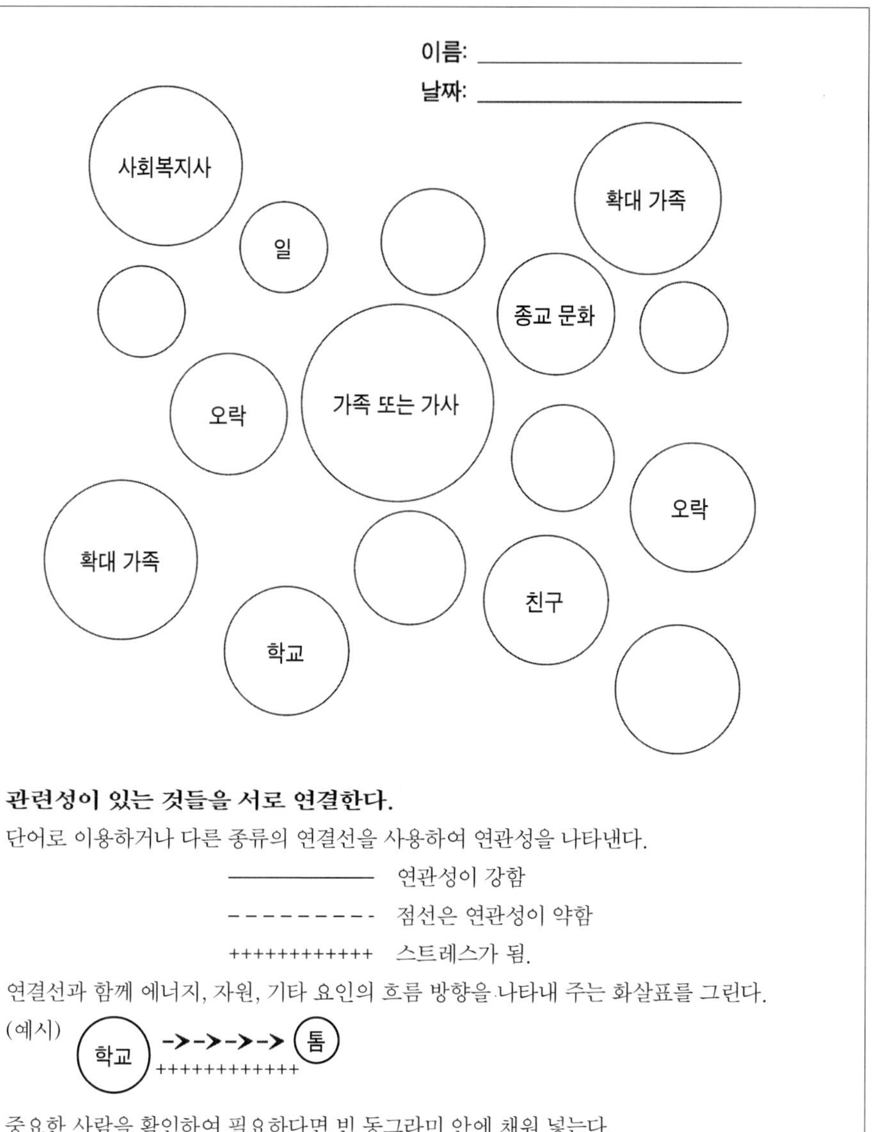

관련성이 있는 것들을 서로 연결한다.

단어로 이용하거거나 다른 종류의 연결선을 사용하여 연관성을 나타낸다.

————— 연관성이 강함

- - - - - - - - - 점선은 연관성이 약함

++++++++++++ 스트레스가 됨.

연결선과 함께 에너지, 자원, 기타 요인의 흐름 방향을 나타내 주는 화살표를 그린다.

(예시) 학교 ->->->-> 톰 ++++++++++++

중요한 사람을 확인하여 필요하다면 빈 동그라미 안에 채워 넣는다.

[그림 4–1] 생태지도

출처: Hartman, A. Laird J: *Family-centered social work practice*, New York, 1983, The Free Press, a division of Macmillan, Inc.

될 때 더욱 의미심장하다.

가족 형태, 인구학적 통계 및 문화적 고려

오늘날의 가족들은 그다지 오래되지 않은 과거와 비교하여 볼 때 다르다는 것을 알 수가 있다. 우리 사회의 인구학적 통계가 이것을 잘 보여 주고 있다. 국제적인 입양은 증가하고 있고 입양한 부모가 새로 입양한 자녀의 원가족에 대하여 입수할 수 있는 건강 기록 정보는 적다. 미국에서는 여섯 명 중 한 명이 편부모 가정에서 생활한다.

흑인 아동 2명 중 한 명은 어머니가 가장인 편모 가정에서 생활한다. 1986년 한해 동안, 모든 흑인 출생아 중 75%가 미혼모에게서 태어났으며, 미혼모 중 절반은 10대였다. 많은 젊은 여성들은 아버지 모델상이 없는 아이들을 낳고 기르는 삶의 방식을 선택함으로써 부유한 영화배우나 가수들을 흉내 내고 있다. 태아기 때에 간호가 부족하거나 전혀 없었던 여성들에게서 태어나는 조산아, 극저체중아, 질병이 있는 신생아들이 늘어나고 있다. 이중 대부분의 신생아들은 발달된 의학 기술 덕택에 살아남고 있다. 장애를 가지고 있지만 생존하는 많은 아동들과 그들의 가족에게는 광범위한 지원이 필요하다. 2000년에 이르러서 18세 이하의 전체 아동 중 38%가 소수 민족 가정에서 생활하고 있었다. 히스패닉계 미국인들이 이렇게 증가하고 있는 인구의 일부를 표출하고 있다; 이미 미국의 일부 지역에서는 히스패닉계 미국인이 주민의 대다수를 차지하고 있는 지역도 있다.

대조적으로 전문가 집단 내에는 소수 민족 출신의 전문가 숫자가 극히 적게 알려지고 있다.[9] 분명히 다양한 계층의 인구에게 제공되는 서비스가, 대다수 전문가의 문화 풍습과 언어와는 이질적인 문화 풍습 및 언어에 영향을 받고 있다. 더욱이 아동의 양육 방식, 보건 책임자 및 교육자와의 상호 관계, 장애 상태와 적절한 중재나 치료 전략과 관련한 가족의 문화적 견해는 아동에게 유익한 서비스를 제공하려고 노력하는 임상가의 견해와는 다를 수 있다. 전문가는 사회의 문화적 다양성을 이해하고 인식하도록 노력하여야 하며, 전통적인 훈련을 받은 전문가와 가족이 내재적으로 충돌하는 이슈들에 대해 민감해야 한다.[10]

'국립 영아 임상 프로그램 센터(National Center for Clinical Infant Program)'가 조사한 문화적으로 다양한 환경에서 출생한 신생아와 아동에 대한 서비스에 대하여 토론한 1989년 국제회의에서 참가자들은 아동을 치료하는 전문가들에게 중요한 많은 이슈들을 확인시켰다. 이 국제대회 보고서[11]는 문화적 인식과 실제적 지식을 얻으려는 전문가들에게는 유용한 자료이다. 보고서는 장애가 있거나 위험군 영아들을 위해 최선의 의도로 만들어진 프로그램조차도 문화적, 상황적 영향이 존재한다는 것을 도외시한다면 처음부터 실패할 수 있다.

문화 간에 고려되어야 할 논의들로는 (1) 건강과 질병의 상태와 신체·정신·정서 장애에 대해서 느끼고, 드러내고, 취급하는 방식, (2) 가족 구성원으로 간주하는 사람들과 이러한 가족 구성원들과 타인과의 상호 관계, (3) 양육 기술, (4) 가정 내 언어뿐 아니라, 타인과 의사소통하는 다양한 방법. 그러나 빈곤, 노숙, 정규 교육 부족, 아동과 가족을 중대한 위험에 처하게 하는 기타 요소들과 같은 상황과 환경 조건은 문화적 특징이 아니라, 모든 문화를 초월하는 변수들이라는 것을 기억해야 한다.

문화적 영향의 생태학적 중요성 때문에 문화적 배경이 다양한 가족들과 임상치료사와의 관계에 영향을 주는 논의들이 포함된다. 능력이 있는 소아과 전문가들은 그들 자신과는 다른 가족 문화를 가진 장애 아동들을 대하는 동안에 문화적 충돌을 피하기 위하여 잠재적인 장벽에 민감해질 필요성을 인식한다.

톤코비치(Tonkovich)[12]는 의사들이 "다문화주의 그룹에서 온 사람들에게 서비스를 전달하는데 영향을 미칠 문화적 요인을 인식해야 한다. 이러한 요인에 대한 관심 부족이 오진을 낳거나, 환자와 그들의 가족에게 상처를 줄 가능성이 있다. 관련된 문화적 이슈들과 조화를 이루도록 평가 및 치료 절차를 수정하는 것을 감사하게 여길 것이다."(p. 239)라고 강하게 주장한다.

해당 가족에게 치료를 제공함에 있어 중요한 요인들에 대해 전문가의 민감성을 지속적으로 개발하는 것은 가능하다. 웨이맨과 동료들[3]은 가정 방문에 책임이 있는 조기 중재자들을 위한 유용한 지침을 개발하였다. 그들은 가족 구조, 양육의 관습적 패턴, 양육 행위, 가족 스케줄 및 아동 행동에 대한 가족 반응을 이해하는 것이 중요하다고 제안한다. 또한 아동의 장애, 건강 및 보건에 대한 가족의 태도가 중요하며, 가족의 언어 사용 (통역이 필요한가?) 및 상호작용 스타일 (확실한 가족 대변인 또는 지도자가 있는가?)도 그와 같이 중요하게 여긴다. 웨이맨과 동료들은 이러한 각각의 영역에 대한 질문과 관찰이 가능하도록 하였다. 이러한 지침들은 가정과는 다른 환경에서 가족을 대상으로 일하는 전문가들에게 모두 유용하다. 서비스를 제공하는 장소에 따라 아동이 생활하는 가정을 이해하고, 존중할 필요성을 감소해서는 안 된다.

케이저(Kayser)[13]는 이중언어 중 한 언어만 사용하는 아동의 경우에도, 아동의 언어발달에 대한 판단은 아동이 노출된 2개 언어의 평가에 기반을 두어야 한다고 전문가들이 기억해야 한다. 영어 능력에만 바탕을 둔 평가는 특히 가정에서 영어를 사용하지 않는 경우에는 오류일 확률이 크다(p. 223). 아동에게 언어장애가 있다고 의심되는 경우에 전문가들은 영어에 대한 이해 부족 이외의 징후를 찾아야 한다(p. 224):

- 음조, 음소, 형태소를 식별하는 능력이 없음
- 소리를 대상이나 경험과 관련시키는 능력이 없음
- 어휘 부족
- 차례 주고받기의 결함
- 부적절한 문장
- 몸짓을 사용하는 것을 더 좋아함
- 혼란스런 표정

이러한 행동은 아동이 포함된 언어 맥락들 간에 나타나고, 아동에게 노출된 언어를 포함한 평가 절차를 철저하게 거쳐야 할 필요성이 있는지 고려되어야 한다.

기대

가족과 전문가들의 기대는 민감성을 키워야 하는 또 다른 이유이다. 러터맨[1]은 사정 및 치료 프로그램 동안 생길 일들에 대하여 가지는 기대는 무엇이며, 다른 사람들이 무엇을 해 주기를 바라는지, 기대하는 결과가 무엇인지를 구성원들 간에 이해하는 것이 중요하다고 강조하였다. 사정 및 치료 절차, 참여한 사람들에게 부과된 기대를 이해하지 못하는 것은 특별한 요구를 가진 아동의 이익을 위해 성공적이고 협력적인 팀 성과를 보장하는 데 종종 실패의 원인이 된다.

부모들은 서로 연합해 나아가면서 전문가의 기대에 대한 정보를 제공 받아야 한다. 예를 들어, 가족에게 평가 및 사정 활동을 포함한 전형적인 절차 및 일련의 순서에 관해 요약한 정보지를 제공하는 것은 도움이 된다. 그러한 정보는 가족에게 익숙하지 않은 일련의 과정을 준비시킬 뿐 아니라, 그들의 질문, 생각 및 관찰을 정리하여 효과적으로 참여하는 능력을 강화시키는 데 도움을 줄 수 있다.

이처럼 전문가는 가족이 무엇을 기대하는지 알아내려고 노력해야 한다. 이것을 알아내는 데에는 많은 방법들이 있지만, 가장 성공적인 방법은 얼굴을 맞대고 부모와 논의하는 것이다. 이러한 일대 일의 논의는 가족의 근심에 대해 전문가도 관심이 있다는 것을 확인시키며, 직접성이라는 이점을 가지고 있다.

부모는 통지에 의한 동의나 서비스 신청 용지에 단지 서명을 할 뿐만 아니라, 진단·평가 및 중재의 모든 단계에서 (그것이 부모님이 고의적으로 참여하지 않겠다는 것을 선택하지 않는 한) 적극적인 협력자가 될 수 있다. 적극적인 협력자로서의 부모의 철학이 적용될 때 사정 절차 자체는 중재나 치료의 첫 번째 단계가 될 수 있다. 새로운 개념은 아니지만, 협력적인 부모-전문가 협력 관계를 수행하는 방법에 대해 대부분의 의사소통장애 전문가들이 공식적인 훈련을 받지 못하였기 때문에 어려워 할 수 있다.

〈표 4-1〉은 협조적인 부모-전문가 협력 관계를 형성하기 위한 방법의 일부를 요약한 것이다.

블러써(Blosser)(p. 34)[14, 15]는 가족이 언어치료사가 치료 계획을 세우는 데 기여할 수 있는 바를 다음과 같이 요약하였다:

- 미국인의 가족은 다양하다. 추천사항을 만들고 치료를 계획할 때 각 가족의 독특한 상황을 고려한다.
- 각 개인마다 문제를 잘 대처해 나아가는 자신만의 독특한 방식이 있다. 클라이언트의 가족 구성원이 가지고 있는 방식을 알아내어, 그에 따라서 상담 및 교육 기법을 선택한다.
- 가족 구성원은 그들이 사랑하는 사람에 대해 당신보다 더 잘 알고 있다. 가족은 사정, 계획 및 중재 과정에 많은 기여를 한다. 치료의 모든 단계에 가족을 참여시키기 위한 전략을 개발한다.
- 공학기술은 가족과 접촉하기 어려운 조건에서도 임상가에게 가족 구성원과 접촉하는 기회를 제공한다. 이러한 공학기술에 익숙해지시오. 자원의 정보원을 확장한다.
- 가족의 형태와 크기는 다양하며, 혈연관계에서만 정의되지는 않는다. 당신의 클라이언트와 가까운 관계에 있는 사람들이 누구인지 알아내고, 그들의 인식과 기술을 증가시킬 수 있도록 지원한다.

〈표 4-1〉 부모-전문가의 협력적 관계: 협력적 활동

부모 및 가족의 역할	임상가의 역할
• 강점과 요구에 대한 가족 평가	• 도구와 접근법의 선택(예: 생태지도, 면담, 질문지)
• 아동의 의사소통 문제와 관련한 우선사항 확인	• 아동의 의사소통 방법 판별에 따른 가족의 협력 유도 • 치료방법에 대한 선택사양의 제시 및 확인, 탐색
• 전언어기 의사소통 행동 및 발현하는 의사소통 기술에 대한 새로운 정보 획득	• 부모가 좋아하는 학습방법을 확인하고 적절한 형태로 교수 제공
• 일상적 일과 속에 의사소통 자극의 통합	• 단기목표와 단기목표와 우선순위와의관계에 대한 정보의 제공 • 놀이를 통한 의사소통 발달 촉진 방법의 시범
• 아동의 의사소통 상태 및 발달을 위한 자료 수집	• 자료 수집 기술 훈련 • 적절한 자료 수집 방법의 선정
• 말과 언어의 자극 및 교수, 모델링	• 특정의 의사소통 기술 모델링 및 시범, 교수 • 노력의 타당성을 보여 주고, 지도하고, 기술을 확인
• 아동의 지속적 발달에 영향을 주도록 권위의 사용 및 수용	• 위에 제시된 모든 역할의 수용 • 가족과의 대화(일방적이지 않게)
• 중재활동이 진행되는 동안 중재의 효과 평가 및 중재방법 선택에 따른 협력	• 상담 • 공개토의 및 문서화 방법에 대한 선택 또는 제공
• 적절한 시기의 전환 수용	• 서비스, 장소, 전문요원, 프로그램, 우선사항, 관계 변화에 대한 가족의 준비 지원
• 적절한 시기에 전환을 수용하도록 전문가 지원	

부모-전문가 팀 모델 하에서 장애 아동은 자신이 살고 있는 전체 생태계(부모 및 지역사회)를 포함하는 관리 프로그램을 제공받는다. 장애를 가진 아동에게 가장 관심이 많은 사람들이 결국은 아동의 발달을 강화하는 활동을 계획하고 수행하는 일에 직접 참여한다.

▼ 다학문적 팀 구성원으로서 의사소통장애 전문가

영아 및 그들의 가족을 대상으로 일하는 언어치료사들과 청각학자들은 요구 사항이 매우 다양한 아동들을 대상으로 일할 수 있어야 한다. 그들의 병력, 진단, 병인 및 예측은 서로 확연히 다를 뿐만 아니라, 그들의 가족이 필요로 하는 지도 사항도 다양하다. 질환으로부터 영향을 받은 아동들과 가족들의 요구 사항을 충족시키기 위해서 의사소통장애 전문가들이 많은 다른 분야의 전문가들과 자주 협력하여야 한다는 것은 당연한 일이다. 그러나 때때로 의사소통장애 전문가와 가족, 그리고 다른 전문가들과 직업적인 교류만 가끔 하는 팀을 구성하기도 한다. 출생 직후를 포함하여 '위험 군'으로 확인된 아동들이 의료 전문가의 관리 하에 있지만, 다른 전문가들이 중재 서비스의 필요성을 먼저 인식할 수도 있으며, 이것은 12개월 이후 질환이 확인되는 영아들에게 더 그렇다.

연방법 Part C 조항 및 주 법령의 지침 하에서 다학문적 평가와 사정을 개시하고 조기 중재의 적격성을 판정 받아야 한다. 연방 조항은 최소한 두 가지의 전문적 분야에서 평가 및 사정 활동에 관여해야 하며, 완전한 평가와 적절한 개별화 가족 지원계획(Individual Family Services Plan; IFSP)을 개발할 수 있는 많은 전문 분야가 필요하다.

언어치료사들이 가져야 할 지식, 기술 및 능력

지체(delay), 장애(disorder) 및 무능력(disability)을 진단받거나 위험요인이 있는 영아들과 가족을 대상으로 일하는 언어치료사는 어떤 상황에서도 다양한 영역에 관한 상당한 지식을 갖추어야 한다. 이러한 지식은 의사소통 발달 및 의사소통장애에 대해 모든 언어치료사가 습득한 기본 지식을 보완한 것이어야 한다.

지식

더 구체적으로, 이러한 집단을 대상으로 일하는 언어치료사는 다음에 관한 상세한 지식을 갖추어야 한다.

- 임신기간 동안의 태아 환경, 기형생성인자, 유전적 원인 및 산모의 건강과 관련한 태아기 발달 및 잠재적 문제
- 발생 해부학, 생리학, 신경학적 염기서열 및 각 영역과 관련된 문제의 함축
- 모든 영역에 걸친 정상적 신생아 발달(예: 신체적, 신경운동적, 사회적, 정서적 및 인지 발달)
- 초기 발달에 영향을 미치는, 진단된 특수질환의 후유증, 상징적 의사소통보다 먼저 일어나는 의사소통 발달
- 가족 체계
- 영아, 가족의 관리와 관련된 다른 전문 분야의 역할, 기능 및 기술
- 지체나 장애의 위험이 있거나 진단 받은 아동을 대상으로 일할 때 관련 전문가가 사용하는 전형적인 치료방법 및 기술
- 의심이 되는 문제나 특별한 정보가 필요할 때, 적절한 상담이 이루어지기 위한 의뢰 기준 및 프로토콜
- 관련 법률, 규정, 권리, 집단에 적용할 수 있고 사용할 수 있는 프로그램, 각 집단에 대한 적격성 판정 기준
- 질환이 있는 아동의 가족과 아동 자신에게 필요한 지역사회 서비스 이용 방법
- 효과적인 면접 방법, 기술, 선택권
- 전문가가 (1) 그들의 보고서를 이해하고, (2) 가족에게 정보를 정확하게 설명할 수 있고, (3) 전문적인 동료들과 효과적으로 의사소통할 수 있도록 다른 전문가들이 사용하는 전문 용어의 이해
- 자신의 개인적 한계와 전문성의 한계, 다른 전문성이 요구되고 필요하다면 다른 전문가에게 의뢰
- 특별한 관리를 필요로 하는 신생아를 다루고 배치하는 방법
- 음식을 먹고 삼키기에 대한 진단·평가를 수행하는 방법과 그러한 영역에서 문제점이 있는 영아에게 중재를 수행하는 방법

- 다양한 환경에서 다학문적 팀 구성을 위해 필요한 조건

기술 및 능력

언어치료사가 이러한 집단을 대상으로 일할 때 보여야 하는 기술 및 능력은 매우 전문적이다. 이는 연령이 더 높은 언어 결함자를 대상으로 일할 때 언어치료사가 가져야 할 기술 및 능력이 더 뛰어나야 한다는 것을 의미하며 다음을 포함한다.

- 다학문적 팀 구성원으로서 효과적으로 참여하기
- 비전형적 의사소통 발달(전상징기적 의사소통 발달 및 비언어적인 형태의 의사소통 발달을 포함)을 규명하기 위한 선별을 수행
- 아동, 가족과 일하는 다른 전문가들과 가족 구성원들에게 정확하고 명료한 정보를 제공
- 적절한 치료, 관리 또는 중재 계획을 개발할 목적으로 의사소통 발달의 현재 수준에 대한 사정을 수행
- 가족 구성원 및 다른 서비스 제공자들과의 효과적인 청취 기술을 훈련
- 병력 정보를 얻기 위해 가족 면담을 수행
- 전문적 범위 내에서 의사소통 발달, 의뢰, 법적 권리, 지역사회 서비스 및 다른 문제에 대한 효과적인 가족 상담 제공
- 정밀 진단의 일부 또는 단독 의사소통 문제의 진단 수행
- 구강구조 기제의 조사
- 발성할 때의 호흡 노력을 평가
- 의사소통 수용 및 의사소통 표현 능력 평가(전상징적 단계 및 상징적 단계, 음성, 언어 및 비언어)
- 아동의 의사소통 발달에 미치는 영향에 대해서 청각사 및 다른 전문가들에게 제공받은 사료를 통합
- 가족의 요구 사항을 사정(아동의 발달을 강화하려는 가족의 희망 및 능력과 관련)
- 의사소통지체 및 장애에 대한 적절한 관리 계획에 참여(개별화 가족 지원 계획 또는 다른 관리 계획에 적절하다고 판단될 시에는 참여)
- 직접적, 간접적인 전략, 직접과 간접을 혼용한 전략을 모두 사용하여 적절한 중재 프로그램 수행하는 데 참여

- 관리 프로그램의 결과 평가
- 아동과 가족들을 필요에 따른 적절한 서비스 의뢰〔예: 의료(소아과, 신경과, 안과, 정형외과, 이비인후과, 알레르기 전문과, 성형외과, 구강외과, 유전학자, 조기 선별검사 및 정기적 선별검사, 진단 및 치료병원, 아동 건강 서비스와 작업 및 물리 치료와 같은 유사 건강 서비스), 치위생, 영양 상담, 사회보장 서비스(재정 보조, 교통, 지원 그룹, 어린이집, 일시적 보호위탁), 심리적 서비스, 발달 서비스〕
- 아동의 전체적 발달 프로그램을 부분적으로 수행하는 다른 서비스 제공자들과의 상호작용(예: 신생아 중재자, 진단·평가 담당 교사, 비정규직 유아교사, 어린이집 교사, 사회복지사, 물리치료사, 작업치료사, 체육 교사)
- 가능한 장소나 시간에 서비스 제공 활동에 협력(예: 계획, 수행 및 결과 평가)
- 아동에게 필요한 서비스 일부나 전체를 조정함(예: 가족 서비스 조정, 이미 수립된 사례 관리 서비스 조정)
- 가족을 포함한 다학문적 팀과 전환 계획을 수립
- 사전 전환 계획
- 필요할 때 적합한 통역자 선택 및 이용

전문가에게 요구되는 전문성은 성숙한 아동이나 성인에게 적합한 지식 및 기술의 확장을 전문가가 단순하게 답습하는 것을 의미하는 것이 아니라는 것이 이렇게 분명하다.[151]

언어치료사의 역할

언어치료사는 서비스-전달 환경 내, 환경 간에서 다양한 역할을 수행할 수 있다. 가끔 언어치료사는 정보의 원천, 부모 훈련자, 부모 교육자, 가족 지원 전문가, 진단 전문가, 의사소통장애 치료사, 연구자, 팀 참가자, 서비스 조정자, 자문가, 상담자, 대중적 인식 촉진자, 아동 및 조기 중재 프로그램 지지자, 전문 교육자로서의 역할을 수행한다. 이러한 활동을 통해 전문가는 개인의 민감성, 상처받기 쉬운 경향, 성향, 가치관을 인식하고 다룰 수 있어야 하며, 지속적인 학습과 전문적인 성장이 필요하다.[1]

다른 팀 구성원 및 가족 구성원이 언어치료사의 역할을 인식하는 것이 중요하다. 불행하게도 일반 대중 및 다른 분야의 서비스 제공자들은 대상 집단을 위해 언어치료사 및 청각학자들이 수행하는 다양한 역할에 대해 알려지지 않은 경우가 많다. 물론 관련 분야의 전문가들도 의사소통 발달에 대해 잘 알지 못하는 경향이 있다. 이것은 영아 집단을 대상으로 일하는 언어치료사들이 염려해 하고 있는 문제점이다(그러므로 이 문제점은 가족 구성원뿐 아니라, 전문가를 위해 설계된 지속적인 교육 프로그램을 계속하여 제공하는 기회를 열어 준다). 더불어 의사소통장애 전문가들이 이 영역에서 무슨 서비스를 제고하는지에 대하여 대상집단을 인식하고 마케팅해야 할 일들이 많다. 제10장에서는 이러한 주제를 다루고자 한다.

영아 집단을 위한 언어치료사의 서비스는 몇 개의 광범위한 종류들을 포함하며, 각 범주의 하위영역은 좀 더 세부적인 서비스 군을 포함하고 있다. 그 광범위한 서비스 종류들은 다음과 같다:

- 예방 서비스
- 진단 및 사정 서비스
- 치료 및 중재 프로그램 계획
- 치료 및 중재 프로그램의 이행
- 전문 상담 및 위탁 서비스
- 자원 조정 서비스 (서비스 조정)
- 부모 훈련 서비스 (특별한 요구 사항에 대해 개별적으로)
- 부모 교육 서비스 (그룹 및 개인)
- 상담 서비스
- 전환 계획 및 서비스

언어치료사의 전문적인 임상실제의 유형과 환경에 따라 서비스가 1회로 제공되거나(예: 집 근처에 있는 말-언어 서비스 또는 발달 프로그램에 전문가가 참석하고 가족을 보내이 상담함), 집중적으로 단기간에 제공되거나(예: 말문이 늦게 트는 영아의 언어발달을 촉진하기 위해 단기간 중재를 수행하거나 영아가 퇴원하기 전 신생아 중환자실 또는 중간 관리 육아실에 머무르는 동안 서비스를 제공함), 간헐적으로 제공된다(예: 비전형적 의사소통 발달을 수반하는 진단된 질환이 있는 신생아에게 훈련과 계속적인 치료 서비스 및 기타 서비스가 목표일 때 추후 임상이 제공되는 사정 서비스).

언어치료사가 이 방법이나, 다른 방법으로 서비스를 전달해야 할지, 또는 이 환경이 좋은지, 다른 환경에서 서비스를 제공해야 할지에 대한 것이 아니라, 오히려 어떤 환경에서든지 간에 아동과 가족의 요구를 어떻게 효과적으로 충족시킬지에 대한 것이어야 한다.

언어치료사와 지역사회 환경

언어치료사는 다른 분야의 전문가나 위험군 아동이나 장애가 있는 영아, 그들의 가족과 빈번히 접촉하고 있다. 언어치료사는 전문화된 팀으로 기대되며 의사소통 발달에 대한 지식, 의사소통 발달에 개입하거나 그 형태를 변형시킬 수 있는 요소들에 대한 지식, 특별한 아동과 가족 능력 및 한계, 또는 장애물을 평가하는 능력, 아동의 발달을 최적화하기 위해 적절한 방법을 계획하고 실행하기 위해 팀의 다른 구성원들과 협력하는 능력이 필요하다.

임상가의 활동하는 환경이, 제공되는 서비스의 배열과 그들의 초점에 영향을 준다. 예를 들어, 신생아 집중 치료실에서 제공되는 서비스는 가정, 육아 센터, 또는 발달 서비스 프로그램에서 제공되는 서비스와는 다르다. 환경이 어떻든 간에 영아 및 가족을 대상으로 일하는 언어치료사와 청각학자들은 독자적인 업무를 수행하는 것이 아니라는 점을 반드시 기억해야 한다. 그들은 항상 팀의 일원이다. 의사소통장애가 있는 아동을 위한 최소한의 팀은 부모, 아동, 보건의료 제공자 및 의사소통장애 전문가로 구성된다. 팀은 다른 구성원들을 포함하기도 한다(예: 다른 가족 구성원, 양육 제공자, 초기 아동기 특수 교육자, 심리학자).

▼ 요약

팀 기능에 대한 사고 자체가 새로운 것은 아니지만, IDEA 하에서 부과된 권한의 관점에서, 우리 자신을 팀 구성원으로 인식하는 것의 중요성이 다시 강조되고 타당성을 부여받고 있다. 궁극적으로 팀은 부모가 '지휘(quarterbacked)'하거나 관리하며, 부모는 아동 양육에 대한 결정들을 내리고 치료 및 관리 프로그램에 어느 정도로 참여할지를 선택하여 참여한다.

▼ 참고 문헌

1. Luterman DM.: *Counseling the communicatively disordered and their families*, ed 2, Austin, Tex, 1991, Pro-Ed, p 175.
2. Summers JA, Brotherson MJ, Turnbull AP: The impact of handicapped children on families. In Lynch EW, Lewis RB, editors: *Exceptional children and adults*, Glenville, Ill, 1988, Scott-Foresman, p 504.
3. Wayman KI, Lynch EW, Hanson MJ: Home-based early childhood services: cultural sensitivity in a family systems approach, *Top Early Child Special Educ* 10:56, 1991.
4. Kubler-Ross E: *On death and dying*, New York, 1969, Macmillan.
5. Billeaud FP: Region IV interagency coordinating council needs assessment report, Lafayette, La, 1989, Region IV Interagency Coordinating Council.
6. Borland B: Parents' responses to a child's problems. In Semmler C, editor: *A guide to the care and management of very low birth weight infants*, Tucson, Ariz, 1989, Therapy Skill Builders, p 11.
7. Dawkins C: *Address to the Louisiana Interagency Coordinating Council*, Lafayette, La, November 1990.
8. Hartman A, Laird J: *Family-centered social work practice*, New York, 1983, Free Press.
9. Kayser HR: Bilingual language development and language disorders. In Battle DE, editor: *Communication disorders in multicultural populations*, ed 3, Boston, 2002, Butterworthpp 205-323.
10. American Speech-Language-Hearing Association: Semiannual counts of the ASHA membership and affiliation for the period January 1 through June 30, 1996, Rockville, Md, 1996, American Speech-Language-Hearing Association.
11. Lynch EW, Hanson MJ: *Developing cross-cultural competence: a guide for working with young children and their families*, Baltimore, 1992, Paul H. Brookes.
12. Tonkovich JD: Multicultural issues in the management of neurogenic communication and swallowing disorders. In Baffle DE, editor: *Communication disorders in multicultural populations*, ed 3, Boston, 2002, Butterworth-Heinemann, pp 233-265.
13. Kayser HR: Bilingual language development and language disorders. In Battle DE, editor: *Communication disorders in multicultural populations*, ed 3, Boston, 2002, Butterworthpp 205-232.
14. Anderson PP, Fenichel ES: *Serving culturally diverse families of infants and toddlers with disabilities*, Washington, DC, 1989, National Center for Clinical Infant Programs.
15. Blosser J: Working with families: making time count, ASHA 38:34, 1996.
16. Peterson NL et al: *Personal training competencies for interventionists serving infants with disabilities and at-risk conditions (birth through age 2)*, Lawrence, Kan, 1988, University

of Kansas.

17. Bailey DB et al: *Preparing professionals from multiple disciplines to work with handicapped infants, toddlers and their families: current status and future directions.* Paper presented at the International Early Childhood Conference on Children with Special Needs, Nashville, Tenn, November 1988.
18. Dunst CJ, Trivette C, Deal A: *Enabling and empowering families: principles and guidelines for practice*, Cambridge, Mass, 1988, Brookline Press.
19. Sparks SN: *Assessing infants and toddlers: a family focus.* ASHA Videoconference, Rockville, Md, May 1989.
20. Sparks SN: Assessment and intervention with at-risk infants and toddlers: guidelines for the speech-language pathologist, *Top Lang Disord* 10:43, 1989.
21. Shonkoff JA: Perspective on pediatric training. In J Mulic J, S Pueschel S, editors: *Parent-professional partnerships in developmental disability services*, Cambridge, Mass, 1983, Ware Press.
22. Shonkoff J, Hauser-Cram P: Early intervention for disabled infants and their families: a quantitative analysis, *Pediatrics* 80:650, 1987.
23. Shonkoff J et al: Early intervention efficacy research—what have we learned and where do we go from here? *Top Early Child Special Educ* 8:81, 1988.

제 5 장

신생아 집중 치료실에서의 언어치료사의 역할

미숙아, 극소 미숙아, 의학적으로 병약한 영아

Frances P. Billeaud & Donna B. Broussard

신생아 집중 치료실(NICU)에서 근무하는 언어치료사(SLP)는 수많은 서비스를 제공하는데, 그러한 서비스를 제공하기 위해서는 전문화된 준비가 필요하다. 언어치료사의 역할에는 영아에게 제공하는 직접적인 서비스뿐만 아니라, 신생아 집중 치료실의 직원, 영아의 부모 및 가족들을 위하여 제공되는 서비스들이 포함된다.[1] 이러한 서비스는 의사소통적인 상호작용에만 초점을 둘 수도 있고, 언어발달에 필요한 협응운동으로 이어지는 구강수유와 다른 구강-운동 활동에 대한 부모 교육 및 훈련, 상담을 포함시키기도 한다.[2,3]

특별한 역할을 수행하는 언어치료사에 대해 상세하게 설명하기 전에 서비스를 제공하는 병원의 환경에 대해서 생각해 보는 것이 도움이 될 것이다. 신생아 집중 치료실은 종합병원을 구성하는 몇 개의 단위 중 하나로서, 물리적 공간, 장비, 직원, 절차의 프로토콜 및 환자 간호 규정에 관한 기준이 확립되어 있어야 한다. 병원인가합동위원회(Joint Commission on Hospital Accreditation)는 신생아 집중 치료실의 일반적 요건을 규정하였으며, 병원에 대한 신뢰도는 그러한 요건들을 준수하느냐에 따라 좌우될 것이다.

일단 아기가 분만실을 나오게 되면, 담당 주치의가 아기를 간호하는 법적 책임을 지게 된다. 병원의 정책, 신생아 집중 치료실의 수준, 아기의 요구 및 가족의 희망사항에 따라서 가정의, 소아과 의사, 신생아 학자, 소아과 세부전문의(예: 소아과 소화기 전문의, 소아과 심장전문의, 소아과 신경외과 전문의), 또는 전문의로 이루어진 팀을 구성한다. 법적 책임 및 윤리적 책임으로 인해 주치의는 다른 전문가에게 특정한 서비스를 요청하기도 한다. 주치의의 처방 없이는 서비스를 제공할 수 없다.

갓 태어난 아기가 신생아 집중 치료실에 입원하게 되면, 많은 전문가들이 아기를 간호하는 일에 관여하게 된다. 간호사들의 경우 교대로 근무하며 보통 1명의 간호사가 1-4명의 영아를 담당하며 간호사들은 담당 영아에게 간호 계획(nursing care plan)을 실행할 책임을 진다. 일반적으로 신생아 집중 치료실에서 일하는 종사자들은 신생아학자, 작업치료사, 물리치료사, 호흡기치료사, 사례 관리자, 언어치료사, 사회복지사, 목회 간호 제공자, 영양사 및 영양학자, 임상 간호 전문가, 교육자, 그리고 병원 관리직원을 들 수 있으며, 이들 모두는 다학문적 팀의 일원으로서 역할을 맡게 된다. 이와 관련된 병원 직원들로는 특수한 장비(예: 비정상성, 두개 내 출혈 등을 찍기 위한 X레이 및 뇌 스캐닝 장비)를 조작하는 기술자, 청소직원, 그리고 병원의 보수관리 업무 담당자가 있다. 또한 일상적으로 부모가 신생아 집중 치료실을 드나든다. 물론 모든 활동의 중심은 대부분이 다양한 모니터와 연결된 신생아 집단이다.

먼트거머리(Montgomery)는[4] "신생아 집중 치료실의 종사자들은 병원 당 평균 135명꼴이다. 신생아 집중 치료실의 신생아들은 필요한 절차나 간호 행위로 인해 하루에 거의 100번 정도 방해를 받는다."고 지적하였다. 조명은 번쩍거리고, 전자 추적 장치의 구성이 바뀔 때마다 모니터 화면이 빛을 내고, 모니터와 경보기는 영아의 다양한 신체기능 상태를 표시하기 위해 윙윙 거린다. 무선호출기는 직원을 찾고, 전화벨이 울리고, 직원은 전화를 걸고, 걸려온 전화를 받는다. 신생아 집중 치료실은 대단히 분주한 곳이다!

신생아 집중 치료실에서는 간학문적인 발달 간호(interdisciplinary developmental care) 개념이 표준이 되고 있다. 반덴버그(VandenBerg)[5]는 신생아 집중 치료실에서 근무하는 직원에게 요구되는 필수적인 기본지식으로 정상적인 영아발달에 관한 지식, 비전형적인 영아발달에 관한 지식, 가족의 역학관계 및 기능에 관한 지식으로 요약하였다(pp. 163-164). 반덴버그에 의해 추가된 전문지식 분야로는 (1) 태아와 신생아의 뇌 발달에 관한 지식, (2) 조산아, 정상 임신기간을 거친 신생아의 의학적 상태에 관한 지식, (3) 조산아 및 정상 임신기간을 거친 신생아의 행동과 발달에 관한 지식, (4) 신생아 집중 치료실의 생태학적 지식, (5) 신생아 집중 치료실의 직원근무 유형과 문화적 유형에 관한 지식, (6) 신생아 집중 치료실에서의 양육에 관한 지식이 포함된다. 신생아 집중 치료실에서 일하는 팀의 모든 직원들은 이러한 분야의 전문지식들을 확실히 받아야 하며, 영아가 퇴원하여 가정으로 돌아간 후에도 추후관리가 필요한 아기와 가족들, 특히 위험한 상태에 있거나, Part C에 규정된 서비스를 받을 자격이 있거나, 가능성이 있는 아기와 가족들을 판별하여야 한다. 가능하면 아기와 가족에게 친숙한 직원이 정기적으로 가정을 방문하여 추후관리를 수행하는 것이 좋다.

병원은 정책적으로 영아가 신생아 집중 치료실에 있는 동안 제공한 모든 서비스를 차트에 상세하게 기록하여 보관하여야 한다.

환자기록은 다양한 직원들이 열람하고, 그들이 인정하는 기관의 대리자들과 병원이 임명한 병원위원회가(예: 부서별 감사, 서비스질 평가, 기관조사표, 영아 사망률, 감염관리, 병원 윤리) 환자기록을 재검토하도록 하고 있다. 또한 의료 기록은 법적인 분쟁이 발생하였을 때 사법기관에게 소환하도록 되어 있다. 전문가의 가장 중요한 책임 중 하나는 시기적절한 방법으로 정확한 기록을 보관하는 것이다.

▼ 신생아 간호에 관한 선택 사항: 신생아 집중 치료와 환경의 비교

현대의학에서 적용되는 신생아 간호에는 여러 수준이 있으며, 여기에는 최소한 세 가지 수준의 집중 치료가 포함된다. 일반적으로 어디에서 신생아 간호를 제공할 것인가의 문제는 출생 당시 신생아의 건강 상태에 따라 결정된다. 병원제도에는 최소한 네 가지의 선택권이 있으며, 각각의 수준에 따라 영아의 요구에 대처할 수 있는 능력이 더하여진다.

모자동실 관리

모자동실은 병원에 입원해 있는 동안 산모와 건강한 아기가 같은 방에 있는 것이다. 이때 의사와 간호사는 필요한 지원과 간호를 제공한다. 자유로운 방문이 허가된 모자동실은 가족에게 가정과 같은 환경을 제공하는 동시에 의학적 치료를 쉽게 지속적으로 이용할 수 있다. 일반적으로 산모와 신생아의 입원 기간이 짧으며, 대부분은 24~48시간이 많다.

수준 I 신생아실 간호(건강한 아기를 간호하는 신생아실)

수준 I 신생아실에 아기를 입원시키는 것이 미국에서는 가장 일반적 형태의 신생아 간호일 것이다. 간호사는 일반 신생아실에서 아기들을 돌보며, 이곳에서 조부모와 친구들은 판유리로 된 창문을 통해 아기를 볼 수 있다. 아기가 신생아실에서 나올 수 있는 때는 분유나 모유 수유를 위해 산모의 방으로 갈 때나 수유 후 아기를 안아주는 때이다. 일반적으로 분만 후 건강한 신생아와 산모들은 자연분만인 경우에는 24~48시간 후에, 제왕절개수술로 분만한 경우에는 72시간 후에 퇴원한다(과거에 일반적으로 5~7일 동안 입원하여야 했던 것과는 대조적이다). 영아에게 발생할 수 있는 가벼운 문제들(예: 가벼운 황달과 수유문제)은 일반적으로 수준 I 신생아실에서 치료한다.

수준 II 및 수준 III 신생아실 간호

수준 II 신생아실에서는 신생아 집중치료를 제공한다. 수준 II 신생아실은 처음부터 '조산아'나 '미숙아'를 돌보기 위한 목적으로 만들어졌다. 수준 II 신생아실은 일반적으로 수준 I 신생아실보다 훨씬 더 많은 주의를 요하는 신생아들을 치료하도록 확대되어 왔다. 수준 II 신생아 집중 치료실의 직원은 의사(소아과 의사 및 직원 혹은 비상근직으로 일하는 신생아 학자), 간호사, 관련된 보건의료 담당 직원 및 특수한 기술을 가진 기술자로 구성된다. 매우 정교한 모니터링 장비를 통해 신생아에게 충분한 산소와 영양을 공급하는지, 신생아의 체온이 적절하게 유지되고 있는지, 그리고 다른 문제로 인해 신생아가 신속하게 치료받아야 하는지를 즉각적으로 확인할 수 있다.

또한 미숙아 보육기, 온열 테이블, 황달을 치료하는 광선요법의 조명, 뇌실 내 출혈을 선별검사하는 장비, 흡인기구, 튜브 수유 및 광범위하고 다양한 장비들을 이용하여 신생아의 개별적 요구에 즉각적으로 대응할 수 있도록 하고 있다. 신생아 중 특수한 문제를 모니터하거나 치료할 필요성이 있는 아기들은 퇴원이나 수준 I 신생아실로 돌려보내기 전에, 단기간 동안 수준 II 신생아 집중 치료실에 입원할 수 있다. 예정일보다 상당히 일찍 태어났거나〔리스(Reese)에 따르면 전체 임신기간의 약 10%에 해당하는 기간만큼 일찍 태어났거나〕, 혹은 기술 지원이나 포괄적인 의학적 치료가 필요한 신생아들은 몇 주에서 몇 개월 동안 신생아실에 입원하기도 한다. 미숙아들은 출산 예정일에 태어난 아기들보다 작을 뿐만 아니라, 신경계의 발달도 미숙하다. 미숙한 신경계 발달은 자궁 밖에서의 환경에 적응할 수 있는 능력(호흡, 체온유지, 생물학적 상태 조절, 수면 및 각성주기, 빨고, 삼키고, 숨쉬는 것의 협응 능력)에 영향을 끼친다. 허약한 영아들이 생명을 유지하는 데 필요한 치료가 때때로 영아의 신체에 더 큰 스트레스를 주기도 하고, 시급한 의학적 질병이 안정된 후에도 장·단기적 문제를 초래할 수 있다.

수준 III 신생아실은 보다 더 집중적으로 신생아를 치료한다. 수준 III 신생아 집중 치료실은 서비스를 유지하는 데 많은 비용이 들고(상근직 신생아학자, 첨단장비 및 환아 대 직원의 낮은 비율을 확보하기 위해 드는 비용 포함), 아주 작고 허약한 신생아를 돌보려면 고도의 훈련을 받은 전문직원이 필요하기 때문에, 수준 III 신생아 집중 치료실을 이용할 수 있는 병원은 많지 않다. 수준 III 신생아실은 대개 대학병원에 있지만, 한 장소에서 수준 II 신생아실과 수준 III 신생아실을 통합하여 신생아의 요구에 따라 수준 II 신생아실에서 수준 III 신생아실로 옮기거나, 수준 III 신생아실에서 수준 II 신생아실로 옮길 수 있게 하는 병원들도 점점 일반화되어 가고 있다. 신생아들은 대개 전문적인 내과 치료나 외과 치료를 신생아실 외부에서 받은 후에 수준 III 신생아실로 옮겨진다. 대부분의 경우에, 가족들은 집과 수준 III 신생아 집중 치료실의 거리가 멀기 때문에 신생아들이 수준 III 신생아 집중 치료실에 입원해 있는 동안에는 아기와 함께 있을 수 없다. 결과적으로 질병이 있고, 허약한 아기들은 건강한 또래 아이들과 매우 다르게 삶을 시작하게 된다.[11-13]

의학적 위기가 지나고, 신생아들이 수준 III 신생아 집중 치료실에서 퇴원해도 좋을 만큼 건강해지면, 바로 낮은 수준의 신생아실로 옮기게 되며 이곳에서 드는 치료 비용은 상대적으로 더 적은 편이다. 아기들은 입으로 섭취하는 영양이 충분하고, 심장박동이 정상적으로 돌아올 때까지, 출산예정일까지, 또는 병원에서 의학적인 관리를 받지 않아도 될 만큼 안정될 때까지, '발육'을 위해 더 낮은 수준의 신생아실(대개는 수준 II 신생아 집중 치료실)에 있게 된다.

수준 IV 신생아실 간호

가장 집중적인 신생아 간호는 수준 IV 신생아 집중 치료실에게 받게 된다. 일반적으로 각 주에는 극히 적은 수의 수준 IV 신생아 집중 치료실이 있다. 고도로 전문적인 외과나 내과적 치료가 요구되는 극히 희귀하거나 복잡한 질병을 앓고 있는 신생아는 대개 필요한 조치를 받을 수 있도록 수준 IV 센터로 옮겨진다.

▼ 신생아 간호에 언어치료사의 참여

모든 병원은 기관의 위상에 걸맞게, 연령에 관계없이, 환자들에게 나타나는 내과적, 외과적 문제를 치료하는 곳이다. 언어치료사는 지정된 병원에서 소아과 병동(신생아 집중 치료실 포함)에 있는 환자들에게 서비스를 제공할 수도 있고, 많은 병동(예를 들면, 재활 병동, 외래 환자 클리닉, 급성치료 병동, 소아과 병동)에 걸쳐서 서비스를 제공할 수도 있으며, 신생아 집중 치료실에서만 서비스를 제공할 수도 있다. 이는 병원의 구조, 임무, 관리 철학, 예산 및 근무 패턴에 따라 다르다. 언어치료사는 상담전문가, 비상근직 직원, 또는 정규 상근 직원으로 근무한다.

신생아 집중 치료실의 서비스는 생의학적 기술이 진보하면서 급속히 발전하게 되었고, 관리 프로토콜의 개발로 발달의 결과에 관한 믿을 수 있는 데이터가 나오게 되었다. 포괄적인 신생아 간호의 개념은 의학적 치료뿐만 아니라, 현재 자녀를 위한 의사결정에 참여하고, 어떤 측면에서는 가장 잘 수행할 수 있는 가족 구성원에게 적합한 정보, 훈련, 교육을 제공하게 되었다. 다른 조건들이 동일하였을 때, 부모가 정기적으로 신생아 집중 치료실을 찾아 왔던 영아들은 신생아 집중 치료실에 입원해 있는 동안 부모가 관리에 참여할 수 없었던 신생아들보다 더 호전되는 양상을 보여 주었다. 주로 양육자(일반적으로 어머니가)가 아기와 서로 마주보면서 격려하는 말을 해 주고, 일찍부터 부드러운 말을 주고받고 껴안아주며 어루만져 주고, 수유하고, 흔들어 주는 것이 아기의 생의학적 발달, 신경행동 조직의 구성 및 발달에 효과적이다.[5, 14–17] 〔이러한 사실에 대한 구체적인 참고가 필요할 경우에는 티베리 브라젤튼(T. Berry Brazelton), 하이델에즈 알즈(Heidelese Als), 포레스트 베네트(Forrest Bennett), 그레첸 러혼(Gretchen Lawhon) 및 크레그 레이미(Craig Ramey)를 참조하라〕.

수준 III 및 수준 IV 신생아 집중 치료실에 참여

수준 III 및 수준 IV 신생아 집중 치료실에 있는 아기들은 발달상의 요구보다 일시적으로 우선하는 긴급한 의학적 요구가 있을 가능성이 있기 때문에, 언어치료사가 직접적으로 아기 관리에 참여하지는 않는다. 그러나 아기가 의학적으로 안정되고, 실내공기에 노출될 수 있고, 적절한 임신주수가 채워지고, 발달이 구강으로 영양을 섭취할 수 있는 준비가 되었을 때, 언어치료사가 점차적으로 참여하게 된다. 또한 언어치료사는 다학문적 팀 회의에 정기적으로 참여하여 신생아의 지속적인 요구 평가와 퇴원 계획 수립 과정에 관여하게 된다.

언어치료사의 적극적인 참여가 필요할 경우는 구개파열, 특수한 수유가 필요한 아기, 특히 임신기간이 짧아 형성이 미흡한 미숙아이거나 증후군의 여러 특징 중 하나로 나타나는 구개파열을 갖고 있는 아기를 돌보는 경우이다. 예를 들어, 혀를 잘 조절하지 못하는 영아들이 특수 젖병, 즉 하버만 젖병(Haberman feeder) 혹은 특수하게 제작된 젖꼭지를 사용할 때, 구강 내에서 혀가 기도와 멀리 떨어져 앞쪽에 효과적으로 위치할 수 있도록 혀끝을 아랫입술 쪽으로 봉합하였을 때(아기들이 구강 내 운동을 더 잘 조절할 수 있게 되면 봉합한 부분을 풀게 됨) 구강수유 능력이 두드러지게 향상되었다. '봉합(tacking)' 수술은 또한 혀가 기도를 막아서 생기는 호흡 문제를 완화시키기도 한다. 내체적으로 혀의 봉합수술과 상관없이, 이러한 아기들에게 구강수유를 할 때는 액체를 잘 섭취하고 중력의 작용을 촉진할 수 있도록 거의 똑바로 세운 자세를 유지시켜 주어야 한다.

언어치료사는 가족들에게 수준 III 및 수준 IV 신생아 집중 치료실에 있는 아기를 방문하고, 아기를 돌보는 일에 점차적으로 참여하도록 권장한다. 초기단계에서는 가족들이 방문하여 아기를 보고, 이야기하는 것으로 한정되며, 물리적으로 가까운 곳에 있는 것은 제한할 수 있다. 아기의 건강이 호전되고, 인내심을 갖고 상호작용에 참여가 가능해지면, 부모는 아기를 돌봄에 있어서 보다 직접적인 역할을 맡도록 권장된다.

수준 II 신생아실에 참여

일반적으로 수준 II 신생아실에 있는 아기들은 대부분 산소실을 '나올(graduate)' 때와 의사가 성장발달 가능성이 있다고 판단할 때는 발달적 처치를 이용할 가능성이 많다. 언어치료사는 아기에 대한 치료법 및 다른 직접적인 서비스들을 평가하고 제공하며, 신생아 집중 치료실의 직원 및 가족 구성원들에게 구강자극에 대한 정보를 제공하고, 아기의 입안 및 입 주위의 촉각방어를 감소시킨다. 아기가 튜브를 통하여 영양 공급을 받을 경우에는 영양 공급의 목적으로서가 아니라 빨기 자체가 갖는 이점에 대해 정보를 제공한다. 그리고 아기가 스트레스를 받고 있다는 징후가 보이면, 그 기간 동안 아기와의 상호작용을 줄이고, 아기와 양육자 간의 눈 맞춤의 중요성을 가르치며, 달래고 안심시키는 편안한 방법으로 아기에게 말을 하는 것의 중요성을 강조한다. 이를 통해 언어치료사는 신생아 집중 치료실의 직원과 가족 구성원에게 아기의 요구에 대한 상담가의 역할을 할 수 있다.

또한 언어치료사는 부모나 양육자가 아기와 적절한 상호작용을 하도록 격려하고, 구강수유를 하기 위해서 구강운동의 협응운동을 발달시키기 위한 수유기술이나 전략을 가르치고, 실제로 보여 주는 모델의 역할을 할 수 있다. 또한 언어치료사는 추후 발달에 대한 모니터링과 진단·평가를 할 수 있는 지역사회 기관의 연락처 목록을 제공하고, 잘 조직된 신생아 집중 치료실에서 가정과 지역사회로 원활하게 전이하도록 도움을 줌으로써 퇴원 계획에 참여할 수 있다.

병원에서 일하는 언어치료사는 미숙아와 미숙아가 안고 있는 문제에 대한 기본적인 이해를 반드시 해야 한다. 마찬가지로, 언어치료사는 팀의 다른 구성원들이 영아의 아주 초기의 경험과 이후 나타나는 의사소통 발달 간의 긴밀한 관계를 이해하도록 직원교육을 제공할 책임을 가진다.[18] 또한 언어치료사는 팀의 다른 구성원들이 제공하는 현장 교육이나 직무 향상 세미나, 기술을 습득하고 향상시킬 수 있도록 시행하는 지속적인 교육 프로그램에 참가할 필요가 있다.

언어치료사는 발달적 의미의 수유 또는 자세잡기 프로그램전략(positioning program strategy)에 관여하게 될 가능성이 있으며, 발달간호를 수행하면서 영아에게 다른 직접치료법을 제공할 수도 있다. 어떠한 경우라도, 언어치료사는 팀의 역할에 참여하고, 부모와 전문가들을 대상으로 교육하고 상호작용하는 역할을 하여야 한다.

▼ 기타 고려사항

언어치료사는 신생아 집중 치료실 근무에 필요한 몇 가지 일반적인 고려사항을 반드시 명심하여야 한다. 이러한 고려사항에는 감염관리에 관한 정보, 미숙아의 특성, 신생아 스트레스의 징후 및 다학문적인 팀 구성원들의 역할이 포함된다.

감염관리

신생아 집중 치료실의 직원은 감염관리 규칙을 엄격히 준수하여야 한다. 준수 사항은 장소에 따라 다소 다르지만, 감염관리에 대한 보편적인 예방조치는 모든 장소에서 공통적으로 이루어진다.

신생아와 접촉하는 직원은 반드시 적절한 손 씻기 순서에 따라 손을 씻어야 한다. 신생아 집중 치료실에 들어가기 전이나, 신생아 집중 치료실 내부에 있을 때 살균비누 또는 살균용액과 수세미 또는 패드를 이용하여(특히 손톱에 주의하여) 손을 철저하게 씻어야 한다. 손은 일반적으로 2~5분 동안 문질러 씻어야 한다. 반지도 빼야 한다(분실이나 도난당하지 않도록 하기 위해 안전핀이 달린 수술복, 앞치마, 속옷에 고정시켜 놓는다). 직원은 다른 영아들과 접촉하게 될 경우와 장비를 다루고 나서 아동과 접촉하게 될 경우에는 세심하게 손을 다시 씻어야 한다.

일부 병원에서는 신생아 집중 치료실이 직원과 방문자에게 깨끗한 가운이나 일회용 앞치마를 착용할 것을 권고하고 있다. 병원 정책에 따라서 멸균장갑을 착용하게 하기도 한다. 손에 베인 상처, 화상이나 다른 상처가 있는 직원은 반드시 멸균장갑을 착용하여야 한다. 다른 아기들과 접촉하게 될 경우와 장비를 다루고 난 후에는 장갑도 바꿔 껴야 한다. 특히 구강을 자극하거나, 치료 차원의 수유활동에 참여하는 언어치료사는 잘 씻지 않은 손과 엄격하게 지키지 않은 위생상의 예방조치를 통해 감염이 될 수 있다는 사실에 주의하여야 한다.

신생아들 중 선천성, 후천성 면역결핍 증후군(AIDS)을 보이는 아기들과 접촉하는 직원은 필수적로 일정한 추가 예방조치를 취해야 한다. 일부 병원에서는 소변, 혈액이나 다른 체액의 예상치 못한 노출을 막기 위한 조치로서 마스크나 눈 보호구를 착용하도록 하고 있다. 언어치료사는 의료직원보다는 높은 위험에 노출될 가능성은 적으나, AIDS를 앓고 있는 많은 아기들은 발달 과정에 영향을 미치는 신경계 관련 증상을 갖고 있다. 임상치료사들은 사정 및 중재 활동을 하는 동안 바이러스에 노출될 가능성이 있다. 따라서 임상가들이 취해야 하는 보편적인 예방조치에 익숙해져야 한다.[19]

미숙아의 특성

미숙아(어떤 정의에서는 40주의 임신기간 이전에 태어난 아기를 말함, 또는 세계보건기구의 정의에 의하면 38주 이전에 태어난 아기)들은 발달과 관련된 일반적인 특성들을 많이 가지고 있다. 신생아의 재태연령은 여러 방법을 종합적으로 고려하여 결정할 수 있다. 가장 일반적으로 이용되는 기준은 (1) 임신한 날로부터 출산일까지의 기간(일반적으로 기간을 계산하는 방법은 9개월에 1주를 더한다), (2) 출생시 체중(예: 임신주수에 적당한 평균체중, 체중 미달, 혹은 과체중), (3) 신체적 특성〔예: 배냇솜털(체모)의 유무, 피부색, 피부의 투명도나 불투명도, 반사〕 등이다. 미숙아들은 대개 저체중(LBW: 1,500g 이하, 3파운드 4온스 이하)으로 출생하거나, 극소 저체중(VLBW: 1,000g 이하, 2파운드 4온스)으로 출생하며, 체중이 800g(예: 겨우 1파운드 8온스) 이하일 수도 있다. 미숙아들의 신체기관조직은 미숙하며 특히 호흡기계통이 더욱 미숙하다.

미숙아들은 생명을 유지하기 위해 즉각적인(때로는 최후의 수단으로) 치료가 필요할 수 있다. 호흡기에 문제가 있는 미숙아들이 표면활성제 치료(호흡곤란의 발생을 예방하는 차원에서 또는 발생한 호흡곤란을 치료하기 위해서)를 받은 후 일정기간 산소치료를 받는 것이 일반적이다. 일부 신생아들은 발달 문제와 관계된 질환인 기관지폐형성이상증(BPD)을 앓고 있다.[20] 상황에 따라서 생명을 유지하기 위해 필요한 산소는 영아의 청력과 시력에 해로운 영향을 미칠 수 있으며, 차례로 해로운 영향을 받은 영아는 의사소통 발달에도 악영향을 미칠 수 있다.

많은 미숙아들은 저산소증(불충분한 산소공급)을 앓고 있다. 그리고 단기간, 또는 장기간의 무호흡증(15초 이상 호흡이 멎는 것)을 유발할 수도 있다. 이러한 질환 및 기타 많은 질환들은 호흡을 위해 기관 내에 튜브를 삽입하는 것과 관련된 보충적 산소치료, 즉 코의 캐뉼러(nosal canula)나 옥시후드(oxyhood)를 통한 지속성 상기도양압술(continuous positive airway pressure, CPAP)이 필요할 수 있다. 구순파열 및 구개파열, 후비공폐쇄증, 기관식도누출관과 같은 질환을 포함한 상기도 이상을 가진 아기들은 이러한 질환들이 (기관 내)체외막 산소공급장치를 통과시켜 안정된 기도를 확보하는 수술을 기술적으로 어렵게 하거나 불가능하게 하기 때문에 지속성 상기도양압술을 받게 될 수 있다(p. 10).[21] 미숙아나 신생아 집중 치료실에 입원한 신생아들을 대상으로 하는 종사자들은 푸른빛을 띠는 입술, 피부 또는 손톱이 신생아에게 즉각적인 의학적 조치가 필요하다는 신호라는 것을 알고 있어야 한다.[11] 그러나 이러한 징후들은 장기간 산소치료에 의존해 온 아기와 만성적인 저산소증 치료를 받고 있는 아기에게도 나타날 수 있다.

발달지체나 장애와 밀접히 관련되어 있으며, 신생아 집중 치료실에서 흔히 나타나는 다른 문제들로는 (1) 뇌실 내 출혈(III 및 IV 등급은 중대함), (2) 출생 전의 약물노출(코카인, 크랙 코카인이 특히 중대함), (3) 출생 전후의 질식(수유시 '블로 바이(blow-by)' 산소 보충, 지속적인 산소포화 모니터링, 퇴원시 무호흡 모니터 제공, 혹은 이러한 방법들을 동시에 사용하는 것이 필요함), (4) 발작, (5) 태아 알코올 증후군, (6) 머리, 목과 관련한 해부학적 이상, (7) 선천적 혹은 출생 전후의 감염, (8) 명백한 신경운동 손상이 있다.

신생아 초기에 확인할 수 있는 의사소통장애의 원인에 대한 보다 상세한 정보들이 제2장에 제시되어 있다.

신생아 스트레스의 징후

아기들은 양육자와 상호작용하는 것을 중단하고 싶다는 신호를 보내기도 한다. 그러나 유감스럽게도 대부분의 양육자들은 이러한 신호를 잘 읽지 못한다. 다른 성인이 보기에 신생아가 활동에 아주 잘 따르고 있는 것처럼 보이더라도, 의사소통장애 전문가들은 신생아들이 현재 하고 있는 활동을 쉬고 싶다는 의사를 전달하는 지에 주의를 기울여야 한다. 다음은 아기가 스트레스를 받고 있음을 나타내는 신호이다:

- 하품을 한다.
- 눈을 마주치지 않는다.
- 팔을 쭉 뻗는다.
- 몸을 경직시킨다.
- 손으로 얼굴을 가린다.
- 토한다.
- 재채기를 한다.
- 손가락을 쫙 편다.
- 등을 구부린다.
- 운다.
- 만세를 한다(허공에 팔을 올린다).
- 기침을 한다.
- 안색이 변한다.
- 갑자기 과다근육긴장이나 이완이 나타난다.
- 갑자기 호흡속도가 변한다.
- 갑자기 심장박동이 변한다.
- 느린 맥(맥이 느려진다).
- 빠른 맥(맥이 빨라진다).
- 무호흡.

언어치료사는 의료진이 중요하게 생각하는 외관상의 신체적 징후를 알고 있어야 한다. 맥켄지(McKenzie)[22]는 신생아의 행동체제 수준을 확인하는데 유용한 기준을 제안하였으며, 그 기준은 〈표 5-1〉에 제시되어 있다.

의도적이지는 않지만 때때로 직원들 자체도 병약한 신생아에게 스트레스를 주는 환경을 만들기도 한다. 예를 들어, 적정 체온 유지의 어려움은 미숙아들에게 일반적으로 나타나는 문제이다. 신생아는 체온을 유지하기 위해 스스로 몸을 떨지 않으며, 체온이 떨어진 후에는 다시 적정체온으로 올리기 위해 많은 양의 에너지를 소비한다. 미숙아들은 다른 목적을 위해 에너지를 필요로 한다. 매우 단순한 문제지만, 언어치료사 혹은 다른 직원의 손이 차갑다면 신생아들을 다루거나, 옮기거나, 자극을 주기 시작하기

〈표 5-1〉 신생아의 행동체제의 수준을 확인하는 기준

요소	체계화된(정상성)	비체계화된(비정상성)
피부색	고른 분홍색 안정되어 있는	고르지 못한 창백하나, 파란, 불안정한
시선	초점을 맞추는 일관된 강렬한	흐릿한 둔한 멍한
또렷함	고요한 만족한 밝은	성급한 까다로운 투정하는
운동	부드러운 발레와 같은 조용한	변덕스러운 경련을 일으키는 끊기는
호흡	일정한	불규칙한 고통스러운

출처: McKenzie M: *How do you say CCMDFFSDS?* Keynote address at Region IV Interagency Coordinating Council's Multidisciplinary Conference on Handicapped infants and Toddlers, Lafayette, La, October 1990.

전에 먼저 손을 따뜻하게 하여야 한다.

신생아에게 스트레스를 주는 또 다른 원인으로는 의도적인 자극은 아니지만 미숙아에게 주는 지나친 청각 자극이 있을 수 있다. 먼트거머리[23, 24]는 "자궁 안에서 영아들은 72dB 이하의 주기적이며 연속적인 소리에 노출된다. 신생아 집중 치료실의 소리는 평균 60~90dB이며, 소음이 최고로 높을 경우에는 120dB나 된다."고 지적하였다. 많은 연구자들이 적절한 청각 자극은 긍정적인 영향을 미칠 수 있다고 보고하지만, 어떠한 종류의 자극이든 과도한 자극은 피해야 한다. 질병으로 인한 특별한 금기가 없다면, 아기와 말을 하고, 노래를 불러주고, 어머니의 목소리가 녹음된 테이프를 틀어 주고, 부드러운 음악을 들려 주라고 제안할 수 있다. 이러한 형태의 청각자극을 듣는 아기는 신생아 진단·평가테스트에서 높은 점수를 받는 것으로 나타났으며, 신체적 발육도 호

전되었다.[25-27]

언어치료사는 항상 신생아와 상호작용을 하는 의료진, 보건 전문가, 부모와 협력해야 한다. 신생아를 돌보는 직원과 계속하여 의사소통하는 것은 언어치료사가 개별의 신생아가 앓고 있는 전반적인 질환, 현재 상태, 체질, 수유 일정, 당일의 검사나 진행일정, 다른 중요한 절차상의 정보를 알게 되는 데 도움이 된다.

▼ 신생아 집중 치료실의 전문팀

앞서 신생아 집중 치료실을 대표하는 많은 사람들과 전문 분야에 대한 개요를 제공하였다. 각각의 팀 구성원들은 모두 신생아 집중 치료실에 입원한 아동들을 가장 효율적으로 돌보기 위해 중요하다. 그리고 팀 구성원들은 훌륭한 전문지식과 경험을 갖고 있는 다른 직원들과 서로 협력하여야 한다. 일반적으로 신생아 집중 치료실에는 환자와 가족의 전문적인 요구에 부합하도록 투입된 소수의 구성원으로 이루어진 팀들이 있으며, 대체로 이러한 팀들은 전체 신생아 집중 치료실의 팀에서 근무하는 의료진보다 더 적은 인원으로 구성되어 있다.

신생아 집중 치료실 내 전문팀의 구성과 형태 및 언어치료사의 역할

신생아 집중 치료실의 직원으로 구성된 고도로 숙련된 팀 외에도, 일반적으로 다른 전문팀들도 그들이 수행하는 기능을 반영하는 명칭을 가지고 있다. 전문팀의 예는 다음과 같다:

- 수유팀은 작업치료사, 간호사, 의사, 영양학자, 언어치료사, 부모로 구성될 수 있다.
- 발달 진단·평가팀은 감각운동 발달, 신경행동 상의 발달, 사회적 발달, 정서적 발달 및 의사소통 발달에 관한 전문지식을 가진 전문가들로 구성된다. 조기 중재에 관한 법령의 시행 결과, 다학문적 발달 진단·평가팀의 수가 날로 증가하고 있다. Part C 모형에 따르면, 부모도 전문가와 함께 의사결정권자의 역할을 하며, 개별 아동들의 발달에 관한 지식을 가지고 있는 팀의 구성원이다.

- 때때로 부모 및 가족 지원팀은 신생아 집중 치료실에서 퇴원한 영아들을 돌보는 부모나 다른 가족 구성원에게 정보와 지원을 제공하고, 기술적 훈련을 실시할 목적으로 구성된다. 신생아가 병원에 입원해 있는 동안, 부모는 이미 신생아실에서 '퇴원한 영아'를 둔 다른 가족을 소개받을 수도 있으며, 이들 가족들은 부모가 아기를 집에 데리고 갔을 때 기대되는 것을 예상하도록 돕는다.
- 퇴원 계획팀은 가족들에게 퇴원 후 신생아를 돌볼 때 알아야 하는 정보와 절차를 알려 준다. 일반적으로 퇴원 계획은 사회복지사, 혹은 간호사가 수립하는 것이 보통이나, 현재는 팀이 퇴원 계획을 수립하는 것이 더 일반화되고 있다. 일부 병원에서는 다학문적 팀이 신생아 집중 치료실을 퇴원하는 신생아에 대한 모든 퇴원 계획을 하고 있다.
- 추후 관리팀은 신생아 집중 치료실을 퇴원한 신생아에 대한 정기 추후 모니터링을 수행한다. 추후 모니터링은 임상 형식으로 더 자주 수행되지만, 때로는 신생아 집중 치료실에서 파견된 팀이 가정에서 실시하기도 한다. 연구에서는 발달에 관한 추후 관리가 다른 문제가 없는 미숙아에게는 매우 유용하다는 사실을 보여 주고 있다.[28]

의사소통 능력의 발달은 다른 영역의 발달에 의존하며, 다른 영역의 발달과 상호 관련성이 있기 때문에, 언어치료사는 다양한 전문팀의 구성원으로 일해야 한다. 과거에는 거의 재활에만 초점이 맞추어져 있었지만, 점점 더 예방 및 교육에 중점을 두고 있는 추세이기 때문에, 발달하고 있는 관련분야의 기술을 확인하고 이용하는 매우 적극적인 접근방법이 필요하다. 영아기에 있어서 뇌의 가소성 개념 및 발달 중재는 가족이 나아가야 할 목표를 명확히 제시하고 있으며, 나이가 들어 고착된 행동을 원래의 상태로 되돌리기 위해서 교정활동을 하기보다는 처음부터 긍정적인 결과의 확립을 강조하고 있다.

신생아 집중 치료실의 신생아 진단·평가

신생아 집중 치료실에 입원한 신생아는 지속적으로 진단·평가를 받아야 한다. 진단·평가의 목적은 다양하나, 일반적으로 신생아에 대한 진단·평가는 생존 및 건강과 관련한 아동의 신체적 상태를 분석하는 것이다. 앞서 언급했던 바와 같이 신생아 집중 치료실에 있는 아기들은 많은 자극에 노출되어 있다. 그들의 스케줄은 병원에서 짧은 기간을 보낸 다음, 가정으로 돌아가 가족의 생활리듬에 맞춰가는 아기들의 스케줄과 같지 않다.

신생아 집중 치료실에 있는 아기들은 대부분의 경우 견디기 힘든 치료를 받아야 한다. 또한 조명이 항상 켜져 있고, 혼잡스러운 활동이 끊임없이 이루어지는 환경 속에서 지낸다. 신생아를 대상으로 한 개별화 발달간호 및 진단·평가 프로그램(NIDCAP)을 활용하는 간호사들처럼, 언어치료사도 신생아 집중 치료실에 있는 신생아들을 진단·평가할 때 이 모든 것들을 고려하여야 한다.[29]

언어치료사는 신생아 집중 치료실에서 최소한 두 가지의 주요한 진단·평가를 실시하거나 진단·평가에 참여할 수 있다. 두 가지 주요한 진단·평가란 수유 진단·평가와 발달 진단·평가를 말하며, 모두 팀 차원에서 이루어져야 한다.

수유 진단·평가

일단 당면한 의학적 문제가 해결되면, 발육과 발달에 필요한 충분한 칼로리를 섭취할 수 있는 지에 관심을 가져야 한다. 많은 신생아들은 처음에 코 위 삽관 수유나 영양 수유를 통해 영양분을 공급받는다. 구강수유가 가능할 정도로 신경운동 발달이 향상되면 즉시 구강수유를 실시하여야 한다. 일부 신생아들은 분유수유나 모유수유에 필요한 운동 협응 능력에 어려움을 겪는다. 따라서 이러한 아기들에게는 수유 진단·평가가 필요하다. 신생아가 빨고-삼키고-숨 쉬는 정상적인 패턴을 발달시키지 못하는 가능한 몇 가지 이유들은 다음과 같다:

- 미숙
- 전반적인 건강 상태가 좋지 않음.
- 운동 협응 능력의 부족
- 호흡기 합병증
- 뇌성마비
- 편측성대마비
- 불완전마비
- 근육긴장저하
- 신경운동손상
- 심장의 문제

- 구개파열
- 기타 두개 및 안면 이상
- 감각(촉각) 이상

구강 기제의 성장은 구강을 통한 의사소통 기능보다 발달적으로 먼저 일어나고, 구강을 통한 의사소통 기능의 기초가 되기 때문에 전문지식을 지닌 언어치료사가 수유 진단·평가 및 관리 팀의 일원으로서 참여하는 것이 적절하다. 충분한 영양섭취는 신체발육과 인지 발달, 사회성 발달 및 의사소통 발달을 포함한 모든 영역의 발달을 촉진한다. 불충분한 구강 수유의 원인이 되는 구개파열과 점막하구개열(overt and sub-mucous palatal clefts), 그리고 기타 두개-안면 이상도 의사소통 능력에 손상을 가져올 수 있다.

영아의 수유 진단·평가, 적절한 구강 운동 및 수유기술의 발달을 돕는 효과적 기술이 부록 A에 수록되어 있다. 영아의 수유 및 삼킴 능력에 관한 진단·평가를 실시하거나, 그러한 팀에 참여하는 언어치료사는 진단·평가를 수행할 수 있도록 충분한 훈련을 받아야 한다는 사실을 재차 강조하는 바이다.

언어치료사는 수유하는 동안 흘리는 것을 줄이기 위한 젖꼭지의 형태, 아기의 지나친 에너지 소비를 막을 수 있는 수유 속도와 횟수, 아기의 산소포화 수준, 심장박동, 호흡패턴 그리고/또는 각성 상태를 반영할 수 있는 징후에 대하여 권고하는 역할을 담당한다. 뿐만 아니라, 아기의 신경조직 기능에 관한 지식에 근거해 특정 영아에게 구강자극을 바로 시행하여야 하는지, 아니면 미루어야 하는지에 대해서도 권고할 수 있다. 영양 공급이 목적이 아닌 구강 자극을 목적으로 한 빨기의 경우에는(영아의 구강운동 조직발달 단계에 따라) 누크(nuk)와 같은 자극기구를 이용하는 것보다는 구강수유 시에 이용하는 젖꼭지와 동일한 젖꼭지를 사용하도록 권장할 수 있다.

누크와 같은 특별한 자극 기구는 대개 구강 운동 조정 능력이 좀 더 발달한 영아들에게 권장된다. 그러한 세부적인 사항들에 적절히 따르면, 수유시 사용하는 젖꼭지에 대한 내성과 구강을 통한 영양섭취를 향상시킬 수 있다. 언어치료사는 담당한 영아의 수유과정시 금지사항(턱을 받쳐주는 것과 같은 것)을 문서로 작성하도록 한다. 영아의 수유시 권고사항을 의료 차트에 기록하고, 간호사와 부모에게 수유 권고사항의 이유 등을 설명하는 간략한 기록을 추가하여 노트에 모두 기록하도록 하여야 한다. 또한 시간이 허락한다면 이들과 함께 권고 사항에 대하여 논의하는 것이 좋다.

수유기술을 최적화하는 효과적인 방법은 영아에게 적절한 감각 및 근육운동 전략을 실시해 보거나 선택하는 것이다. 원시 구강 반사에 대한 임상가의 지식에 의거해 적절한 감각전략이나 운동전략을 선택하여야 한다. 영아의 발달을 최적화하기 위해서 성공적인 구강 수유는 주요한 목표 중 하나이다.

아기가 병원에서 퇴원한 후에, 부모나 양육자가 실제로 수유를 하면서 갖게 될 의문점에 대해 상담하고, 영아의 체중이 늘고 있는지, 수유와 관련한 문제들이 있지는 확인하는 것이 중요하다. 이러한 추후 조사는 영아가 분유수유를 하는 동안, 이유식으로 넘어가는 시점, 이후 고형식 식사로 넘어가는 시점에 적절한 간격을 두고 전화상담의 형태로 이루어질 수 있다(적절한 간격은 병원에서의 수유경험과 개별 아동의 병력에 따라 달라진다).

분유수유에 익숙한 영아는 씹는 감촉을 참지 못하거나, 이미 씹힌 큰 음식 덩어리나 씹고 삼키는 것에 대한 구강 운동 및 감각적 측면을 조절하기가 힘들 수 있다. 문제가 확인될 경우에는 적절한 관리나 의뢰가 이루어질 수 있도록 담당 의사에게 알려야 한다.

발달 진단·평가

다학문적 발달 진단·평가의 일반적인 특징에 대한 논의는 앞에서 다루었다. 본 논의는 자신들의 전문영역, 즉 병원에서 근무하는 의료 전문가, 보건의료 전문가와 협력하는 것과 관련된 추가 정보를 제공하기 위한 것이다. 이들의 1차적 목표와 훈련내용은 생명 유지 및 질환 치료에 중점을 두어 왔다는 사실을 기억한다면, 의료 전문가의 훈련 시에 신체적 성장 및 발달, 그리고 전반적인 신경계 기능에 관한 발달 진단·평가에 관심을 기울여야 한다. 이러한 진단·평가를 위해 의료 직원들은 이미 익숙한 발달 진단·평가 도구를 이용하여 발달 진단·평가 프로토콜을 개발하였다. 점진적으로 발달 진단·평가는 훈련받은 물리치료사, 작업치료사, 간호사가 수행하고 있다. 기존의 전반적 진단·평가 방법을 변화시키자는 제안은 잘 받아들여지지 않을 수도 있으며, 설사 받아들여진다 하더라도 그 변화는 신중하게 이루어져야 한다. 방법을 변화시키자는 제안보다는 오히려 초기 의사소통 능력의 발달 평가에 몇 가지 요소를 추가하자는 제안이 더 적절할 수도 있다. 이러한 간학문적 사정 절차는 언어치료사가 신뢰받는 팀 구성원이 된 이후에 상호간의 권고사항에 따라 제안할 수 있을 것이다.

〈표 5-2〉에 제시되어 있는 발달검사는 의학계에서 가장 널리 사용하는 검사이다.[30-32] 특정 집단에서 사용하고 있는 검사의 규준이 어떻게 개발되어 왔는지 아는 것은 중요하다. 예를 들어서 베일리(Bayley) 척도의 경우, 본 저서에 실린 개정본에 따르면, '규준' 집단을 일반 가정에서 거주하며, 전형적으로 발달하고 있는 2~30개월 사이의 영아들이었다. 또한 신생아 행동평가척도 개발 시에는 건강한 신생아들을 규준으로 삼았다. 알려진 장애가 없는 영아 및 출산예정일에 태어난 영아를 규준으로 하는 평가도구들을 상이한 인구 집단에 적용하는 것은 명백한 한계가 있다.

많은 병원과 일부 주들의 조기 중재 정책(예: 루이지애나, 부록 A의 [그림 A-2] 참조)은 철학에 기초한 프로토콜을 채택하였고, 의료계에 특히 유용하게 사용되는 몇 가지 도구로 절차 프로토콜을 개발하였다.

직원, 부모와 함께 논의하는 것 이외에도, 시간이 경과하면서 나타나는 아동의 발달 패턴을 관찰하고, 차트의 기재사항, 의학적 정보, 특정 신경발달 평가를 재검토한다면, 아기를 방해하거나 불안하게 하지 않고도 평가에 관한 정보를 수집할 수가 있다. 아기가 의사소통 발달의 지표에 문제를 보인다면, 직원과 논의할 때 문제의 원인과 관리방법에 대한 전문적인 정보를 타전문가에게 요구할 뿐만 아니라, 직원들에게 말-언

〈표 5-2〉 일반적으로 유아 평가 안에 사용되는 평가계기

도구	참고문헌	코멘트
신생아 행동 사정 척도 (The Neonatal Behavioral Assessment Scale; NBAS)	22	• 산월의 신생아 또는 조기(37주 이후)의 건강한 신생아에게 권해진 널리 사용되는 도구. • 사정 시간은 약 30분 정도 걸림.
조기 분만아 행동 사정 (The Assessment of Preterm Infant Behavior)	23	• NBAS의 부족함을 보완하기 위해 고안된 도구. • 검사자는 사정을 하기 전 반드시 훈련이 필요. • 사정 시간은 약 30분 정도 걸림.
조기 분만아의 자연주의적 관찰 (Naturalistic Observation of the Preterm Neonate)	24	• 조기 분만아의 스트레스와 환경적 지원에 적응하는 반응에 초점을 맞춘 관찰 방법. • 이 시스템은 신생아를 2분 간격으로 관찰해야 하고, 검사자의 일화 노트를 필요로 함.

어 병리학의 관점에서 고려해야 하는 사항들에 대한 정보를 제공할 수 있다.

지속적인 교육 활동과 발달간호 기관 내 회의는 관련 전문직에 종사하고 있는 동료 전문가들에게 유용한 정보를 제공하고, 신생아 집중 치료실에서 발달간호를 통해 최상의 성과를 달성하고자 헌신하는 임상가들로 구성된 팀이 효과적으로 기능하도록 도움을 줄 수 있다.

언어치료사는 고위험군에 해당하는 신생아 관리에 있어서 일차적 의료책임자인 의사의 역할[34]을 알고 있어야 한다. 또한 신생아 간호에 있어서 미국 소아과의사의 역할[35]을 밝힌 미국 소아과학회(AAP)의 정책진술에 국한될 것이 아니라 신생아 인구 집단을 다루는 다양한 전문가 단체가 발표한 의사의 역할에 관한 공식적인 연구 결과를 잘 알고 있어야 한다. 신생아 집중 치료실의 동료들이 속한 전문가 단체가 권장하는 바를 알고, 이를 위해 시간을 할애하는 것은 동료들의 훈련과 전문가적인 노력을 존중한다는 의사표시가 되며, 또한 팀 구성원들과의 신뢰관계를 형성하는데 커다란 도움을 줄 것이다.

신생아 집중 치료실에서 가족과의 협력

본 저서에서는 일관되게 감정이입 방법 및 건설적인 방법으로 가족과 가족의 감정을 다룰 필요성을 강조하고 있다. 신생아에게 문제가 있을 것이라고 예상하는 가족은 거의 없다. 부모들은 건강한 아이가 태어날 것을 예상하고 준비하였지만, 정상적 아기가 태어나지 않았다는 것에 대한 비애의 감정, 태어난 아기의 생존이나 외모에 대한 걱정과 불안의 감정, 태어난 아기가 앓고 있는 질병에 대한 기본정보가 부족하기 때문에 느끼는 걱정과 무기력의 감정, 자신들이 결정하여야만 하는 선택(대개의 경우, 신속하게 결정해야 한다는 극도의 압박을 받으면서 내리는 결정)에 대한 염려, 그리고 자신들이 부딪히는 재정적 압박감과 스트레스와 싸우고 있다.[36, 37]

2001년, 신생아 집중 치료실의 하루 입원 비용은 2,000달러였으며, 입원 기간은 몇 주에서 심지어는 몇 개월까지 연장되기도 하였다. 먼트거머리[38]는 "입원한 미숙아를 관리할 때 드는 비용은 전체 아동에게 지출하는 건강관리 비용의 3분의 1을 차지한다."고 발표하였다. 로빈슨(Robinson)[39]은 "1987년 한해에 신생아 집중 치료실에 입원한 영아를 치료하는 비용은 12,000~39,000달러였으며, 어떤 경우에는 심지어 100만

달러를 초과하였다."라고 지적하였다.

그러나 사회보건당국은 출생시 체중이 1,200g 이하였던 아기들을 '장애아'로 구분하여 이러한 아기들의 경우 부모의 수입에 상관없이 병원에 입원해 있는 동안, 그리고 최소한 1세가 될 때까지 자동으로 공공건강보험(메디케이드)의 혜택을 받을 자격이 주어져 경제적 손실을 줄일 수 있게 하였다. 또한 출생시 체중이 1,200g~2,000g 사이인 아기들도 임신주수에 비해 키가 작고 심각한 의학적 문제가 있는 경우에는 장애아로 간주되기도 한다.[40]

부모의 수입이 아기가 퇴원한 후에도 지속적으로 혜택을 받을 수 있을 지를 결정할 때 중요한 요건이 된다. 이러한 혜택은 가족의 수입 수준에 따라 증액된다. 이러한 민감한 정보들 때문에 아직 대처할 준비가 되어 있지 않은 가족들에게 갑자기 너무 많은 정보를 주는 것은 바람직하지 않다. 언어치료사가 너무 빨리 행동변화나 태도변화에 관한 제안과 정보를 주어 가족을 압도한다면 결국 실패하게 될 것이다. 그러한 경우에는 장래에 가족과 상호작용시 역효과를 가져올 수 있고, 효과적인 중재 계획을 발전시키는 것을 어렵게 만드는 감정적인 장벽을 만들 수 있다.

적극적으로 경청하고, 가족들이 표현하는 요구에 적절하게 반응하는 언어치료사라면 추가적인 정보를 얻고자 하는 가족의 바램, 새로운 지식을 처리할 수 있는 가족의 능력, 발달의 진전을 추구하는 가족의 관심을 분명히 인식할 수 있다. 때로 무수한 정보출처로부터 받은 지식들로 인해 가족의 우선순위는 하루에도 몇 번씩 바뀔 수 있다. 가족들이 걱정하는 문제에는 항상 1차적인 문제와 2차적인 문제가 있다.

신생아 집중 치료실의 직원들은 가족들이 질문할 수 있는 모든 물음에 대한 답을 가지고 있을 수는 없지만, 가족들이 신뢰할 수 있는 정보를 얻을 수 있도록 정보출처를 찾도록 도와줄 수 있어야 한다. 예를 들면, 미국에서 수백만 명의 사람들이 6,000가지 이상의 질병 및 질환에 걸려 있다.[41] 이러한 장애에 대해 신뢰할 수 있는 정보를 제공하기 위하여 유전 및 희귀질환 정보센터는 전화(888-205-2311), TTY(888-205-3223), 이메일(gardinfo@nih. gov), 팩스(202-966-5689)나 우편(P.O. Box 8126, Gaithersburg, MD 20989-8126)을 통해 무료서비스를 제공하고 있다. 인터넷을 통해 이용할 수 있는 다른 정보원은 부록 D에 수록되어 있다.

가족 구성원들마다 수용의 수준, 신생아를 돌보고 양육하면서 받는 스트레스의 극복 능력, 그리고 전문가로부터 도움을 얻고자 하는 정도가 모두 다르다. 개별 가족이

처한 상황을 올바르게 인식하고, 각각의 상황에 맞게 대처하는 것이 팀이 해야 할 역할이다.

언어치료사가 의사에게서 직접 수유치료(feeding therapy)를 하라는 처방을 받았을 경우에는 정해진 절차에 따라 가족에게 직접적인 정보를 제공하는 것이 가능하다. 그런 경우가 아니라면 "여러분이 다음에 중점을 두어야 하는 부분을 말씀해 드리겠습니다." 또는 "아기가 그렇게 하도록(혹은 그렇게 하지 못하도록)하는 방법을 보여드리겠습니다."라는 말보다는 언제나 "오늘은 어떻게 도와드릴까요?"나 "도와드릴 일이 있습니까?"라는 질문이 바람직하다. 로쎄티(Rossetti)는 언어치료사가 부모들에게 "지난번 논의 후에 무엇이 달라졌습니까?"라는 질문을 통해 정보를 획득하고, 진심으로 관심이 있음을 전달하고, 부모가 걱정하고 있는 문제에 초점을 맞추어야 한다고 제안하였다.

부모가 신생아와의 상호작용에 관한 질문에 초점을 맞추게 하는 또 다른 방법은 아기의 예후를 인식하게 하는 방법이다. 예를 들어서, 언어치료사는 부모에게 임신주수가 28주 이전인 경우에는 아기들이 일관되고 상호작용적인 반응을 나타낼 가능성이 없다는 사실을 미리 말해 줄 수 있다. 건강한 미숙아들인 경우에는 안아주고 말을 걸어 주는 미숙아들이 더 체중이 빨리 증가하고,[1, 41] 어머니의 음성을 잘 인식할 수 있다는 것을 알려 주어야 한다. 그러면 부모들은 아기를 찾아오는 횟수와 아기를 안아주는 시간을 늘리게 된다. 부모가 이미 인식하고 있다면 초기에 수동적인 신생아의 특징은 걱정할 일이 아니다.[42]

로코(Rocco)[43]가 관찰하였던 바와 같이,

> 진단·평가는 기대를 조성한다. 그것이 바로 진단·평가가 설득력이 있는 이유이다. 영아에 대한 진단·평가는 부모가 아동의 미래를 어떻게 바라보아야 하는지, 그리고 부모로서 자신들이 가진 능력을 어떻게 보아야 하는지에 중대한 영향을 미친다. 아주 어린영아기 발달에 관한 평가에 참여하는 전문가는 이러한 진단·평가 과정이 지닌 영향력을 깨닫고 남용하지 않도록 신중하여야 한다(p. 55).

제공된 서비스에 대한 비용 청구

서비스 비용에 대한 청구서 발송은 간접적으로(즉, 보험회사나 주정부의 기관에 발송

된다), 또는 직접적으로(즉, 아기가 입원한 병원이 청구한 요금을 납입할 책임이 있는 부모에게 청구된다) 이루어진다. 청구서 발송은 병원이 제공한 명세서에 포함되어 신생아 집중 치료실의 비용이 자동으로 부과될 수도 있고, 서비스를 제공한 상담전문가가 제출한 항목별 요금을 통해서 이루어질 수 있다.

언어치료사는 상환금을 내야 하는 지급처에 관한 정보를 가지고, 다양한 기제, 적합한 법률, 혹은 치료 용어에 따라 무엇을 상환 받을 수 있는지 알고 있어야 한다. 예를 들어서, 일반적으로 물리치료사나 작업치료사가 수행하는 신경 발달 진단·평가는 상환을 받을 수 있다. 영아를 대상으로 하는 보험인들은 잘 모르는 의사소통 진단·평가를 단일청구항목으로 상환 받도록 할 수도 있고, 그렇지 않을 수도 있다. 그러나 의사소통 진단·평가는 전통적으로 소아과 발달 진단·평가의 고유한 부분이므로(표준화된 발달 진단·평가 도구의 의사소통이나 구어 진단·평가 부분 참조), 의사소통 진단·평가가 소아과 발달 진단·평가의 일부로 이루어진 경우에도 그 비용은 정식으로 상환된다.

대체로 용어가 청구한 금액을 상환 받을 수 있느냐, 혹은 거절당하느냐에 있어 결정적인 역할을 하지만(이것은 모든 건강관리 분야에 있어서 실제 사실이다), 상환에 대한 실무경험이 없는 언어치료사가 사용하는 용어가 잘 알려져 있지 않을 수도 있다. 청구서 발송이 목적인 경우에는 언어치료사와 관련이 있으며, ICD-10, DSM-4 나 CPT(제1장 참조)에 포함되어 있는 표준적인 의학 및 심리학 분야의 진단코드를 아는 것이 중요하다.

현재 많은 조기 중재 서비스들은 공공건강보험 혜택을 받을 수 있다. 공공건강보험제도는 이전의 자격 요건보다 수입 수준이 더 높은 가족을 포함하는 것으로 자격 적합성 요건이 확대되었다. 병원에서 근무하는 의사나 기타의 환경에서 공공건강보험회사의 대상이 되는 가족을 지원하는 의료 직원들은 공공건강 보조금 상환정책을 잘 아는 것이 중요하다.

▼ 요약

신생아 집중 치료실에서 일하고 있는 언어치료사의 전문기술과 역할의 확대는 전문적인 임상분야에서 새로운 도전이 되고 있다. 병원에서 퇴원한 신생아들을 대상으로 하는 언어치료사는 아기와 가족 모두의 삶에 있어서 중요한 부분을 차지하였던 신생아 집중 치료실에서의 경험을 올바르게 인식하여야 한다.

▼ 참고 문헌

1. Rossetti LM: *Speech-language pathologists in the NICU*. Paper presented at ASHA Conference, St. Louis, November 1989.
2. Brazelton TB: A window on the newborn's world: more than two decades of experience with the neonatal behavioral assessment scale. In Meisels SJ, Fenichel E, editors: *New visions for the developmental assessment of infants and young children*, Washington, DC, 1996, Zero to Three, p 127.
3. Gottwald WR, Alper BS: *Neonatal intensive care: the speech-language pathologist's role*. Paper presented at ASHA Conference, St. Louis, November 1989.
4. Montgomery LA: Implementing the neonatal individual developmental care and assessment program (NIDCAP) in a special care nursery [University of Iowa School of Nursing web site]. Available at http://www.nursing.uiowa.educ/gnirc/Sthabstracts/ ru98-g3.htm. Last reyised July 12, 2001.
5. VandenBerg MA: Basic competencies to begin developmental care in the intensive care nursery, *Infant Young Child* 6:52-59, 1993.
6. Reese J: Pregnancy, parturition and premature birth [Bioethics web site]. Available at http://www.ajobonline.com;. Created Oct 17, 2000.
7. Kulinski J: Hoping for the best [Bioethics web site]. Available at http://www.ajobon. Created Oct 17, 2000.
8. Piecush RE, et al: Outcome of infants born at 24-26 weeks' gestation: II. Neurodevelopmental outcome, *Obstet Gynecol* 90:809-814, 1997.
9. Halsey CL, Cohn MF, Anderson CL: Extremely low birthweight children and their peers: a comparison of school-age outcomes, *Arch Pediatr Adolesc Med* 150:790-794, 1996.
10. Wood NS, et al: Neurologic and disability after extremely preterm birth, *N Engl I Med* 343(6):378-384, 2000.
11. Hack M, Klein N, Taylor HG: Long term developmental outcomes of low birth weight infants, *The Future of Children*, Spring 5(1), 1995, The David and Lucile Packard Foundation.
12. Harrison H, Kositsky A: *The premature baby book: a parents' guide to coping and caring in the first years*, New York, 1983, St. Martin's Press.
13. Goodman DC, et al: Are neonatal intensive care resources located according to need?

Regional variations in neonatologists, beds, and low birthweight newborns, *Pediatrics* 108:426-431, 2001.

14. Clark DL, et al: Effects of rocking on neuromuscular development in the premature, *Biol Neonate* 56:306, 1989.
15. Gorski PA: Premature infant behavioral and physiological responses to caregiving interventions in an intensive care nursery. In Call J, Galenson E, Tyson R, editors: *Frontiers of infant psychiatry*, New York, 1982, Basic Books, p 256.
16. Mouradian LE, Als H: The influence of neonatal intensive care unit caregiving practices on motor functioning of preterm infants. Special issue: neonatal intensive care unit, *Am J Occup Ther* 48:527, 1994.
17. Rauh VA, et al: The mother-infant transaction program: the content and implications of an intervention for the mothers of low-birthweight infants, *Clin Perinatol* 17:31, 1990.
18. Miller RlvI, Groher ME: *Medical speech pathology*, Rockville, Md, 1990, Aspen.
19. American Speech-Language-Hearing Association, Committee on Quality Assurance: AIDS/HIV: implications for speech-language pathologists and audiologists, *ASHA* 31:33, 1989.
20. Landry SH, et al: The social competence of children born prematurely: effects of medical compilations and parent behaviors, *Child Dev* 61:1605, 1990.
21. Berends SK: Nasopharyngeal CPAP: a nursing art, I *Neonatal Nurs* 20(6):9-16, 2001.
22. McKenzie M: *How do you say CCMDFFSDS?* Keynote address at Region IV Interagency Coordinating Council's Multidisciplinary Conference on Handicapped Infants and Toddlers, Lafayette, La, October 1990.
23. Montgomery LA: Making a multidisciplinary neonatal developmental care team a reality, *Neonatal Network* 18(4):47-49, 1999.
24. American Academy of Pediatrics Committee on Environmental Health: Policy state-noise: a hazard for the fetus and newborn, *Pediatrics* 100(4):724-727, 1997.
25. Leib SA, Benefield DG, Greidubaldi J: Effects of early intervention and stimulation of the preterm infant, *Pediatrics* 66:83, 1980.
26. Katz V: Auditory stimulation and developmental behavior of the premature infant, *Nurs Res* 20:196, 1971.
27. Kramer LI, Pierpoint MF: Rocking waterbeds and auditory stimuli to enhance the growth of preterm infants, *J Pediatr* 88:297, 1976.
28. Ramey CT, et al: Infant health and development program for low birth weight premature infants: program elements, family participation, and child intelligence, *Pediatrics* 89:454, 1992.
29. Als H: Reading the premature infant. In Goldson E, editor: *Developmental interventions in the neonatal intensive care nursery*, New York, 1999, Oxford University Press, pp

18-85.

30. Brazelton TB: *Neonatal behavioral assessment scale clinics in developmental medicine*, No. 88, London, 1984, Spastics International Medical Publisher.
31. Als H, et al: Manual for the assessment of preterm infant behavior (APIB). In Fitzgerald HE, Lester BM, Yogman BM, editors: *Theory and research in behavioral pediatrics*, vol 1, New York, 1983, Plenum.
32. Als H: *A manual for the naturalistic observation of the newborn (preterm and fullterm)* [rev], Boston, 1984, Harvard Medical School, Department of Psychiatry.
33. American Academy of Pediatrics, Committee on Practice and Ambulatory Medicine and Committee on Fetus and Newborn: Policy statement: the role of the primary care physician in the management of high-Ask newborn infants, *Pediatrics* 98(4): 786-788, 1996.
34. Ferrari F, et al: Cramped synchronized movements in preterm infants as an early marker for cerebral palsy, *Arch Pediatr Adolesc Med* 156(5):422-423, 460-467, 2002.
35. American Academy of Pediatrics, Committee on Fetus and Newborn: advanced practice in neonatal nursing, *AAP News* 8(7), 1992.
36. Minde K, et al: Mother-child relationships in the premature nursery: an observational study, *Pediatrics* 61:373, 1978.
37. Popper BK: Achieving change in assessment practices: a parent's perspective. In Meisels SJ, Fenichel E, editors: *New visions for the developmental assessment of infants and young children*, Washington, DC, 1996, Zero to Three, p 59.
38. Montgomery LA: Implementing the Neonatal Individualized Developmental Care and Assessment Program (NIDCAP) in a special care nursery [University of Iowa, School of Nursing web site]. Available at http://www.nursing.uiowa.educ/gnirc/Sthabstracts/ru98-g3.htm. Dated July 12, 2001.
39. SSI can help pay for cost of care for smallest infants, *Social Security Courier* June/July; 4, 1993.
40. Robinson K: Ethical issues in the neonatal intensive care unit. Babies get a new chance at life [University of Pennsylvania web site]. Available at http://www.med.upenn.edu/ bioethic/Museum/Robinson/NEO-1.HTM
41. Genome research institute launches information center, *Adv Speech-Lang Pathologists Audiologists* 12(10):22, 2002.
42. Moore ML: *High-risk mothers and infants.* Presented at the seminar sponsored by the Woman's Foundation, Inc, Lafayette, La, March 1988.
43. Rocco 5: Toward shared commitment and shared responsibility: a parent's vision of developmental assessment. In Meisels SJ, Fenichel E, editors: *New visions for the developmental assessment of infants and young children*, Washington, DC, 1996, Zero to Three, p 55.

제 6 장

청각장애 영아의 판별 및 평가

Thomas G. Rigo & Shalini Arehole

영아의 청력 진단은 청각학 분야에서 가장 어려운 부분 중의 하나이다. 많은 검사절차가 영아에게는 생소하며, 특정 능력에 맞춰져야 한다. 청각사의 일차적 목표는 가능한 어린 나이에 신생아의 청각장애를 판별하고 포괄적인 평가를 하는 것이다. 이것은 최적의 보청기착용과 청각재활 서비스를 시작하기 전에 청각장애의 정도와 특성을 정확하고 자세히 규명해야 하기 때문이다. 성인검사와 마찬가지로, 검사자는 아동의 청각 능력에 대해 전체적인 이해를 하기 위해서는 여러 가지의 검사결과에 의존해야 한다. 이러한 검사에는 청각장애의 정도, 위치, 그로 인한 영향력에 관한 정보를 제공하는 행동관찰검사와 객관적 검사를 모두 포함한다.

본 장에서는 오늘날 검진 센터에서 일반적으로 사용하는 검사절차를 소개하고, 각 기법의 장점과 제한점에 대한 정보를 제공할 것이다. 제10장은 의사소통 능력에 미치는 조기 청각장애의 영향을 논하고, 구어 및 언어발달을 촉진하기 위해서 사용되는 치료절차를 검토한다.

▼ 행동역치검사

신생아

신생아(neonates)의 행동 검사는 소리에 반응하는 명백한 반사의 관찰로 한정되어 있다. 신생아는 깨어 있는 아기에게서 일어날 수 있는 허위양성(false-positive)*과 깊이 잠이 든 아기에게서 일어날 수 있는 허위음성(false-negative)**을 최소화하기 위해 선잠(light-sleep)상태에서 테스트하게 된다.[1] 그러나 검사상황과 각성상태를 봤을 때에 초기에 관찰된 것을 간주하지 않고도 평가는 시행되어야 한다.

신생아는 복합 자극, 광대역(wide-band)***의 자극 및 갑작스레 들리는 자극에 가장 민감하다.[2] 백색 소음(white noise),**** 협대역의 잡음(narrow-band noise), 구어 폭발음(speech bursts; 예: buh-buh-buh)*****, 누르면 소리가 나는 장난감(예: 쥐어짜는 장난감으로 squeeze toys나 뿔피리 등)은 좋은 예시이다. 관찰할 수 있고 확실한 반응을 이끌어내기 위해서는 역치(threshold)를 초과한 자극이 필요하다. 생애 처음 몇 주 동안 소리에 대한 반응은 잠에서 깨어남, 동공확대, 눈 깜빡임, 놀람, 호흡 패턴의 변화, 빨기반사의 시작과 멈춤을 포함한다.[3] 신생아가 보여 주는 반응의 유형은 자극 이전의 상태에 따라 결정된다. 조용하고 취침 중이던 아기는 활동이 증가됨을 보이며, 활

---

* [역자 주] 허위(거짓) 양성(虛僞陽性, false-positive): 어느 개체를 진단으로부터 또는 다른 범주로부터 잘못 선정한 시험 결과를 나타내는 표시.

** [역자 주] 허위(거짓)음성(虛僞陰性, false-negative): 어느 개체를 진단으로부터 또는 다른 범주로부터 잘못 배제한 시험 결과를 나타내는 표시.

*** [역자 주] 광대역(廣帶域, wide-band): 통신에서 일반적인 음성대역보다 넓은 전송대역.

**** [역자 주] 백색소음(白色雜音, white noise): 1. 모든 가청(可聽) 주파수를 포함하는 소리. 2. 소음을 없애기 위해 배경으로 들려 주는 소리. 3. 신디사이저의 파형 합성에서 기본 파형으로 널리 사용되는 스펙트럼의 세기가 모든 주파수 대역에서 일정하게 되는 잡음.

******** [역자 주] 구어 폭발음(speech bursts) 1. 폭발하다. 2. 갑자기 시작하다.

동 중이던 아기는 자극 이전의 행동을 중단하거나 감소됨을 보인다.[4]

반응이 일어날 가능성과 반응의 효과의 타당성은 소리를 실험하는 청력 검사실에서 실시될 때 가장 정확하게 나타난다. 주변 소음 수준이 60dB SPL을 초과하지 않을 때 검사는 조용한 방에서 실시할 수 있다.[1] 보통 검사는 부모가 영아를 팔에 안은 상태에서 실시한다. 검사자와 부모는 영아의 귀를 막지 않았는지 확인하여야 한다. 자극은 짧게 제시되며(2초 동안), 반응은 자극이 제시된 2초 내에서 나타내어져야 한다. 소리 나는 장난감을 사용한다면 자극을 주기 전에 몇 초간 아기의 옆에 움직이지 않은 채 놓고 있어야 하며, 소리를 낼 때 발생하는 기류(air stream)를 영아와는 반대방향으로 향하게 해야 한다.

처음의 반응들을 입증하기 위해서는 반복 측정이 이루어져야 한다. 대부분의 검사자들은 강한 자극을 제시하면서 검사를 끝낸다. 영아가 보이는 뚜렷한 놀람 반응은 약한 자극에서 관찰된 미묘한 반응을 증명하는 역할을 한다. 특정 주파수〔예: 진음(warble tone),* 협대역 잡음〕를 자극으로 검사할 수 있지만, 이러한 자극에 대하여 신생아가 비교적 낮은 반응성을 보이고, 반복된 자극에 대해 반응을 멈출 가능성이 높다는 것을 검사자는 인식하여야 한다. 청각장애의 유형에 대한 정보는 골-전도 수신기를 신생아의 이마의 위쪽에 부착하고, 이러한 절차를 반복하고, 반응을 공기-전도 자극에 보이는 반응과 비교함으로써 얻을 수 있다.

신생아 후기

생후 3개월까지 영아의 청각 경험과 근육운동의 성숙은 소리 나는 쪽으로 방향을 돌리는 반응을 더 세밀하게 해 준다. 3~4개월에는 소리가 나는 쪽으로 머리를 수평으로 돌리는 정도이다. 처음에 영아들은 자신들의 눈 위치에, 위 그리고 아래쪽에서 나는 소리들에 수평으로 추정을 한다. 운동 신경조절이 발달하면서 더욱 정확한 위치 추정을 할 수 있는 능력이 생긴다. 시야 아래에서 나는 소리에 대한 직접적인 위치 추정은 9~13개월에 보이며, 시야 위에서 나는 소리에 대한 위치 추정은 13~16개월에 보인다.[1]

행동 반응을 유발하기 위해 필요한 신호의 강도는 영아가 자라면서 체계적으로

* [역자 주] 진음(warble tone): 떨린 음 두 극값 사이에서 진동수가 주기적으로 변하는 소리.

줄어든다. 이러한 두 가지의 경향은 첫째, 점점 자라나는 신생아는 제시되는 자극의 유형에 관계없이 줄어드는 소리 강도에도 반응하게 되며 둘째, 모든 연령에서 신생아는 복합적이고, 구어와 같이 의미 있는 신호에도 반응을 가장 많이 보인다.

소리에 대한 신생아의 민감성 증가로 검사자는 더욱 세부적인 민감성 데이터를 얻을 수 있는 기회를 준다. 가장 중요한 것은 특정 주파수 자극에 대한 행동역치를 결정하는 것이다. 광대역의 자극 사용은 주파수의 기능으로서 청각 민감성에 대한 정보를 적게 제공한다. 신생아의 청력도(audiometric configuration)는 진음이나 다소 좁은 범위, 협대역 잡음과 같은 특정 주파수가 자극에서만 형성될 수가 있다. 예를 들어, 고주파 청력 손실을 갖는 신생아는 buh 음절 내에 포함된 저주파 에너지에는 정상적으로 반응하여, buh-buh-buh와 같은 간단한 구어 자극에 반응한다. 이러한 반응은 신생아의 청력이 적어도 일부에서는 정상범주 안에 있지만, 청각장애의 존재 자체를 제외시킬 수 없다는 점을 보여 준다.

신생아 검사에 특정 주파수의 자극 사용은 반응의 습관화에 대한 문제를 제시한다. 중요한 범위의 주파수대에 걸쳐 민감성 정보를 얻기 위해서는 검사하는 동안 의미 있는 자극들이 많이 제시되어야 한다. 공교롭게도 진음과 같은 자극은 난해하며 무의미해서 소리에 대한 신생아의 반응은 쉽게 사라진다. 이러한 어려움은 일반적으로 시각강화청력검사(visual reinforcement audiometry; VRA)로[5] 불리는 검사 기법에 의해 극복할 수 있다. 이러한 조작적 조건화 과정(operant conditioning procedure)에서 시각적 자극은 소리에 대한 신생아의 위치 추정 반응(localization response to sound)을 강화하기 위해 제공한다. 강화인자는 불빛이 깜빡이는 것에서부터 장난감 동물의 움직임까지 다양하다. 이러한 효과는 청각적 신호에 뒤따르는 흥미 있는 시각적 볼거리를 제공함으로써 신호에 대한 반응을 지속해 준다.

시각강화청력검사 절차는 아기가 부모의 무릎 위에서 바깥쪽을 향하여 앉아 있을 때 가장 잘 수행할 수 있다. 자극은 아기가 있는 위치의 양쪽 측면에서 45~90°에 있는 스피커 중 한 개로부터 제시되며, 역치에 이를 때까지 강도의 수준을 감소시키며 제시한다. 특히 12개월 이하의 일부 영아들은 검사자의 노력에도 불구하고, 진음에 모순되게 반응하기도 하기도 한다. 이런 경우에는 협대역 잡음, 음악, 소리를 내는 장난감이나 구어를 제시하는 것이 더 나은 결과를 가져다 줄 수도 있다. 그러나 이런 유형의 소리 자극은 모든 주파수대의 소리를 제시하지 않기 때문에 청력도 결정내리는 것을 여러 가지 측면에서 제한한다는 것을 반드시 기억해야 한다.

음장검사(soundfield testing)는 일반적으로 2세 이하의 영아를 평가하는 가장 적절한 방법으로 간주된다. 이 연령대의 대다수 영아들은 이어폰을 끼는 것을 참지 못하고, 이것을 여러 번 시도하다 보면 대개는 악화된 검사 상황을 가져온다. 그러나 음장검사 절차는 검사 결과의 해석에서 몇 가지 제한점을 준다.

첫째, 연령대에 따라서 심한 고도 난청인 신생아는 음장검사 상황에서 어떠한 반응도 보이지 않을 수 있기 때문에, 검사자가 청력손실의 정도를 결정 내리는데 제한을 준다. 이것은 음장검사실에서의 소리산출의 제한성 때문인데, 예를 들면 어음산출의 경우, 90~105dB HL의 범위에 한정되어 있다. 둘째, 개인의 청력 민감도에 관한 결정은 이어폰을 가지고 검사를 실시했을 경우에만 가능하다. 음장검사를 할 때 정확한 위치의 추정을 관찰한 것이 양쪽 귀의 민감도를 뜻한다는 것으로 추측하는 것은 옳지 못하다. 그러므로 이것은 음장검사만 실시하였을 때는 검사자가 더 좋은 쪽 귀만 검사하였음을 가정한다는 것이다. 마지막으로 음장검사에서는 골전도 역치를 측정하지 못하기 때문에 검사자가 측정한 청력 손실이 전도성인지, 감음 신경성인지, 또는 복합성인지를 판별할 수 없게 된다.

헤드폰이나 골 진동자의 사용으로 표준 음장검사 절차를 변경할 수 있다. 물론 이 절차의 성공여부는 이러한 장치의 부착을 허용하는 아동의 의지에 따라 달라진다.[6] 위치추정 절차는 음장에서부터 헤드폰을 끼는 상황에서까지 성공적으로 적용될 수가 있다. 그러나 골 진동자(boen vibrator)로 검사할 경우 위치추정을 하기 어렵거나 불가능하게 할 수 있고, 폐색효과(occlusion effect)로 인해 반응이 반대로 나타날 수도 있기 때문에 검사자는 관찰한 모든 시각적 반응을 종합적으로 받아들여야 한다.

2~3세 영유아

2세가 되면 영유아는 더 전형적인 역치 절차에 성공적으로 반응을 보이기 시작할 수 있다. 2~3세 영유아를 대상으로 실시하는 청력검사 기법은 조건화-유희청력검사(conditioned-play audiometry)이다. 이 절차에서 구멍에 나사못을 넣는 것과 통 안에 나무블럭을 넣고, 막대기에 고리 끼우기나 퍼즐 맞추기와 같은 일종의 놀이 활동으로 청각 신호에 대해 반응하도록 영유아를 훈련시킨다. 조건화된 유희청력검사는 2세 이상의 모든 영유아에게 시도해야 하지만, 이 절차가 2~3세의 영유아들에게 모두 성공적인 것은 아니다. 정도를 결정하는 것은 영유아의 습성, 처리 능력, 사회적 성숙, 인지 능력과 언어 능력에 크게 달려 있다. 그러나 검사하기 어려운 아동을 일부 제외시키면, 일반적으로 이 절차는 3세까지의 모든 영유아들에게 효과적이다.

유희청력검사는 영유아에게 순음(pure tone) 역치(threshold)*를 초과한 소리의 제시에 앞서 놀이활동을 수행하도록 훈련하는 조건화 하면서 시작된다. 대부분의 영유아는 언어적 지시와 격려에 잘 반응한다. 그러나 더 어리거나, 인지 능력이나 수용언어 능력에 제한이 있는 영유아들의 경우에는 일반적으로 검사자가 영유아의 반응을 조성하는 것이 필요하다. 조건화가 끝나면 전통적으로 골 진동자와 이어폰으로 역치를 찾는 기법을 이용하여 검사를 실시한다.

▼ 어음청력검사

어음청력검사(speech audiometry)는 소아과에서 실시하는 청력평가에서 실시하는 검사로 보아야 한다. 3세 이하의 영유아인 경우에는 절차 범위가 제한되어 있으며, 일반적으로 영유아의 제한된 반응성, 짧은 주의 지속 시간 및 수용 어휘의 한계로 인하여 비공식적이고 주관적인 방법으로 시행한다. 이러한 제약에도 불구하고, 대체적으로 어음청력검사는 나이가 어리고, 검사가 어려운 영유아들에게 성공적으로 시행할 수 있는 유일한 검사이다. 자극으로 사용하는 어음은 진음, 잡음과 같은 입력신호보다는 더 의미 있고 흥미로워야 하며, 일반적으로 더 오랜 시간 영유아의 주위를 끌 수 있어야 한다.

어음탐지역치

어음탐지역치(speech detection threshold)는 청자가 어음 자극의 존재를 탐지할 수 있는 가장 낮은 자극강도를 말한다. 이것은 소리를 인식하였는지를 알아보기 위한 것

---

* [역자 주] 역치(threshold): 특정 자극을 탐지하거나 감각하는 데 필요한 최소량의 자극 강도, 또는 감각하고 있는 자극 정도의 변화를 탐지할 수 있는 최소량을 나타내는 수치.

이지, 반드시 자극음을 재인하거나 이해하였는지를 측정하는 것은 아니다. 주로 언어 발달이 제한적인 1세 이하의 영아를 대상으로 할 때 유일하게 단음절 어음을 인식하였는지를 측정할 수 있는 방법이다.

어음청취역치검사

언어청취역치검사(speech reception threshold; SRT)는 일반적으로 어음을 인식할 수 있는 가장 낮은 강도이다. 이것은 청자가 제시된 어음 자극의 50%를 반복할 수 있는 가장 낮은 강도로서 조작상 정의된다. 어음청취역치검사는 보통 방음 상태에서 일정 수의 2음절 낱말로 구성된 단어〔spondee words(강강격의 2음절 단어), 예: hotdog, birthday〕를 제시하여 결정한다. 이것은 평탄하고 완만한 곡선을 보이는 청력도를 보이는 청력장애의 경우에 중주파수의 순음(midfrequency pure tone)의 평균과 매우 상관이 높다는 것이 발견되었다. 어음청취역치검사는 수용 언어가 어느 정도 성립된 영아후기에 실시될 수 있다.

단어재인

단어재인(word recognition: 어음 변별로도 불림)은 단독으로 제시된 1음절 단어를 확인할 수 있는 능력을 말한다. 구체적인 검사 절차는 조사하는 정보의 종류에 따라 달라진다. 검사는 청자의 최대 가청도를 알아보기 위한 것이다. 이 검사에서는 40dB의 불쾌감을 느끼는 수준(어음청취역치검사 상에서)에서 25~50개의 어음 목록이 제시된다. 점수는 재인(recognition)한 단어의 백분위로 계산한다. 검사결과는 병소부위를 결정하고, 보청기를 착용하여 얻을 수 있는 혜택을 예측하며, 청각손상으로 인한 언어적 어려움을 확인하는 데 유용할 수 있다.

일반적으로 2.5세 이하의 영아를 대상으로 한 표준화된 단어재인검사는 유효하지 않다. 이 연령대의 영아들을 대상으로 한 가청도 진단·평가는 비형식적으로 실시되며, 단어 목록과 반응 수행은 영아의 기능 수준에 따라 달라지게 된다. 표준화된 검사는 2.5세 이상의 아동에게 노스웨스턴 대학교-아동 어음지각검사(children's perception of speech test),[8] 3세 이상의 아동에게 청력숫자검사(the auditory numbers test)[9], 소아과 어음인지검사(pediatric speech intelligibility test)[10], 4~6세 사이의 유아에게 그림확인의 단어인지검사를 포함한다. 이 연령대를 수용 언어연령이라고 부른다. 대부분의 표준화된 검사는 폐쇄형 자극세트(closed-stimulus sets)를 사용하고 그림을 통해 확인하는 반응양식을 사용한다.

▼ 이미턴스 검사

이미턴스(immittance) 검사는 고막운동성검사(tympanometry)와 등골근반사검사(acoustic reflex testing)로 구성되어 있으며, 이 검사는 중이와 등골근의 음향학적 반사의 상태와 기능을 각각 평가하기 위해 고안되었다. 이미턴스 측정장치의 주요 특징은 조사 부속장치(probe assembly, 탐침 집합체)와 그것의 세 개의 측정 시스템이다.

소리 생성기 및 확성기로 구성되어 있는 첫 번째 시스템은 고정된 강도로 저주파수의 순음(탐색음이라고 부름)을 낸다. 고주파수의 탐색음도 중이 병리의 특정 유형에 대한 부가적인 정보를 얻기 위해 사용할 수 있다. 두 번째 시스템은 공기 펌프(air pump)와 유체압력계(manometer)*로 구성되어 있다. 이것들은 외이도(ear canal) 내에서 공기압을 변경하고 측정한다. 대부분의 이미턴스 측정장치는 +300에서 −600 데카파스케일(daPa: dekapascals)의 범위 내에서 압력변화를 제공한다. 세 번째 시스템은 외이도 내에서 SPL을 측정하는 마이크로 구성되어 있다. 검사하기 전에 공기를 막을 수 있을 만한 판을 만들기 위해 유연한 탐침 끝을 탐침집합체 끝에 설치하고 그것을 외이도에 삽입한다.

이미턴스 검사에서 주요 측정치는 중이의 수용력(역주: 중이 내에서 음향에너지를 받아들이는 정도)이다. 실제적으로, 수용력(admittance)은 중이 구조의 운동성, 또는 진동성 능력을 나타낸다. 이것은 밀폐된 금속관 내에 포함된 SPL의 측정으로 얻으며, 동일한 부피의 세제곱 센티미터(cubic centimeter; cc)나 밀리리터(milliliter; ml) 단위로 표현된다. 이 세 측정 단위 사이의 관계는 복잡하며 고막운동성검사의 맥락 안에서 가장 잘 설명될 수 있다.

* [역자 주] 유체압력계(manometer): 기체·증기의 압력계.

고막운동검사

소리를 정상적으로 전달하는 전도 시스템(conductive system)은 중이에 위치한 고막의 진동과 이소골에 따라 좌우된다. 공기압이 고막의 양쪽에서 동일한 경우에 중이의 수용력(admittance)이 가장 크다. 외이와 중이 사이에서 압력의 불균형은 고막의 위치를 어긋나게 한다. 이렇게 어긋나는 것은 소리 에너지에 반응하여 고막의 능력을 감소시켜 전도 시스템의 수용력을 감소시킨다. 중이 수용력에 영향을 미치는 기타 요소로는 중이 공간 내 유액이나 기타 물질의 존재, 이소골의 경화나 탈구(脫臼), 고막의 탄력의 변화나 구조적 손상이 있을 때이다.

고막운동성검사(tympanometry)에서 중이의 유연성(admittance)은 외이도의 공기압을 측정함으로써 얻어진다. 정상적인 고실도(tympanogram)와 고실도를 얻는 방법이 [그림 6-1]에 제시되어 있다. 고막운동성검사는 외이에서 200daPa의 양압(positive pressure)을 유도하며([그림 6-1]의 a점), 고막을 사이에 둔 중이 내에 외부압력과 불균형한 압력을 생성시킴으로써 시작된다. 불균형이 발생하면, 중이가 굳어져 중이

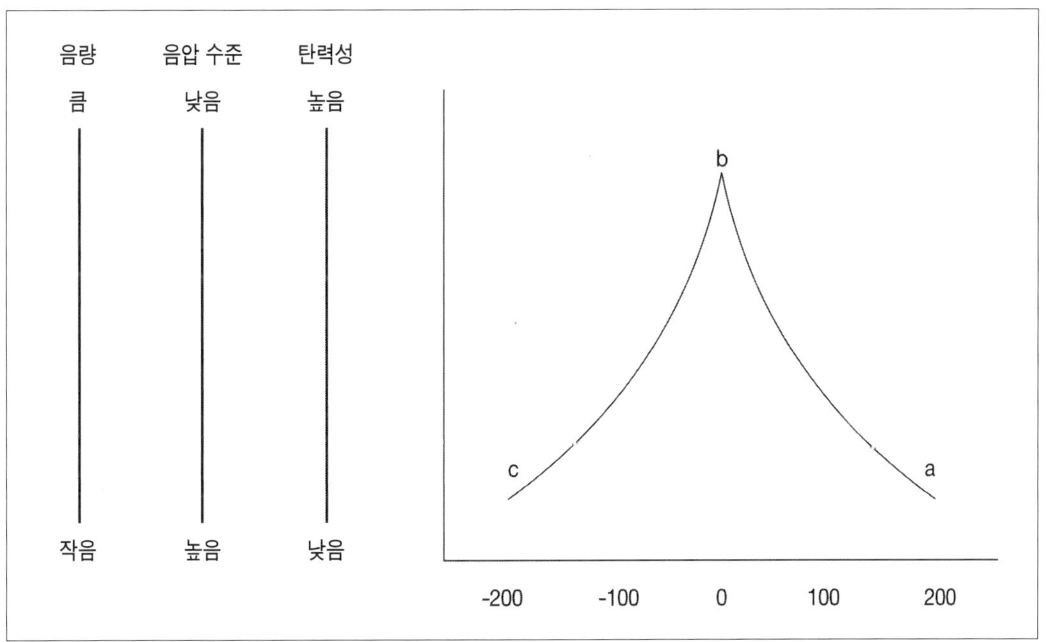

[그림 6-1] 외이에서 중이 이미턴스, 음압 수준(SPL), 정상적 중이에서 부피값 측정에서의 관계.

의 수용력이 줄어든다. 그 결과 중이 내에서 탐침(探針, probe)음조의 음향에너지의 큰 부분이 고막에서 외이도에까지 나타난다. 이러한 상태에서 탐지마이크는 외이도 내에서 높은 음압 수준을 측정한다. 그런 후 공기압은 감소되고, 이것은 고막을 사이에 둔 공기압의 불균형을 없앤다. 외이도의 공기압이 중이와 동일할 때([그림 6-1]의 b점), 중이의 수용력이 최대화된다. 탐침음조의 음향에너지 중 큰 비율은 강도가 변화되고 중이를 통과되어, 외이도 내에서 반사음의 수준은 최소화한다. 이 지점에서 탐침 마이크는 외이도(external meatus) 내에서 낮은 음압 수준을 측정한다. 압력이 점점 줄어들면서([그림 6-1]의 c점) 고막을 가로질러 외이도와 중이 간의 압력의 불균형이 다시 생성된다. 고막이 굳어지고 중이의 수용력도 떨어진다. 반사에너지의 양이 증가하고, 다시 높은 음압 수준이 외이도에서 측정된다. 보는 바와 같이 검사자는 외이도 내에서 SPL을 측정함으로써 중이의 수용력에 대한 예측을 할 수 있다. 중이의 수용력과 외이도의 SPL은 서로 역관계를 이루고 있다; 높은 SPL은 중이 수용력이 낮을 때 측정되며, 낮은 음압 수준은 중이의 수용력이 높을 때 측정된다.

중이 수용력을 표시할 때는 부피의 단위인 ml 또는 cc를 사용한다. 수용력이 감소한 조건에서는 탐침(probe) 마이크로폰에 송출된 높은 음압 수준은 중이강의 부피가 작음을 예상할 수 있다. 중이 수용력이 높을 경우 낮은 음압 수준은 중이강의 부피가 크다는 것을 예상하게 된다([그림 6-1] 참조). 따라서 고막운동성검사를 실행할 때에 부피의 변화가 외이의 물리적 부피에서의 변화가 아니라, 중이의 수용력 변화를 나타낸다는 것을 기억하는 것이 중요하다. 중이가 비탄력적일 때에만 부피 값은 실제 중이강의 크기와 같다.

고막의 상태를 분류하고 설명하기 위해 두 가지 중요한 측정방법인 중이의 압력과 중이의 고정 수용력(static admittance)이 사용된다: 중이의 압력은 수용력이 정점(peak) 위치에서부터 측정된다. 압력이 외이 및 중이에서 동일할 때 수용력이 최대이기 때문에, 중이에서의 압력이 정점 수용력에 도달했을 때 외이의 압력과 같다는 것을 예상할 수 있다. 중이 압력은 ±100daPa일 때 정상으로 간주된다(0daPa은 주변압력을 대표한다). 고정 수용력은 가장 높은 수용력 지점의 부피 값에서 +200daPa(가장 낮은 수용력 부피 값)에서의 부피를 뺀 부피로 계산된다. 이것은 중이의 운동성을 양적으로 측정하기 위한 간단한 방법이다. 낮은 고정 수용력 값은 중이의 경직을 나타내고 높은 값은 과운동성 상태나 유체화된 상태를 나타낸다. 정상적인 고정 수용력 값은 일반적

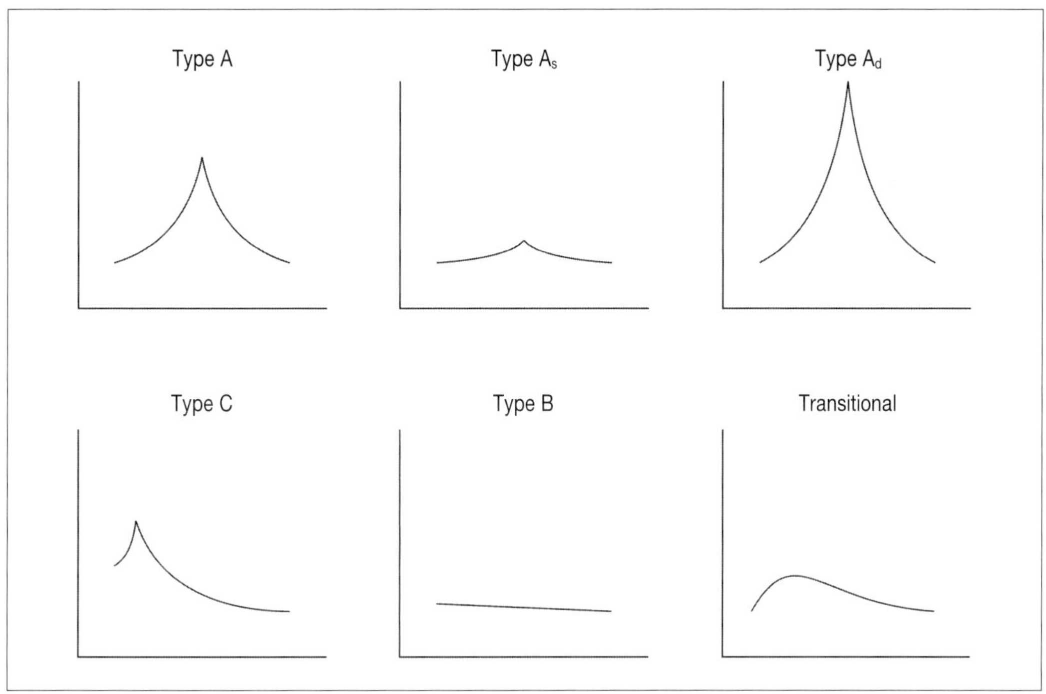

[그림 6-2] 고실도의 분류

으로 많은 측정 기구들 중 대체로 0.3 ml에서 1.6 ml 사이의 범위에 속한다.

가장 일반적으로 사용하는 고막운동성검사 분류 시스템은 저거(Jerger)가 기술하였다.[12] 다양한 고실도가 [그림 6-2]에 제시되고 있다. 그림에는 전이형(transitional) 또는 중간형(intermediate)으로 불리는 분류되지 않은 고실도가 포함되어 있다. 이것은 정상적인 압력 범위 내외에서 얕고 둥근 수용력 정점(peak)이 특징이다. 〈표 6-1〉에서는 각 고막운동성검사를 통해 얻은 고실도를 해석하고 관련된 질환을 개괄하고 있다.

고막운동성검사는 높은 위음성 결과를 가지기 때문에, 7개월 미만의 영아에 대한 진단 유용성에 제한이 있다.[13] 이러한 영아들의 경우, 평평한 형태의 고실도가 병리학적 질환과 관련이 깊지만, 정상적인 검사결과가 항상 중이에 질환이 없다는 것을 의미하는 것은 아니다. 이러한 제한에도 불구하고, 고막운동성검사는 중이의 병리 결과 및 발생을 검사하고자 하는 의도에서 영아집단에게 시행해야 한다.

〈표 6-1〉 고막운동성검사의 분류와 관련 병리

분류	해석해야 할 측정치	관련된 질환
Type A	정상적인 압력 정상적인 이미턴스	정상적인 중이 이경화증
Type A_s	정상적인 압력 이미턴스의 감소	이경화증 흡착 고실경화 진주종(중층편평상피로 내면을 덮은 낭종)
Type A_d	정상적 압력 이미턴스의 상승	탈구 늘어난 고막
Type C	음압(negative pressure) 정상적인 이미턴스	유스타키오관의 역기능
Type B	식별할 수 없는 정점(peak) 이미턴스의 감소	삼출액 진주종 이물 귀지 고막 관통(고음량으로 고막이 찢어짐) PE튜브삽관(PE tubes in situ)
전환형	얇고 둥근 정점 이미턴스가 정상적이거나 감소함.	삼출액 진주종

등골근반사검사

등골근반사(acoustic reflex)는 강한 청각자극에 대한 반응으로 중이에 있는 등골근(stapedius muscle)이 수축하는 것이다. 등골근의 반응은 안면신경(뇌신경* VII) 및 중추신경망이나 뇌간 아래쪽에 있는 반사궁에서 조절된다. 반사궁과 같은 쪽 및 반대 쪽 통로는 양측성인 등골근 반사를 일으킨다. 즉, 한 쪽 귀에 대한 청각자극은 양 쪽 귀에 등골 수축을 일으킨다.

등골근의 수축은 이소골을 굳어지게 하고, 중이의 수용력을 감소시킨다. 이에 따

* [역자 주] 뇌신경(cranial nerve): 뇌에서 두골 구멍을 통해 나와 있는 열두 쌍의 신경.

라, 등골근반사는 청각 자극에 대한 중이의 수용력의 변함으로써 탐침 시스템으로 간접적인 확인이 가능하다. 양쪽에서 반사가 일어나기 때문에 자극을 받은 귀(같은 쪽 측정)나 자극 받지 않은 귀(맞은 편 측정)에서 측정 될 수 있다.

등골근반사 진단·평가에서 검사자는 500~4,000Hz의 옥타브 주파수에서 반사역치를 측정한다. 등골근반사는 일반적으로 불쾌 수준인 70~100dB일 때 나타난다. 반사역치는 청각역치검사가 실시될 때의 불쾌 수준(청각역치)에 따라 해석되지 않고 HL값으로 기록된다는 점을 알아두어야 한다. 반사가 일어나지 않거나, 역치가 70~100dB의 정상 범위보다 낮거나, 높은 불쾌 수준인 경우에 청각적 병리를 나타낸다. 검사 결과를 분석할 때, 병소부위는 전음 시스템, 와우, 청신경이나 안면신경에 위치한다.

반사결과는 크게 탐침효과(probe effect)와 자극효과(stimulus effect)로 분류된다. 탐침효과는 어느 쪽 귀가 자극을 받는 것과 관계없이 특정 귀에 탐침을 두었을 때 비정상적인 소견이 나타나는 것을 말한다. 이러한 효과는 탐침을 둔 귀의 중이에 병인이 있거나, 등골 신경분포에 관련된 안면신경에 병인이 있음을 의미한다.

자극효과는 자극이 측정되는 귀와 상관없이 반사 이상들(abnormalities)이 특정 귀의 자극과 연관이 있는 경우를 말한다. 자극효과는 반사궁(reflex arc)의 상위(청각) 신경계에 병인을 있음을 의미하며, 정상적인 중이에서 측정할 때에만 확실하게 결정할 수 있다. 청각 시스템 내 병소부위는 반사역치가 발생하는 불쾌 수준을 분석함으로써 알 수 있다.

감소된 불쾌 수준(70dB 이하)의 반사역치는 병소가 와우 부분에 있음을 의미한다. 상승된 불쾌 수준(100dB 이상)을 보여 주는 반사역치는 신경계 병리를 의미한다. 전음성 난청(conductive losses)에서는 반사역치가 정상적인 민감도 수준에서 발생하지만, 청력 수준은 청력역치의 상승 때문에 정상 귀에서 예상했던 것보다 높게 측정될 수가 있다. 양측성 병인의 경우에는 한 쪽 귀의 반사 측정이 불가능하기 때문에, 양 쪽 귀에 전음성장애를 가진 경우에는 모든 검사에서 반사가 보이지 않는다.

▼ 이음향방사검사

이음향방사(otoacoustic emissions; OAEs)는 청각처리과정에서 정상적인 와우로 생성된 음향반응이다. 음향반응은 약하고, 역치하 수준에서 발생한다. 이음향방사는 외유모세포(outer hair cell)의 능동적 증폭작용(electromotility)으로 생성된다고 생각하고 있다. 와우 내에서 생성되는 이음방향사는 중이, 외이도로 전달되며, 외이도에 마이크로폰을 삽입하여 측정될 수 있다. 정상적인 외유모세포 활동에 영향을 미치는 일부 병인이 이음향방사 반응을 줄이거나 없앨 수가 있다. 그리하여 이것은 와우기능을 검사하기 위하여 이음방향사를 사용할 수 있도록 한다.

임상적 목적을 가진 두 가지 이음향방사가 있는데, 전위이음향방사(TEOAE)와 변형이음향반사(DPOAE)가 있다: 전위이음향방사는 귀에 짧고 단순한 자극을 제공하여 반응을 얻는 것이다. 변형이음향방사는 귀에 두 가지 다른 음조의 자극을 동시에 주어 반응을 얻는 것이다.[14] 이러한 두 가지 방법들은 모두 신뢰성이 있고, 신속하며, 경제적이고, 해롭지 않기 때문에 영아집단에 적합하다.[14,15]

전위이음향방사

전위이음향방사(transient-evoked otoacoustic emissions; TEOAE)는 조용한 환경에서 귀에 클릭 자극을 반복적으로 제시함으로써 측정된다. 클릭음은 짧고, 순간적인 상승하강의 주기가 짧으며, 광대역의 자극을 말한다. 클릭음은 고강도 수준(약 80dB SPL)에서 비첨(eartip)을 통해 제시된다. 귀끝에 넣은 마이크로폰은 와우로 인해 생성되는 주변 소음과 음향방사 모두를 기록한다. 음향방사의 진폭은 소음의 진폭에 비하면 매우 작다. 그러나 클릭 자극의 반복된 제시는 음향방사의 진폭을 증가시키고, 소음의 진폭을 감소시켜, 전위이음향방사의 시각화(visualization)를 가능하게 한다. 일반적으로 전위이음향방사는 500~5,000Hz 주파수 범위에서 배경 소음 이상일 때 관찰된다.

전위이음향방사는 성인보다는 영아에게서 더 크게 나타난다.[16] 일반적으로 영아의 방사는 더 높은 진폭 및 광범위한 주파수 범위에 걸쳐서 나타난다. 영아와 성인 간의 반응의 차이는 외이도, 외이도에 따른 고막의 각도, 외이도 조직 구성의 차이에서

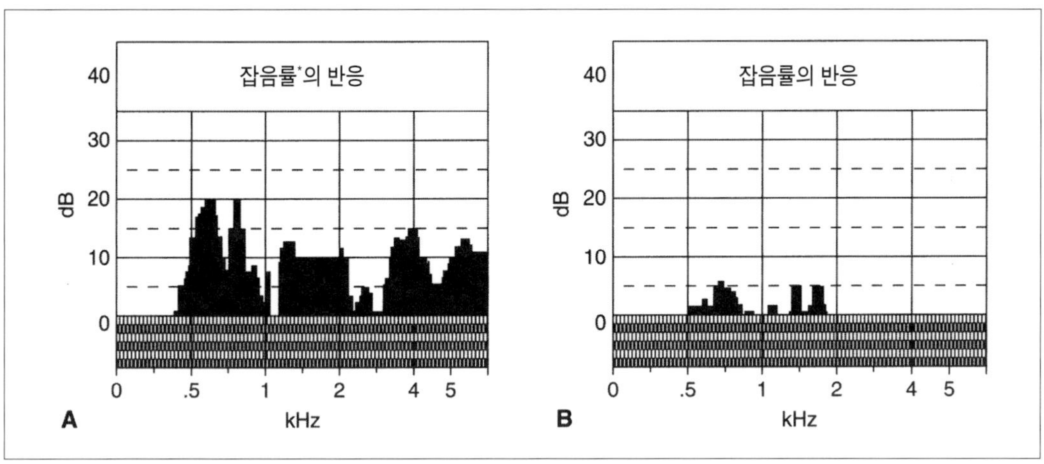

[그림 6-3] 정상적인 청력 환자(A)와 감음 신경성청력장애를 가진 환자(B)의 2,000Hz에서의 전위이음향방사(TEOAE). TEOAE 반응은 검은색으로 표시되어 있고 잡음은 회색으로 표시되어 있다. SNR은 신호대 잡음 비율.

기인한다.[17]

전위이음향방사는 20~30dB HL 이상의 청각역치로 병리가 없는 귀에 제시될 때 가장 잘 입증된다.[15, 18] 반대로 음향방사는 경도에서 최중도에 이르는 청각장애인에게는 결여되어 있다.

전위이음향방사검사시 검사자는 다음의 요소들을 고려한다: (1) 주변 소음의 진폭 대 전위이음향방사의 진폭(신호 대 잡음비), (2) 방사가 나타나는 주파수, 그리고 (3) 반응의 재생.

[그림 6-3]의 A는 정상적 청력을 가진 환자(hearing patient)의 전위이음향방사검사 결과를 나타낸다. 방사는 +500~5,000Hz의 주파수 범위의 잡음역 이상에서 분명하게 나타난다. [그림 6-3]의 B는 2,000Hz 이상의 주파수에서 감음 신경성 청각장애가 있는 환자의 전위이음향방사검사 결과를 보여 준다. 2,000Hz 이상에서 음향방사가 없는 것은 이 주파수에서 20~30dB HL 이상의 청각역치를 나타내는 것이다. 그러나 이 주파수대에서 청각장애의 정도는 전위이음향방사검사로 결정할 수 없다.

* [역자 주] 잡음률(SNR): 신호 대 잡음 비율(Signal-to-Noise Ratio)

변조이음향방사

변조이음향방사(distortion-product otoacoustic emissions; DPOAE)는 주파수가 다른 두 가지 순음(기본음으로 불림)을 동시에 제시되어 생성된다. 기본음이 중간 강도 수준으로 귀에 제시되었을 때 음향방사를 발산하며, 음향반응의 주파수는 두 기본음의 주파수와 다르다. 이 방사는 변형으로 간주된다. 변형이 생기는 것은 기본음보다 더 높은 주파수 대역이나 기본음들의 평균 주파수에서 정상적인 와우 기능을 의미한다.

기본음의 주파수를 변경하여, 결과로서 생기는 변형을 측정하여 주파수 범위에 걸친 와우 기능의 측정치를 얻을 수 있다. 변조이음향방사 진폭이 잡음역보다 최소 3dB까지 클 경우 반응이 나타난다고 말한다.[20] 변조이음향은 평균 범위 내에 청각역치가 있는 주파수에 존재한다. 변조이음향방사는 청각역치가 15~50dB HL 사이에 있을 때 감소된다. 또한 변조이음향방사는 청각역치가 50dB HL이상일 경우에는 탐지되지 않는다. [그림 6-4]의 A는 [그림 6-3]에 제시된 환자의 변조이음향방사검사 결과를 나

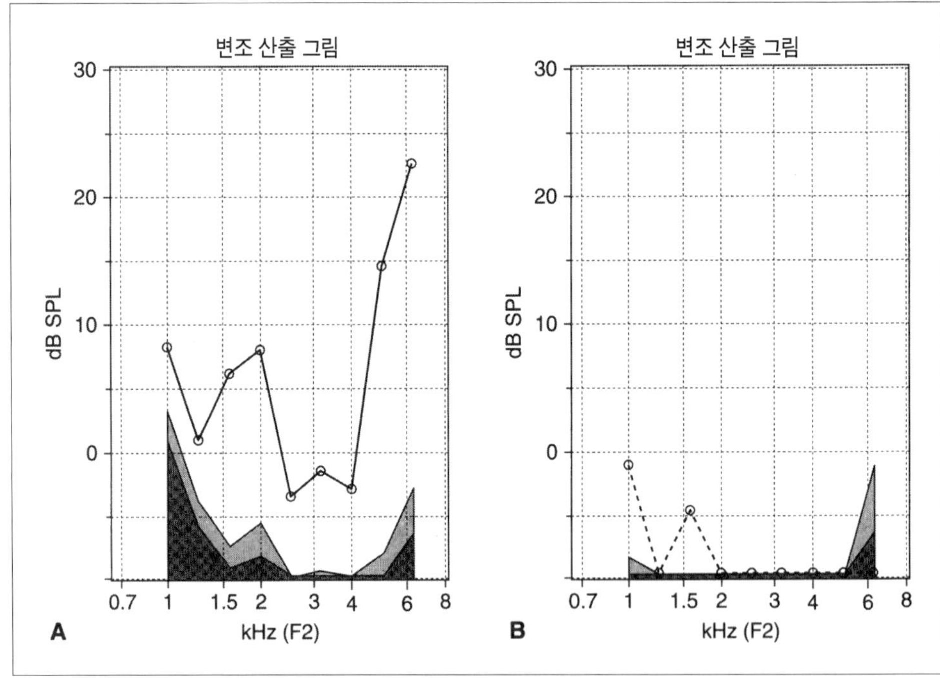

[그림 6-4] 정상적인 청력 환자(A)와 감음 신경성청력장애를 가진 환자(B)의 2,000Hz에서의 변형이음향방사(DPOAE). (F2=제2 주파수, SPL=음압 수준).

타낸 것이다. 1,500~6,000Hz의 주파수 사이에서는 잡음역 위로 적어도 3dB의 음향방사가 나타나는 것을 볼 수 있다. [그림 6-4]의 B는 [그림 6-3]의 B와 동일한 환자의 변조이음향방사검사 결과를 제시한다. 2,000Hz 이상에서 음향방사의 부재는 이 주파수대에서 감음 신경성 청각장애를 보여 주는 것이다.

유발이음향방사(EOAEs)검사가 와우 기능의 객관적이고 믿을 만한 검사로서는 신뢰가 가지만, 절차에 몇 가지 제한이 있다: (1) 외이나 중이의 관련은 음향방사의 측정을 방해할 수 있다. 따라서 이러한 조건 하에서의 병리학적 결과가 반드시 와우의 병리를 의미하는 것은 아니다. (2) 신생아실이나 신생아 집중 치료실에서 들을 수 있는 높은 수준의 주변소음은 특히 낮은 주파수대에서 음향방사의 측정을 방해할 수 있다. 그리고 (3) 역으로 신경학적 장애는 와우 기능에 영향을 미칠 수 있다. 따라서 와우 대 신경학적 병인을 구분할 때는 이음향방사검사의 사용이 제한될 수가 있다.

▼ 뇌간유발반응검사

청각유발반응(auditory-evoked potential; AEP)은 청각 신경로(auditory pathway)에서 생성된 일련의 신경전기적 반응(신경충동)으로 구성되어 있다. 이것은 제시된 청각자극에 대한 전기신경학적 반응패턴을 보여 주며, EEG 파형보다 더 확장된 전기적 반응을 보여 준다. 청각유발반응의 성분은 자극을 늦게까지 시작한 후에 500msec 정도에 나타난다. 청각유발반응의 분류는 아직까지 표준화되어 있지 않지만, 일반적으로 신경충동의 생성과 잠복기의 위치에 따라 분류된다. 예를 들면, 반응은 '빠름(1~10 msec)' '중간(8~50msec)' '느림(50~300msec)' 및 '늦음(300msec 이상)'으로 분류할 수 있다.

임상적으로 가장 주의를 요하는 청각유발반응(AEP)은 뇌간유발반응검사(auditory brain stem response; ABR)로 불리는 '빠른' 반응이다. 성인 ABR은 자극이 시작된 후, 처음 10msec 내에 일어나는 7개 파형의 정점(peak)으로 구성되어 있다. 파형의 정점은 반응파형이 나타나는 순서에 따라 로마숫자 I부터 VII로 표시한다.[21] 파형의 정점은 청신경 및 뇌간에 의해 시냅스후 전위 및 활동전위의 결과로 잠복기가 결정된다. 자극이 시작부터 파형의 정점에 이르는 잠복기(absolute latency)와 정점 간 잠복기

(interpeak latency)는 각각 축색의 전도(axonal conduction) 시간과 신경충동이 일어나는 장소를 가리킨다.

영아의 ABR은 성인의 것과 다르다. 파형은 보통 성인의 파형 I, III, V에 해당하는 세 가지 파형의 정점으로 구성된다. 절대 잠복기와 정점 간 잠복기는 성인의 값보다는 더 길고 파형들의 진폭들은 확실하게 다르다. 중추신경과 말초신경의 성숙과 관련된 몇 가지 요소에 기인한다. 이것은 수초화, 와우 발달, 중이의 상태, 시냅스의 효율성, 신경충동의 동시성을 포함한다.[22] 일반적으로, 12~18개월이 되면 성인의 값에 도달하게 된다.

ABR반응의 측정은 건초더미에서 바늘을 찾는 것과 같은 문제를 제시한다. ABR을 포함한 자극관련 전위는 본래의 EEG와 기타 비청각적 전기생리학적 전위와 비교했을 때 진폭에서 매우 작다. 사용되는 장치는 신호를 최대로 하고 외부에서 전달되는 신체 '소음'을 최소로 하여 ABR을 얻을 수 있도록 고안되었다. 이것은 특정 전극배열, 차별적인 사전증폭, 필터링, 디지털 자료를 아날로그 자료로 변환, 반복적인 샘플링, 청각자극에 한정된 신경전기적인 활동들을 사용함으로써 측정될 수 있다.

분명하고 믿을 만한 ABR 파형을 성공적으로 측정하기 위해서는 고도의 신경충동을 동시에 유발하는 청각 자극을 필요로 한다. 이러한 정황에서 동시발생(synchrony)이라는 것은 신경섬유에서 발생하는 비슷한 신경전기적인 반응이 나타나는 정도를 의미한다. 신경의 동시성이 더 클수록 ABR의 양이 많아지고, 신호가 시작되고 발생하는 ABR 구성의 시간 관련성이 커진다. 신경전기적 동시성이 가장 높은 자극은 짧은 지속기간과 빠른 정점 도달 시간을 가지는 클릭 자극으로 이루어진다. 그러나 클릭음은 광대역 소리이기 때문에 ABR의 해석의 영향력을 제한한다. 따라서 신경전기적 동시성을 이루기 위해서 주파수 특이성을 잃게 된다. 클릭 자극에 의한 신경 동시성은 와우의 기저 부위에서 가장 크고, 일반적으로 클릭 자극에 대한 ABR반응은 2,000~4,000 Hz의 고주파수 영역에서 행동역치와 상관이 있는 것으로 추정한다. 큰 주파수 특이성을 가진 다른 자극들은 검사하는 동안 사용될 수 있으며, 다음 섹션에서 논의된다.

ABR의 임상적 적용은 세 가지 주요 영역인 (1) 청각 신경과 뇌간의 신경 통합의 평가, (2) 청력역치의 평가, (3) 말초신경의 병리 부위 결정으로 구분될 수 있다. ABR 검사는 의식적인 행동반응이 필요하지 않고, 의식 수준 및 환자의 상태에 영향을 받지 않기 때문에 신생아를 사정할 때 특히 유용하다. 그러나 명확한 파형을 얻기 위해서는 아기가 쉬고 있어야 하며, 조용하고 움직이지 않도록 해야 한다. 생후 8개월~5년 사이인 대부분의 영유아는 검사하기 전에 주로 클로랄하이드레이트(chloral hydrate)로 진정시킨다. 신생아와 생후 8개월 이하의 영아는 자연적으로 취침상태에 있는 동안에 검사할 수 있다. 이러한 상태는 검사하기 전에 수면박탈이나 음식을 먹어 포만상태를 이루게 하여 촉진할 수 있다. 5세 이상의 아동과 성인들은 검사를 진행하는 동안에 긴장하지 않고 움직이지 않는 경우라면 깨어 있는 상태에서도 검사할 수 있다.

신경 통합의 평가

ABR검사는 여덟째 신경과 뇌간의 종양을 확인하는 데 가장 유력한 청력검사 배터장치이다. 이 검사는 또 혈관 병소와 탈수초성 질환(demyelinating disease)을 확인하는 데 유용하다. 신경계 평가는 역치 이상의 강도 레벨에서 클릭 자극을 제시하여 실시되며, 대부분 검사자들은 75~95dB 사이에서 이를 실행한다(0dB nHL은 클릭 자극에 대해 평균적인 정상 청력역치를 나타낸다). 생후 32개월 여아의 오른쪽 귀에서 얻은 정상적

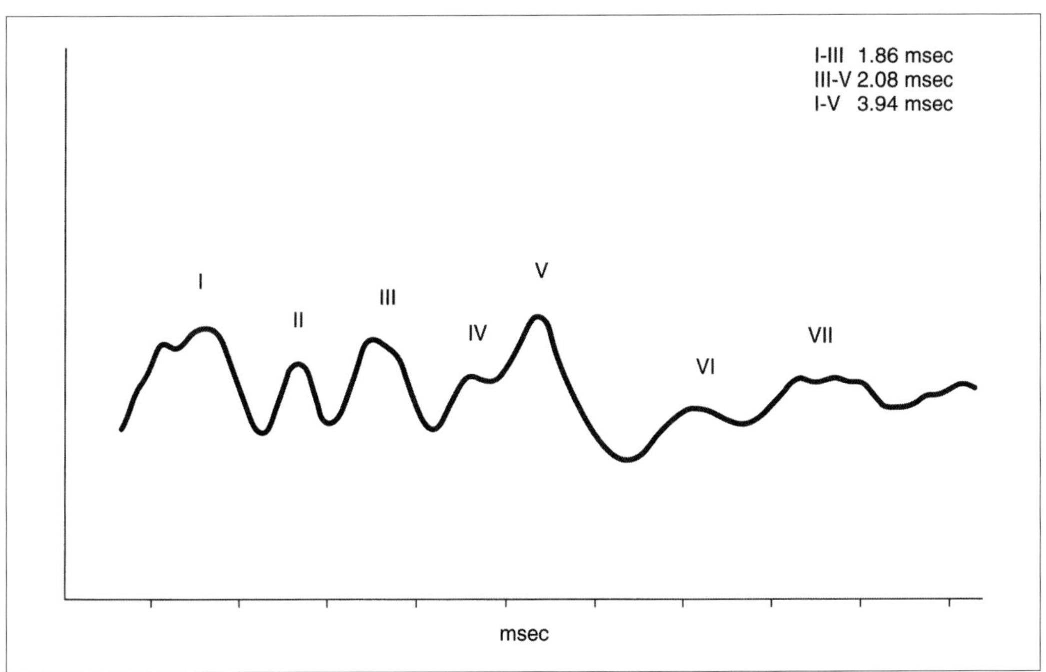

[그림 6-5] 32개월의 여아 환자의 뇌간유발반응(95dB nHL).

인 ABR을 [그림 6-5]에 제시하였다. (파형 I)이 자극을 시작한 후에 1.4~2.0msec 사이에서 파형이 발생되는 정상 환자의 경우에는 약 1msec의 간격으로 각각의 연속적인 파형이 발생한다.

일반적으로 파형 I, III 및 V는 가장 뚜렷한 파형의 정점이며, 검사를 해석하는 데 사용된다. 청각장애는 ABR 파형 성분의 절대 잠복기에 뚜렷한 영향을 미칠 수 있다. 파형 I은 지연되거나 빠질 수 있으며, 중도 청각장애인 경우에는 전체적으로 반응이 없을 수 있다. 절대 잠복기가 연장 될 수 있더라도 정점 간 잠복기는 전음성 청각장애나 감음 신경성(와우의 이상) 청각장애로 인해 영향을 받지 않는다.

신경계 평가에서 해석에 도움이 되는 가장 유용한 측정은 특히 I-V, I-III와 V의 정점 간 잠복기이다. 정상적인 I-V 사이의 잠복기는 약 4.0msec 임에 반해, I-III 및 III-V 잠복기는 약 2.0msec이다. 표준편차는 일반적으로 0.1과 0.2msec 사이이다. 정점 간 잠복기 값이 두 수치의 표준편차보다 정상적인 평균치 이상으로 차이가 더 클 때, 비정상적인 것으로 간주되며 신경계 이상의 지표로 해석한다. 파형 I이 없을 때 정점 간 잠복기는 산출될 수 없다. 이런 경우, 파형 V의 절대 잠복기나 양 쪽 귀에서의 파형 V의 잠복기 차이는 해석상의 목적으로 사용할 수 있다.

신경계 병리의 둘째 지표는 분명한 잔청(residual hearing)이 있는 환자들 중 파형의 정점이 부분적으로나 완전히 결여되어 있다. 예를 들어, 여덟째 신경이나 뇌간의 아래쪽에 병인이 있을 경우, 파형 I을 제외하고는 어떤 파형도 얻지 못할 수 있다. 뇌간의 더 상위 부분에 영향을 미치는 병인이 있을 경우에는 파형 V 없이 파형 I과 II가 존재할 수 있다.

신경계 병발을 나타내는 다른 측정치로는 비정상적인 V-I 진폭비, '소음'이나 불완전하게 형성된 파형, 자극반복비율이 증가하여 변경된 비정상적인 파형 V 등이 있다.

역치판단

자극 강도는 ABR 파형에 측정하고 예측할 수 있는 영향을 가진다. 자극 강도가 감소함에 따라 파형의 구성요소인 진폭은 감소하고, 잠복기는 증가한다. 파형 V는 가장 활발한 파형 구성요소이며, 10~20dB nHL과 같은 낮은 강도 수준에서 탐지할 수 있다. 다

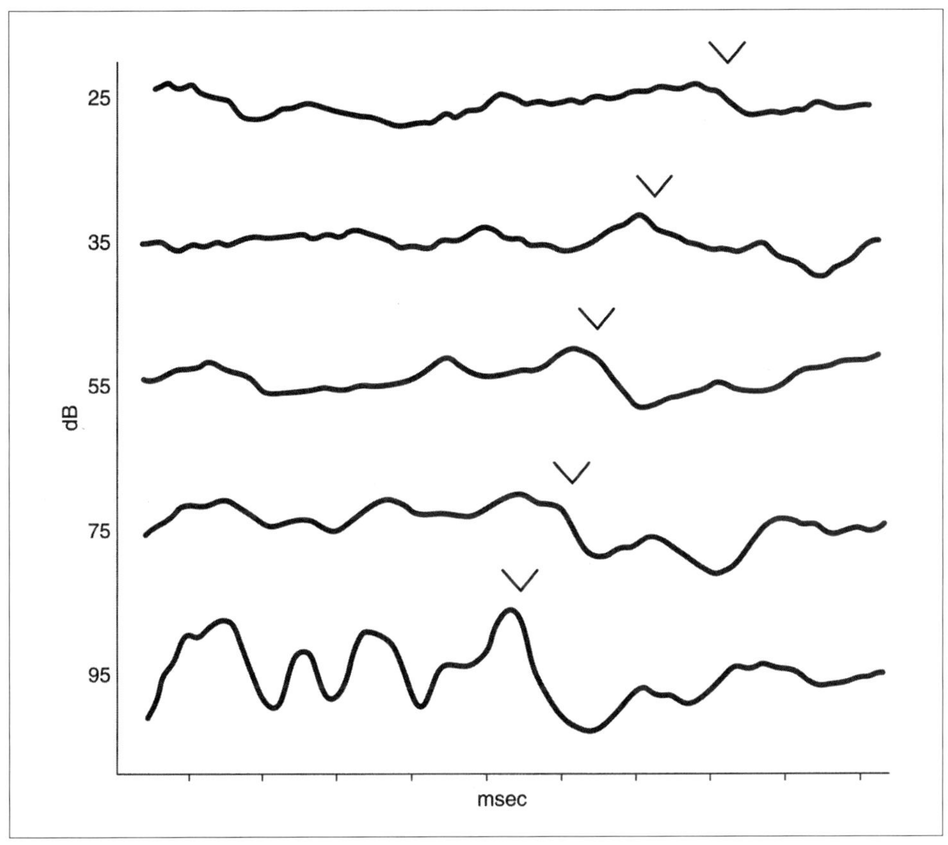

[그림 6-6] 줄어드는 자극강도로 인해 청성뇌간반응 파형으로 역치 추정.

른 파동은 더 높은 레벨에서 사라진다. 이러한 이유로, 파형 V는 역치판단을 위한 기초로 사용된다.

역치판단 절차는 파형 V를 더 이상 구별할 수 없을 때까지 감소하는 자극 강도 레벨에서 ABR 파형을 얻는 것이다. 파형 V는 평균 10dB당 0.3~0.4msec의 잠복기에서 증가하며, 90~20dB HL의 범위 내의 자극 강도에서 감소한다. 파형 V를 탐지할 수 있는 가장 낮은 레벨을 역치라 간주한다. ABR과 행동역치 사이의 정확한 관계는 검사센터마다 다양하다. 일반적으로 클릭 자극을 사용할 때 ABR 역치는 1,000~4,000Hz 범위에서 행동역치 이상인 10~20dB에 이른다. 이전에 설명한 32개월 여자 환아([그림 6-5] 참조)의 역치평가 결과가 [그림 6-6]에 나타나 있다. 보이는 것과 같이 자극강도가 90~25dB nHL로 감소되면서 파형 V의 진폭이 감소하고 잠복기가 증가한다. 파형 V는 25dB nHL에 보여 1,000~4,000Hz 영역에서 정상적 청각 민감도를 암시한다. 골전도(bone-conducted) 클릭 자극은 감각신경적인 예비력(reserve)*을 결정하는 데 사용할 수 있으며, 공기전도(air-conduct) 클릭 반응과 비교하여 병소부위와 관련한 정보를 제공할 수 있다([그림 6-6] 참조).

500Hz의 음조폭발(toneburst) 자극은 저주파수 민감도 데이터를 얻는 데 사용할 수 있다. 이러한 자극으로는 주로 ABR 파형이 비교적 넓은 파형의 정점이 단독으로 나타난다. 이것의 역치는 보통 행동역치의 30~40dB 이상인 500Hz에 이른다. 이러한 측정치는 저주파수의 잔존 청력의 정도를 평가하는 데 유용하고, 클릭 자극 반응과 함께 사용할 경우 청력유형도(audiometrical configuration)와 비슷한 해석을 제공할 수 있다.

말초 병리 부위의 결정

자극 강도의 범위에서 파형 V의 잠복기를 결정함으로써 잠복기-강도 기능(latency-intensity function, LIF)이 만들어진다. LIF는 강도의 기능으로 파형 V 잠복기 변화를 보여 주는 그래픽 표이다. 상기에서 논의한 환자에 대한 LIF([그림 6-5] 및 [그림 6-6] 참조)는 [그림 6-7]에 제시되어 있다. 줄을 긋지 않은 구역은 정상적인 잠복기-강도 관계를 나타낸다. 특정 환자의 LIF를 만들고, 정상적인 결과의 기울기와 환자의 기울기를 비교함으로써 병리부위에 관련된 정보를 얻을 수 있다.

내이성 난청(cochlear losses)은 종종 정상적인 기울기보다 가파른 LIF 기울기를 보인다. 즉, 파형 V 잠복기는 비와우성 병소와 정상적인 귀를 비교했을 때, 자극 강도의 감소와 함께 더 빠른 비율로 증가한다. 흔히 정상적 잠복기는 높은 강도 수준에서 나타나 보인다. 전음성 난청에서 LIF는 오른쪽으로 바뀌지만, 정상적인 결과에서 보이는 것과 비슷한 기울기를 나타낸다([그림 6-7] 참조).

---

* [역자 주] 예비력(reserve): 예비할당. 미리 예정 주파수를 선정해 두는 것.

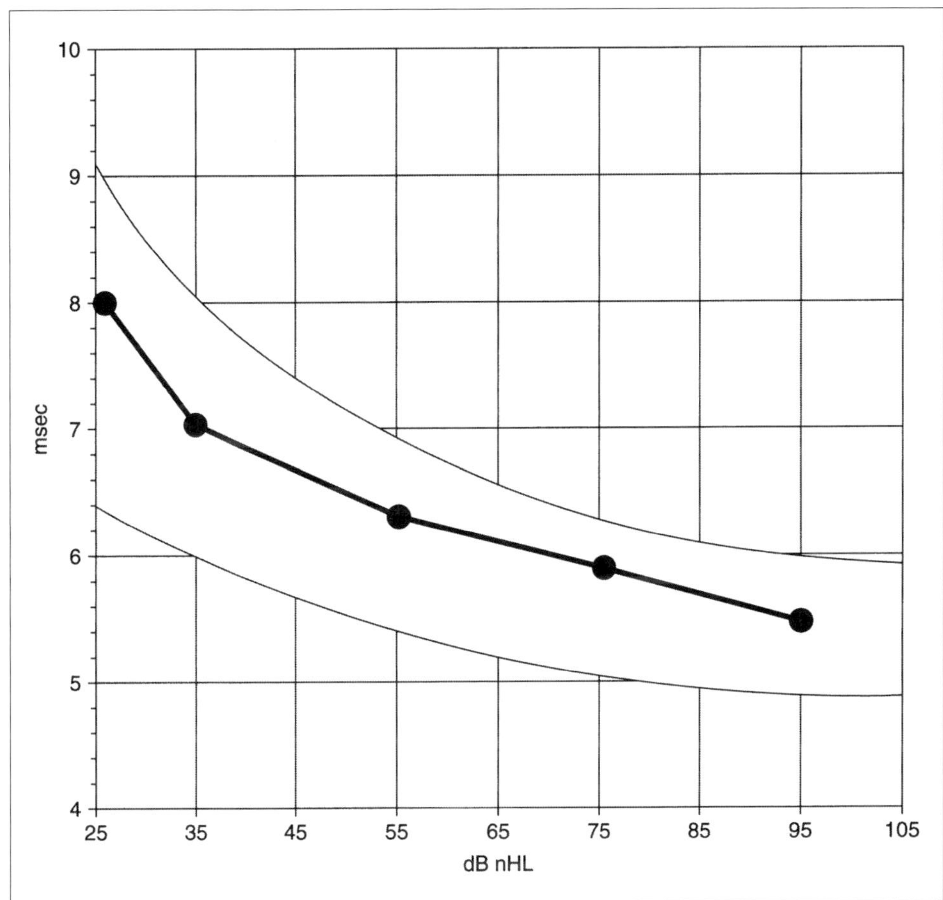

[그림 6-7] A 파형 V 잠복기-강도 기능(파형 V 잠복기는 그림 6-6에서 도출됨).

▼ 신생아 선별

청각장애에 대한 최상의 실제는 가능한 조기에 장애를 판별하는 것이다. 가장 이상적인 것은 선천적인 청각장애 신생아를 생후 6개월까지 평가, 보청기 착용, 청각 훈련 프로그램에 참여하게 하는 것이다. 이것을 가능하게 하려면 효과적이고 효율적인 신생아 선별 프로그램 및 절차가 필요하다.

모든 신생아에 대해 일반적 선별로 불리는 청각 선별은 출생 시에 청각장애가 있는 신생아를 확인하는 가장 좋은 방법이다. 일반적인 청각 선별은 전문적인 기관 및 신생아 청각 프로젝트 팀이 실시하며,[15, 23, 24] 많은 출산 기관에서 실시하고 있다. 그러나 상당수의 센터들은 일반적 선별 프로그램에 드는 비용을 감당 못하는 형편이다. 일반적 선별이 불가능할 경우에는, 청각장애의 위험이 있는 신생아 및 영아에 대한 청각 선별이 가이드라인으로 제공되어 왔다. 위험 요인은 선별이 필요한 특정 질환을 가진 신생아(생후 28일)와 영아(생후 29일~2년)에게 적용된다. 하나 이상의 위험 요인이 분명하게 드러나는 영아는 청각 선별을 받아야 한다. 위험 요인군 영아의 선별은 일반적 선별 프로그램보다 비용이 저렴하지만, 분명한 감음 신경성(sensorineural) 청각장애를 가지고 태어난 영아의 50%만이 이 방법으로 확인할 수 있다는 것을 인식해야 한다. 가이드라인 내에 포함되는 위험 요인은 다음과 같다.

신생아의 경우(생후 28일)

1. NICU에 48시간 이상 입원을 요하는 질환이나 건강 상태
2. 감음 신경성, 전음성 청각장애를 나타내는 것으로 알려진 증후군과 관련된 징후나 기타 소견
3. 아동기의 영구적 감음 신경성 청각장애에 대한 가족력
4. 귓바퀴 및 이도의 형태 이상을 포함한 안면장애
5. 거대세포 바이러스(cytomegalovirus), 헤르페스(herpes), 톡소포자충증(toxoplasmosis), 또는 풍진(rubella)과 같은 자궁내 감염

신생아 및 영아의 경우(생후 29일~2년)

1. 부모나 양육자가 신생아의 청각 및 발달지체에 의심이 가는 경우
2. 유전성이 있는 아동기 감음 신경성 청각장애의 가족력
3. 감음 신경성이나 전음성 청각장애를 나타내는 것으로 알려진 증후군과 관련된 징후나 기타 소견
4. 세균 수막염을 포함한 감음 신경성 난청과 연관된 출생 후 감염
5. 자궁내 감염. 예를 들면 TORCH〔톡소포자충증(toxoplasmosis)〕, 기타 숙주(other agents), 풍진(rubella), 거대세포 바이러스(cytomegalovirus), 헤르페스 심플레스(herpes simplex)

6. 신생아 지수―더 구체적으로 혈액 교체가 필요한 혈청 수준의 고빌리루 빈혈증(hyperbilirubinemia), 기계적 호흡과 관련한 신생아기의 폐과오종(pulmonary hypertension), 체외막형 산소공급장치(extracorporeal membrane oxygenation; ECMO)의 사용이 필요한 상태
7. 신경섬유종증(neurofibromatosis), 어셔 증후군(usher syndrome)과 같은 진행성 난청과 관련된 증후군
8. 헌터증후군(hunter syndrome)과 같은 퇴행성신경질환(neurodegenerative disorders), 프리드라이히 운동실조증(friedreich's ataxia), 샤르코-마리-투트 증후군(charcot-marie-tooth syndrome)과 같은 감각운동성 신경질환(sensory motor neuropathies)
9. 두부 손상(head trauma)
10. 3개월 이상 배출물이 있는 재발성, 또는 영구적 중이염(otitis media)

검사 절차는 일반적인 위험 요인군 및 선별 프로그램들과 같다. 신생아는 병원에서 퇴원하기 전에 청각 선별을 받아야 한다. 6개월까지의 영아들과 신생아에게 적용되는 절차에는, EOAE나 ABR이 있다. 국립보건원(National Institutes of Health; NIH)[15]은 두 가지 검사를 모든 건강 상태에서 사용하기를 권장하지만, 대부분의 센터는 한 가지의 검사를 사용한다. 국립보건원 검사절차에서 첫 번째 검사에서 발견하면 EOAE만으로도 충분하다. 그러나 발견하지 못할 경우에는 ABR검사가 뒤따라야 한다. 이러한 두 단계의 절차에서 EOAE가 더 신속하고 비용 면에서 경제적인 검사이지만, ABR검사와 같은 전문성은 부족하다는 것 때문에 권장된다.

EOAEs의 통과 기준은 TEOAE 선별시 역치를 초과한 딸칵소리에 반응하거나 DPOAE 선별시 역치를 초과한 일련의 기본음에 대한 반응으로 인식할 수 있는 수준의 신호 대 잡음 비율에서 양쪽 귀에서 방출이 일어나는가를 보는 것이다. ABR에 대한 통과기준은 35dB nHL이나 그 이하에서 제시된 클릭 자극에 대한 반응으로 양쪽 귀에서 V형의 파형을 방출하는 것이다.[24]

생후 6개월~3년의 경우에는 행동적 선별기법이 사용될 수 있다. VRA는 생후 6개월~2년 된 영아를 대상으로 선택할 수 있는 절차이다. 조건화된 유희청력검사(conditioned play audiometry)는 2~3세 영유아를 진단할 때 사용할 수 있다. 통과기준은

VRA에서는 30dB HL, 조건화된 유희청력검사에서는 20dB HL로 양 쪽 귀에 제시된 1,000Hz, 2,000Hz, 4,000Hz 순음에 대해 신뢰할 만한 반응을 보이는 것이다. 이어폰을 끼는 것이 불가능하기 때문에 음장검사가 필요한 경우에는 한쪽 귀에만 청각장애가 있다는 것을 배제하지 않아야 한다.[24]

선별 절차가 실패하면 행동관찰 검사, 추가적인 전기생리학적 검사, 이미턴스 검사를 포함한 청각검사를 해야 한다. 청각장애로 판별된 아동을 위한 추후조치와 관리는 의학적 접근, 이(耳)과의학, 진단 서비스, 훈련 서비스를 포함한다.

▼ 참고 문헌

1. Northern JL, Downs MP: *Hearing in children*, ed 4, Baltimore, 1991, Williams & Wilkins, p 139.
2. Bench J, et al: Studies in behavioral audiometry. III. Six-month-old infants, *Audiology* 15:384, 1977.
3. Eisenberg RB: *Auditory competence in early life*, Baltimore, 1976, University Park Press.
4. Bench J: The law of initial value: a neglected source of variance in infant audiometry, *mt Audiol* 9:314, 1970.
5. Liden G, Kankkunen A: Visual reinforcement audiometry, *Acta Otolaryngol* 67:281, 1969.
6. Haug O, Baccaro P. Guilford F: A pure-tone audiogram on the infant: the PIWI technique, *Arch Otolaryngol* 86:435, 1967.
7. Carhart R: Observations on relations between thresholds for pure tones and for speech: I *Speech Hear Disord* 36:476, 1971.
8. Elliot L, Katz D: *Development of a new children's test of speech discrimination*, St. Louis, 1980, Auditec.
9. Erber NP: Use of the auditory numbers test to evaluate speech perception abilities of hearing-impaired children, *I Speech Hear Disord* 45:527, 1980.
10. Jerger S, et al: Pediatric speech intelligibility test. I. Generation of test materials, *mnt J Pediatr Otorhinolaryngol* 2:217, 1980.
11. Ross M, Lerman J: A picture identification test for hearing-impaired children, *J Speech Hear Res* 92:311, 1970.
12. Jerger J: Clinical experience with impedance audiometry, *Arch Otolaryngol* 92:311, 1970.
13. Paradise JL, Smith C, Bluestone CD: Tympanometric detection of middle ear effusion in infants and young children, *Pediatrics* 58:198, 1976.

14. Kemp DT: Stimulated acoustic emission from within the human auditory system, *J Acoust Soc Am* 64:1386, 1978.
15. National Institutes of Health: *Consensus statement: early ident jfication of hearing impairment in infants and young children*, Bethesda, Md, 1993, NIH, p 11.
16. Bray P, Kemp DT: An advanced cochlear echo technique suitable for infant screening, *Br J Audiol* 21:191, 1987.
17. Norton SJ: Applications of transient evoked otoacoustic emissions to pediatric populations, *Ear Hear* 14:64, 1993.
18. Prieve BA, Gorga MP, Neely ST: Otoacoustic emissions in an adult with severe hearing loss, *J Speech Hear Res* 34:379, 1991.
19. Kemp DT: Evidence of mechanical non-linearity and frequency selective wave amplifiin the cochlea, *Arch Otorhinolaryngol* 244:37, 1979.
20. Lonsbury-Martin BL, et al~ Clinical testing of distortion-product otoacoustic emissions, *Ear Hear* 14:11, 1993.
21. Jewett DL, Williston JS: Auditory-evoked far fields averaged from the scalp of humans, *Brain* 94:681, 1971.
22. Cox LC: Infant assessment: developmental and age-related considerations. In Jacobson JT, editor: *The auditory brainstem response*, San Diego, Calif. 1985, College-Hill Press, p 297.
23. Joint Committee on Infant Hearing Year 2000 position statement: principles and guidelines for early hearing detection and intervention programs, *ASHA* 21(suppl): 29-32, 2002.
24. Audiologic Assessment Panel: *ASHA desk reference*, Rockville, Md, 1997, American Speech-Language-Hearing Association.

제 7 장

자폐 스펙트럼장애

영아의 평가 및 중재에서 특별히 고려할 사항

Frances P. Billeaud

자폐 스펙트럼장애(autistic spectrum disorder; ASD)는 부모 및 전문가에게 특별한 관심을 요구한다. 조기 진단이 이루어져야 하며 진단이 이루어진 다음에는 즉각적인 중재가 필요하다.[1-3] 자폐 스펙트럼장애는 미국정신의학회(American Psychiatric Association)에 의해 간행된 정신장애의 진단 및 통계편람(diagnostic and statistical manual-IV; DSM-IV)[4]이라는 진단 체계에서 전반적 발달장애(pervasive developmental disorder; PDD)의 범주에 속하는 장애의 하나이며, 이 체계는 이 진단명을 사용하는 많은 전문가들에게 표준적인 진단 준거를 마련하고 있다.

스캠블러(Scambler), 롸저(Rogers), 웨너(Wehner)[5]가 지적한 바와 같이 "이전에는 자폐의 발생률이 낮았으나, 오늘날은 아동기에 나타나는 당뇨병, 암, 이분척추(spina bifida), 다운증후군보다 더 높게 발생하는 것으로 보고되고 있다." 어떤 사람들은 자폐가 증가하는 것을 유행성으로 여기는 반면에, 다른 사람들은 발병률이 증가하는 원인을 예전보다는 나이가 더 어렸을 때 이러한 장애에 대한 경각심이 높아졌고, 진단이 더 정확하게 이루어지기 때문인 것으로 보고 있다.

자폐 스펙트럼장애 아동의 가족들은 양육과정에서 어려운 사회적 문제와 교육 문제 및 행동 문제에 직면한다. 적절한 조기관리가 가족과 질병이 있는 아동 모두에게 유익하다는 것이 입증되었다.

▼ 전반적 발달장애 및 자폐 스펙트럼장애

전반적 발달장애의 일반적인 범주에는 자폐 스펙트럼장애(ASD), 레트장애(rett's disorder), 아스퍼거 증후군(asperger syndrome), 소아기 붕괴성장애(childhood disintegrative disorder) 및 달리 분류되지 않는 전반적 발달장애(PDD-NOS)가 포함되어 있다. 문헌에서 전반적 발달장애라는 용어는 대체로 자폐 스펙트럼장애와 동의어로 사용되며, 특히 다른 진단이 내려지기 전에 종종 사용된다. 그러나 자폐 스펙트럼장애를 진단받은 아동들은 비전형적 의사소통 및 행동 특성을 공통적으로 나타난다.

자폐 스펙트럼장애는 대부분 원인이 잘 알려지지 않은 신경학적 장애이다; 어떤 경우에는 유전적인 문제로 장애가 발생한다. 다른 경우에는 자폐 스펙트럼장애가 환경에서 발생하는 어떤 요소에 대한 예민함을 통해 발생한다고 주장하기도 하지만, 대부분의 사람들은 출생 시부터 존재하는 질병으로 가정하고 있다.

자폐 스펙트럼장애의 진단 기준은 발병 시기가 3세 이하이어야 한다. 자폐 스펙트럼장애는 미국[2]에서 500명의 아동 중 1명꼴로 나타나고 있으며, 모든 연령에서 총 500만 건의 사례가 있는 것으로 추정된다.[68] 출현율은 영국과 인도가 유사한 것으로 보고되고 있다. 자폐 스펙트럼장애로 진단된 거의 모든 학생들이 남아 4명 대 여아 1명의 출현율로 나타난다.[9-10]

몇 가지 다른 증후군과 질환이 자폐 스펙트럼장애의 특성과 유사하기 때문에 가능한 빨리 다양한 차별적 진단이 이루어져야 한다. 예를 들어 결절성 경화증(tuberous sclerosis complex), 일부 중증 정서장애(severe emotional disorder), 랜도우 클레프너 증후군(landau kleffner syndrome), 유약 X 증후군(fragile X syndrome) 및 스미스-마제니스 증후군(smith-magenis syndrome)[11]은 자폐 스펙트럼장애와 공존하거나 자폐 스펙트럼장애로 오해된다. 그러한 질병에 대한 치료는 자폐 스펙트럼장애에 대한 적절한 치료 프로그램과는 다르기 때문에 조기에 차별적 진단을 통해 정확한 진단이 이루어지는 것이 중요하다. 불행하게도 차별적 진단을 시행하는 데 시간이 너무 오래 소요된다. 그러므로 전반적 발달장애의 여러 증상의 징후가 나타났을 때, 매우 어린 영아가 자폐 스펙트럼장애가 의심될 경우(예: 구강 언어발달이 이루어지지 않은 경우)에는 전반적 발달장애를 가진 것으로 '일시적으로 진단된다.' 자폐 스펙트럼장애로 진단하기 위해서는 다음을 포함한다: (1) 사회적 상호작용의 질적 결함, (2) 의사소통의 질적 결함, (3) '제한적이고, 흥미의 한정된 범위와 동일성의 고집'(때때로 특이한 행동으로 불림). 인용된 바에 따르면, 트사이(Tsai)[12]는 자폐 연속성장애(autistic continuum disorder)라는 용어를 사용하였으며, 이는 시간이 경과함에 따라 증상이 나타나거나 사라지는 연속성 상에서 이동하기 때문이다. 차별적 진단을 내리는 과정이 복잡하고, 증상을 뭐라고 명명할지에 대해서도 일치된 바가 없지만, 최근의 연구와 임상현장에서는 12개월에서 18개월의 초기 연령에 ASD를 가진 아동을 판별하는 것이 가능하게 되었다. 좀 더 새로운 연구는 8개월이나 9개월의 초기연령의 영아들에게도 위험한 증상들이 있을 가능성을 지적하고 있다.[13-17]

버맨(Bauman)[18]은 다음과 같이 지적하였다:

> 영아기의 자폐 아동은 거의 주의를 요하지 않는 극히 수동적인 아기일 수도 있고, 매우 민감하거나, 음식을 먹이기 어렵고, 불규칙적인 수면 패턴을 가지거나, 껴안는 것을 싫어할 수도 있다. 또 사회적으로 무관심하며 다른 사람의 존재나 정서를 인식하지 못하는 어린 아동일 수 있다. 대조적으로 어떤 자폐 아동들은 심지어 낯선 사람에게도 과도하고 부적절한 애정을 보일 수도 있다. 그들은 과도하게 부모에게 매달려 떨어지지 않고, 분리되는 것을 참지 못할 수 있다(p. 690).

많은 자폐 아동들이 감각 정보의 입력을 조절하는 데 어려움을 보인다. 어떤 아동들은 기계 소음, 학교 종, 아기 울음, 또는 형광등에서 발생하는 미세한 소음과 같은 청각 자극에 특히 민감함을 보인다. 또한 어떤 아동들은 셔츠의 상표, 머리자르기, 아직 세탁하지 않은 새 옷과 같은 가벼운 촉감에 민감하다. 그런 아동들은 통증에 둔감하고, 심하게 다쳤을 때에도 울지 않는 모습을 보이기도 한다.

> 어떤 아동들은 압박감에서 위안을 찾는다. … 어떤 자폐 아동들은 냄새에 과도하게 민감하고, 또 다른 아동들은 음식을 씹는 느낌에 민감하다(p. 691).

2001년 「미국의학회 저널(Journal of the American Medical Association)」의 사설에서 헤이만(Hyman), 로디어(Rodier), 데비든(Davidson)[19]은 소트(Short)와 초플러(Schopler)[20]와 스톤(Stone)과 동료들[21]의 연구를 다음과 같이 요약하였다. "언어지체나 차이, 사회적 상호작용, 행동에서 차이를 보이는 자폐 영아의 75% 이상은 2세에 부모들이 다른 영아와 다르다는 것을 판별하였다."

〈글상자 7-1〉은 자폐 스펙트럼장애를 진단하는 DSM-IV의 진단 기준을 보여 준다. 조기에 자폐 스펙트럼장애를 알리는 범주 내용이 확인되었으며 본 장의 후반부에 이러한 것들이 제시되어 있다.

다른 아동들처럼 자폐 스펙트럼장애 아동들은 그들만의 성격과 행동을 가지고 있지만, 자폐 스펙트럼장애 아동들에게 나타나는 많은 행동들을 공통적으로 지니고 있다〔예를 들어, 손 퍼덕이기(hand flapping), 눈맞춤의 회피, 촉각 민감성이나 전정기관의 장애〕. 자폐 스펙트럼장애 아동은 지적 기능의 범위가 다양하다; 어떤 아동들은 다양한 수준의 정신지체를 가지고 있으며, 어떤 아동은 정상적인 지능을 가지며, 어떤 아동은 매우 영리하다.

자폐 스펙트럼장애가 일생 동안 지속되는 질환으로 생각되어 왔지만, 자폐 스펙트럼장애가 의심될 때부터 조기 중재를 받으면 분명하게 질환의 후유증이 개선되고, 사회적, 의사소통적, 학업적 기술을 의미 있게 성취할 수 있는 것으로 입증되었다.

조기 중재는 적절한 행동, 의사소통 발달 및 사회적 상호작용을 촉진시키기 위한 전략을 균형 있게 다룬 프로그램으로 구성된다. 최근의 연구는 일주일에 20~25시간 사이의 균형 있는 조기 중재 프로그램이 가장 바람직한 결과를 내는 데 최소의 필요조건이라고 보고하였다.[2,22]

〈글상자 7-1〉 DSM-IV 진단기준, 전반적 발달장애

299.00 자폐성장애

A. (1), (2), (3)에서 총 6개(또는 그 이상) 항목, 적어도 (1)에서 2개 항목, (2)와 (3)에서 각각 1개 항목이 충족되어야 한다.

(1) 사회적 상호작용에서의 질적인 장애가 다음 항목들 중에서 적어도 2개 항목으로 표현된다.

(a) 사회적 상호작용을 조절하기 위한 눈 맞춤, 얼굴 표정, 몸자세, 몸짓과 같은 다양한 비언어적 행동을 사용함에 있어서 현저한 장애

(b) 발달 수준에 적합한 또래관계 발달의 실패

(c) 자발적으로 다른 사람들과 기쁨, 관심, 성공을 나누지 못한다(예: 관심의 대상을 보여주거나, 가져 오거나, 지적하지 못함).

(d) 사회적으로나 감정적으로 서로 반응을 주고받는 상호 교류의 결여

(2) 질적인 의사소통장애는 다음 항목들 중에서 적어도 1개 항목으로 표현된다.

(a) 구두 언어발달의 지연 또는 완전한 발달 결여(몸짓이나 흉내 내기와 같은 의사소통의 다른 방법에 의한 보상 시도가 수반되지 않는다)

(b) 적절하게 말을 하는 경우, 다른 사람과 대화를 시작하거나, 지속하는 능력의 현저한 장애

(c) 상동적이고 반복적인 언어나 괴상한 언어의 사용

(d) 발달 수준에 적합한 자발적이고 다양한 가상적 놀이나 사회적 모방놀이의 결여

(3) 제한적이고 반복적이며, 상동증적인 행동이나 관심, 활동이 다음 항목들 가운데 적어도 1개 항목으로 표현된다.

(a) 강도나 초점에 있어서 비정상적인, 한 가지 이상의 상동적이고 제한적인 관심에 집착

(b) 특이하고 비효율적인, 틀에 박힌 일이나 의식에 고집스럽게 매달림

(c) 상동적이고 반복적인 동작성 매너리즘(예: 손이나 손가락으로 딱딱 때리기나 틀기, 또는 복잡한 몸 전체 움직임)

(d) 대상의 부분에 지속적으로 몰두

B. 다음 영역 가운데 적어도 한 가지 영역에서 기능이 지연되거나 비정상적이며, 이 현상이 3세 이전에 시작된다.

(1) 사회적 상호작용

(2) 사회적 상호작용에서 사용되는 언어

(3) 상징적 또는 상상적 놀이

C. 장애가 레트장애나 소아기 붕괴성장애로 잘 설명되지 않는다.

(다음 쪽에 계속됨)

〈글상자 7-1〉 DSM-IV 진단기준, 전반적 발달장애 (계속)

299.80 달리 분류되지 않는 전반적 발달장애(PDD-NOS)

이 진단은 사회적 상호작용의 발달이나 언어적, 비언어적 의사소통 기술의 발달에 있어서 심하고 광범위한 장애가 있을 때, 또는 상동증적인 행동이나 관심, 활동이 있을 때 사용되지만 특정 광범위성 발달장애, 정신분열증, 분열형 인격장애, 회피성 인격장애의 기준에 맞지 않을 때 사용된다. 예를 들어, 이 진단은 늦은 발병 연령, 비전형적인 증상이나 뚜렷하지 않은 증상, 또는 이 모든 점들이 자폐성장애의 진단 기준에 맞지 않는 '비전형적 자폐증'을 포함한다.

299.80 아스퍼거장애

A. 사회적 상호작용에서의 질적인 장애가 다음 중 적어도 2개 항목으로 표현된다.
  (1) 사회적 상호작용을 조절하기 위한 눈맞춤, 얼굴 표정, 몸자세, 몸짓과 같은 다양한 비언어적 행동을 사용함에 있어서 현저한 장애
  (2) 발달 수준에 맞는 친구 관계 발달의 실패
  (3) 다른 사람과 함께 기쁨, 관심, 성취를 나누고자 하는 자발적인 욕구의 결여(예: 다른 사람에게 관심이 있는 사물을 보여 주기, 가져오기, 지적하기의 결여)
  (4) 사회적 또는 감정적 상호 관계의 결여
B. 제한적이고, 반복적이며, 상동증적인 행동이나 관심, 활동이 다음 가운데 적어도 1개 항목에서 나타난다〔자폐성장애의 A항 (3)과 동일〕.
  (1) 강도나 초점에 있어서 비정상적인 한 가지 이상의 상동적이고 제한적인 관심에 집착
  (2) 특이하고 비효율적인 틀에 박힌 일이나 의식에 고집스럽게 매달림
  (3) 상동적이고 반복적인 동작성 매너리즘(예: 손 또는 손가락을 퍼덕거리거나 비꼬기, 또는 복잡한 전신 움직임)
  (4) 대상의 부분에 지속적인 집착
C. 장애가 사회적, 직업적, 또는 다른 중요한 기능 영역에서 임상적으로 심각한 장애를 일으킨다.
D. 임상적으로 심각한 광범위성 언어발달의 지연은 없다(예: 단음절 단어를 2세에 사용하고, 의사소통을 위한 구를 3세에 사용한다).
E. 소아기에 인지발달이나 나이에 맞는 자기-보호 기술 및 적응행동의 발달, 환경에 대한 호기심의 발달에 있어서 임상적으로 심각한 지연은 없다.
F. 다른 특정 광범위성 발달장애나 정신분열증의 진단 기준에는 맞지 않는다.

(다음 쪽에 계속됨)

〈글상자 7-1〉 DSM-IV 진단기준, 전반적 발달장애 (계속)

299.80 레트장애

A. 다음에 오는 사항의 모두를 포함한다.
   (1) 명백하게 정상적인 출생 전과 주산기 발달.
   (2) 출생 이후 첫 5개월 동안 명백하게 정상적인 정신운동성 발달
   (3) 출생시 정상적인 머리둘레
B. 정상적인 발달 기간이 지난 후 다음의 모든 사항이 시작된다.
   (1) 5개월과 48개월 사이에 머리 성장의 감속
   (2) 5개월과 30개월 사이에 과거에 습득한 의미 있는 손기술의 상실과 뒤따르는 상동증적인 손 움직임의 발달(예: 손을 쥐어틀기나, 손 씻기)
   (3) 발병 초기 사회적 참여의 상실(사회적 상호작용은 흔히 늦게 발달하지만)
   (4) 조정이 안 되는 보행과 몸 움직임
   (5) 심한 정신운동성 지체와 함께 수용성 언어발달과 표현성 언어발달의 심한 장애

299.10 소아기 붕괴성장애

A. 출생 후 적어도 2년 동안 분명한 정상발달이 이루어지는데, 이는 나이에 적합한 언어적, 비언어적 의사소통, 사회적 관계 놀이, 적응행동으로 나타난다.
B. 다음 영역 가운데 적어도 2개 영역에서 과거(10세 이전)에 습득했던 기술이 임상적으로 심각한 수준에서 상실된다.
   (1) 표현성 또는 수용성 언어
   (2) 사회적 기술 또는 적응행동
   (3) 대변 또는 방광조절
   (4) 놀이
   (5) 운동성 기술
C. 다음 영역 가운데 적어도 2개 영역에서 기능장애
   (1) 사회적 상호작용에서의 질적인 장애(예: 비언어적 행동장애, 친구 관계의 발달 실패, 사회적 또는 감정적 상호 교류의 결여)
   (2) 의사소통에서의 질적인 장애(예: 구두 언어의 지연 또는 결여, 대화를 시작하거나 유지하지 못함, 상동증적이고 반복적인 언어 사용, 여러 가지 가상적 놀이의 결여)
   (3) 운동성 상동증과 메너리즘을 포함하는, 제한적이고 반복적이며 상동증적인 행동, 관심, 활동
D. 장애가 다른 특정광범위성 발달장애나 정신분열증으로 잘 설명되지 않는다.

▼ 영아의 진단, 사정 및 절차상의 프로토콜*

부모의 입장에서 보면, 자폐 스펙트럼장애 아동들은 구어의 시작이 늦거나 비전형적인 구어와 언어발달을 보이기 때문에 맨 먼저 언어치료사에게 의뢰할 가능성이 높다. 자폐 스펙트럼장애 아동들은 대체로 신체적으로 건강하고, 정상적으로 성장하며, 의료진의 특별한 관심의 대상이 되지 않는다. 사실상 바쁜 소아과 의사나 가정의는 때가 되면 말을 시작할 것이고, 지체에 대해 우려할 시기는 24~36개월경이라며 부모를 안심시킨다. 그러나 내과 의사들은 의학계에 보고된 두 개의 연구보고서의 결과로 인해서, 부모가 지체되거나 비전형적인 의사소통과 행동 발달에 우려를 보이는 것에 더욱 주의를 기울이게 되었다:

'임상 지침(Practice Parameter): 자폐의 선별과 진단'(미국 신경학회, 2000)[1] 및 '아동기 자폐 스펙트럼장애의 진단과 치료에서 소아과 의사의 역할(The Pediatrician's Role in the Diagnosis and Management of Autistic Spectrum Disorder in Children)'(미국 소아과학회 발간, 2001)[3]. 이보다 활용도는 떨어지지만 『ICDL 임상지침서(ICDL Clinical Practice Guidelines)』(The Interdisciplinary Council on Developmental and Learning Disorder, 2000)에서는 언어치료사, 소아과 작업치료사, 물리치료사, 아동 정신병 의사, 안과 의사, 사회복지사 및 유아 교육자뿐만 아니라, 내과 의사들을 위한 임상 지침도 다루고 있다.[23]

차별적 진단

자폐 스펙트럼장애의 특징이 다른 유전성장애와 신경학적 장애에서도 나타날 수 있기 때문에, 자폐 스펙트럼장애가 의심될 때 그것을 제외시키고 자폐 스펙트럼장애(ASD)에 적절한 치료를 제공하는 것이 더 중요해지고 있다. 그러므로 자폐 스펙트럼장애의 차별적 진단은 증상의 다른 알려진 원인을 모두 배제하는 진단을 의미한다. 차별적 진단의 과정은 팀 접근을 포함하며, 언어치료사는 차별적 진단을 내리는 과정에서 아동이 처음으로 의뢰받는 팀 구성원의 하나가 될 것이다. 차별적 진단이 내려지는 과정은

---

* [역자 주] 프로토콜(protocol): 환자치료를 실행하기 위한 계획, 치료 계획안 기록

가족에게 부과되는 비용이 매우 비싸고, 예비 사정에서 차별적 진단이 필요하지 않다고 나타날 수 있기 때문에 철저한 준비와 고려 없이 이러한 절차가 진행되어서는 안 된다. 차별적 진단은 소아과 의사, 신경과 의사, 유전학자, 내분비학자, 심리학자, 물리치료사 및 작업치료사의 자문이 포함될 수 있다; 필요하다면 실험실 검사, 전기 생리학 검사, 신경사진(neuroimaging) 및 다른 특수화된 절차가 포함될 것이다.[3,5,6]

이와 같은 대규모 프로토콜이 왜 필요한가? 목적은 영아의 특징적 행동이 자폐 스펙트럼장애보다는 다른 원인에 의한 것인지를 결정하기 위한 것이다. 차별적 진단을 통해 확인할 수 있는 예측 가능한 다른 원인으로는 다음과 같은 것들이 포함된다:

- 정신지체
- 발작장애 (seizure disorder)
- 정서장애
- 기타 심각한 정신장애
- 대사장애
- 유전성장애
- 뇌 기형이나 뇌 손상

그러한 장애에 대한 치료는 자폐 스펙트럼장애와는 다른 치료법을 필요로 하며, 자폐 스펙트럼장애와 유사한 행동들은 주장애(underlying disorder)의 성공적인 치료로 해결될 수 있을 것이다.

특수한 검사나 테스트에 대한 의뢰는 언제든지 이루어질 수 있지만, 차별적 진단을 의뢰하는 언어치료사는 상당한 양의 믿을 수 있는 정보를 수집하여 분석한 후에 수행해야 한다. 특수하거나 광범위한 검사에 대한 의뢰를 결정하는 것은 가족과의 상담을 통하여 이루어져야 한다. 서면 의뢰는 다음 내용을 포함하는 한 두 페이지의 서신으로 아동의 1차 치료사에게 보내져야 한다. (1) 특수한 평가나 적절한 전문의 의뢰에 대한 요청, (2) 의뢰를 하게 된 관찰된 행동의 짧은 기록과 의뢰 사유, (3) 배제하거나 확인할 필요가 있는 질환 목록, (4) 언어치료사가 준비한 완벽한 보고서나 시행할 절차에 대한 1페이지의 개요와 보고서를 요청할 수 있다는 진술. 보고서가 완성되기 전에 아동의 부모나 법적 보호자가 서명한 허가증의 사본을 반드시 포함시켜야 한다.

언어치료사는 진단 과정에서 상당한 양의 책임을 맡는다. 챠키리쓰(Tsakiris)는

"말-언어와 의사소통 기술(및 그것의 결함)은 자폐 스펙트럼장애를 규정하는 특징이며, 가장 초기의 진단 조건이기 때문에 이 증후군에 있어서 가장 중요한 기능 발달 영역의 하나이다."(p. 736). 대체로 아동이 자폐 스펙트럼장애를 가졌는지 그리고/또는 다른 서비스에 의뢰해야 하는 지를 판단하기 위한 충분한 정보를 수집하기 위해 언어치료사가 전반적인 평가를 수행하여야 한다.

사례력

우선 가족에게 사례력(case history)을 얻어야 한다. 언어치료사는 가족구성원이 아동에게 서비스를 제공하는 팀의 필수적인 구성원이며, 아동 발달이라는 최상의 결과를 성취하는 데 도움을 줄 수 있는 특정한 정보와 통찰력을 유일하게 가지고 있다는 점을 확신시켜야 한다. 병력으로 얻은 정보뿐만 아니라(부록 A에 모델 양식이 제시되어 있다), 언어치료사는 다양한 잠재적 문제의 징후가 될 수 있는 정보를 얻기 위해 부모와 협력해야 한다. 시간을 절약하기 위해서 가족과의 면담 시간을 정하기 전에 가족에게 사례력의 양식(들)을 보내는 것이 좋다. 그것이 이루어지면 만남이 이루어지기 전에 정보를 받는 것이 좋다(가족에게 회신용 봉투를 제공하고/제공하거나, 그들에게 약속 전에 정보가 필요함을 강조하기 위해 추가적인 전화 연락을 취해야 한다). 보충 양식으로는 다음에 관한 정보를 요청하는 것이 좋다.

- 다른 가족 구성원들이 전반적 발달장애, 자폐 스펙트럼장애, 또는 기타 장애로 진단된 적이 있는가?
- 아동이 음식에 대해 매우 싫어하거나 선호하는 것을 보이는가?
- 아동이 감각 자극(촉각, 소리, 동작)에 대해 매우 비전형적인 반응을 보이는가?
- 아동의 발달이 가족 내의 다른 아동의 발달과 두드러지게 차이가 나는가? 만약 그렇다면 어떻게 나타나는가?
- 아동이 발작을 일으킬 가능성이 있는가?
- 가족이나 가족주치의가 염려하는 아동의 신체적 특성이 있는가?
- 아동의 어떤 행동이 가족에게 관심의 대상인가? 구체적으로 쓰시오.
- 염려되는 아동의 행동이 나타나는 낮 또는 밤 시간이 있는가?
- 염려되는 아동의 행동이 나타나는 일상생활이나 양육활동의 일과가 있는가?
- 아동이 이미 나타내거나 일단 성립한 발달기술에서 퇴행을 경험한 적이 있는가?

일본에서 수행된 3세 6개월~29세 9개월 연령대의 99명에 대한 구어 능력을 평가한 연구에서 일어문(한 단어) 발화를 시작하는 시기가 12개월~48개월 사이라는 것을 밝혀졌다. 대상자 중 이어문(두 단어) 발화를 하는 경우는 거의 없었다. 그룹의 1/3은 구어를 시작한 시점인 12~36개월 사이에 자신의 말을 잊어버렸다.[25]

이러한 종류의 정보를 포함하는 사례력을 모으는 것은 언어치료사의 역할 이외의 것으로 보일 수도 있지만, 그것은 경험 있는 의사들에 의해 관찰될 수 있는 행동에 단서를 제공한다. 예를 들어, 심각하게 불안정한 수면 패턴은 자폐 스펙트럼장애 증상이 있는 아동들 사이에서는 일반적이다; 지속적이고 심각하게 기저귀 차는 것이나 옷 입는 것을 거부하는 것은 종종 촉각과민증(tactile hypersensitivitiy)과 관련이 있다;[26] 이상한 식사 패턴을 보이거나 상당히 많은 종류의 음식을 거부하는 것은 구강 방어, 음식 알레르기(자폐 스펙트럼장애 아동에게서 일반적임), 대사과정에 심각한 장애를 가진 경우이다. 수집된 다른 정보들과 종합해 보면, 사례력은 문제의 다음 단계로 검사를 진행할지, 아니면 중단할 지를 결정하게 한다.

부모/가족 면담

사례력 조사에서 가족이 제공한 정보를 검토한 후, 언어치료사는 그들의 현재 관심사에 대해 가족 구성원과 충분한 대화를 나누는데 충분한 시간을 할애해야 한다. 언어치료사가 가족들이 상담하는 첫 번째 전문가일 경우에는 가족의 관심사는 아동의 구어나 언어의 비전형적 습득이나 지체, 아동의 이상한 사회적 행동에 집중될 것이다.

부모와 대화 시에는 언어치료사의 질문에 부모가 대답할 뿐만 아니라, 부모가 언어치료사에게 질문하는 것도 허용하여야 한다. 가족 구성원이 주는 정보가 아동의 상황을 전문가가 이해하는 데 중요한 사항이라는 확신을 갖도록 하여야 한다.

다른 전문가들의 보고서

가족이 아동에 대한 그들의 관심사를 다른 전문가들과 상담할 경우, 그들의 검사 결과에 대한 어떤 결과 보고서도 언어치료사가 검토해야 한다. 심리학자, 유아 교육자, 의료 직원의 보고서에 특히 관심을 가져야 한다. 때때로 가족들은 그들이 동의하지 않는 결과를 아동을 면담할 다음 전문가가 공유하는 것을 꺼려한다. 왜냐하면 가족들은 다른 전문가가 가지게 될 선입견을 두려워하기 때문이다. 그것은 그들의 특권이다. 그러나 가족이 그들이 부정적으로 인식하고 있는 보고서의 검토를 기꺼이 승낙하고, 그들이 의심하고 동의하지 않는다는 것을 자신 있게 말할 수 있도록 한다면, 다른 전문가를 통해 다시 재검토할 사항들을 도출해낼 수 있을 것이다.

아동의 관찰

언어치료사는 하나, 또는 그 이상의 자연적 환경(예를 들어, 아동이 친숙한 환경-가정, 어린이집 환경)에서 아동이 편안함을 느끼는 사람들과 함께 아동을 관찰하는 것이 필요하다. 또한 Part C 법령에서는 자연적 환경에서의 관찰을 요구할 뿐만 아니라, 발달지체와 장애 아동의 사정과 관리에 참여하는 모든 전문가들에게 최상의 임상 프로토콜을 제공한다.

자폐 스펙트럼장애 아동은 일상의 새로운 상황이나 변화에 쉽게 적응하지 못한다. 또한 자폐 스펙트럼장애가 없는 걸음마기 영아들도 대부분 친숙하지 않은 상황에 대해 어려움을 지닌다. 1회 관찰보다 연속적인 관찰을 통해서 아동의 평상시 행동을 평가할 수 있다. 관찰은 타인에 대한 아동의 반응과 관찰하는 환경의 상태를 기록하도록 되어 있다. 제공된 자극에 대한 반응 (타인에 대한 주의 집중, 촉각 자극, 청각 자극, 시각 자극); 아동의 행동 개시; 예민성의 수준, 호기심, 주의 끌기, 놀이도 기록되어야 한다. 미국 특수아동협회(Council for Exceptional Children; CEC)의 영유아분과(Division of Early Childhood; DEC)에서 발간된『최상의 실제』지침서는 영아를 관찰하는 문제와 관련한 조기 중재의 유용한 기술 및 능력을 약술한다.[28]

영아를 1회라도 직접적으로 관찰하는 것이 불가능한 경우, 가족이 제작한 비디오테이프를 분석하는 것이 (현재, 그리고/또는 과거의 가족행사) 익숙한 환경에서 영아에 대한 가치 있는 정보를 습득하는 데 도움이 될 수 있다. 부모는 비디오테이프에 나타난 행동들이 아동의 전형적인 행동이라는 것을 확신할 수 있어야 한다. 그러한 비디오테이프 분석 기록은 언어치료사가 보관하여야 할 기록의 일부라고 볼 수 있다.

전반적 발달장애와 자폐 스펙트럼장애의 초기 징후

다음의 사회적 행동, 의사소통 지표들이 어떤 방법에 의해 발견되든지, 말-언어 병리학자는 자폐 스펙트럼장애 진단이 가능한(확실하지 않은 경우) 중요한 행동목록들을 알고 있어야 한다. 아래 목록은 자폐 스펙트럼장애 아동에게 일반적인 행동을 종합해 놓은 것이다.

- 의사소통 파트너의 눈맞춤이나 가리키기를 모니터하지 못하거나 빈약함.
- 연령에 기대되는 가상놀이의 부재나 빈약함.
- 연령에 기대되는 서술적 가리키기(declarative pointing)*의 부재나 부족함.
- 12개월까지 옹알이(babbling)를 하지 않음.
- 16개월까지 단어를 말하지 않음.
- 사회적 자극에 관심이 없거나 부족함.
- 사람들과 물건 사이에 주의의 이동이 없거나 비정상적임.
- 정보나 경험을 공유하기 위해 의사소통 상대방의 관심을 전혀 요구하지 않거나 드물게 요구함.
- 어떤 연령에서 언어나 사회적 기술의 상실.

직접검사 및 직접사정 기법

자폐 스펙트럼장애가 있다고 의심되는 아동을 진단, 평가하는 과정의 프로토콜은 시간을 요구하지만, 자폐 스펙트럼장애 진단을 정확히 내리는 것이 중요하고 영향력이 크기 때문에 전문가의 관심과 시간 및 주의가 필요하다.

지체나 비전형적 언어발달을 보이는 영아들은 청력 검사를 받아야 한다. 청력 손실의 증명뿐만 아니라, 자폐 스펙트럼장애 아동의 청각과민을 확인할 수 있다.

아동이 자폐 스펙트럼장애가 의심될 경우 다음 장에 기술될 구어나 언어지체/장애의 발생 시기를 분석하기 위하여 고안된 직접 사정기법과 검사 프로토콜을 이용하기 힘들 것이다. 직접 사정기법의 일부는 자폐 스펙트럼장애가 있지만 좀 더 기능 수준이 높은 아동에게는 사용이 가능하지만, 좀 더 특별한 도구와 절차가 필요하다. 의사들은 영아들을 Part C에 등록하기 위하여 영아를 대상으로 하는 표준화된 사정도구의 사용을 필요로 한다. 반면에 다른 주에서는 전문가의 판단을 자격조건으로 인정하며 표준화된 도구를 요구하지 않는다. 각 주들에 있는 '선도기관'은 Part법령의 시행규칙을 제공하고 있다(부록 C에 선도기관의 목록이 제시되어 있다).

* [역자 주] 서술적 가리키기(declarative pointing): 자신이 보고 있는 대상을 다른 사람이 보도록 하기 위하여 손가락으로 그 대상을 가리키면서 상대방의 눈을 살피는 행동.

▼ 선택된 도구 및 절차

전반적 발달장애와 자폐 스펙트럼장애 진단에 사용되고 있는 다양한 도구와 절차가 문헌에 제시되어 있다. 대부분은 아동에게 적절하지만, 영아 집단에는 적용되지 않는다. 몇 개의 도구는 자폐 스펙트럼장애가 의심되는 영아뿐만 아니라, 자폐 스펙트럼장애가 의심되지 않는 아동을 사정하는 데 사용될 것이다. 이러한 도구와 절차의 제한점은 3세 이하의 아동을 평가하는 데 사용되는 도구의 하나라는 것이다.

주요 도구 중 어떤 것은 아동에게 직접 검사를 하거나, 상호작용을 필요로 하며 어떤 도구는 일상 활동들이나 친숙한 양육자와 놀이하는 동안 아동을 관찰하는 것에 기반을 두고 있다. 〈표 7-1〉은 영아 집단에게 적용할 수 있는 도구의 목록이다.

영아기에 자폐 스펙트럼장애의 진단도 신뢰성이 높은 것으로 간주된다. 로드(Lord)는[43] 2세 연령에서 진단된 영아의 94%가 3세에 자폐 스펙트럼장애가 있는 것으로 보고 있다. 자폐 스펙트럼장애를 진단받은 그룹 중 75%가 자폐성장애이며, 나머지 25%는 분류되지 않은 전반적 발달장애(PDD-NOS)이다.

로드와 리씨(Risi)[44]는 2세에 진단된 아동의 74%가 3세에 스펙트럼이 있는 것으로 간주된다고 지적한다.

▼ 자폐 스펙트럼장애의 진단에는 무엇이 뒤따르는가?

아동에게 자폐 스펙트럼장애가 있다고 결정되면, 이후 치료는 가족과 아동이 모두 참여하며 많은 전략을 필요로 한다. 아동을 위한 중요한 결정을 하는 가족구성원은 질환과 원인, 중재선택을 하기 위한 정보를 필요로 할 것이다. 또한 그들은 유전 상담에 국한되지 않은 전문 상담 서비스가 필요할 것이다.

질환 및 원인에 대한 정보

가족 구성원이 질환 및 원인을 이해하도록 돕는 정보는 신뢰할 만한 자료에 근거하여야 한다. 의사들은 우선적으로 가족이 미국자폐협회(Autism Society of America)와 국제보건연구원(National Institutes of Health)의 인터넷을 통하여 간단한 자료를 제공받

〈표 7-1〉 영아기의 자폐스펙트럼장애를 확인하는 데 유용한 검사도구들

도구의 유형과 도구명	원저/참고	특징	저자
선별 도구			
연령과 발달단계 질문지, 2판[29]	Paul H. Brookes Publishing Co. P.O. Box 10624, Baltimore, MD 21285-0624 Ph: 800-638-3775	2개월 간격(4~24개월), 3개월 간격(27~36개월)으로 부모가 완성하는 30항목의 질문지; 의사소통, 대근육, 소근육, 문제해결, 개인적-사회적 발달; 또한 스페인어나 프랑스어에서 사용 가능함.	Bricker D, et al
자폐증 진단 인터뷰 개정판 (ADI-R)[30]	Lord C, Rutter M, LeCouteur A: *J Autism Dev Disord* 24: 659-685, 1994; contact Western Psychological Services for pending publication information.	검사수행시간은 3시간이고 검사를 적절하게 수행하기 위해서 검사자 훈련이 필요하다.	Lord c, Rutter M, LeCouteur A
자폐증 진단 관찰 스케줄 (ADOS)[31]	Lord C, et al: *Autism diagnostic observation Schedule*, WPS edition, Los Angeles, 1999, Western Psychological Services	아직 구문을 사용하지 않는 0~6세 미만 영유아에게 시행하고 검사시간은 30분이 걸리며, ICD-10, DSM-IV의 진단기준과 연관되어 있다.	DiLavore PC, Lord C, Rutter M(see J Autism Dev Disord 25(4): 355-379, 1995)
아동기 자폐증 평정척도[32] (CARS), 1988	Western Psychological Services Ph: 1-800-648-8857 http://www.wps.com	2세 이상, 광범위하게 사용되며, DSM-IV의 진단기준과는 다르다.	Schopler E, et al
사회적 의사소통 질문지[33] (SCQ; 이전에는 자폐선별 질문지-ASQ였음)	Contact Western Psychological Services for more information on anticipated publication date developmental research Ph: 1-800-648-8857 http://www.wps.com	ADI-R에 기초한 질문지이며, 4세 이하의 아동을 대상으로 사용할 목적으로 예비 연구단계에 있음.(미시간 대학교의 연구)	Berument SK, et al(see Br J Psychiatry 175: 444-451, 1999)

(다음 쪽에 계속됨)

〈표 7-1〉 영아기의 자폐스펙트럼장애를 확인하는 데 유용한 검사도구들 (계속)

도구의 유형과 도구명	원저/참고	설명	저자
선별도구			
영아기 발달목록 (CDIs),[34] 1994	Behavior Science Systems P.O. Box 580274 Minneapolis, MN 55458 Ph: 612-929-6220	0~21개월 영아 검사; 15~36개월 영아검사; 5~10분 분량으로 부모용 체크리스트, 선별영역은 언어, 운동, 인지, 선수학습기술, 사회성, 자조기술임.	Ireton H
걸음마기 자폐증 체크리스트 (CHAT)[35]	Baron-Cohen S, Allen J, Gillberg C: *Br J Psychiatry* 168: 158-163, 1996.	18개월 이상의 연령을 위한 검사;14개의 질문과 간단한 위험평정척도; 부모 질문; 9개항의 문항과 5개의 관찰항목이 포함; 경도의 자폐스펙트럼장애에는 민감하지 못함.	Baron-Cohen S, Allen J, Gillberg C
걸음마기 자폐증 체크리스트 개정판[36]	Robins DL, et al Available at http://www.firstsigns.org/downloads/m-chat_scoring.PDF	18~24개월; 부모를 위한 23문항의 체크리스트; 시행시 10분 정도 소요; 3문항의 실패는 추후검사를 권함.	Robins DL, Fein MA, Barton M, Green JA
영아의 사회성에 의한 자폐증 추적 인터뷰[37] (DASI)	Wimproy DC, et al: *J Autism Dev Disord* 30(6): 522-536, 2000.	0~24개월에 적용; 19개 문항 중 16개가 자폐와 자폐가 아닌 영아를 구별하도록 함.	Wimproy DC, Hobson RP Williams JM, Nash S
전반적 발달장애 선별검사(PDDST),[38] 1996 및 전반적 발달장애 선별검사 II (이 책이 쓰이는 지금 이 순간에도 발달되고 있다)	Bryna Siegel, PhD Langley Porter Psychiatic Institute University of California San Francisco, CA 94143-0984	부모가 자녀와 경험한 것을 다른 아동, 다른 형제, 부모가 원래 기대했던 것과 비교하여 완성하는 체크리스트; 항목에 대한 평정척도는 "예, 대체로 그렇다."나 "아니오, 대체로 그렇지 않다."로 구성됨.	Siegel B

(다음 쪽에 계속됨)

〈표 7-1〉 영아기에 자폐스펙트럼장애를 확인하는 데 유용한 검사도구들 (계속)

도구의 유형과 도구명	원저/참고	설명	저자
2세 아동을 위한 자폐증 선별도구[39] (STAT) (미간행; 저자로부터 구입 가능)	Wendy Stone, PhD Vanderbilt Child Development Center Medical Center South, Rm 426 2100 Pierce Ave Nashville, TN 37232-3573 Ph: 615-936-0249 E-mail: wendystone@mcmail.vanderbilt.edu	단계 I: 0~36개월. 단계 II: 24~35개월. 20분간의 놀이활동, 상호작용적 놀이, 운동모방, 비언어적 의사소통 등의 샘플을 모은다; 자폐와 다른 발달장애를 구별함.	Stone W
언어 사정 도구			
의사소통과 상징적 행동척도 (Communication and Symbolic Behavior Scales)[40]	The Speech Bin 1965 Twenty-Fifth Ave Vero Beach, FL 32960 Ph: 1-800-4-SPEECH Also available from Brookes Publishing P.O Box 10624 Baltimore, MD 21285-0624 Ph: 1-800-638-3775 www.brookespublishing.com	8~24개월; 22개의 5점 척도 문항: 의사소통 기능/수단, 상호작용성, 언어적/비언어적상징적 행동, 사회적/반응적 신호를 검사함.	Wetherby A, Prizant BM
의사소통과 상징발달 프로파일[41]	위의 CSBS 참조	위험군 아동을 확인; 양육자 질문지, 행동 샘플링 절차, 의뢰전 체크리스트로 구성; 30분이 소요됨.	Wetherby A, Prizant BM
로제타 영아기 언어검사, 의사소통과 상호작용 영역[42], 1990	LinguiSystems 3100 4th Ave East Moline, IL 61244-9700 Ph: 1-800-776-4332 www.linguisystems.com	0-36개월; 부모질문지와 상호작용-애착, 화용론, 몸짓, 놀이, 언어이해, 언어표현을 사정하는 일련의 항목으로 구성; 항목은 부모의 보고로도 채점될 수 있다; 자폐증을 추정하기 위해 특별하게 고안된 도구는 아니며, 자폐스펙트럼장애 행동이 포함되어 있다.	Rossetti L

기 바랄 것이다. 가족이 간단한 자료를 통해 기본적인 정보를 제공받은 후에는 다양한 중재방법 중 하나를 선택하기 위하여 더 구체적인 정보가 필요할 것이다. 자폐 스펙트럼장애 아동의 가족들에게 유용한 인터넷 출처가 '자폐 스펙트럼장애'라는 제목으로 부록 D에 수록되어 있다. 자폐 스펙트럼장애의 범주를 포함하는 많은 좋은 서적들이 있다. 이러한 참고목록은 인터넷에서 쉽게 이용할 수 있다. 저자들은 최근 새롭게 바뀐 더 많은 정보를 위해 http://www.google.com로 들어가서 '자폐 스펙트럼장애 저서 목록' 단계를 검색하도록 한다.

자폐 스펙트럼장애에 한정된 정보뿐 아니라, 가족은 적용될 수 있는 법률(연방 및 주정부)과 관련된 정보를 필요로 한다. 독자들은 IDEA에 대한 정보 접근에 대한 더 많은 정보를 얻기 위해서는 부록 D의 '인터넷 자원'의 목록을 참고하면 된다.

상담

자폐 스펙트럼장애로 진단 받은 아동의 가족은 다양한 유형의 상담을 필요로 할지 모른다. 모든 가족들이 모든 유형의 상담을 필요로 하는 것은 아니지만, 많은 가족들이 시간이 경과함에 따라 어떤 유형의 상담을 필요로 한다. 다양한 형태의 상담이 포함되어 있으며, 이는 유전, 의학, 교육, 가족, 재정 및 심리 상담에 국한되어 있지 않다. 추가적으로 의사소통 및 언어발달에 관한 상담이 필요하다.

자폐 스펙트럼장애 아동은 다음 세대의 자녀 중 3~7%에서 자폐 스펙트럼장애가 재발된다는 위험이 알려져 있기 때문에 유전 상담이 필요하다.[3] 의학 서적에서 제시하고 있는 인간 게놈(genome)에 대한 보고서가 점점 증가하고 있으며, 위험률에 대한 통계치가 미래에는 개정될 것이다. 의학 치료가 필요한 수반질환(co-morbid conditions)을 가지고 있는 아동의 가족은 의학 상담을 필요로 한다. 자폐 스펙트럼장애 아동은 알레르기 발병률이 높은 것으로 알려져 있다; 어떤 아동은 의학 상담 없이 치료를 맡으면 안 되는 특수한 식이요법을 필요로 하기도 한다.

교육 상담은 아동의 연령이 높아감에 따라 아동의 개별화된 요구에 부합하는 교육기관의 환경 및 프로그램을 선택하는 가족을 돕기 위해서 필요할 것이다. 이러한 교육적 결정이 이루어지기 전에 개별화된 요구가 제대로 예견되고 조사되어야 한다. 자폐 스펙트럼장애가 있는 어떤 아동들은 특수학급을 필요로 하는 반면, 어떤 아동들은 특별한 지원이 있는 일반 학급에서 잘 생활한다. 특별한 서비스를 위한 선행조건으로서 교육적 시스템에서 내려지는 장애 범주와 의학 진단 사이에는 차이가 존재하기 때문에, 헤드 스타트 프로그램으로부터 정보를 얻고, 전문가들에게 상담을 구하는 것이 현명하다.

가족 상담은 가족의 모든 구성원이나 가족 단위의 일부만을 포함할 수 있다. 예를 들어, 장애가 있는 아동의 형제자매에 대한 상담이 유용하고, 대체로 매우 도움을 받을 수 있다.

수년 동안 부모 지원 조직을 통하여, 자폐 스펙트럼장애를 포함하여 장애가 있는 아동의 가족에게 재정 상담이 제공되었다. 아동에게 심각한 인지적 한계, 행동장애, 또는 자폐 스펙트럼장애 집단에서 일반적으로 보이는 기타 다른 문제가 있을 때 대체로 부모와 다른 가족 구성원들은 그들이 더 이상 가정에서 아동을 돌 볼 수 없게 되었을 때, 아동의 미래가 어떻게 될 것인지를 염려한다. 그러한 상황에서 재정 계획은 유용한 재정 상담의 한 부분이다. 보험 보상에 대한 상담은 재정 상담의 또 하나의 영역이며, 특히 장애 발생에 대한 정부 보조금과 건강관리 부조에 대한 자격, 최대한의 보상한도 및 보건에 관계된 고려사항들은 시간이 지남에 따라 변화한다.

자폐 스펙트럼장애 아동을 양육하면서 겪는 스트레스에 잘 대처하기 위해서는 때때로 개별심리상담이 필요할 수 있다. 자폐 스펙트럼장애 아동을 돌보기 위해 필요한 시간 때문에 겪는 부부의 스트레스 및 치료를 결정하기 위한 부담감조차도 부모와 다른 가족 구성원에게는 큰 피해를 줄 수 있다. 신체, 정서 및 사회적 발달과 관련한 심리상담의 특정 요소는 자폐 스펙트럼장애 증상이 있는 아동에게 유익할 수 있다.[3]

의사소통 및 언어상담은 언어치료사와 청각사의 몫이다. 자폐 스펙트럼장애 아동은 의사소통 기술 및 결함 면에서 매우 다양하기 때문에, 진단을 받은 모든 아동들이 전형적인 발달과정을 보일 것이라고 예측하는 것은 불가능하다. 언어발달이 어느 시점에 있는지에 따라서 해당 아동이 어디에서, 현재와 다음 단계의 목표를 성취하기 위해서 무엇을 해야 할지, 아동이 다음에 성취할 가능성과 이후의 의사소통 능력의 가능성을 증가시키는 활동들을 촉진하는 방법들에 대해서 익숙한 전문가가 안내를 해 주어야 한다.

가족에 대한 지원은 자폐 스펙트럼장애의 진단 및 관리에 있어서 소아과 의사의 역할로 인정받고 있다.[3] 또한 자폐 스펙트럼장애 아동의 가족을 대상으로 일하는 모든

전문가의 역할 중 하나이다.[23]

치료/중재/관리의 선택

자폐 스펙트럼장애 진단을 받은 아동의 가족들이 직면하는 가장 어려운 것 중 하나는 어떤 과정의 치료/중재/관리를 선택할 것인지 결정하는 것이다. 전문가들은 가족이 한 결정에 따라 각각의 가족을 보조하는 분명한 역할을 한다. 예를 들어, 미국소아과학회(American Academy of Pediatrics)가 "명확한 진단을 기다리는 동안, 조기 중재 프로그램에 의뢰하는 것을 지체해서는 안 된다." "프로그램이 부분적으로만 이용이 가능한데도, 소아과 의사는 그것을 모를 수 있다."[3]

그린스팬(Greenspan)[45]은 "현재 및 가까운 미래에, 연구와 더불어 임상경험이 아동과 가족의 기능적 사정에 의한 치료법을 개별화시키기 위한 임상지식을 제공하기 위해서 필요하다. … [그리고] … 아동-가족-특별한 포괄적 중재 프로그램"의 구성(p. 5). 다시 말해서, 모든 권고사항을 동일하게 요구할 수는 없다; 모든 아동과 가족들은 독특한 요구를 가진 것으로 보아야만 한다. 그러나 진단이 조기에 이루어져야 하며(가능한 빨리 이루어져야 한다), 집중적인 프로그램이(1주에 최소 25시간, 1년 내내 계속되는)[46] 요구된다. 프리잔트(Prizant)와 루빈(Rubin)[47]은 해당 아동이 선택할 프로그램(들)이 무엇인지를 결정하는 데 적용되기 위해 다섯 가지 원리를 제안한다:

1. 프로그램이 아동의 발달 수준에 근거한 개인적 요구에 부합해야 한다.
2. 프로그램이 아동 발달에 대해 알려진 것에 근거해야 한다.
3. 프로그램이 자폐의 핵심 결함에 초점을 맞춘 것인지 확인해야 한다.
4. 프로그램의 도구는 그것을 성취하는 데 사용되는 의미 있는 결과와 과정에 적합해야 한다.
5. 프로그램에 사용되는 중재의 근거를 이해해야 한다(예를 들어, 이론에 근거한, 데이터에 근거한, 최상의 실제 지식에 근거한).

그러한 조건을 유념하여 어떤 프로그램이 아동의 요구에 가장 적합한지를 결정해야 한다. 다행히 어떤 탁월한 선택을 할 수도 있다; 또한 어떤 것은 확실하지만 아직 실험중이어서, 프로그램이 연구노력으로 제시되는 경우도 있다. 불행하게도 과학적으로 믿을 수 없는 어떤 치료법이 여전히 어떤 집단에서는 활발하게 사용되는 경우도 있다. 가족이 살고 있는 지역의(예를 들어 가족이 거주하고 있는 지역 내, 또는 근처에 프로그램을 수행할 숙련된 직원이 없고, 특별한 프로그램의 비용이 가족에게 너무 과도할 수도 있다, 보험 보상이 취소될 수 있고, 가족이 프로그램의 책임을 함께 지려고 하지 않을 수도 있으며, 상당한 시간의 할애를 받아들이지 않을 수도 있다) 가족에게 유용한 자원은 IDEA 하에서 Part C의 법률상의 요구 사항을 잘 아는 전문가이며, 아동에게 이득이 되도록 서비스를 받고 합법적인 치료와 그에 따른 비용을 지불할 수 있도록 가족의 성공을 점검할 수 있는 능숙한 전문가이다. 많은 프로그램의 목적이 기능적 언어와 사회적 기술을 확립하는 것이기 때문에, 대체로 사회복지사, 언어치료사, 발달심리학자는 그러한 지식을 가지고 있거나, 그것에 접근하는 방법을 알고 있다.

영아에게 도움이 된다고 입증된 치료법

매우 극소수의 '프로그램'(출판된, 형식적 교육과정 또는 프로토콜)이 자폐 스펙트럼장애 진단을 받은 영아에게 유용하다. 그러나 소수이다. 중재절차는 어린 아동에게 적절한 관리, 또는 치료법을 선택하기 위한 기준에 도달해야 한다.

'플로우 타임(Floor Time)'은 그린스팬(Greenspan)이 오랫동안 사용한 접근방법으로, 아동이 흥미를 갖는 수정된 놀이를 기반으로 하고 있으며 아동이 나타내 보이는 흥미(또는 주도)를 기초로 경험하게 되는 것을 확장시키는 성인의 적응을 기반으로 하고 있다. 이 접근방법은 실용적이며, 무엇을 관찰하고 아동의 흥미에 맞게 어떻게 활동을 수정할 것인지에 대한 최소한의 부모교육을 요하며, 일상적 일과 활동 속에서 적용할 수 있는 장점이 있다.

응용 행동 분석(applied behavioral analysis; ABA)은 쓰미쓰(Smith)와 로바쓰(Lovaas)가 개발한 매우 구조화된 프로그램이며, 프로그램에 참여하는 사람들에게는 특별한 훈련이 필요하다. 프로그램의 수행은 1주일마다 약 40시간을 권장한다. 응용 행농 분석은 강도 높은 통제된 훈련 후에 주어진 자극이나 자극 세트에 맞도록 아동의 반응을 형성하고 수정하는 것으로 이루어진 자극-반응-결과 모델(stimulus-response-consequence model)을 강조한다. 이 프로그램을 지지하는 사람들과 권장하는 사람들이 많으며, 프로그램 개발자는 많은 성공사례에 대한 보고서를 출간하였다—때때로 이는 '치료법'으로 명명되기도 하였다. 그러나 문제점은 이 프로그램을 수행하는 데 가족의 비용과 시간이 많이 필요하다는 것이다. 이 치료법에 드는 비용을 줄이기 위해서 일부 전문가들은 수정된 ASA 기법을 적용하였는데 이 기법을 적용하기 위해서는 20~25시간이 소요된다. 일부 전문가와 연구자들은 단축된 치료기법이 긍정적 결과를 가져왔음을 보고하였다.

분야가 다양한 전문가들이 사용하는 일부 접근법들은 자폐 스펙트럼장애 아동의 개별적 요구에 부합하도록 고안된 전략들을 절충하여 사용하고 있다. 그들은 말-언어치료기법(영아의 언어발달), 작업치료 기법(감각통합훈련), 가족교육 및 가족훈련, 환경 수정(아동이 대처해야 하는 자극의 강도와 빈도를 줄이기 위해), 전이 계획(치료에 따른 아동의 진전으로 인해 발생될 미래의 변화에 대한 예견, 연령의 진전, 다른 아동의 출산과 같은 가족 상황의 변화)을 사용한다. 이 접근법을 이용하기 위해서는 참여자들이 서로 협력적 팀을 이루는 것이 필수적이다.

이러한 서비스가 가정 내에서 이루어지는 것이 가족에게 유용하겠지만, 항상 가능하거나 실제적인 것은 아니다. 그런 경우에는, 참여하는 모든 전문가들이 진행과정의 공통기반으로써 중재전략, 의문점, 관찰정보들과 관련한 사항을 공유하도록 정보를 기재하는 의사소통 일지를 작성하는 것이 권유된다. 예를 들어, 작업치료사는 아동을 진정시키고 과제에 집중력을 향상시키기 위해 사용하는 자세와 압박법에 대한 권고사항을 다른 전문가 및 가족 구성원과 공유할 수 있다. 가족들은 집안에서 아동의 흥미에 대해서 정보를 제공하고; 언어치료사는 언어 목표에 대한 정보를 얻고, 그들의 치료나 중재 시간에 언어 목표인 개념이나 기술에 노출될 기회를 제공할 수 있도록 다른 팀 구성원의 지원을 얻을 수 있다.

웨더비와 프리잔트[41]는 의사소통 및 상징적 행동척도(communication and symbolic behavior scales; CSBS)의 시행결과에 기초하여 중재계획을 세울 것을 제안하였다. 이 척도는 양육자와 아동을 위한 '성과'를 내도록 하고 있으며, 의사소통 발달에 핵심적인 전언어적 행동과 언어적 행동에 초점을 맞추도록 하고 있다. 다음 장에서 기술될 이러한 방법은 이미 언급한 절충적인 팀 접근법과 결합되기 쉬우며, 언어발달에 대한 정보를 쉽게 이해하고, 그들의 각자 환경에서 사용하기에 실제적인 전략을 양육자에게 제공되기 때문에 효과적인 것으로 주장해 왔다.

실험적 중재, 새로운 중재

자폐 스펙트럼장애의 특징과 출현율의 뚜렷한 증가는 자폐 스펙트럼장애의 신체적·교육적·사회적 측면에 부합하는 중재를 고안하기 위한 노력을 고무해 왔다. 이 접근법의 일부는 매우 논쟁의 여지가 많고, 반면에 다른 접근법들은 일부 전문가 집단에서는 지지를 얻어 왔다. 이러한 중재방법 가운데 언어치료사에게 익숙한 몇 가지 중재들도 있다. 이러한 중재들에 대한 보고서가 전국적 범위의 매체(national media)에 소개되어 있고, 부모들이 이 중재들에 대해 호기심을 갖기 쉽다. 또한 언어치료사는 믿을 만한 정보의 원천을 제공하는 부모를 어디에 보낼지를 알아야만 한다. 다행히 대부분의 중재(모든 중재들이 다 그런 것은 아니지만은) 3세 이상의 아동들이 사용될 수 있도록 고안되어졌다. 그러나 부모들이 중재에 대해 들은 만큼, 그리고 아동이 향상될 것으로 기대를 하면 할수록 질문도 많아질 것이다.

실험적인 중재의 일부는 『보완 대체의학(Complementary and Alternative Medicine)』[50, 51]이라는 책에 포괄되어 있다. 이 책에서는 현재 연구 중인 일부 중재들로서 세크레틴(secretin)의 사용,[51,52] 몸에서 수은을 제거하기 위해 킬레이트(chelation)[53] 치료법, 다음과 같은 특별한 다이어트법, 예를 들면 글루틴 억제 다이어트(gluten-free diet), 카제인 억제 다이어트(casein-free diet)가 나와 있다. 대부분의 중재들은 전반적으로 현재 미국 의학계에서 받아들여지지 않고 있다.

본 장에서, 자폐 스펙트럼장애에 대한 유전자 치료는 제시하지 않고 있다. 현장 종사자들은 이 분야에서 도출된 연구에 주의해야 한다.

입증되지 않은 치료법

일부 치료법은 오랫동안 자폐 스펙트럼장애인에게 적용 가능한 것으로 추천되어 왔다. 그들은 대체로 학교 시스템에 적용하도록 정치적 압력을 행사할 커다란 지지 그룹을 가지고 있었으며, 개별 임상현장에 있는 전문가들에 의해 지지되어 왔다. 실험적 중재법들과 마찬가지로 대부분의 입증되지 않은 치료법들은 3세 이상의 아동들에게 사용되도록 고안되어졌지만, 적어도 하나의 접근법〔더 나은 아기를 위한 연구소의 도만(Doman)과 델라카토(Delacato)가 제창한 패턴접근법(patterning approach)*〕은 더

* [역자 주] 패턴(patterning)접근법: 뇌손상·신체장애자에게 받게 하는 물리치료. 패턴화된 운동

어린 아동에게도 사용되어 왔다. 입증되지는 않았지만 언어치료사에게 익숙한 치료법으로는 패턴접근법(patterning), 촉진적 의사소통, 청각통합치료, 영양 보충, 및 면역글로불린 요법이 있다.[54] 이러한 각각의 치료법에 대한 정보는 전문 서적 및 인터넷에서 얻을 수 있다.

자폐 스펙트럼장애의 평가 및 관리 팀의 일원으로서 언어치료사는 많은 중요한 역할을 한다. 자폐 스펙트럼장애의 팀 일원인 언어치료사라면 다음과 같은 역할을 담당하여야 할 것이다:

- 최적의 서비스 및 결과를 제공하기 위해 기타 전문가 및 가족과의 협력
- 자폐 스펙트럼장애를 가지고 있다고 의심되는 유아의 선별 및 조기 판별
- 평가, 진단·평가 및 질환의 진단과 진단된 아동의 개별 특성
- 필요시 차별적 진단을 수행하기 위한 의뢰, 지시가 내려졌을 때 다른 중재나 치료방법 실행을 위해 평가에 의뢰
- 의사소통 중재: 전언어기 및 초기 언어발달
- 의사소통 상담, 부모에게 정보 제공, 특정 기법에 대한 부모 훈련 제공
- 문헌에 나와 있는 전문적인 지식 기초 습득
- 임상연구의 수행

다음 장은 의사소통지체나 장애를 갖고 있지만, 자폐 스펙트럼장애는 갖지 않은 영아를 진단·평가하고 검사하는 내용을 다루고 있다.

▼ 참고 문헌

1. Filipek PA, et al: Practice parameter: screening and diagnosis of autism—report of the Quality Standards Subcommittee of the American Academy of Neurology and the Child Neurology Society, *Neurology* 55(4):468–479, 2000.
2. Lord C, McGee JP, editors: Committee on Educational Interventions for Children with Autism, Division of Behavioral Sciences and Education, National Research Council, *Educating children with autism*, Washington, DC, 2001, National Academics Press, p 219.

을 통해 마비된 신경과 근육의 회복을 꾀함.

3. American Academy of Pediatrics, Committee on Children with Disabilities: Technical report: the pediatrician's role in the diagnosis and management of autistic spectrum disorder in children, *Pediatrics* 107(5):1221-1226, 2001.
4. American Psychiatric Association: *Diagnostic and statistical manual*, ed 4, Washington, DC, 1994, APA.
5. Scambler D, Rogers S, Wehner EA: Can the checklist for autism in toddlers differentiyoung children with autism from those with developmental delays? *I Am Acad Child Adolesc Psychiatry* 40(12):1457-1463, 2001.
6. Giddings S: Seizing opportunities: researchers are taking advantage of imaging techto unlock the secrets of brain disorders that profoundly affect children, *Adv mmaging Radiat Ther Profess* 15(10):26, 27-29, 2002.
7. American Academy of Neurology: Practice parameter: screening and diagnosis of autistic spectrum disorders (a multi-society consensus statement, 02/25/00). Summary statement prepared by PA Filipek, corresponding author and project chair (E-mail: filipek@uci.edu).
8. Dunlap G, Bunton-Pierce MK: Autism and autism spectrum disorder (ASD). ERIC Digest #E583. Available from ERIC Clearinghouse on Disabilities & Gifted Education, CEC (E-mail: ericec@cec.sped.org).
9. Chakrabarti 5, Fombonne E: Pervasive developmental disorders in preschool children, *JAMA* 185(24):3093-3099, 2001.
10. Chandrasekaran B: Detection of autism delayed in India, *Adv Speech-Lang Pathologists Audiologists* 11(38):18, 2001.
11. Solomon BI, Sonies BC: *Oral-motor, speech and swallowing functions in three rare genetic syndromes*. Seminar presented at the Conference of the American-Speech-Language-Hearing Association, New Orleans, La, Nov 16, 2001.
12. Tsai L: *Autistic spectrum disorder: new definition, advances in neurobiological research, and treatment implications*. Keynote address at the Woman's Foundation, Inc. Conference on Autistic Spectrum Disorders, Lafayette, La, Oct 21, 2000.
13. Osterling J, Dawson G: Early recognition of children with autism: a study of first birthday home videotapes, *J Autism Dvmtl Disord* 24(3):247-257, 1994.
14. Mars AE, Mauk JE, Dowrick P: Symptoms of pervasive developmental disorders as observed in prediagnostic home videos of infants and toddlers, *J Pediatr* 132(Pt 1): 500-504, 1998.
15. Brown E, et al: *Early identification of 8- to 10-month-old infants with autism based on observation from home videos of infants and toddlers*, Atlanta, Ga, 1998, International Society of Infant Studies.
16. Osterling J, Dawson G: Early identification of 1-year-olds with autism vs. mental re-

tardation based on home videotapes of first birthday parties. Proceedings of the Society for Research in Child Development, Albuquerque, NM, 1999.

17. Baranek GT: Autism during infancy: a retrospective videoanalysis of sensory-motor and social behaviors at 9-12 months of age, *J Autism Dev Disord* 29(3):213-224, 1999.
18. Bauman ML: Autism: clinical features and neurobiological observations. In *ICDL clinical practice guidelines*, Bethesda, Md, 2000, Interdisciplinary Council on Developmental and Learning Disorders, pp 689-703.
19. Hyman SL, Rodier PM, Davidson P: Editorial: Pervasive developmental disorders in young children, *JAMA* 285(24):3141-3142, 2001.
20. Short B, Schopler E: Factors relating to age of onset in autism, *J Autism Dev Disord* 18(2):207-216, 1988.
21. Stone WL, et al: Early recognition of autism, *Arch PediatrAdolesc Med* 148(2):174-179, 1994.
22. Prelock P: Understanding autism spectrum disorders: the role of speech-language pathologists and audiologists in service delivery, *ASHA Leader* 6(17):5-7, 2001.
23. Interdisciplinary Council on Developmental and Learning Disorders: *ICDL clinical practice guidelines*, Bethesda, Md, 2000, Author. [Free download available at http://icdl.com/ICDLguidelines]
24. Tsakiris ET: Evaluating effective interventions for children with autism and related disorders: widening the view and changing the perspective. In *ICDL clinical practice guidelines*, Bethesda, Md, 2000, Interdisciplinary Council on Developmental and Learning Disorders, pp 725-866.
25. Uchino J, et al: Development of language in Rett syndrome, *Brain Dev* 23(Suppl): S233-S235, 2001.
26. Grandin, Temple: Interview with Stephen Edelson, Feb 1, 1996. Available online at http://www.autism.org/interview/temp_int.html.
27. U.S. Department of Education: Assistance to states for the education of children with disabilities and early intervention program for infants and toddlers with disabilities. 34CFR Part 303: Early intervention program for infants and toddlers with disabilities, *The Federal Register* 64(48):12505-12554, 1999. [Full text of final regulations for IDEA available at http://www.icase.org/idea/regulations/12416.html]
28. Sandall S, McLean M, Smith B, editors:~DEC *recommended practices in early intervention/early childhood special education*, Longmont, Cob, 2000, Sopris West.
29. Bricker D, et al: *Ages and stages questionnaire*, ed 2, Baltimore, Md, 1999, Brookes Publishing.
30. Lord C, Rutter M, LeCouteur A: Autism diagnostic interview-R: a revised version of a diagnostic interview for caregivers of individuals with possible pervasive developmental dis-

orders, *J Autism Dev Disord* 24(5): 659-685, 1994.

31. Lord C, et al: *Autism diagnostic observation schedule*, WPS edition, Los Angeles, Calif, 1999, Western Psychological Services.
32. Schopler E, et al: *Childhood autism rating scale*, Los Angeles, Calif. 1988, Western Psychological Services.
33. Brument 5K, et al: Autism screening questionnaire: diagnostic validity, *Br I Psychiatry* 175:444-451, 1999.
34. Ireton H: Childhood development inventories, Minneapolis, Minn, 1994, Behavior Science Systems.
35. Baron-Cohen S, Allen J, Gillberg C: Checklist for autism in toddlers. In Psychological markers in the detection of autism in infancy in a large population, *Br I Psychiatry* 168:158-163, 1996.
36. Robins DL, et al: *Mod fled checklist for autism in toddlers*, 2001. Available at http://www.firstsigns.org/downboads/m-chat_scoring.pDF
37. Wimproy DC, et al: Are infants with autism socially engaged? A study of recent retrospective parental reports, *J Autism Dev Disord* 30(6):525-536, 2000.
38. Siegel B: *Early screening and diagnosis in autistic spectrum disorders: the pervasive developmental disorders screening test.* Paper presented at the State of the Science in Autism: Screening and Diagnosis Working Conference, June 15-17, 1998, Bethesda, Md. [The Developmental Disorders Screening Test and the Developmental Disorders Screening Test II, 1996 are available from author: Bryna Siegel, PhD, Langley Porter Psychiatric Institute, University of California at San Francisco, CA 94143-0984.]
39. Stone W: *Screening tool for autism in two year olds* (STAT). n.d. Available from author at Vanderbilt Child Development Center, Medical Center South, Room 426, 2100 Pierce Ave., Nashville, TN 37232-3573.
40. Wetherby A, Prizant BM: *Communication and symbolic behavior scales*, Baltimore, Md, 1993, Brookes Publishing.
41. Wetherby A, Prizant BM: *Communication and symbolic development profile*, Baltimore, Md, 2002, Brookes Publishing.
42. Rossetti, L: *The Rossetti infant-toddler language scale: a measure of communication and interaction*, East Moline, Ill, 1990, LinguiSystems.
43. Lord C: Follow-up of two-year-olds referred for possible autism, *I Child Psychol Psychiatry* 36:1365-1382, 1995.
44. Lord C, Risi 5: Early diagnosis in children with autism spectrum disorders, *Advocate* 33:23-26, 2000.
45. Greenspan SI: Introduction. In *ICDL clinical practice guidelines*, Bethesda, Md, 2000, Interdisciplinary Council on Developmental and Learning Disorders, pp 1-5.

46. Lord C: *The earlier the better: interventions that benefit children with autism*, The ERIC/OSEP Special Project News brief. Available at http://ericec.org/osep/newsbriefs/new21.html

47. Prizant BM, Rubin E: Contemporary issues in interviews for autism spectrum disorders: a commentary, *J Assoc Persons Severe Handicaps* 24(3):199-208, 1999.

48. Greenspan SI: A developmental approach to problems in relating and communicating in autistic spectrum disorders and related syndromes, *SPOTLIGHT Top Dev Disabilities* 1(4):1-6, 1998.

49. Smith R, Lovaas OI: Intensive, early behavioral intervention with autism: the UCLA young autism project, *Infant Young Child* 10:67-78, 1998.

50. Hyman SL, Levy SE: Autistic spectrum disorders: when traditional medicine is not enough, *Contemp Pediatr* 17:101-116, 2000.

51. Eisenberg DM, et al: Trends in alternative medicine use in the United States, 1990-1997: results of a follow-up national survey, *JAMA* 280(18):1569-1575, 1998.

52. Sandier AD, Bodfish JW: Placebo effects in autism: lessons from secretin, *J Dev Behav Pediatr* 21(5):347-350, 2000.

53. Dunn-Geier J, et al: Effect of secretin on children with autism: a randomized controlled trial, *Dev Med Child Neurol* 42(12):796-802, 2000.

54. Holmes, Amy: *New directions in autism*. Presentation at The Woman's Foundation, Inc, Seminar on Autism, Lafayette, La., September 20-21, 2000.

제 8 장

진단·평가: 검사, 해석 및 보고서 작성

Frances P. Billeaud

▼ 비전형적인 의사소통 발달의 확인

장애를 일으키는 심각한 질환이 없다면 영아들의 의사소통 방식과 방법은 매우 풍부하고 다양할 것이다. 반대로 그러한 질환을 가지고 있다면 그들의 의사소통은 매우 제한을 받게 될 것이다. 정상적으로 발달하는 아동의 의사소통 기술 습득은 예측 가능하고 적합한 발달경로를 따른다. 의사소통 능력의 특정 구성요소에 대한 측정은 아동의 발달 연령에서 일반적으로 기대되는 발달의 연속성과 대상 아동을 비교함으로써 이루어진다. 그러나 대다수 아동들의 의사소통은 개개인의 환경에 따라 더 복잡성을 띄기 때문에, 의사소통 발달의 문제를 확인하는데 더 많은 주의와 노력이 필요하다. 문제가 확인되면 특징을 설명하고, 적절한 치료 계획을 세우며, 가족에게 문제의 원인을 설명하고 권고하여야 한다. 이러한 절차는 전통적인 의학모형 하에서 이루어지기도 하지만, 진단·평가의 각 단계에 가족 구성원이 전적으로 참여하는 대체로 좀 더 건설적인 진단·평가 절차를 통해 이루어지기도 한다.

앞 장에서는 병리적이거나 비전형적인 의사소통 발달에 영향을 미치는 많은 잠재 원인 및 위험 요소를 제시하였다. 뚜렷한 의사소통지체나 장애는 영아와 관련된 일에 종사하는 전문가의 전문적인 평가를 필요로 한다.

평가할 기본적인 항목들은 다음과 같은 것들이 있다:

1. 언어치료사의 지식을 통해 여러 유형의 정상적인 발달패턴과 특정 아동의 의사소통 발달 비교
2. 언어치료사의 지식을 통해 아동의 비전형적 발달과 관련되었거나, 원인이 되는 요인
3. 질환의 단서가 될 수 있는 출생 전, 출생 시, 출생 후 아동의 발달사
4. 아동의 발달 및 의사소통 능력에 대해 부모와 주양육자가 제공하는 정보
5. 아동의 청력 평가
6. 구강 구조 및 관련된 신체적 특징 검사
7. 아동의 의사소통 형태의 진단·평가
8. 친숙한 양육자와 타인과의 상호작용 연속 관찰 및 분석
9. 놀이 진단·평가
10. 전형적·비전형적인 아동의 행동 목록

이상의 열 가지 진단·평가 요소를 통하여 전문가는 아동이 위험한 상태에 있는지, 또는 이미 비전형적인 의사소통 발달을 보이는 지를 결정할 수 있다. 물론 영유아를 평가하는데 있어 전문가를 도울 수 있는 도구들이 있다(〈표 8-1〉, 〈표 8-3〉 및 〈표 8-4〉 참조). 의사소통 문제가 있어 보이는 아동의 프로파일을 작성하기 위해서는 위에 제시한 열 가지 진단·평가 요소 각각에 주의를 기울여야 한다.

진단·평가에 있어서의 분류 개념

전문적인 진단·평가가 이루어지기 전에 루이스(Lewis)와 펙스(Fox)가 기술했던 세 가

지 수준의 절차와 유사한 분류 절차가 진단·평가 시 고려되어야 한다. 일반적으로 진단·평가 과정의 마지막 단계에서는 의사소통적으로 위험한 영아를 다음 세 개의 집단 중 하나로 분류할 수 있을 것이다:

1. 의사소통 발달에 예측 가능한 영향을 미치는 명백한 장애 조건들을 갖고 있으며 보완대체 의사소통을 고려할 필요가 있는(또는 고려할 필요가 없는) 아동이다.
2. 의학적이나 생물학적으로 위험한 질환을 가지고 있는 것으로 확인되는 아동이며, 주기적인 모니터링을 할 수 있는 다른 전문가에게 의뢰하거나, 특정한 언어치료사의 중재를 받아야 한다.
3. 의사소통 발달에 영향을 미치는 것으로 알려진 환경적 요인 때문에 위험상황에 놓인 아동이며, 이런 아동을 위해서는 다른 중재자가 필요하며 특히 환경이나 주요한 성인과의 상호작용을 수정하는 것이 적절하다.

이러한 분류는 가족에게 중요하며, 아동에게 필요하거나 효과적인 서비스 방법을 결정할 때 중요하다. 해당 기관이나 기구들이 제공하는 서비스 정책은 중재집단을 열거하는 데 영향을 끼치며(자세한 논의를 위해 제1장 참조), 그런 측면에서 분류 개념은 유용하게 사용된다.

분류 개념은 완벽하지 않다. 많은 요인들이 아동들의 발달에 영향을 미친다. 더욱이 그러한 많은 요인들 간의 상호교류 과정이 특정 질환에 내재되어 있는 요인이나 질환 자체보다 훨씬 중요하다. 예를 들어, 중요한 손상을 가지고 태어난 극저체중아(VLBW)가 교육 수준이나 사회경제적 수준이 매우 낮은 가족에게서 태어났다면, 지속적인 의학적 치료와 적절한 자극을 받은 극저체중아보다 훨씬 위험이 크다.

일부 연구에서는 실제로 생물학적으로 위험이 있는 영아가 초기에 의료보호를 받고, 적절한 환경적 자극을 주었을 때, 호흡기장애 증후군 및 뇌실내 출혈이 있는 극저체중아일지라도 '이러한 질병으로부터 오는 장기간의 건강 문제가 없는 한' 정상적인 의사소통 발달을 기대할 수 있다고 보고하였다(p. 193).[2] 그러나 한 가지 주의해야만 하는 게 있다. 사소하거나 최소한의 신체적 상해만으로도 또는 환경적 요소에 대한 내성이 너무 낮기 때문에 내재된 단일 요인이나 내성이 낮다는 그 자체만으로도 이후 발달에 영향을 미칠 수 있는 주요한 요인이 되기도 한다.

참고로 셔먼(Sherman)과 슐맨(Shulman)은[4] 극저체중아에 대해 "단기 효과가 있다고 반드시 장기 효과도 있다는 것을 의미하는 것은 아니며, 반대로 단지 단기 효과가 없다는 것을 증명하는 것이 장기 효과도 없다는 것을 의미하는 것은 아니다."라고 기술하였다(p. 83).

가족 평가

언어치료사가 한 아동을 사정할 때는 그 아동과 가족의 '가족력'이 계속적으로 영향을 미치며, 생활 경험 속에 여전히 '진행 중'인지 알아야 한다. 전체 가족의 경험과 아동의 경험들을 분리하는 것은 불가능하다. 효과적인 지침을 제공하고, 그들의 개별 환경에 맞는 효과적인 계획을 세우고, 아동의 재활에 온 가족이 힘을 모으기 위해서는 가족 내 기본 원동력이 뭔지 반드시 이해할 필요가 있다.

만약 가족이 허락한다면 Part C 하의 가족 사정을 완성하여 가족지향적 과정이 되도록 하여야 한다. 가족 평가의 적절한 시간 조절과 아동의 발달문제의 요인들을 확인하는 과정에 필수적인 다른 정보를 얻기 위해 요구되는 것들 간의 균형을 맞추는 것이 실행가들과 가족들이 함께 해결해야 할 이슈이다. 진단·평가 과정에서 전문가는 가족이 추가적 면담을 위해 시간을 낼 수 있는지 고려해야 한다.

제4장에서 가족 평가를 용이하게 하는 도구인 생태지도(eco-map)를 설명하였다(제4장, [그림 4-1] 참조). 생태지도는 1시간 이내에 완성할 수 있다. 또 다른 방법으로는 검사도구를 안내하고, 사용방법을 설명하여 가족과 함께 검사도구를 작성하는 절차를 시작한 후, 가정으로 보내 다음 예약시간 전까지 양식을 완성해 오도록 하여 가족이 여유 있는 시간을 이용하도록 하는 것이다. 이 방법은 가족의 역할에 중요한 요소일 뿐만 아니라, 그들이 매일 다루는 요소를 좀 더 심사숙고해 볼 수 있는 시간을 제공해 준다. 이 과정을 통해 전문가는 가족에게 자신들을 믿고 있다는 신뢰감을 더해 줄 수 있다.

각각의 아동과 그 가족은 전문가가 반드시 다루어야 하는 독특한 상황을 가지고 있다. 사례력(case history)은 영아를 대상으로 종사하는 전문가에게는 필수적이다. 생태지도는 사례력의 일부로 볼 수 있다.

아동의 의사소통 능력에 대해 부모가 제공한 정보

대부분의 전문가들은 부모의 우려가 유용한 선별 도구가 된다고 인식하고 있다. 심지어 3분 이내에 완성하는 두 개의 질문으로 구성된 발달 상태에 대한 부모 평가와[5] 말-언어 검사를 통해 의사소통장애가 진단된 아동 간에 최소 73%의 일치율을 보였다.[6] 설문지에 포함된 두 가지 질문은 (1) "귀하의 자녀가 어떻게 배우고, 발달하고 행동하는지에 대해 귀하의 걱정을 말해 주십시오." 그리고 (2) "귀하가 말하는 것을 이해하는지에 대해 걱정이 됩니까? … 대화하는 지. … 말소리를 산출하는 지. … 무언가를 하려고 손과 손가락을 사용합니까? … 팔과 다리를 사용합니까? … 행동합니까? … 다른 사람들과 어울려 지냅니까? … 스스로를 위해서 어떤 일을 하려고 합니까? … 학령 전 교육과 학교 교육을 배우고 있습니까?"

언어치료사와 부모가 아동의 사례력에 관한 정보를 공유하는 것은 아동과의 양육적 상호작용에 대한 논의를 시작하는 데 도움을 준다. 특히 영아가 의도를 표현하기 전단계나 전언어기에 있는 경우에 부모는 양육적 상호작용을 일반적으로 "의사소통이 이루어진다."고 생각하지 않는다. 이러한 논의는 언어치료사에게 의사소통 방법(예: 눈동자 이동, 제스처, 얼굴 표정, 발성)과 기능을 부모에게 설명할 수 있는 최적의 기회를 제공한다.

그런 다음 검사자는 측정한 발달 수준에 근거하여 아동의 기능 목록을 제공할 수 있다. 의사소통 의도가 나타나는지 결정하고, 필요하다면 가족에게 의사소통 발달의 연속성에서의 단계를 설명해 줄 수 있다. 보호자를 대상으로 한 질문지 중 좀 더 일반적으로 사용하고 유용한 도구를 〈표 8-1〉에 제시하였다.

가족 및 양육자들은 아동이 무엇을 했고, 현재 무엇을 하고 있는지에 대한 귀중한 정보의 원천이다. 왜냐하면 부모는 아동을 가장 잘 알고 있으며, 관찰해 왔고, 공동 경험을 통해 아동과 서로 상호작용을 해 왔기 때문에 아동에 관한 한 부모가 가장 전문가이다. 전문가는 가족과의 상호 교환을 통하여 이러한 사실을 확인하여야 한다.

구강기제 및 관련된 신체적 특징의 검사

구강기제의 평가는 일반적인 방법으로 구조와 기능의 통합성을 검사한다. 아동의 목소리가 쉬고 약하거나 비음일 경우 언어치료사는 본 장의 〈표 8-2〉에서 제시한 바와 같이 특히 구개열〔예: 프랭크 파열(frank clefting), 구개범인두 기능부전(velopharyngeal insufficiency)〕과 안면장애의 가능성을 고려하여야 한다. 또한 검사자는 휴식을 취할 때와 움직이는 동안 얼굴 형태의 좌우대칭에 유의하여야 한다. 아기가 '입술 오므

〈표 8-1〉 영아의 의사소통 발달 수준을 결정하기 위한 부모용 질문지

질문지	연령	특성
CSBS 발달 프로파일 (CSBS-DP) (연구출판)[7]	8~24개월	양육자 질문지는 CSBS-DP의 일부임(다른 부분은 행동 샘플링 프로토콜과 의뢰 전 체크리스트 목록임); 언어문제에 위험요소를 가진 영아를 빠르게 확인할 수 있음
덴버 발달선별 질문지[8]	0~6년	
영유아를 위한 사정, 평가 및 프로그램 체계의 모니터링 질문지 (AEPS)[9]	44~36개월	4~24개월 사이에는 2개월 간격으로, 30~36개월에는 3개월 간격으로 구성된 30개 문항; 영어와 스페인, 프랑스, 번역판 있음
영아와 가족 검사도구 (ITFI)[10]	6개월~3년	양육자를 대상으로 35개의 질문 인터뷰를 시행; 대근육, 소근육운동, 사회적-정서적, 언어, 모방과 자조영역
맥아서(MacArthur) 의사소통 발달검사: 신생아 양식, 영아 양식[11]	10개월~3년	영아가 이해하고 말하는 어휘에 관한 질문; 걸음마기 영아 양식은 걸음마기 영아가 말하는 구문을 포함
언어발달 조사[12]	2년	다양한 상황에서 사용할 수 있도록 개발; 5분 안에 완성
로제타 영아 언어검사: 부모 양식[13]	0~3년	애착, 몸짓, 수용, 표현 언어의 요소를 포함
큐 질문지(발달장애 아동을 대상으로 고안됨)[14]	1개월~3세까지 영아에게 적용 가능	체크리스트 양식은 언어와 비언어적 의사소통 기술 및 습관에 폭넓게 관심을 보임
출현하는 수용-표현 언어 검사-2(REEL-2)[15]	1개월~3년	상세하진 않지만, 분명하게 언어화되고, 빠른 시간에 완성할 수 있도록 개발됨; 「바일랜드 사회성숙도검사」의 양식과 유사함
의미론/화용 의사소통 보고양식[16]	상징적 단계	발달장애를 가진 영아의 가족이 사용하도록 개발됨

리기' 지시에 따르지 않더라도, 이러한 움직임은 검사자나 보호자의 행동을 모방할 확률이 높기 때문에 활동하는 동안 운동 기능 관찰이 가능하다. 삼키기, 물기, 빨기 행동에서는 운동 순서가 협응되는지를 충분히 관찰할 수 있다. 특히, 섭식 문제와 관련된 사례력이 있는 경우에는 더욱 주의해서 관찰하여야 한다. 또한 발달적 구어 실행증(developmental apraxia of speech; DAS)의 초기 신호가 있다면 메모해 두어야 한다. 발달적 구어 실행증의 초기 신호는 다음과 같다:

- 옹알이 부족
- 언어지체
- 자주 사용되는 단어에서 음소의 불규칙적 사용
- 아동의 발달 연령에 적절하지 않은 자음의 사용

최대 20여 개의 다른 이름으로 불리는 발달적 구어 실행증은 가족력이 강하고,[7, 17, 18] 만약 진단이 되었다면 특별한 주의를 기울여야 한다. 이 장애는 거의 단독으로는 존재하지 않는다. 주로 20개월 영아에게 진단되어 왔지만, 2.5세(언어 능력이 높음) 또는 3세인 영아에게 진단될 가능성도 높다.[8] 자키앨스키(Jakielski)[19]는 발달적 구어실행증이라는 용어보다는 보호적 요인이 더 강하다는 이유로 '아동기 구어실행증'이라는 명칭을 사용할 것을 제안하였다.

피상적인 검사에서는 구강구조를 확실히 관찰할 수는 없지만, 대개 영아의 목소리나 울음소리가 비정상적으로 음조가 높고, 약하고, 쉬었거나, 공명에 명백한 문제가 있다면 비정상적인 성대(vocal tract)와 생물학적 문제성이 있음을 예측할 수 있다. 음성장애의 증상은 이 책의 제5장에서 다루었다.

아동기의 전형적인 의사소통 패턴

매우 어린 영아의 의사소통 패턴을 기술하기 위해서 차례 주고받기가 일어나는 초기 상호작용을 관찰할 수 있다. 영아의 소리와 음성위치 파악 능력, 성인의 목소리 음조와 크기에 대한 정서적인 반응, 다른 사람의 주의를 끌거나 음성 놀이에 참여하면서 의도적 의사소통 행동의 발달을 보이는 모습이 보일 것이다.

발성의 특징을 평가하기 위해 영아의 자발적인 발성(예: 쿠잉, 울음소리, 옹알이)이 사용될 수 있다. 공명 특징은 걸음마기에 더 쉽게 탐지되지만, 과대 비음과 과소 비음은 영아 후기의 옹알이 형태로 구별할 수 있다. 공명문제나 과소 비음 중 하나가 관찰된다면, 이전 섹션에서 지적한 바와 같이 원인에 대해 더 심도 깊은 조사가 이루어져야 할 것이다. 또한 검사자에 의해 발성 (신생아 후기의 구어 산출)을 위한 호흡기 기능의 사정이 이루어져야 한다.

조음 기능은 즉각적인 진단·평가가 가능하다. 반복적이고 규칙적인 옹알이에 앞서 무작위로 소리를 산출하는 방식으로 다양한 옹알이 형태를 나타내다가 점차적으로 가정에서 사용하는 언어의 음소를 옹알이로 더 선호하게 될 것이다. 미첼(Mitchell)은 영아의 옹알이 형태를 분석하기 위한 방법을 정리하였다.[21] 언어치료사가 영아의 옹알이 형태가 발달 연령에 적합하다고 판단한 경우에는 이러한 세밀한 분석이 필요치 않다. 그러나 옹알이가 연령에 적합하지 않다고 판단되는 경우에는 미첼이[21] 설명한 방법이 매우 유용하게 사용될 수 있다. 영아가 다양한 옹알이를 보이지 않거나 그들의 옹알이가 정상적으로 시작한 이후에 중단된 경우는 검사자에게 지연되거나 왜곡된 표현 언어를 초래하는 청각장애 및 다른 문제를 경고할 수도 있다. 영아의 의사소통 발달이 중단된다면 전반적 발달장애(PDDs) 중 하나가 아닌지 의심해 보아야 한다.

영아가 단어로 구어를 산출하게 되면 산출한 자음과 모음의 음소 목록을 작성할 수 있다. 웨더비(Wetherby)[22]는 연령에 따른 음소 산출이 다음과 같은 순서에 가까워야 한다고 제시하였다: 8개월~12개월〔전언어기(prelinguistic stage)〕, 평균 3개의 음소; 12개월~15개월〔초기 일어문 단계(early one-word stage)〕, 평균 5개의 음소; 15개월~18개월〔후기 일어문 단계(late one-word stage)〕, 평균 7개의 음소; 및 18개월~24개월〔이어문 단계(two words)〕,* 다어문 단계(multiword stage)〕, 평균 12개의 음소. 불충분한 음소 및 구어 산출은 의사소통 기술의 문제가 있는지 고려해야 할 신호로 보아야 한다.

초기 태내 발달기에 기인한 독특한 특질을 포함한 신체적 특징을 관찰하여야 한다. 때때로 이러한 특징들은 경미한 신경학상의 신호로 나타나는데, 의사소통 문제와 관련되었다고 알려진 일부 증후군이나 질환들과 연관되었을 수 있다. 벨(Bell)[23]과 수퍼나우(Superneau)[24]는 다음의 특징을 보이는지 특별히 주의를 기울여야 하며, 이러한 특질들이 결합되어 나타났다면 더욱 주목해야 한다고 제안하였다:

---

* [역자 주]: 이어문 단계(two words)는 역자에 의해 첨부함.

- 성장차트 상에 정상 범위를 초과하는 머리 둘레
- 하나 이상의 머리가마(cowlick: 카우릭)—이것이 가족 유전형질인지 검토함
- 매우 가늘고, 전도성(electric) 있는 머리카락
- 내안각췌피(epicanthus)
- 아시아계가 아닌 사람이 위로 향한 눈꺼풀 틈새(1% 이하의 발현율)
- 아래로 향한 눈꺼풀 틈새(1% 이하의 발현율)
- 이안증(hypertelorism: 두눈먼거리증—이 특징에 진단명이 잘못 내려지지 않도록 주의함)
- 기형 귀(malformed ears), 귓불이 없음, 이소증(microtia), 협착(증)(atresia), 피부 주름(skin tags)
- 저위이(low-set ears: 낮게 내려간 귀가 아니고, 약간 뒤쪽에 위치한 귀가 아닌지 관찰함)
- 높은 입천장(high-steepled palate)
- 고랑이 파인 혀
- 굽은 새끼손가락(curved fifth finger)
- 한쪽 손바닥 주름(손바닥주름은 임신 12~40주에 생긴다)
- 손가락이나 발가락의 합지증(syndactyly)
- 두 번째 발가락보다 긴 세 번째 발가락.
- 피부의 반점 색소(splotchy pigment)
- 손톱 및 발톱이 없거나 기형
- 담갈색 반점(cafe-au-lait spots), 이것은 신경섬유종증(neurofibromatosis)과 연관될 수 있다.

벨(Bell)[23]은 다음과 같이 주장하였다:

> 출생 후 첫 해에 경미한 신체적 이상이 많은 영아는 적절하게 정보를 처리하지 못하고, 그들이 표현하는 것을 도식화하는 데 어려움이 있거나, 급하게 또는 불완전하게 도식화하는 특징이 있다. 그들은 피곤하면 주의력이 분산되는 것으로 보인다(p. 29).

이러한 행동은 의사소통 발달에 심각한 영향을 미치는데, 특히 언어발달은 주의집중을 유지하고 초점을 맞추는 능력과 관계가 깊다.

수퍼나우(Superneau)[24]는 증후군 및 의학적 상태에 대한 진단은 경험 있는 의사에게 맡겨야 한다고 강조하였다. 언어치료사는 의심되는 문제에 대해서 언급하여야 하며, 가족은 이 분야의 전문가와 상담해야 한다. 그러나 적절한 의사소통 치료 계획을 세우는데 질환이 영향을 미치기 때문에, 언어치료사는 증후군이나 의학적 질환을 조기 확인하도록 경고해야 한다.

친숙한 양육자, 타인과 영아의 상호작용을 연속관찰 및 분석하기

영아는 그들의 양육 요건 및 일상생활, 취침 및 기상 주기, 새로운 상황과 타인(예: 검사자)에 대한 민감성, 함께 있는 성인에 대한 애착, 인내성, 조심성, 관심이 매우 다양하다. 영아와 관련된 일에 종사하는 사람은 한 번의 방문을 통해 관찰된 내용으로 결론을 도출하기보다는 상호작용시 보이는 행동을 접촉과 반복관찰을 통해 평가하고, 관찰하는 기회를 자주 갖는 것이 중요하다. 이 연령대의 아동들에게는 불완전한 행동 데이터가 수집되어 잘못된 결론이나 오진을 유발하는 가능성이 높기 때문이다.

영아에 대한 사정은 가족 구성원이나 평상시 양육자와 같은 친밀한 사람들과 함께 있거나, 익숙한 환경에서 실시하는 것이 좋다. 팀이나 개별 임상가가 평가에서 수행해야 할 두 가지 과업은 '습득할 의사소통 기술을 발견하고'(p. 65)[25], 의사소통 기술 습득을 방해하는 요인을 확인하는 것이다. 모든 경우에 의사소통지체나 장애의 원인이 밝혀지고, 효과적인 치료가 제공될 수 있다면 매우 이상적일 것이다. 그러나 안타깝게도 관련된 변인들의 상호관련성이 매우 복잡하기 때문에, 사정을 통해서 이와 같은 결론을 얻기는 매우 힘들다.

영아에 대한 일련의 진단·평가는 영아의 일상생활 행동, 친밀한 사람들과의 상호작용, 사물의 조작, 놀이 발달을 관찰하는 것을 포함해야 한다. 전문가가 즉시 현장에서 관찰한 내용을 적고, 직접 활동에 참여할 수 있도록 비디오테이프로 녹화하는 것이 좋다(최소한 관찰활동을 방해하지 않도록). 비디오테이프는 관찰한 행동과 세부내용을 확인하거나 특정 의사소통 사건이 발생하는 것을 수량화하고, 테이프의 해당하는 부분을 재생하여 부모에게 보여 주며, 연속적인 상황에서 의사소통 행동이 달라지는 것을 확인하는데 사용될 수 있다. 또한 비디오테이프는 존재하지 않거나, 나타나기만

했던 기술을 문서화하고 발달을 추적하는 데에도 매우 귀중한 자료이다.

이중 언어를 사용하는 아동을 평가하는 언어치료사는 아동이 사용하는 언어의 특징과 예상되는 발달의 순서에 대해 인지하고 있어야 한다. 케이져(Kayser)[26]는 이중 언어를 사용하는 아동의 말-언어 평가에 대해 세 가지 원칙을 제시하였다:

1. 아동이 모국어만 이해할 경우라도, 두 가지 언어 모두를 평가하여야 한다.
2. 언어 중 하나가 정상 범위 안에 있으면, 언어장애는 존재하지 않을 수 있다.
3. 구어운동장애, 발달성 구어실행증, 음운장애 또는 발달지체와 같은 부수적인 장애가 존재할 수 있다(p. 223).

이중 언어를 사용하는 아동을 평가하는 언어치료사는 병력의 철저한 검토와 함께 언어장애에 대한 중요한 단서들이 존재한다는 것을 유념하여야 한다. 케이져가 제시한 영아에게 나타나는 단서 목록은 다음과 같다:

- 음조, 음소 및 형태소를 변별하지 못함
- 사물 또는 경험과 말소리를 연결시키지 못함
- 일반적인 사물, 행동, 사람에 대한 부적절한 구어 명칭
- 어휘 부족
- 빈약한 차례 주고받기
- 부적절한 언급
- 말 보다는 제스처 사용
- 혼란된 모습을 보임(p. 224)

또한 일련의 진단·평가를 하는 과정에 의사소통을 유도하는 새로운 상황을 제시하여야 한다. 웨더비와 프리잔트[27]는 의사소통을 시작하는 시기에 있는 아동에게 의사소통을 유도하기 위한 방법을 제시하였다(부록 B, 〈표 B-5〉 의사소통을 유도하기 위한 응용 목록). 또한 어떤 의미에서 진단·평가 과정은 '실험적 중재' 과정으로도 사용할 수 있다. 잠깐 동안 아동의 주의를 끌기 위한 활동을 한 다음, 부모나 검사자가 함께 하는 자연스럽고 새로운 상황에서 아동이 보이는 반응은 아동이 선호하는 의사소통 양식에 대한 정보를 제공해 준다.

특정 전략에 대한 아동의 반응 샘플을 비디오테이프로 녹화하여 나중에 부모 교

육 프로그램의 일부로 사용할 수 있다. 놀이는 아동의 행동을 이끌어내기 위해 사용하는 도구이기 때문에, 이러한 절차는 놀이 활동의 진단·평가와도 직접 관련이 된다. 의사소통 발달 순서와 같이 놀이 발달 순서도 일반적으로 예측 가능하다.

전형적·비전형적인 아동의 행동

대체로 의사소통지체나 장애가 있는 아동은 그들의 필요와 느낌을 표현하기 위해 다양하고 부적절한 행동을 사용한다. 반복적인 문제행동을 지속적으로 보이는 것은 사회적 발달, 심지어 인지 발달을 저해할 수도 있다. 가정, 보육시설, 또는 전문가의 치료 대기실에 있는 아동의 행동 관찰은 발성, 비음성, 구어적 의사소통을 하고자 하는 분명한 동기가 있는지; 아동의 대화 시도에 대한 어른의 반응(또는 시도의 부족); 아동이 전형적으로 사용하는 비음성적 행동의 형태가 무엇인지에 대한 정보를 제공해 줄 것이다.

만약 가족이 걱정하는 지속적인 문제행동이 있다면, 정신건강 전문가나 의료 전문가에게 의뢰하여 어떤 치료법이 필요한지 알아볼 수 있다. 이러한 의뢰에 대해 정해진 지침은 없지만, 드러더(Droter)와 스텀(Sturm)[30]은 다음의 경우에 정신건강 전문가에게 의뢰하라고 한다. 만약 (1) 아동 평가에서, 공격적인 행동이 정신연령, 또는 인지 발달 수준의 발달과업을 수행하는 능력을 방해할 경우, (2) 아동의 행동이 조기 중재 서비스의 효과에 방해가 될 때, (3) 아동의 부모가 아동의 심리적 또는 대인관계 기능에 대한 스트레스 수준이 높은 경우이다.

걸음마기 유아에게 심각한 문제행동이 갑작스레 시작되는 것은 소아기 붕괴성장애(전반적 발달장애의 하나)[31]의 가능성이나 란다우-클레프너 증후군, 유사한 증상이 있는 희귀한 신경학상의 문제를 암시할 수 있다. 이는 소아과 신경학자에게 의뢰하는 것이 적절하다.

언어발달의 예견 요소

맥캐더린(McCatherine)과 그의 동료들[33]은 다음과 같이 지적하였다:

> 언어발달과 밀접하게 관련이 있어 보이는 네 가지 변수가 있는데, 이것은 다른 요소의 유무와 상관없이 언어발달을 독자적으로 예견한다. … 이 예견 요소들은

전언어기 동안에 출현하는 세 가지 의사소통 구성요소를 포함한다: (1) 옹알이, (2)화용론의 발달, (3) 어휘 이해, (4) 놀이기술의 조합과 상징 놀이기술의 발달 (p. 58).

이러한 네 가지 변수의 조합은 화용론적 기능이라는 용어로 다소 확장된다.(본 장의 끝 부분에 '언어치료사가 유의해야 하는 네 가지 유형의 집단'에서 웨더비와 프리잔트의 관찰 참조).

칼란드렐라(Calandrella)와 윌컥스(Wilcox)[34]는 발달지체가 있는 전언어기 아동을 사정할 때 다음의 비언어적 의사소통 행동을 기록하는 것에 특별한 주의를 기울이도록 제안하였다. (A) 의사소통 지시대상(예: 물체)과 성인의 시선 공유(joint attention)* 그리고 (B) 성인과 시선 공유 기능이 없는 상황에서 행동과 사회적 상호작용 신호를 나타내는 제스처. 이러한 두 가지 행동의 높은 비율은 전언어기 아동들 중 3세 때에 받는 재검사에서 긍정적인 언어발달 결과를 예측하게 한다.

반대로 웨더비[35]는 언어 습득 이전의 영아에게 확인할 수 있는 영속적인 의사소통 장애 및 언어장애에 대한 예견 요소들을 제시하였다:

- 눈맞춤과 얼굴 표정으로 주의와 감정 상태를 공유하는 능력의 제한
- 사람과 물체 사이를 이동하는 눈길의 사용이 제한됨
- 다른 사람의 위치와 눈길을 따르는데 지체
- 낮은 비율의 제스처 및/또는 발성으로 의사소통
- 제한된 범위의 의사소통 능력, 특히 시선 공유 기능 능력 부족
- 의례적 제스처의 제한된 레퍼토리(주기, 보여 주기, 잡기, 가리키기)
- 상징적 제스처의 제한된 사용(흔들기, 고개 끄덕이기, 서술적인 제스처)
- 제한된 자음목록
- 미숙한 음절구조
- 단어나 문장의 이해 지체

* [역자 주] 시선 공유(joint attention): 상대방과 함께 서로 시선을 주고받는 것을 의미한다. 즉, 타인의 경험의 과정에 함께 주의를 집중하는 능력으로 사물이나 사건에 대해 다른 사람의 주의에 대해 탐지하며 응시하기나 가리키는 행동 등을 일컫는다.

- 단어나 문장의 산출 지체
- 상징적 놀이에서 행동 도식의 계열화나 자발적 사용의 지체
- 물건을 조작하는 행동을 모방하는 능력의 제한

전통적인 진단·평가 및 원형 평가* 양식

다학문적 팀과 팀의 상호작용에 대한 설명은 제4장에 언급되어 있다. 의사소통장애 분야에서 일하는 대부분의 임상치료사들은 그들의 전문적인 훈련 프로그램에서 의사소통에 대한 진단 또는 평가 과정에 대한 분명한 책임을 지도록 훈련되어 왔다. 개개의 언어치료사들이 법적, 또는 윤리적으로 그들의 행동에 책임을 진다는 개념은 진단, 평가에 대한 임상적 기술이 전문적 수준에 도달해야 한다는 것을 의미한다. 의사소통장애 프로그램을 졸업한 예비교사의 절반 이하는 영아를 대상으로 하고 있다. 던(Dunn)과 그의 동료[36]가 실시한 조사 응답자의 1/4 이상이 졸업하기 전에 출생에서 3세까지의 집단에 대한 훈련을 받지 못했으며(과정동안 한 단원에서도 실시되지 않음). 40%만이 전체 과정을 받았다고 응답하였다(p. 57). 이러한 훈련 프로그램을 받는 예비교사들에게 영아 대상 프로그램을 제공하는 것이 필요하다.

극소수의 훈련 프로그램만이 다학문적 팀이나 간학문적 팀 진단·평가를 포함하는 교육과정을 실행해 왔으며, 심지어 극소수의 프로그램만이 원형 평가(arena assessment)에 대한 훈련을 제공하였다. 한정된 교육과정에서 우선순위를 어디에 둘 지에 대한 가치의 문제와 시간의 제약이 이러한 모순을 일으키는 원인이 되는 것 같다. 다행히 이러한 주제를 다룬 전문 서적이 상당히 많이 나오고 있고, 평생교육 프로그램의 양적 증가는 이러한 중요한 쟁점을 해결하는 데 도움을 주고 있다.

전통적인 임상적 진단·평가 방법이 필수적이기는 하지만, 변화하는 보건의료시스템은 임상가들에게 팀-진단·평가 방법에 필요한 기술을 더 갖추라고 한다. 원형 평가는 다른 사람들이 지켜보는 가운데 평가자가 영아를 평가할 경우에 사용한다. 원형 평

---

* [역자 주] 원형 평가(arena assessment): 다양한 영역의 전문가들이 함께 모여 동시에 대상 유아를 진단하는 방법으로, 아동이 놀이실 한 가운데서 놀이하는 것을 관찰하며 아동의 발달 특성을 평가하는 것을 의미한다. 평가자들이 여러 사람이기에 아동을 중심으로 한 주변에서 원형으로 관찰하는 형태가 된다.

가에서는 다학문적 팀, 전문가 팀 및 부모들이 참여하는 전문가들 각각에게 필요한 정보를 포함하여 전체적인 평가 계획을 세운다.

진단·평가하는 동안, 운동 발달 분야의 전문가는 아동의 근육 긴장도, 반사 및 운동 패턴을 평가하게 된다. 과정에 참여하는 부모를 포함하여 전체 다학문적 팀은 정보를 교환하고, 각자의 전문적인 분야에 기초한 해석을 서로 제공한다. 진단·평가 절차는 개별 평가나 분야별 시행되는 전통적인 전문적 진단·평가와는 다르다. 두 가지 평가 모두 모든 참가자들이 아동들에게 직접적인 접근이 가능해야 한다.

원형 평가의 이슈와 공학 기술의 사용을 다루는 연구들이 나오고 있다. 쓰미쓰[37]는 텔레비디오 네트워크를 사용하여 뉴욕 주의 정신지체 및 발달장애 부서에서 적용한 발달 진단·평가 모델에 대해 보고하였다. 이러한 진단·평가 기술은 의료 행위의 일부로 일반적으로 실행되고 있다. 미래에는 이러한 기술을 통하여 매우 어린 영아, 지방이나 외곽 지역에 있는 아동에 대해서도 적절한 서비스를 제공하는 것이 가능해질지도 모른다.

놀이 진단·평가

아동의 놀이는 아동 발달 연구 전문가에게 풍부한 정보의 원천이다. 신체적 성장, 의사소통 및 운동 발달과 함께 놀이의 발달은 충분히 예측 가능한 연속적인 방법으로 진행한다. 부록 A는 아동의 성숙 연령에 따라 전형적으로 기대되는 놀이발달에 대한 개요를 제시하고 있다. '흥미 있다'는 개념을 전제로 한 놀이를 통해서 아동이 직접적인 환경과 놀이 대상자와 관계를 맺는 방식을 관찰하는 것이 가능하다. 시선 공유, 주의 유지하기, 사물을 조작하는 방식, 놀이 활동에서 상호작용의 요구, 그 외 다른 특성들과 같은 중요한 능력들이 아동의 구조화된 놀이를 관찰함으로써 평가될 수 있다.

아동의 인지 능력(예: 문제 해결 시도의 관찰, 호기심에 대한 만족감), 기질(예: 사물 및 주변을 탐색하고자 하는 관찰, 좌절 또는 직접적인 주의, 인내성에 대한 반응), 수용적 의사소통(예: 요청 또는 지시에 대한 반응의 관찰), 표현적 의사소통(예: 몸짓언어의 관찰: 얼굴 표현, 제스처, 눈길), 음성 및 구어표현과 사회화 능력이 놀이를 통해 최소한 대략적으로나마 평가될 수 있다.

놀이 도식에 대한 아동의 수준도 상징적 표상의 발달과 연관되어 발달한다(역할

놀이시 부엌놀이를 할 때 스푼을 대신하여 막대기 사용). 이러한 상징적 표현에 대한 설명은 언어치료사가 구어적 상징의 영역에 대한 아동의 잠재 능력을 이해하는 데 도움을 준다.

린더(Linder)[38]는 포괄적인 각 전문 분야의 진단·평가 양식 내에서, 의사소통 진단·평가의 방법으로 놀이를 이용한 방법을 제시하였다. 진단·평가를 위한 토대로서 놀이 사용에 대한 참고 자료가 부록 B의 〈표 B-1〉 및 〈표 B-5〉에 제시되어 있다.

▼ 가족에게 설명하기

충분한 시간적 여유를 가지고 가족에게 정보를 제공하기 위한 스케줄을 짜야 한다. 해석은 가족, 진단·평가의 구조, 진단·평가가 실시되는 환경, 공유되어야 할 정보의 양에 따라 한 번의 방문으로 끝날 수도 있고, 두 번 이상의 방문이 필요할 수도 있다. 부모는 설명의 시기와 실례에 관해, 그 결과를 누가 듣고 어디서 들어야 가장 좋을 지 표현을 할 수 있다. 공공기관에서 일하는 임상가들은 가족이 선호하는 방식으로 협력을 하려고 애쓰며, 이러한 노력을 기울이는데 많은 시간을 할애해야 하는 지에 대해서도 잘 알고 있다. 당연히 그러한 협력 체계 안에서 가족에게 정보를 설명하는 것이 가장 이상적이다. 그러나 많은 임상가들이 일하는 보건 환경에서는 시간이 좀 더 한정될 수 밖에 없다. 그러므로 유용한 정보들을 요약하거나, 작성된 보고서로 정보를 공유하거나, 전화 상담으로 대신하거나, 진단·평가 결과를 설명하는 제한된 주제로 한정하여 사무실을 방문하도록 하고 있다. 비록 행정 정책이 전략행동적인 제한들을 강요할지라도 언어치료사는 그들의 자녀에 대해 부모와 대화하고 있다는 것을 항상 명심해야 한다: 불가피하게 감정이 생긴다면 이를 적절하게 대처하여야 한다. 언어치료사는 진단·평가 결과를 전달받고 불안해하는 부모들이 모호하거나 기술적인 용어 때문에 혼란을 겪거나, 제시된 정보를 잘못 이해하는 지에 주의를 기울여야 한다. 부모가 진단·평가 결과를 다 듣고 나서 질문하는 것보다, 진단·평가 결과를 제시하는 동안 질문하도록 하는 것이 바람직하다. 정보를 제공받은 사람이 질문 또는 의견을 말 할 때, 전문가는 주의 깊게 경청하고, 의미 있는 해답을 제공해야 한다.

대부분의 전문가들은 전달해야 할 진단·평가 결과가 가족을 당황하게 만들 수 있는 부정적 정보이기 때문에 어려워한다. 또한 가족도 부정적 정보를 듣는 것이 힘들다. 전문가는 진실되고 동정어린 마음으로 정보를 전달하고 설명하기 위한 노력이 필요하다. 아동이 무엇을 할 수 있는지와 아동이 하고 있는 행동은 사실이며 민감하다는 것을 강조하며 다음 발달 수준이 무엇인지에 대해 건설적인 정보를 제공한다. 현재의 기능 수준에서 다음 기능 수준을 촉진하기 위해서 가족이 무엇을 할 수 있을 지에 대한 지침을 제공하는 것은 가족을 격려하고 희망을 갖도록 하는 것이며, 이는 자녀가 어떤 종류의 발달지체나 장애를 가지고 있더라도 부모에게는 유용한 것이다.

진단·평가 과정에서 부모나 전문가들은 담당한 아동에 대해 다음과 같은 질문에 대답할 수 있도록 한다:

- 진단·평가 과정에서 아동의 문제는 무엇인가?
- 아동의 능력과 한계는 무엇인가?
- 아동의 발달을 촉진하는데 사용할 수 있는 접근법은 무엇인가?

진단 과정에서는 다음 질문에 대해 해답을 주어야 한다:

- 이 질환이나 행동에 대해 붙여진 진단명은 무엇인가?
- 왜 이 아동에게 발생하였는가?
- 질환의 원인은 무엇인가?
- 동일한 질환이나 장애를 가진 다른 사례들에서 이미 알려진 이후의 발달 과정은 무엇인가?
- 적절한 치료법, 중재, 관리할 별도 사항은 무엇인가?
- 긍정적 결과로서 예후는 어떠한가?

이 질문에 대한 대답은 다른 질문들에도 부합해야만 한다. 진단 및 평가의 결과를 공유하는 회의에서 핵심적인 논의를 하고, 부모가 준비하도록 하기 위해서 가족이 알아야 할 것들이 담긴 질문 목록을 가족에게 제공하는 것이 도움이 될 수 있다. 따라서 가족들이 정보를 제공받을 때, 전문가가 기대하는 것이 평가에 나타날 수 있도록 아동의 의사소통 상태에 대한 다음과 같은 질문들이 진단·평가에 포함되어야 한다:

- 동일하거나 비슷한 의학 진단을 받은 이 연령대의 아동에게 기대되는 의사소통

발달 수준은 무엇인가?

- 아동은 어떤 수준의 의사소통 발달을 보이는가?
- 의미심장한 불일치가 있는 경우 원인을 입증할 수 있는가?
- 아동을 위해 어떤 기능적 의사소통을 선정할 수 있는가?
- 다른 의사소통 기술이 발달된다면 아동이 가지는 능력과 강점은 무엇인가?
- 아동이 현재 시도하는 의사소통 형태와 기능은 무엇인가?
- 선호하는 대화 상대자는 누구인가?
- 상호작용을 위해 아동이 선호하는 환경은 무엇인가?
- 보상이 필요한 의사소통의 장애물과 한계는 무엇인가?
- 아동이 기능적인 의사소통 능력을 확립하도록 지원하기 위해 필요한 것은 무엇인가?
- 만약 의사소통 지원이 제안된다면, 지원적 의사소통 전략과 장치의 사용에 있어서 가족이 선호하는 것은 무엇인가?
- 아동이나 가족이 원하는 결과를 얻기 위해 필요한 자원을 제공하는데 선택할 수 있는 것은 무엇인가?
- 선택한 목표를 도달하는 데 어떻게 평가를 진행할 것인가?

▼ 언어치료사에게 관심이 되는 네 가지 유형의 집단

언어치료사는 그들이 평가한 영아 집단을 사정 결과에 기초하여 일반적 범주 집단으로 분류하여야 한다. 대체적으로 네 종류 집단이 있다. 첫 번째 집단은 장애를 일으키는 질환을 진단받았고, 이러한 질환은 비전형적 의사소통에 확실히 영향을 미친다. 두 번째 집단은 위험이 입증된 아동이며, 의사소통 발달장애가 생길 가능성이 높다. 셋째 집단은 위험이 의심되는 아동이다. 즉, 생물학적, 의학적, 또는 환경적 조건이 이후의 의사소통 능력 발달에 아동을 평균 이상의 위험 우려에 놓이게 한다. 마지막은 위험 요인이 알려지지 않았지만, 비전형적으로 의사소통이 발달하는 아동이다.

편의상 집단을 다음과 같이 개념지었다:

집단 I: 확인된 질병(+)

집단 II: 위험입증(위험+)

집단 III: 위험의 우려(위험?)

집단 IV: 위험이 알려지지 않음(위험0)

아동들을 네 가지 유형의 집단으로 나누는 분류방법은 〈표 8-2〉에 제시하였다.

집단 I에 있는 영아는 보통 출생 당시, 또는 출생 후 곧바로 확인되며, 다양한 전문가로부터 훈련을 초기부터 받기 시작한다. 비록 예외는 있지만, 〈표 8-2〉의 집단 I 하에 나열된 마지막 두 개의 범주에 해당하는 경향이 있다.

집단 II에 속한 영아는 출생 당시나 출생 후 곧바로 확인할 수 있지만, 구어가 예상된 시기에 나오지 않을 때 좀 더 관심의 대상이 된다(즉, 생후 14~18개월, 조산아인 경우, 연령은 달라질 수 있다). 집단 II 영아는 대개 수줍어하고, 불충분한 사회적 기술을 임상적으로 보인다. 그러나 일부 영아는 행동적, 또는 감정적 문제가 있다고 기술되는 공격적인 영아로 보일 수도 있다. 그들의 신체 발달 및 자조기술은 동일 연령대에 적절할 수 있지만, 구어를 통한 의사소통 능력의 부족으로 다른 표현 수단을 부적절하게 사용하게 된다.[41]

그룹 III에 있는 영아도 마찬가지이다. 웨더비와 프리잔트[42]가 관찰한 바와 같이, 위험 요소(예: 극저체중, 출산 전후의 합병증)가 확인되지 않거나, 분명한 신체적, 감각적 또는 인지적 장애가 언어지체와 함께 공존하지 않을 때, 심각하게 의뢰가 지연되기 쉽지만 그 중 하나라도 가지고 있다면 좀 더 조기에 판별하기 쉽고 발달문제로 정의적 진단을 받기 쉽다(p. 291)

몇몇 다른 전문가 그룹들도 그들의 임상 기준에 근거해 의사나 보건의료 전문가에게 위험을 알린다.[43-45]

이러한 영아들은 약 14개월~18개월의 발달(조산아의 경우 연령은 조정된다)과 처음 말이 지체되기 시작한 시기에 관심을 가지게 된다. 그러나 영아가 몇 단어라도 구어를 사용한다면, 부모는 한동안 걱정을 하지 않을 수도 있다. 24~36개월은 이러한 영아를 의뢰하는 시기로 일반적이지는 않다. 상당한 수의 24~30개월의 영아가 수용언어 기술은 분명한 영향을 받지 않더라도, 표현 언어가 지체를 보인다면, 3~4세에도 표현 언어지체가 계속될 것이다.[46-48]

그러나 언어치료사는 3세에 완전한 수용 언어를 가진 아동이라면 학교에 입학할

〈표 8-2〉 영아기 의사소통장애와 관련한 위험군 집단 분류

범주	특정 문제/위험성의 예시
집단 I: 비전형적인 의사소통 발달과 관련된 진단 질환들	
감각 손상	청각, 시각, 미성숙한 망막, 이중 감각 손상, 감각적 자극에 과잉이거나 과소반응성
해부학상의 구조나 신경운동 기능이 손상된 신체 질환	뇌성마비, 구개열, 선천성 뇌 이상, 안면 이형증, 혈관내 출혈, 기관지폐이상증, 후두 유두종
의사소통장애나 정신지체와 관련된 증후군, 유전성장애나 염색체 이상	손상된 X 증후군, 어셔 증후군, 다운증후군, 코넬리아 드랑게 증후군, 크루즌 증후군, 묘성 증후군, 프레델-윌리 증후군
기형 발생물질에 노출	태아 알코올 증후군, 코카인, 다른 약물 노출
의사소통 발달에 영향을 주는 알려졌거나 알려지지 않은 후유증이 발생하는 신생아기 질환	사이토메갈로스 바이러스, 인간면역결핍 바이러스, 페닐케톤유증, 뇌막염, 루벨라
영아 심인성병리(주의: 일부 문제는 유전성 정신장애에 원인이 있을 수도 있다)	자폐, 전반적 발달장애, 외상후 스트레스장애
손상을 입은 의사소통 발달과 연합된 잘 알려지지 않은 병인의 문제	다양하게 나타나지만, 주로 중복으로 나타남 연방법에 포함된 장애들, 신경운동성 결함이나 감각결함, 전반적 발달지체, 성장부전
집단 II: 위험군-비전형적 의사소통 발달과 관련한 생물학적, 의학적, 환경적 위험 요소	
특정 장애에 대한 가족력 존재	학습장애, 진행성 청각장애, 언어장애
출생 시나 출산 후에 진단된 후유증이 없지만 태아기에 독성 물질에 노출	코카인, 알코올, 처방약물(예: anticonvulsants)
출산 후 독성물질에 노출	신경내이독소, 납, 신경독
미성숙, 저체중 출생, 자궁 내 성장 지체	< 1,599g, 〈머리 둘레가 10% < 37주 이하의 임신기간 모가 교육을 거의 받지 못했거나, 가족이 낮은 사회경제적 지위를 가졌다면 위험요소가 증가함.
만삭(postmaturity)	> 40주 이상의 임신기간(주의: 만삭의 문제는 태반 퇴화의 요인이 될 수 있다.)

[역자 주] 표 안의 '<' 부호는 '이상'을, '>' 부호는 '이하'를 의미한다.

(다음 쪽에 계속됨)

〈표 8-2〉 영아기 의사소통장애와 관련한 위험군 집단 분류 (계속)

범주	특정 문제/위험성 예시
병원에 있는 동안 진단된 장애가 있거나 없을 수도 있는 태아 고통이나 출산 합병증	산통기간이 유의미하게 길고, 태아의 고통이 수반되었고 출산장비로부터의 상해
질병과 질환	Rh 부적합, 출생 후 5분 동안 아프가 점수가 7점보다 낮음
영아의 비전형적 신경운동성 기능이나 신경행동적 기능	섭식이나 삼키기 문제, 과잉민감성, 낙담, 과소민감성, 산만함, 연방법에서 정한 장애, 성장부전
환경적	공식적 교육을 거의 받지 못했거나 전혀 받지 못한 낮은 사회경제적 집단에 속한 나이 어린 여성의 출산 학대나 방치에 대한 가족력이 강함. 그러한 요소의 결합
다요인적	발달지체, 주의력결핍장애, 학습장애의 가능성에 대한 초기 신호
집단 III: 위험성 예측집단-비전형적인 의사소통 발달의 위험성이 의미 있게 높아짐 (축적된 요소들이 비전형적인 의사소통 발달의 가능성을 높임)	
생물학적	일부 유전성 질환이나 정상적 신경운동성, 신체적, 또는 감각적 성장과 발달을 방해할 수 있는 질환의 결합 약한 신경학적 신호들
의학적	후천적 질환, 상해, 질환, 또는 정상적 신경운동성이나 신체적 성장과 발달, 또는 다른 감각통합을 방해할 수 있는 잠재성을 가진 질환의 결합
환경적	정상적인 인지적, 사회적, 심리정서적, 의사소통적, 다른 발달적 과정을 저해하는 잠재성을 가진 일부 질환과 질환의 결합
집단 IV: 의사소통지체나 장애 여부를 나타내는 알려진 위험요소가 없음 (집단 IV에 있는 아동들은 성숙한 다른 집단에 다시 할당될 수 있고, 이전에는 인식될 수 없었던 원인이 되는 요소를 확인하기 위해 이용할 수 있는 자료를 검토한다.)	

때 약 50%의 유아는 표현 언어가 같은 연령대의 영아를 '따라 잡는다'는 것을 인식하고 있어야 한다. 학교에 입학할 나이에 이르러 언어지체 유아가 정상적인 언어기술을 학습할 기회를 갖기 위하여 치료를 받아야 하는 것은 하나의 도전이다. 웨더비와 프리잔트(p. 294)는 어린 영아에게서 영속적인 언어 문제를 예견하는 가장 적절한 지표를 다음과 같이 요약하였다:

- 눈 응시와 얼굴 표정으로 주의를 공유하고, 감정적 상태를 공유하는 능력 부족
- 제스처 및/또는 발성을 사용하는 의사소통의 낮은 비율
- 의사소통 기능의 범위가 제한되고, 특히 시선 공유 기능의 부족
- 의사소통을 위해 제스처에 의존하고, 발성 사용이 제한
- 제한된 자음 목록과 음성 의사소통에 있어서 음절 구조가 덜 복잡하게 나타남
- 언어의 이해 및 산출 모두에서 지체
- 상징놀이시 계획적 행동의 자발적 사용이 지체되고, 행동을 모방하는 데서 지체를 보임

이러한 특징은 18개월 이하의 영아에게서 확인될 수 있다. 집단 IV에 속한 영아는 생의 초기에 이루어지는 기능적 구어에서 제한을 보이기 때문에 이후에도 발달이 정상적으로 이루어지지 못할 수 있다. 초기에 집단 IV로 간주된 영아는 표준화 검사가 좀 더 신뢰롭게 실시될 수 있는 시기인 학교 입학 연령이 될 때까지 주의를 받지 못하기도 한다.

집단 IV에 속한 영아에 대한 흥미로운 점은 그들 중 상당수가 '첨족보행(toe walker: 까치발 걷기)'으로 관찰된다는 것이다. 아직까지 이유가 분명하지는 않지만, 특발성(idiopathic) 질환인 첨족보행〔즉, 경련성 뇌성마비, 이분척추 또는 상해, 근육마비, 신경마비, 자폐성장애 및 전반적 발달장애(PDD)로 인한 결과는 아님〕은 발달적 언어장애(DLD)의 진단적 신호로 보인다. 아카르도(Accardo), 슐맨(Schulman)과 그의 동료들은 소아과 의사가 이러한 증상을 알아야 한다고 주장하였다. 아카르도는 "첨족보행이 있거나, 과거에 있었다는 것은 임상가에게 신경학적으로 발달적 언어장애를 야기할 가능성을 강하게 제기한다."고 진술하였다(p. 510). 슐맨과 동료들은 정형외과에 의뢰되었으며, 다학문적 발달 평가 팀이 첨족보행이 있다는 것을 확인한 799명의 아동을 대상으로 한 연구에서 "본 연구에서 19명의 아동이 두 가지 이상의 발달 영역에서

지체됨을 보여 주었다. 심각한 언어지체가 가장 일반적이었으며 사례 중 75% 이상에서 발견되었다."(p. 545). 그들은 또한 "언어장애의 심각성은 첨족보행의 증가와 관련되어 있다"고 설명하였다(p. 545).

이 책에서 이미 언급한 것처럼, 의사소통에 대한 진단·평가가 필요한 아동을 확인하기 위해서는 가족의 역할에 대한 태도가 조사되어야 한다. 부모가 자녀의 발달상의 어떤 측면에 관심을 기울인다면, 전문가들도 관심을 기울여야 한다. 전문가 훈련 프로그램은 일반적으로 문제가 확인된 상태에서 일어날 수 있는 '부모의 부인(parental denial)'의 현상에 대한 조사연구와 이것을 다루는 방법을 교육한다. 그러나 최근에까지도 부모들은 자녀들이 뭔가 문제가 있는 것을 알고 그들의 고민에 대한 타당성을 전문가들에게 납득시킬 수 없음을 수년간 호소해 왔더라도 '전문가의 부인(professional denial)' 현상에 대해서는 거의 관심을 두지 않았다.

전문가가 아동은 "빨리 자란다."고 안심시키는 말이 종종 사실을 왜곡하고, 적절한 치료시기를 놓치게 된다. '전문가 부정'이 발생할 경우, 최적의 신경 생리학 발달 기간에서 몇 달이 지나고, 때로는 몇 년이 지나기 때문에 적절한 예방적 치료 또는 중재를 할 수 없게 된다.

▼ 평가 및 의사소통 진단

매우 어린 영아에 대한 의사소통 평가나 전반적인 의사소통 진단은 전문가와 가족이 위에서 정의된 네 가지 유형의 위험 집단 중 한 집단에 영아를 분류함으로써 가능해진다. 진단과 평가 중 현 시점에서 어떤 절차가 적절한지를 결정하는 것은 개인의 환경에 따라 달라지며, 서비스가 제공될 아동의 연령과 발달적 상태에 따라 다르다. 진단·평가는 영아의 현재 기능 수준을 문서화하는 과정이며, 다음 수준의 발달을 향상시키기 위한 선략이 권고되는 과정이다. 많은 임상가들은 진단·평가 과정을 발달 중재활동의 일부로 생각한다. 반대로 제2장에서 언급한 것처럼('선별, 평가 및 진단' 부분 참고), 진단 과정은 다른 목표를 가지고 있으며, 재활이나 서비스 중재를 위해 다른 전문가에게 의뢰하는 과정으로 끝날 수도 있다. 기능의 평가는 항상 진단적 평가의 일부지만, 진단이 반드시 평가 과정의 일부인 것은 아니다. 두 과정은 깊이 관련되어 있지만, 상호 교환될 수 있는 것으로 생각해서는 안 된다. 그러나 두 가지 절차의 계획은 진단과 평가 과정에 무엇을 포함시킬 지를 결정하는 것을 포함하고 있다.

전문가가 아동의 특별한 특성을 진단명으로 내리고, 기능을 묘사하는 데 범주를 고려하는 것처럼, 그러한 진단명과 기능이 함축하는 것이 무엇인지를 고려하는 것이 중요하다.

진단·평가 계획하기

진단·평가를 계획하는 데는 프로토콜 형식을 적용하는 것이 유용하다. 프로토콜은 활동의 순서를 안내하고, 과정의 각 단계에 대해 주된 책임을 누가 질 것인가를 확인해 준다. 또한 계획단계에 참여하는 모든 사람들의 과정을 조직하고, 예측이 가능하도록 만든다. 또한 가족이나 전문가가 속한 팀을 위한 시간표를 만드는 데도 유용하게 사용될 수 있다. 〈표 8-3〉은 그러한 프로토콜을 계획하는 것이 어떤 과정일 지를 보여 주고 있다. 순서는 참여 기관이나 팀의 필요에 맞추어 수정될 수 있다.

의사소통 진단·평가 도구

표준화 검사

영아를 대상으로 한 표준화 검사를 사용할 때는 특히 주의를 기울여야 한다. 즉, 표준화 점수를 제공하는 규준 집단에 대해서 주의 깊게 고려해야 한다. 검사 대상 아동과 동일한 진단명을 가진 아동집단이 규준 집단에서 제외된 경우에는 표준화 검사에서 필연적으로 타당성이 없는 점수를 얻게 된다. 규준집단이 극히 작은 표본으로 이루어졌거나, 매우 다양한 질환을 포함하고 있다면 각각의 점수를 해석하기가 매우 어려울 수 있다. 매우 어린 영아는 규정된 검사 절차 내에서 요구하는 프로토콜을 충족시킬 수 없다. 개별 아동들이 보이는 광범위한 발달 패턴의 다양성은 검사 점수의 신뢰도를 떨어뜨릴 수 있다. 그러나 일부 주 Part C 서비스 적격성 기준은 표준화 검사 점수로부터 벗어난 정도를 정량화하고, 편차가 얼마나 되는지를 문서화하는 것을 요구한다. 그러므로 몇몇 주에서는 Part C 하에서 조기 중재 서비스를 위해서 표준화 검사 결과를 아동과 가족을 질적으로 평가하는 데 사용하도록 요구하고 있다.

〈표 8-3〉 진단·평가를 계획하기 위해서 제안된 순서

수용하기
- 관심사와 고충을 표현하기
- 누구에 의해서 표현되는가〔예: 부모, 다른 가족 구성원, 전문가(들), 팀〕?
- 관심사와 고충에서 특별한 사항은 무엇인가?

고려하기
- 〈표 8-2〉나 다른 분류법에서 제시한 위험집단에서 표현된 의사소통 문제의 타당성

평가하기
- 표현된 요구나 두드러진 요구, 또는 서비스에 대한 근거
  - 예방(예: 2차적, 3차적 예방법)은?
  - 감독(발달상태, 특정 질환)은?
  - 진단은? 평가는? 장애 분류는?
  - 법률이나 법에서 제기되는 쟁점은?
  - 부모 정보, 부모교육, 부모훈련은?
  - 자활(habilitation)은?
  - 재활(rehabilitation)은?

판별하기
- 참여 요구가 있는 학문 분야
  - 선택 1: 진단과 평가
    - 신생아 집중 치료실의 진단과 평가
    - 전반적 발달 진단·평가
    - 의사소통 진단·평가
  - 선택 2: 장애 분류
    - 이해력
    - 의사소통

선택하기
- 다음의 항목을 개발하는 데 사용할 방법, 도구, 접근법
  - 사례력
  - 기록 검토
  - 아동과 가족의 관찰
  - 검사 프로토콜: 초기, 일련의 검사
  - 단학문적 환경, 다학문적 환경
    - 센터
    - 가정
    - 다른 장소
    - 장소의 결합

(다음 쪽에 계속됨)

〈표 8-3〉 진단·평가를 계획하기 위해서 제안된 순서 (계속)

- 접근법
  - 다학문적
  - 초학문적
  - 간학문적
  - 현장 양식(표준화되었는가, 전화나 공학을 사용하는가)
  - 자문이 요구되는가
  - 지속적인 방문 일정(가족에 대한 자문을 위해)
- 사용해야 할 도구, 장비, 절차

실시하기

- 진단·평가 검사(들)

기록하기

- 절차활용에 의해서 수집된 자료

문서화하기

- 결과와 인상
- 상태의 진단과 평가
- 장애 분류
- 확인된 기술
- 강점
- 요구 사항
- 다른 발견사항들

예후(선택적)

- 무엇을 위해서?
  - 기능적 의사소통의 발달
  - 구어 의사소통 기술의 발달
  - 연령에 적절한 구어 의사소통의 발달
  - 다른 것들은 구체적으로 제시

결정하기

- 성공적인 의사소통과 발달의 중요한 것은 무엇인가?
  - 원인과 예후는?
  - 확인된 영속적 요소의 수정은?
  - 부모 정보, 교육, 훈련, 또는 이러한 방법의 결합은?
  - 가족 참여는?
  - 특정한 중재법, 치료법, 그리고 관리 방법은(예를 들어, 지원적이거나 보완적 의사소통)?
  - 다른 수단은(예를 들어, 의학적, 외과적, 또는 다른 관리를 고려하여 의뢰하기)?

(다음 쪽에 계속됨)

〈표 8-3〉 진단·평가를 계획하기 위해서 제안된 순서 (계속)

추천하기

- 치료법, 관리법, 중재 계획
  - 아동 중심적, 전통적 접근법?
  - 아동 중심적, 가족에 초점을 둔 접근법?(개별화 가족 지원 계획)
  - 다른 접근법(들)은?
- 의뢰
  - 무엇을 위해서?
  - 누구에게?

방법

- 중재: 치료법, 관리방법, 또는 중재 계획
  - 적절하게 의뢰하기
  - 필요시 주기적으로 재평가를 추천
  - 적극적 치료법, 관리방법, 교육을 수행하기
    - 아동
    - 부모와 가족
    - 다른 양육자들
  - 추천된 사항을 감독하고 추적하기

평가하기

- 결과
  - 상태
  - 마지막 방문이래로 진전을 평가하거나, 다음 방문을 계획하기
  - 치료법이나 중재 계획을 수정할 필요성

판단에 근거한 진단·평가

판단에 근거한 진단·평가(judgment-based assessment; JBA)란 지식, 훈련, 경험 및 '자격 있는 서비스 제공자'에 의해서 아동의 발달 상태, 강점 및 조기 중재 서비스의 필요 여부를 결정하는 전문가의 권위를 기술하기 위해 사용되는 용어이다. 일부 주에서는 판단에 근거한 진단·평가(JBA)가 평가 기준으로 문서화되어 있으며, 따라서 영아가 Part C에 규정된 조기 중재 서비스를 받을 자격이 있는지를 결정하는 것이 전문가에게 주어진 권한으로 되어 있다.

판단에 근거한 진단·평가 절차를 적용하는 임상가들은 아동의 발달 상태, 아동의 강점 및 요구, 적합한 중재에 관한 추천 사항에 대한 결정을 공식화하기 위해서 임상

관찰 기록을 이용하고, 아동으로부터 최상의 '수행성과'를 기대하거나, 유도할 수 있는 상황을 고안하며, 광범위한 정보원들에게 얻은 정보들을 통합한다. 일부 주에서는 판단에 근거한 진단·평가와 표준화된 검사를 결합시킬 것을 요구하거나 권고하고 있다.

발달장애와 관련된 것으로 알려진 질병이나 질환이 없을 때, 아동에게 의심되는 비전형적인 발달에 대한 초기의 우려는 거의 항상 판단에 근거한 진단·평가에 기초하게 된다. 모리쎄트(Morisset)[51]가 관찰한 바와 같이 '언어 습득에 있어 정상적인 발달의 범위가 매우 넓지만, 분명 잠재적인 문제를 암시하는 확고한 지표는 있으며, 이러한 지표들을 무시해서는 안 된다.'(p. vii). 웨더비, 로세티(Rossetti)와 프리잔트를 비롯한 많은 연구자들은 전통적 지표의 윤곽을 드러내고 있으며, 대체로 다음과 같은 것들 즉, 소리에 대한 반응의 부족, 위치 파악 능력의 부족, 불충분한 사회적 반응 및 영아기의 부족한 음성놀이가 지표가 될 수 있다는 사실에 동의하였다. 다른 지표들로는 가정에서 사용하는 구어의 음성학적 억양 패턴의 불충분한 발달, 익숙한 사물과 그것을 명명하는 소리들을 일관되게 결합시키는 능력의 부재나 발달의 지체, 12개월까지 터득하는 전형적인 제스처의 부족, 불충분한 구어 사용, 어른이 요구하는 바를 거의 또는 전혀 이해하지 못하고, 24개월까지 2개의 단어를 결합하여 사용할 수 있는 능력이 부족한 것을 들 수 있다.

이러한 문제점 중 아동이 어떠한 어려움을 겪고 있는지에 대한 결정은 판단에 근거한 진단·평가에 의거한다. 형식적인 검사를 거쳐 확인하는 것은 가족이 거주하고 있는 주의 규정에 따라 필요할 수도 있고, 그렇지 않을 수도 있다.

종합적 전략

아동의 의사소통체계에 대한 정확한 그림을 그리려면, 종합적 전략이 필요하다. 단 하나의 진단·평가 수단이나 도구에 의존해서는 안 된다. 언어치료사는 공식적 평가 도구들과 판단에 근거한 진단·평가를 모두 채택하고 있다. 사례의 일화기록은 진단·평가 과정에서 '통계적 측정치'(예: 검사 결과와 물리적 측정) 만큼이나 가치가 있을 수 있다. 또한 임상가들도 유용한 공학과 장비, 상업적 기업이 전문 서적으로 출판하여 꾸준히 증가하고 있는 검사도구들과 절차를 알고 있어야 한다.

많은 형식적인 진단 및 진단·평가 도구(tools)나 기구(instrument)들이 임상가들에게 유용하게 사용될 수 있다. 일부는 표준화되었고, 일부는 준거 참조(대개는 특정 기술이 습득되었는지, 그러한 습득이 일반적으로 기준 연령에 받아들여지는 지)이다. 또 다른 도구들은 전체 모집단에서 아동의 행동을 어느 정도 일률적으로 평가할 수 있게 해 주는 절차상의 전략이다. 또한 양육자나 부모에게 아동의 발달 상태, 행동, 또는 과거의 특정 건강상태나 중재에 대한 정보를 기술하도록 고안된 질문지도 있다. 다른 도구로는 부모가 이용하고 있는 극복전략을 다루는 것으로 아동이나 아동의 부모가 장애에 어떻게 반응하고 있는지를 확인할 수 있도록 하거나, 아동의 발달을 최적화하기 위하여 부모의 능력을 향상시키는 점에 대한 가족의 우선 사항을 확인하는 태도 검사와 같은 것들이 있다.

구매하여 이용할 수 있는 도구들은 (1) 표본화된 의사소통 기술의 다양성, (2) 샘플링의 정확성, (3) 샘플링 사용 방법, (4) 보고서 작성 방법, (5) 도구를 적용할 수 있는 대상 연령 및 조건, (6) 행동을 비교하기 위한 준거의 측면에서 매우 다양하다. 신중하게 도구를 선택하고 적용해야 하며, 진단·평가를 받고 있는 아동이 감각, 인지 혹은 운동 손상이 있을 때에는 더욱 신중하게 도구를 선택하고 적용하여야 한다.

질적, 다차원적 점수체계

일부 사례에서는 임상가들이 임상관찰을 문서로 작성하기 위해 질적 점수체계를 이용하는 것에 주의가 따라야만 한다. 아동이 특정 기술을 숙달하였는지는 '있다, 또는 없다'로 설명할 수 있지만 아동이 특정 자극에 반응하는 방법을 설명하는 것도 의미 있는 일이다. 이와 관련하여 포르셰(Porch)의 16점 점수체계나,[52] 이와 유사한 다차원적 체계에 익숙한 검사자들은 판단에 근거한 진단·평가(JBAS)를 실시할 때 그것들이 유용하다는 것을 알게 될 것이다. 이러한 체계는 특히 불충분한 운동 협응을 보이는 아동들을 평가할 때 이용하도록 권장한다.

이러한 점수가 표준, 평균치 혹은 평균점수를 산출할 수는 없다 하더라도, 기술이나 행동을 설명하는 중요한 수단임에는 틀림이 없다. 이러한 체계도 숙련된 관찰자들의 집단이 사용할 경우에 연구와 임상 적용의 목적에 부합할 정도로 타당성을 갖게 된다.

전문가의 도구상자

목수와 배관공이 특별한 요구에 걸맞은 적절한 도구를 필요로 하는 것처럼, 언어치료사도 마찬가지이다. 예를 들면, 숙련된 목수는 망치, 톱, 대패, 다른 도구들 중에서 가

〈표 8-4〉 선정된 영아기 의사소통 진단·평가 도구

도구	특징	추천 연령
전언어적, 언어적 행동 진단·평가하기[53]	언어의 선행조건인 인지, 언어, 의사소통 의도; 언어의 이해와 산출을 평가하기 위하여 관찰 과 유도된 상호작용을 사용	출생~2세
자연적 맥락에서 영아 진단·평가[54]	가정이나 주간 보육시설에서 사용될 수 있는 기술적이고 비표준화된 언어사정 프로토콜	영아기의 발달을 보이는 아동
모-영아 간 상호작용 진단·평가[55]	관찰자는 의사소통 발달에 중요한 모-영아 상호작용을 측정	출생~유아
영아를 위한 진단·평가, 진단·평가 및 프로그램 계획 체계(AEPS)[56]	간학문적 도구로 개발되었음; '사회성-의사소통' 영역은 SLP에 의해 부분적으로 사용 가능	출생~3년
의사소통과 상징 행동척도[57]	놀이활동이나 사물과의 상호작용을 통해 의사소통 수단, 상호성, 사회성과 정서적 신호의 표준화된 측정	8개월~2세
초기 영아 의사소통 발달목록[58]	초기 영아의 지식과 화용론 기술의 사용, 초기 언어에 대하여 부모의 보고에 의거해 평가	10~36개월
걸음마기 영아의 의사소통 발달목록[59]	걸음마기 영아의 지식과 초기 언어 요소의 사용을 부모의 보고에 의거해 평가; 단단어나 구문을 사용하기 시작하는 영아를 위해 추천	10개월~3세
큐 질문지[59]	심각한 발달장애나 중복장애를 가진 아동과 영아기에 기대되는 수준에서 기능하는 아동의 의사소통 수단과 기능에 대한 정보를 수집; 체크리스트는 전음성적이고 비음성적 수준에서 구문이나 문장 수준까지 다양함(Appendix B에 나오는 형식을 참조)	나이에 상관없이, 그러나 시간적 제한이 존재하는 상황에서 매우 적합

(다음 쪽에 계속됨)

〈표 8-4〉 선정된 영아기 의사소통 진단·평가 도구 (계속)

도구	특징	추천 연령
통합된 발달 경험 진단·평가(IDEAS)[60]	자연적 환경에서 인지, 사회성, 의사소통 행동의 관찰에 기초한 기능적-언어 진단·평가; 영역 간 통합성에 초점	출생~36개월
언어발달 조사지[61]	2세 영아의 언어 사용을 기록하기 위한 부모질문지; 종이와 연필로 수행할 수도 있고, 부모나 양육자가 읽지 않는다면 인터뷰 형식으로도 사용 가능	2세만 사용
취학전 언어 검사-3[62]	걸음마기 영아의 청각적 이해, 조음, 문법형식, 문법구조, 기본 개념을 평가하기 위하여 표준화된 도구; 그림 촉진자극과 구어적 지시에 주의집중할 수 있는 능력이 필요	걸음마기
로제티 영아 언어발달 척도[63]	완벽한 언어 진단·평가를 위해서 부모 질문지와 프로토콜을 포함하고 있는 한권의 도구. 준거 참조형 검사도구; 일반화된 자료를 수집하기 위하여 놀이 환경에서 행동의 도출, 부모 보고, 관찰을 함; 초점은 광범위하고, 애착-상호작용에 대한 주의, 화용론, 몸짓, 놀이, 음성전 의사소통, 언어 표현과 이해를 포함	출생~3세
초학문적 놀이에 근거한 진단·평가[64]	초학문적인 조기 중재 팀에 의해 사용될 목적으로 개발; SLP가 원한다면, 언어 진단·평가에 대한 섹션을 독립적으로 사용 가능	6개월~6세의 발달 수준

장 효과적으로 일을 할 수 있는 도구를 선택한다. 이처럼 숙련된 배관공은 서로 다른 상황에서 다양한 도구(예: 몽키, 초승달 모양의 기구, 깔쭉톱니바퀴, 토크)를 사용한다. 마찬가지로 신생아-걸음마기 영아-가족을 대상으로 하는 언어치료사와 다른 전문가들은 특별한 상황에 적합한 다양한 도구들을 사용할 필요가 있다.

의사소통장애 전문가들이 사용하는 기본적인 '도구 상자'에는 〈표 8-4〉에 열거된 진단·평가 도구들이 포함될 수 있다. 새로운 도구와 프로토콜이 개발되었을 때 각각의 전문가들은 특정 상황, 임상환경, 또는 양자 모두에 필요한 도구를 찾으면 된다. 〈8-4〉에 수록된 목록은 대학의 훈련 프로그램 및 프로그램과 제휴한 치료실을 기반으로 하여 임상에 적합한 기본적인 도구들 중에서 저자 나름의 선택을 반영한 것이다. 확대된 진단·평가 도구 목록은 부록 B의 〈표 B-1〉에 제시되어 있다.

▼ 결과 보고서 작성하기

일반적으로 보고서는 문서로 작성하여야 하며, 전문가 팀, 팀의 대표자나 각각의 임상가가 가족에게 결과를 해석해 줄 때 가족에게 제공할 수 있다. 대개 문서로 작성된 보고서의 형식은 기관, 수행집단 혹은 임상가의 프로토콜, 기금을 제공하는 기관이 정한 요건이나 그 외 다른 기관이 지정한다. 문서로 작성된 보고서 중 어떤 보고서는 길고(긴 보고서는 일반적으로 임상훈련 프로그램에 적용된 사례이다). 어떤 보고서는 대단히 간략하며(때로는 심지어 체크리스트나 빈칸 채우기 형식으로 구성되기도 한다), 또 다른 보고서들은 극단적인 두 가지 형식을 절충한다. 평가나 진단과정에 따라 부모에게 결과를 보고하는 것은 이 장의 앞부분에 있는 '가족에게 설명해 주기' 편에서 이미 논의하였다. 문서로 작성된 전문가의 보고서는 일반적으로 소송이 제기되었을 때, 아동의 상태와 관련한 법적인 문서로서 소환장을 대신할 수 있는 것이기도 하다.

개별화 가족 지원 계획

개별화 가족 지원 계획(IFSP)은 Part C에 규정된 독특한 요건이다. 개별화 가족 지원 계획은 아동의 발달을 최대화하기 위해 가족의 능력을 향상시키는 수단으로서, 가족이 아동을 위해 선택하거나, 가족 자체를 위해 선택한 중재 서비스 가이드 역할의 문서와 절차로 간주된다. 개별화 가족 지원 계획은 융통성이 있고 부모의 요구에 따라 변경하기가 쉽다. 또한 가족은 다학문적 팀의 구성원이나 지정된 가족 서비스 조정자와 함께 개별화 가족 지원 계획을 발전시킬 수 있다. 법률이 정한 바에 따르면 개별화 가족 지원 계획은 다음의 내용을 포함하여야 한다:[65,66]

- 아동의 현재 건강 상태에 관한 언급
- 아동의 발달 수준에 관한 언급: 신체적(감각 포함), 인지적, 운동(대근육운동 및 소근육운동), 의사소통적(말-언어), 사회적·정서적 발달 수준

- 서비스 조정자의 이름
- 아동 및 가족에게 기대되는 성과(기능상의 목표)
- 제공해야 하는 서비스 목록
- 서비스 시작일, 예상기간, 서비스 제공 책임이 있는 개인 혹은 기관
- 서비스를 제공하게 될 환경 확인(아동이 접하고 있는 '자연스러운 환경'인 가정, 어린이집이 좋으며, 시간 연장이 가능해야만 함)
- 아동이 한 서비스에서 다른 서비스로 전환될 때나, 아동의 연령이 Part C에 규정된 서비스가 종결되는 시점인 36개월이 되었을 때 나타날 주요한 변화를 예상하여 작성된 전환 계획

일부 사례에서는 개별화 가족 지원 계획(IFSP) 자체를 진단·평가 보고서로 간주하고 있다. 그러나 대부분의 기관 및 임상가들은 실행 기준에 의하여 보고서 작성이나 진단 결과들을 더 구체적으로 써야 하는 의무를 느낀다.

가족 서비스 조정자는 개별화 가족 지원 계획(IFSP) 실행에 필요한 자금 조달방법을 문서로 작성하여야 한다. 참여하는 각 주에서는 서비스 비용을 Part C에 규정된 기금을 통해 지불하는 것은 최후의 수단으로만 이용할 수가 있다.

Part C에 규정된 기금을 요청하려면, 여타의 모든 지급원이 고갈되어야 한다. Part C에 규정된 서비스 중 일부는 자격이 있는 영아 및 가족에게 무료로 제공하여야 한다. 무료로 제공되는 서비스에는 선별검사와 평가, 다학문적 사정, 다학문적 사정을 위해 필요한 의학적 서비스 및 장비, 개별화된 가족 지원 계획의 개발, 서비스 조정(사례 관리) 및 전환 계획이 포함된다.

일단 개별화 가족 지원 계획(IFSP)이 전개되면, 참여하는 주의 선도기관(lead agency)은 궁극적으로 가족에게 초점을 두고, 지역사회 체계를 통해 지정된 서비스가 제공되고 있는지 확인할 의무가 있다. 가족들은 때로 필요한 서비스를 변경할 수 있으며, 가족과 아동에게 참가자격이 부여된 서비스를 거절할 수도 있다. 최초의 개별화된 가족 지원 계획을 변경할 때에는 그에 해당하는 문서도 반드시 수정하여야 한다. 요구한 서비스에 대한 서비스제공자들 간의 갈등을 해결할 수 없을 때는 가족은 정당한 법적 절차에 따라 소송을 제기할 권한이 있다. 참여하는 주에 따라 Part C 법령 이행 계획에 포함된 자격 적격성 기준, 비밀보장 및 정당한 법적 절차와 관련한 정책, 그리고

기타의 구성요소들이 크게 다르다. Part C 제도의 구성요소와 관련된 규칙 및 규정은 진단·평가 과정에 영향을 미칠 수 있다. 이행에 관한 정보는 주의 선도기관을 통해 입수할 수 있다. 주정부의 선도기관은 부록 C의 〈표 C-1〉에 기재되어 있다.

기관과 임상가들이 Part C 제도의 모니터 요원을 임명하기 위해서는 문서 작성이 필수적으로 유용하다.

따라서 진단·평가 및 진단보고서는 Part C에 규정된 대상 집단을 지원하는 기관과 임상가들이라면 필수적으로 작성하여야 하는 기록문서이다.

기타의 보고서 형식

다른 전문가에게 제공하는 보고서는 보다 상세한 보고가 첨부되도록 개인적인 편지나 연구 결과를 요약한 메모의 형식을 취할 수 있다. 일반적으로 임상가와 다른 전문가들은 요청시 좀 더 상세한 보고서를 받아볼 수 있다는 짧은 메모가 들어 있는 한 장(또는 최대 두 장) 분량의 연구결과 요약본을 받아보는 것을 더 선호한다.

시간이 경제성을 결정하는 중요한 요소가 되는 민간병원과 보건의료 환경에서는 보고서를 작성하거나 읽는데 소요되는 시간도 매우 중요하다. 언어치료사는 정보 집약적이면서도 간결한 보고서 작성 기술을 익혀야 한다. 그러나 담당 아동의 의사소통 체계에 대한 결론을 공식화하는 평가나 진단에 제시된 세밀한 정보들을 파악하는 기술도 가지고 있어야 한다. 전문적인 의학평가를 의뢰할 때 적용할 수 있는 지침이 제7장에 제시되어 있다.

▼ 요약

서로 다른 서비스 실행모델을 이용할 경우에는 서로 다른 일정한 철학 및 절차에 따라야 할 필요가 있다. 소아과 인구 중에서도 영아와 그의 가족을 위해 일하는 전문가들은 지속적인 전문교육을 통해 급속도로 발전하고 있는 법령의 요구나 실행에 관한 지침 및 기술적 진보에 뒤쳐져서는 안 된다. 이 장에 제시된 자료들은 영아와 가족을 평가하고 진단하는 과정에서, 임상가의 풍부한 상식과 숙달된 전문지식이 필요하며, 영아를 대상으로 하는 일은 단순히 연령이 좀 더 많은 학령 전 유아들에게 적용하는 기술을 낮은 연령대로 확대하는 것이 아니라는 사실을 독자에게 이해시키기 위한 것이다.

〈표 8-5〉에는 독자들을 위해 간략하게 재검토한 의사소통 진단·평가의 필수요소들이 제시되어 있다.

▼ 참고 문헌

1. Lewis ML, Fox N: Issues in infant assessment. In CC Brown, editor: *Childhood prenatal risk: pediatric round table #9*, Skillman, NJ, 1983, Johnson & Johnson Products, p 78.
2. Menyuk P, Liebergott JW, Schultz MC: *Early development in full-term and premature infants*, Hiilsdale, NJ, 1995, Erlbaum, p 193.
3. Keefe KA, Feldman HM, Holland AL: Lexical learning and language abilities in preschoolers with perinatal brain damage, *J Speech Hear Disord* 54:395, 1989.
4. Sherman T, Shulman BB: Low birthweight and developmental delays: research issues in communication sciences and disorders, *Contemp Issues Commun Sci Disord* 24:79, 1997.
5. Glascoe FP, Altemeier WK, MacLean WE: The importance of parents' concerns about their child's development, *Am J Dis Child* 143:855, 1989.
6. Glascoe FP: Parents' concerns about children's development: prescreening technique or screening test? *Pediatrics* 99:522, 1997.
7. Wetherby A, Prizant B: *CSBS developmental profile*, Vero Beach, Fla, The Speech Bin, n.d.
8. Frankenburg WK, Dodds JB: *Denver developmental screening H*, Denver, 1990, Ladoca Project and Publishing Foundation.
9. Bricker D: *Assessment, evaluation, and programming system (AEPS) for infants and children, vol 1, AEPS measurement for birth to three years*, Baltimore, 1993, Paul H. Brookes.
10. Provence S, Apfel NH: *Infant-toddler and family instrument*, Baltimore, 2001, Brookes Publishing.
11. Fenson L, et al: *MacArthur communicative development inventories for infants and toddlers*, San Diego, 1991, Singular.
12. Rescorla L: The language development survey: a screening tool for delayed language in toddlers, *J Speech Hear Disord* 54:598-599, 1989.
13. Rossetti LM: *The Rossetti infant-toddler language scale: a measure of communication and interaction*, East Moline, Ill, 1990, LinguiSystems.
14. Schuler AL, et al: Assessment of communicative means and functions through interview: assessing the communicative capabilities of individuals with limited language, *Semin Speech Lang* 10:51-56, 1989.

〈표 8-5〉 의사소통 진단·평가에 필수적인 항목들

기록의 검토

- 의학적 기록과 외과적 기록
- 발달기록
  - 건강상태
  - 신체발달과 감각발달
  - 인지발달
  - 운동발달(대근육, 소근육 발달)
  - 사회적 행동발달(애착, 기질, 적응, 모방 행동)
  - 의사소통 발달(상호작용, 말차례지키기, 수단, 의도, 전음성적, 표현, 이해, 비음성적, 음성적)

인터뷰에 의한 해당 사례력 수집

- 가족력(의학적, 사회적, 교육적)
- 출생 전
- 출생 후
- 발달 사례력
  - 발달지표의 도달
  - 발달의 변인
  - 부딪친 문제와 지체

현재의 우려 원인을 예측

- 가족에 의해서
- 전문가에 의해서

관찰

- 아동, 부모, 가족 상호작용 스타일
- 친숙한 환경과 친숙하지 않은 환경
- 가능하다면 비디오로 녹화한 기록

팀 참여

- 가족 구성원(들)
- 언어치료사
- 청각사
- 심리학자
- 의사(소아과의사, 신경과 의사, 안과의사, 정형외과 의사, 방사선과 의사, 이비인후과 의사, 소화기과 의사, 성형외과 의사, 유전학자; 흉부외과 의사, 다른 전문가)
- 물리치료사
- 작업치료사

(다음 쪽에 계속됨)

〈표 8-5〉 의사소통 진단·평가에 필수적인 항목들 (계속)

- 간호사
- 사회복지사
- 유치원 교사, 조기 중재자, 유치원 특수교사, 아동 발달 전문가
- 기타

검사, 진단·평가

- 감각통합 평가(특히 청각, 촉각, 시각, 균형감각, 감각자극에 대한 내성)
  - 측두엽 언어 기제와 관련된 신체 구조를 포함하여 의사소통을 위해 필요한 해부학적 구조 평가
  - 의사소통에 필요한 생리학적 평가
- 비전형적 의사소통 발달과 관련이 되었거나 되었을지도 모르는 알려진 증후군과 질환에 대한 문서
- 필요하다면 섭식과 삼킴 기능의 진단·평가
- 의사소통 수단과 양식, 기능, 의도의 확인
- 의사소통 상태의 진단·평가
  - 전상징기
  - 비음성적 상징
  - 음성적

의사소통 검사와 진단·평가는 또한 다음의 평가를 포함한다:

- 아동과 1차 양육자 간의 상호작용과 가족 단위에서의 상호작용 스타일
- 의사소통 발달과 관련한 문화적 환경
- 의사소통에 대한 동기
- 매일의 일과 속에서 의사소통을 위한 기회
- 놀이행동(즉, 인지적 능력과 운동 능력, 사회적 상호작용, 모방기술, 보여지는 의사소통 기술)

결정하기

- 검사에 무엇을 포함할 것인가
- 언제 검사를 실시할 것인가
- 어디에서 검사를 실시할 것인가
- 어떻게 검사를 실시할 것인가
- 어떤 특별한 도구와 방법이 필요할 것인가
  - 실험실 검사
  - 발달목록
  - 측정 검사 자료, 도구, 장비
  - 특정한 방법(예를 들어, 치료적 자세잡기)

(다음 쪽에 계속됨)

〈표 8-5〉 의사소통 진단·평가에 필수적인 항목들 (계속)

- 검사의 전부 또는 일부 녹화하기(의뢰시점의 기초선을 잡고, 나중에 비교해 보기 위하여? 효과를 증명하기 위하여? 검사를 시행하는 동안 문서기록으로부터 자유롭기 위하여? 검사시간에 동반할 수 없는 팀 구성원에게 보여 주기 위하여?)
- 판단에 근거한 진단은 어느 정도로 받아들여질 것인가?
- 어떤 형식으로 문서화되고, 기록이 만들어지고, 보급하여 공유하여야 하는가?
- 문서는 어떤 허락이나 비공식적 승인이 필요한가, 그리고 그것은 누구의 책임인가?

*Part C 법령은 다학문적 팀에는 적어도 2명의 전문가가 참여하도록 정의하였다. 의사소통 진단·평가에 적절하다고 판단되는 최소한의 구성원은 부모, 언어치료사, 그리고 청각사이다.

†도움이 되는 참고 자료를 보기 위해서는 Appendix A를 참조하라.

15. Bzoch KR, League R: Receptive expressive emergent language scale, ed 2, Austin, Tex, 1991, PRO-ED.
16. Crais E: Communication report form. In Bailey DB, Jr. Wolery M, editors: *Assessing infants and preschoolers with handicaps*. ed 2, New York, 1996, Merrill, pp 366-367.
17. Lewis B, et al: Family pedigrees of children with suspected developmental apraxia of speech. Paper presented at the American Speech-Language-Hearing Association, New Orleans, Nov 2001.
18. Lohman P, Manning RK, Dean CR: Current trends in developmental apraxia of speech. Poster session presented at the American Speech-Language-Hearing Association, New Orleans, La, Nov 2001.
19. Jakielski KJ: Clinical management of developmental apraxia of speech. Seminar presented at the convention of the Louisiana Speech-Language-Hearing Association, Baton Rouge, La, Nov 5, 2000.
20. Brunetti V, et al: Chronic hoarseness misdiagnosed in children. Paper presented at the American Broncho-Esophageal Association Annual Meeting, Palm Springs, Calif, May 14, 2002.
21. Mitchell PR: Prelinguistic vocal development: a clinical primer, *Contemp Issues Commun Sci Disord* 24:87, 1997.
22. Wetherby AM: Alton Ochsner Clinic Annual Continuing Medical Education Program: Infants and Toddlers with Special Needs, New Orleans, May 1999.
23. Bell RQ: Minor physical anomalies: relation to later achievement. In Paul NW, editor: *Research in infant assessment*, White Plains, NY, 1989, March of Dimes Birth Defects Foundation, p 25.
24. Superneau DW: Subtle signs of undiagnosed genetic disorders ("The Dysmorphology

Detective"). Paper presented at Conference on the Child with Special Needs, New Orleans, April 1997.

25. LeVan RR: Clinical sampling in the assessment of young children with handicaps: shopping for skills, *Top Early Child Special Educ* 10:65, 1990.
26. Kayser HR: Bilingual language development and language disorders. In Battle DE: *Communication disorders in multicultural populations*, ed 3,. Boston, 2002, Butterworth-Henemann, pp 205-232.
27. Wetherby AM, Prizant BM: *Communication and symbolic behavior scale* [CSBS]-Normed edition, Chicago, 1993, Applied Symbolix.
28. Fewell R: *Play assessment scale*, Miami, 1991, University of Miami.
29. Fewell R: *Assessing the child with special needs using play observations: evaluating communication cognition, and motor behavior*. Paper presented at the Conference on the Child with Special Needs, New Orleans, April 1997.
30. Droter D, Sturm L: Mental health intervention with infants and young children with behavioral and developmental problems, *Infant Young Child* 3:1, 1991.
31. American Psychiatric Association: *Diagnostic and statistical manual*, ed 4, Washington, DC, 1994, Author.
32. National Institute of Neurological Diseases and Stroke: *Fact sheet: Landau-Kleffner syndrome*. Available at http://www.ninds.nih.gov/health_and_medical/disorders/landau kleffnersyndrome_doc.htm.
33. McCatherine RB, Warren SF, Yoder PJ: Prelinguistic predictors of later language development. In Cole KN, Dale PS, Thal DJ: *Assessment of communication and language, vol 6, Communication and language intervention series*, Baltimore, 1996. Paul H. Brookes, p 57.
34. Calendrella AM, Wilcox MJ: Predicting language outcomes for young prelinguistic children with developmental delay, *JSLHR* 43(6):1061-1071, 2000.
35. Wetherby AM: First words project: improving early identification of communication disorders Seminar presented at the convention of the Louisiana Speech-Language-Hearing Association, Baton Rouge, La, Nov 6, 2000.
36. Dunn SL, van Kleeck A, Rossetti LM: Current roles and continuing needs of speech-language pathologists working in neonatal intensive care units, *Am J Speech Lang Pat hol* 2:52, 1993.
37. Smith DL: Teleassessment: a model for team developmental assessment of high-risk infants using a televideo network, *Infant Young Child 9:58, 1997.*
38. *Linder TW: Transdisciplinary play based assessment*, Baltimore, 1993, Paul H. Brookes.
39. Kovarsky D, Kurtzner-White E: Delivering and formulating diagnostic news. Miniseminar presented at the American Speech-Language-Hearing Association Conference, New

Orleans, Nov 17, 2001.

40. Mastergeorge AM: *Discourse in diagnostic news delivery: What is said, what is not said, and what is mis(understood)*, Miniseminar presented at the American Speech-Language-Hearing Association conference, New Orleans, La, Nov 17, 2001.
41. Prizant BM, Meyer EC: Socioemotional aspects of language and social communication disorders in young children, *Am I Speech-Lang Pathol* 2:56, 1993.
42. Wetherby AM, Prizant BM: Toward earlier identification of communication and language problems in infants and young children. In Meisels SJ, Fenichel E, editors: *New visions for the developmental assessment of infants and young children*, Washington, DC, 1996, Zero to Three/National Center for Infants, Toddlers, and Families, ~i 289.
43. American Academy of Pediatrics: Policy statement: Developmental surveillance and screening of infants and young children (RE0062), *Pediatrics* 108(1):192-196, 2001.
44. American Academy of Neurology: *Practice parameter: screening and diagnosis of autistic spectrum disorders* (a multi-society consensus statement, 02/25/00). Summary statement prepared by PA Filipek, corresponding author and project chair (E-mail: filipek@uci.edu).
45. Interdisciplinary Council on Development and Learning Disorders: *ICDL clinical practice guidelines*, Bethesda, Md, 2000, Author. [Free download at http://icdl.com/ ICDLguide lines]
46. Rescorla L, Schwartz E: Outcome of specific language delay (SELD). Paper presented at the meeting of the International Conference on Infant Studies, Washington, DC, April 1988.
47. Fischel J, Whithurst G, DeBaryshe B: Language growth in children with expressive language delay, *Pediatrics* 83:218, 1989.
48. Rescorla L, Roberts J, Dahlsgaard K: Late talkers at 2: outcome at age 3, *1 Speech Hear Res* 40:556, 1997.
49. Accardo P: On one's toes about developmental language disorders, *I Pediatr* 130:509, 1997.
50. Schulman LH, et al: Developmental implications of idiopathic toe walking, *J Pediatr* 130:541, 1997.
51. Morisset CE: Perspective, *Infants Young Child* 9(4):vi, 1997.
52. Porch BE: *Porch index of communicative ability in children*, Palo Alto, Calif. 1979, Consulting Psychologists Press.
53. Olswang L, et al: *Assessing linguistic behaviors*, Seattle, 1987k University of Washington Press.
54. Norris JA: Assessment of infants and toddlers in naturalistic contexts. In Secord WA, Damico JS, editors: *Best practices in school speech-language pathology: descriptive/non-*

standard language assessment, San Antonio, Tex, 1992, The Psychological Corporation.

55. Klein MD, Briggs MH: *Observation of communicative interaction*, Los Angeles, 1987, Mother-Infant Communication Project, University of California at Los Angeles.
56. Bricker D: *Assessment, evaluation, and programming system (AEPS) for infants and children*, Baltimore, 1993, Brookes Publishing.
57. Wetherby A, Prizant BM: *Communication and symbolic behavior scales*, Baltimore, Md, 1993, Brookes Publishing.
58. Fenson L, et al: *MacArthur communicative development inventories for infants and toddlers*, San Diego, Calif. 1991, Singular.
59. Schuler AL, et al: Assessment of communicative means and functions through interview assessing the communicative capabilities of individuals with limited language, *Semin Speech Lang* 10:51-56, 1989.
60. Norris JA: Assessment of infants and toddlers in naturalistic contexts. In Secord WA, Damico JS, editors: *Best practices in school speech-language pathology: descriptive/nonstandard language assessment*, San Antonio, 1992, The Psychological Corporation.
61. Rescorla L: The language development survey: a screening tool for delayed language in toddlers, *J Speech Hear Disord* 54:598-599, 1989.
62. Zimmerman IL, Steiner VG, Pond P: *Preschool language scale*, ed 3, San Antonio, 1992, The Psychological Corporation.
63. Rossetti LM: *The Rossetti infant-toddler language scale: a measure of communication and interaction*, East Moline, Ill, 1990, LinguiSystems.
64. Dickson K, Linder TW, Hudson P: Observation of communication and language development. In Linder TW: *Transdisciplinary play-based assessment*, Baltimore, 1993, Paul H. Brookes.
65. Public Law 102-119. Amendments to the Individuals with Disabilities Education Act [IDEA] of 1991.
66. US Department of Education: Assistance to states for the education of children with disabilities and early intervention program for infants and toddlers with disabilities. 34CFR Part 303: Early intervention program for infants and toddlers with disabilities, *The Federal Register*, 64(48):12505-12554, 1999. [Full text of final regulations for IDEA available at http://www.icasc.org/idea/regulations/12415.htm]

제 9 장

의사소통 발달의 최적화

치료, 관리, 중재

Frances P. Billeaud

▼ 개별화된 간호

일단 아동이 발달상의 지원이 필요하다고 결정되었다면, 아동에게 제공하는 지원은 반드시 아동의 요구에 부합하는 것이어야 한다. 브레이절튼(Brazelton)[1]은 지나치게 간단하고, 개별화되지 않은 중재 프로그램이 아동에게 이롭기보다는 오히려 해로울 수 있다고 지적하였다. 최상의 결과를 얻기 위해서는 중재 프로그램의 개별화와 기능적 의사소통 능력을 신장시키는 것이 중요하다. 개별화된 계획은 아동이 이미 할 수 있는 것과 부모-전문가 팀이 현재의 능력을 신장시키기 위하여 해야 할 것을 강조한다.

긍정적이고 생산적인 결과를 얻기 위하여 가장 먼저 해야 할 것은 아동에 대해 부모들이 생각하고 있는 우선순위를 확인하는 것이다. 그런 다음 전문가의 지식과 기술적인 전문성을 사용하여 아동의 발달을 향상시키고자 하는 가족의 노력을 지원하는 것이다. 시간이 지남에 따라 목표는 수정될 수 있다. 그러나 아동이 현재의 단계에서 다음의 발달 단계로 발전하는 것을 지원한다는 최초의 목적은 아동 관리에 참여하는 모든 이들의 목표로서 확고한 기준이다.

▼ 치료인가, 관리인가, 아니면 중재인가?

서로 다른 근무 환경에서 일하는 전문가들에게 있어서 치료, 관리, 중재라는 용어는 명백히 구별되는 의미를 가진 용어들이다. 많은 전문가들에게 있어서 치료는 진단된 문제를 호전시키거나 제거하는 의료적이거나 보건의료적 접근방법을 의미한다.

한편 관리는 치료뿐만 아니라 긍정적인 결과를 얻기 위해 이용하는 다른 과정들도 포함한다. 관리는 부모 교육, 유전에 대한 상담을 포함하며, 약물 치료, 직접적인 치료 전략, 또는 외과적 수술 중재가 포함되지 않은 다른 수단들을 의미한다. 대개 치료는 진단된 문제를 안고 있는 개인에게 시행하거나, 그러한 개인을 위해서 실시되는 것으로 생각되는 반면, 관리는 일반적으로 부모, 양육자, 가능한 프로그램 담당직원을 참여시킨다.

중재는 확인된 문제에 대하여 긍정적 결과를 가져오기 위해 계획된 것이다. 영아와 그들의 부모와 협력하는 상황 속에서, 중재는 아동 발달 향상에 긍정적인 효과를 미치는 무언가를 하는 것을 의미한다. 이와는 대조적으로 정신건강 분야나 약물남용을 다루는 분야에서 사용되는 중재의 의미는 사랑하는 사람, 동료, 또는 양자 모두가 상황의 심각성을 직시하도록 하고, 치료를 시작하도록 문제를 가진 개인과 대면하는 것을 의미한다. 서로 다른 근무 환경에서 일하는 임상가들, 서로 다른 학문 분야에 종사하는 사람들, 그리고 일반인들이 이러한 용어들을 다양한 방식으로 사용하기 때문에 특정 용어를 사용할 때에는 전문가 및 가족 구성원이 그 용어의 의미를 어떻게 이해하고 있는가를 먼저 확실히 하는 것이 현명하다. 협력과 참여에 영향을 미치는 이들 용어의 영향력을 과소평가해서는 안 된다.

어떠한 메커니즘(관리, 치료, 또는 중재)을 이용하던 간에, 목표는 동일하다: 아동

발달의 최적화에 관여하는 사람들은 모든 노력을 경주하여야 한다. 언어치료사는 표적인구 집단을 치료하거나, 관리하거나, 또는 중재하는 다방면적인 역할을 수행한다. 아동의 관리를 둘러싼 상황은 복잡할 수도 있고, 상대적으로 단순할 수도 있다. 언어치료사가 참여하는 활동은 간호 철학, 치료 혹은 중재 시기, 다른 전문가 및 양육자의 기여, 아동의 질병환, 특정 중재 방식의 요구, 그리고 다른 요소들로부터 영향을 받는다. 〈표 9-1〉에 반드시 고려하여야 하는 요소들에 대한 개요가 제시되어 있다.

〈표 9-1〉 의사소통장애의 위험이 있는 영아의 치료법, 관리방법, 중재 목표

아동 중심적	가족에 초점	환경에 초점

• 의사소통 목적을 달성하기 위해 필요한 성장, 구조, 기능적 통합에 영향을 주는 질환을 가진 아동을 위한 방법
• 다음에 제시한 단학문적이거나 다학문적 관리방법
  • 다양한 전문분야의 의학적 임상가
  • 다양한 전문분야의 외과 의사
  • 작업치료사
  • 물리치료사
  • 영양사
  • 청각사
  • 언어치료사
  • 심리학자
  • 유아교육자
  • 보철기구나 보완적 장치전문가
  • 사례 관리자나 서비스 조정자
	• 자녀의 신체적, 발달적 요구에 맞는 기법과 방법을 위한 부모에게 훈련
	• 부모에게 다음과 같은 내용의 정보 제공 및 교육
	  • 결정하기
	  • 옹호하기
	  • 아동 발달
	  • 자녀의 질환과 진단
	  • 경제적 원조
	  • 가족과 아동의 법적 권리
	  • 이용 가능한 관리방법 선택사양
	  • 서비스 전달 시스템에서의 차이
	  • 가족의 권한(확인하고, 선택하고, 서비스를 이용하기)
	  • 자기-옹호
	  • 서비스 조정자
	  • 개별 가족구성원과 가족 단위 전체를 위한 가족 지원
	  • 사회적 서비스
		• 다양한 환경에서 아동의 발달을 촉진하기 위한 수정(예를 들어, 특정한 장비, 설비, 방 공간배열, 스케줄)
		  • 병원
		  • 가정
		  • 센터
		  • 아동보육시설
		  • 유치원
		  • 클리닉

▼ 소아과 인구 집단을 대상으로 하는 언어치료사의 전략

언어치료사가 제공하는 서비스는 다음 중 한 가지 또는 그 이상을 포함할 수 있다:

- 선별, 의뢰, 추적 조사
- 자문
- 부모 교육
- 부모 훈련
- 지체나 장애에 대한 직접적인 치료와 관리
- 예방
- Part C 중재 요구 사항의 수행

선별, 의뢰 및 추후조사

아동의 의사소통 발달에 대한 우려는 부모나 타인이 자발적으로 언어치료사에게 표현할 수도 있고, 아니면 다른 부모나 전문가의 의뢰로 표현될 수도 있다. 언어치료사가 그러한 우려를 조사하면 아동을 다른 전문 분야나 프로그램에 의뢰하는 것이 시급한지, 프로그램이 보장되는지, 언어치료사가 보고된 행동을 개별적으로 검사해야 하는지, 아니면 아동이 전형적인 과정을 따라 발달하고 있음을 다시금 확인시켜 주어야 하는 지가 명백해진다. 이러한 검사 결과들을 기초로 해서 언어치료사는 미래에 아동의 발달을 추적하는 것을 목적으로 하는 추후 전화 통화나 방문을 제안할 수 있다.

의사소통 발달지체나 장애를 가진 영아들에게는 의학적 치료와 외과적 치료가 필요할 수도 있다. 외과적 치료가 적합한 가장 뚜렷한 문제들은 구순파열, 구개파열 및 기타 안면 이상일 것이다. 후두의 일부 구조적 이상, 육아종, 육두종증, 후두부의 외상에도 외과적 치료가 필요할 것이다. 다양한 문제들을 치료하려면 기관절개가 필요하기도 하다. 만성적인 중이염을 치료하기 위해서는 등압튜브(pressure-equalization tubes)를 삽입하는 방법을 사용한다. 이들 사례에서 언어치료사의 역할은 아동의 발성 특징, 반복적으로 귀앓이를 앓았다는 부모의 보고(특히 치료하지 않고 지나친 경우), 또는 알려진 증후군의 징후를 보이거나, 구강기제의 비전형적인 운동 기능과 관련된 신체적 특징에 근거해서 의사에게 의뢰하는 것이 포함될 수 있다.

의뢰 서비스에 드는 비용은 근무하는 기관에 따라 다르다. 시장논리에 따르면, 언어치료사의 시간은 상품이기 때문에, 아주 작지만 수수료가 청구될 수도 있다. 그러나 Part C 법령은 의뢰서비스를 '무료' 서비스의 하나로 정하고 있으며, 많은 기관들이 대중홍보 및 예방활동의 목적으로 비용을 부담하고 있다.

자문

자문 서비스는 대개 다른 전문가들(예를 들면, 의사, 조기 중재자, 물리치료사 및 작업치료사)을 대상으로 제안하며, 간호법을 선택할 수 있다. 이러한 자문서비스는 일반적으로 개별화된 간호 계획의 일부이다. 자문 서비스는 영아나 아동이 병원에서 퇴원할 때 실시되는 퇴원 계획의 일부로서, 구체적인 의학적 또는 외과적 치료가 필요한 아동을 위한 전체적인 간호 계획의 일부로서, 다학문적 평가가 완료된 후에 진행되는 개별화 가족 지원 계획(IFSP) 과정의 일부로서 수행될 수 있다. 개별화 가족 지원 계획을 발전시키는 과정에서 자문 서비스가 제공된 경우, 가족이 비용을 지불하지 않고, 기관이 Part C를 관할하는 기관에 정당한 비용을 직접 청구할 수 있다. 그것이 동료 전문가들과 계획을 세우는 과정의 일부로 실행될 때 일하는 장소가 일반적으로 전문가들에게 어떻게 보수가 지급될지를 지시한다.

콜맨(Coleman)과 동료들[2]은 부모에게 자문역을 하는 전문가의 역할에 대해 다음과 같이 제안하였다. 그들은 이러한 형태의 자문은 일반적으로 (1) 당면의 문제가 지닌 성질을 확인하고, (2) 가족이 수정되기를 바라는 아동의 행동을 관찰하고, 기록 계획을 짜고, (3) 가족들이 바람직한 결과를 얻을 수 있도록 행동 변화 계획을 개발하도록 지원하는 방식을 취한다는 사실을 관찰하였다. 과정의 성공여부는 가족들이 실행 계획을 개발하는 과정에 얼마나 적극적으로 참여하는 지에 달려 있다. 그들은 다음과 같이 진술하였다.

> "자문을 받는 사람들은 자신들이 시도해 왔던 전략 및 특정 전략이 성공했는지, 또는 실패했는 지에 관한 정보를 달라는 요청을 받는다. … 가장 중요한 것은 자문을 받는 사람들이 자신들의 특별한 상황에 가장 적합한 수행 계획을 개발하도록 돕는 것이다(p. 194).

그리고 그들은 부모가 요구하는 정보 및 지원은 자문 과정에서 모두 충족 되어야 하고, 자문 과정은 전통적인 인터뷰 모형보다 "부모를 덜 간섭하는 방식으로 제공된다."고 결론지었다(p. 198).

연수교육 및 직원 개발 훈련을 제공하는 공식 및 비공식적 기회도 자문 서비스의 형태로 볼 수 있다. 만약 의료직원이 언어치료사가 제공할 수 있는 지원의 범위를 알지 못한다면 문서를 통해 의사소통을 하거나 직접 대면하는 회의를 하는 것이 시급하다. 전문가 회의에서 전문가 집단을 대상으로 발언할 수 있는 기회를 구하는 것 역시 언어치료사의 전문기술성에 대한 정보와 종합적인 환자관리를 강화하고자 하는 바램을 전달하는 방법의 하나이다. 의료 담당 직원에게 사적인 말을 간략히 건네면서 전문잡지에서 발췌한 관련기사의 사본(혹은 발췌본)이나, 새로 출시된 관련 저서에 대한 논평을 제공하는 것도 '편견을 깨는' 방법이다. 이 방법 역시 합리적인 자문 형식이다.

언어치료사가 제공하는 자문은 급성 혹은 만성질병으로 인해 의학적 관리를 받고 있는 아동에게도 이로울 수 있다. 병원의 소아과 간호 계획은 아동에게 정상적인 사회적 자극이 부족하고, 아동이 병원에 입원해 있는 동안 부득이하게 가족의 일상생활로부터 격리되어야 한다는 점에서 우려스럽다. 아동과 직원 간의 의사소통, 가족과 직원간의 의사소통이 기본적으로 중요하다. 그러한 환경에서 아동의 의사소통 능력을 최대한으로 자극하는 방법에 대해서 의료직원과 간호사의 자문을 통해 도움을 줄 수 있다.

아동에게 특수 장비나 약물 관리를 요하는 특별한 치료 프로토콜이 적용되고 있을 경우, 언어치료사는 가족에게 어떻게 의사소통 능력을 확립, 강화 혹은 최적화할 것인지에 대하여 상담을 제공할 수 있다. 또한 언어치료사는 의사소통을 돕는 일시적인 보조전략(예를 들면 걸음마기 영아를 위한 기본적인 의사소통 판)을 고안하여 가족과 직원이 그것들을 사용하도록 교육할 수 있다.

의사소통 기술이 아동의 다른 발달영역과 동시에 발달하기 때문에, 전문가들은 서로의 분야에서 배울 수 있다. 치료에 관한 표준 프로토콜, 특수한 성질을 띤 관리 방법을 선택하고 실행하는 기준, 관련 연구 결과, 아동의 발달을 목표로 하는 팀의 구성원들이 각각의 분야별 목표를 완수할 수 있도록 서로 도울 수 있는지 정보를 공유하는 것이 중요하다. 그러한 형태의 자문은 최상의 결과를 가져오기 위하여 각각의 전문 분야가 기여하는 바를 심층적으로 이해하도록 한다. 또한 모든 팀 구성원의 기술을 향상시키고, 아동을 적절하게 의뢰하고, 가족들에게 보다 종합적인 정보를 제공하여 팀 구성원 각자의 능력을 향상시킨다.

부모 교육

부모 교육 서비스는 아동 발달에 대한 정보를 제공하는 것이다. 모든 부모 교육 프로그램에 포함되는 주제들로는 전형적인 발달 순서, 수용해야 할 변화, 스트레스를 주는 상황에서 예상되는 어려움, 그리고 부모의 질문이나 지침이 필요할 때 지원하는 방법 등이다. 이러한 서비스들은 미리 예정된 일회적 워크숍이나 일련의 워크숍을 가짐으로써 제공될 수도 있고, 더 장기적으로 이루어지는 지속적인 모임(혹은 공식적인 아카데미 과정)을 통해 제공될 수도 있다.

언어치료사가 생각하는 부모 교육 프로그램을 수행하기 위해서 이용할 수 있는 우수한 상업적 프로그램이 많다. 일부 사례에서는 단지 부모에게 아동 발달에 관한 정보를 제공하고, 부모가 문제 해결과정에 관여할 수 있게 하는 것만으로도 긍정적인 발달 결과를 가져올 수 있었다.[3-6]

대체로 아동 발달에 관한 공식적인 일정연수를 마친 부모는 거의 없었으며, 증후군, 질환, 장애, 또는 잠재적인 다른 질환에 관한 정보를 접한 경험이 있는 부모들은 극히 적었다. 발달에 관한 문제가 있는 것으로(혹은 문제가 있을 위험이 높은 것으로) 확인된 아동을 둔 가족을 위해 실시되는 부모 교육 프로그램에서 집중적으로 가르칠 수 있는 주제들의 예시들이다; 의사소통 기술을 획득하는 과정에서 예상되는 변화에 관한 정보, 치료시 이용할 수 있는 선택 사항들, 자격을 갖춘 전문가를 찾는 방법, 전통적인 접근법, 실험적인 접근법, 또는 논쟁의 여지가 있는 접근법, 법적인 자격 및 책임, 해당 질환에 관해 특수한 정보를 제공해 주는 부모 지원 그룹, 혹은 그런 조직을 찾아내는 방법 등.

언어치료사는 이용할 수 있는 자원(예: 인쇄된 자료, 단체, 비디오테이프 및 기타 교육 자료)에 관한 광범위한 지식을 가지고 있기 때문에, 부모가 필요한 정보에 접근하는 과정을 전문적으로 안내해 준다.

가끔씩 기관에서는 대중 홍보와 정보 제공, 예방에 드는 비용으로 참여한 전문가의 시간에 대해 지급해야 하는 비용과 부모 교육 프로그램에 드는 제반 비용, 시설 운영 비용 중 일부 비용, 자료 및 준비 물품에 드는 비용을 지불하기도 한다. 그렇지 않은 경우에는 가족이나 제3의 지불인(예: 사회 서비스 기관, 서비스에 소요되는 비용을 부담하기로 동의한 후원 조직)에게 등록비나 수업료를 청구할 수 있다. 기억해야 할 점은 이러한 프로그램들을 제공하려면 비용이 든다는 것이다.

부모 훈련

부모 훈련은 부모가 직접 정보와 치료를 위한 처방 계획이나 아동 관리 계획에 설명되어 있는 절차를 적용하기 위한 특정기술, 전략을 습득하는 것을 지향한다는 점에서 부모 교육과 구별할 수 있다. 예를 들어 아기가 튜브를 통해 수유를 하는 경우, 간호 전문가는 수유를 마칠 수 있도록 고안된 적절한 절차에 따라 부모를 훈련시킨다. 이러한 훈련에는 튜브가 삽입된 부위와 수유시 사용한 도구의 소독, 위경련을 일으킬 수 있는 일반적인 실수의 예방, 튜브를 이용한 수유와 관련이 있을 수 있는 배변 문제의 관리와 같은 전략들이 포함된다. 튜브를 이용하여 수유를 하는 아동들은 일반적으로 구강으로 음식을 섭취하지 않지만, 언어발달의 기초가 되는 정상적인 운동 조정 능력이 가능하도록 영양 공급이 목적이 아닌 빨기 도구가 제공된다. 기관절개술, 무호흡 모니터, 산소 보충 장치 및 기타의 장치를 부착하고 있는 아동의 부모는 비상사태를 예상하고, 그에 대처하는 훈련, 아동의 발달 패턴에 장치가 어떻게 영향을 미칠 수 있는 지에 대하여 이해하는 훈련, 적절할 때 보상 전략을 수행하는 훈련을 받을 필요가 있다.

전문적인 관리 전략에 대하여 적절한 훈련을 받고 적절한 경험을 갖춘 언어치료사라면 다음과 같은 부모 훈련을 실시하여야 한다. 수유 및 삼키기, 기관절개술을 시술받은 영아의 의사소통 능력 발달, 안면장애를 가진 아동의 가족을 위한 수술 전·후 상담, 질환, 질병, 증후군을 앓고 있는 아동의 의사소통 능력 발달을 촉진시키기 위한 특별한 전략 등.

일반적으로 아동의 문제가 복잡할 때는 부모 훈련 시에 다른 건강 전문가와 협력할 필요가 있다. 물리치료사와 작업치료사는 언어치료사가 부모에게 의사소통 능력을 최상으로 발달시키려면 아기의 자세를 어떻게 해야 하는지에 대해서 조언할 때 도움을 줄 수 있다. 또한 간호사, 의사, 다른 성인들이 아기의 신체 상태, 각성 상태 및 스트레스 수준을 이해하도록 영아의 신호를 읽는 데 도움을 줄 수도 있다.

영아의 가족에게 있어서 특히 가치 있는 것은 (1) 적절한 의사소통 자극 및 자극을 주는 시기, (2) 아기를 진정시키는 기술(예: 과민증을 조절할 수 있도록 포대기로 싸기, 자세 바꿔주기와 그 외의 아기를 다루는 기술), (3) 주의 및 상호작용을 최적화시키는 것과 관련된 특별한 기술을 훈련받는 것이다.

부모 훈련에 드는 비용은 일반적으로 부모에게 직접 청구하는 것이 적절하지만, 청구를 하는 절차는 부모 훈련이 적용된 환경에 따라 다를 수 있다. 일부 제3의 지불인은 의사의 처방에 따라 이러한 훈련이 시행되는 것이 가능하며, 다른 제 3의 지불인은 부모 훈련을 특정 질환에 따른 표준 프로토콜로 받아들일 수 있다.

의사소통지체 및 장애에 대한 직접적인 치료와 관리

언어치료사는 아동의 건강 및 생존의 문제에 필요한 직접적인 치료전략에 참여할 수 있다. 제5장에서 이러한 예들에 대해서 제시하였으며, 더불어 신생아 집중 치료실에 입원해 있는 영아를 위한 수유 및 삼키기 치료 계획을 개발, 실행, 모니터하는 언어치료사의 역할에 대해서도 상세히 설명하였다. 직접적인 치료전략에 대한 논의에서 특히 중요한 것은 특정 전문 분야에 따른 임상 범위가 어디까지이며, 자격 교부 조건(즉, 누가 무엇을 할 수 있도록 누구에게 자격을 발급할 것인가), 해당 상황에 가장 적절한 임상을 어떻게 구성하고, 전문적인 관리에 드는 비용, 직원 간의 협력을 통한 자원 관리 및 직원 개개인의 능력과 관련한 문제들이다.

발달지체나 발달장애를 가진 많은 아동들에게는 다양한 활동을 적용하는 아동 중심, 가족 중심 관리 접근법을 사용하는 것이 더 이로우며, 전통적인 의학적 관리는 필요치 않을 수 있다. 그러나 아동의 의사소통 문제에 관한 직접적인 관리 혹은 치료를 요하는 사례들도 있다. 이러한 사례로는 보청기가 필요할 때, 의사소통 훈련을 증가시킬 필요가 있을 때, 기관절개술을 받은 상태에서 구어를 통한 의사소통을 발달시키기 위한 관리가 필요할 때, 또는 부족한 의사소통 기술에 대한 보상 전략이 필요할 때이다. 때때로 부모들은 아동에게 별다른 문제가 없을 때에도 전통적인 모형 하에서의 직접적인 치료를 요구하기도 한다. 개별 가족들은 직접 치료를 요하는 전통적인 임상 모형을 선호할 수 있다.

이용 가능한 치료법들을 검토한 후에 일부 부모들은 치료를 목적으로 한 직접적인 일대일 중재 프로토콜이 아동에게 가장 적절하다고 생각한다. 치료를 목적으로 한 직접적인 일대일 중재 프로토콜의 예로는 전반적인 발달지체와 자폐성장애 아동의 의사소통 행동을 포함한 행동 관리를 위해 응용 행동 분석(ABA)접근법〔예: 로바쓰(Lovaas) 프로그램* 또는 로바쓰 프로그램을 변형시킨 프로그램들 중 하나〕을 사용하는 경우이다.

일반적으로 직접적인 치료 전략을 적용할 때에도 추가적인 형태의 관리법을 사용할 수 있다. 많은 경우에 직접적인 치료 프로그램은 아동이 등록되어 있는 다른 관리 프로그램에 추가되거나, 결합하여 운영된다.

예방

예방은 언어치료사의 역할에서 새롭게 대두되고 있는 중요한 역할이다. 유전질환으로 진단된 아동을 둔 가족은 가족 내의 다른 자녀들도 같은 유전질환을 가질 가능성이 있는지 알고 싶어한다. 1차 예방에서 부모들이 유전상담을 받아보라는 권고를 받아들이기 꺼려한다면, 언어치료사는 부모의 걱정에 귀 기울이고, 전문적인 용어가 아닌 용어로 부모에게 적절한 정보를 제공하고, 필요한 샘플을 얻는 과정과 순차적으로 이어질 의학적 상담에 대한 공포를 완화시켜 줌으로써 다른 보건 전문가들을 도울 수가 있다.

언어치료사가 제공하거나, 다른 전문가들과 협력하여 제공하고 있는 서비스의 마지막 단계로 예방에 관한 논의를 하는 것이 부적절해 보일 수도 있다. 그러나 대체로 부모의 관심을 일으키는 계기는 자녀에게 장래에 같은 발달 문제가 발생하는 것이다. 또한 최근 급증하고 있는 유전적인 문제에 대한 정보가 의사소통장애를 일으키는 다른 원인들까지 포괄하지 못하고 있다.

대체적으로 가족들은 구입한 전공 서적에서 이용할 수 있는 언어치료사의 지식에 의존하고 있다. 예방에 대한 정보가 필요한 문제들로는 아동에게 언어-학습장애가 나타날 경우, 가족성 말더듬, 기타 의사소통의 어려움을 들 수 있다.

현재의 문제가 악화되는 것을 막는 것에 중점을 두는 2차 예방 전략은 언어치료사

* [역자 주] 로바쓰(Lovaas): 로바쓰가 1987에 행동수정 중재 기법에 기초를 둔 심도 있는 조기 중재 프로그램.

의 역할이기도 하다(예를 들면, 비유창성장애의 조기 발병 사례). 부모들에게 일반적으로 권장되는 전략들은 발달적 비유창성이 실제 말더듬으로 발전할 수 있는 가능성을 감소시키기 위한 전략들이다. 그밖에 자녀가 하나일 때에는 영아기부터 의사소통의 요구나 의도를 증가시킬 수 있도록 또래 집단과 놀 수 있는 기회를 만들도록 권고하는 경우, 부모가 언어발달이 지체된 자녀와 대화를 나눌 때에는 사용하는 언어 수준을 낮추어야 한다는 권고 등을 들 수 있다. 물론 후자는 아동들이 더 쉽게 모방할 수 있는 적절한 언어 모형을 제공하기 위한 것이다.

3차 예방은 현재의 장애를 제거 혹은 완화하기 위해 치료 전략을 적용하는 것으로써 제2장에서 이미 논의한 바 있다('예방의 개념' 참조).

Part C 중재 요구의 적용

여기서는 Part C 하에서 연방법 및 주정부의 지침서 법률이 명령하는 바에 따라 언어치료사와 다른 전문가들이 조기 중재를 실시할 때 적용하는 전략에 대해 제시하였다. Part C 제도 하에서 서비스는 개별 가족 지원 계획에 따라 제공되어야 한다. 그러므로 조기 중재 팀의 구성원인 언어치료사는 하나, 그 이상의 지정된 환경에서 광범한 서비스를 제공할 수 있다.

가정 중심 서비스가 조기 중재에 가장 적합한 이유는 영아 및 가족들은 특별한 시간을 할애하거나, 다른 가족 구성원을 배제하지 않고도 발달상의 자극을 줄 수 있는 일상생활의 일과가 있기 때문이다. 중재활동에 직접 참여할 수 있는 개개인 가족들의 능력은 가족 간의 상호작용에 벌써 내재되어 있다. 전형적으로 의사소통 능력은 아동이 가정이라는 자연스러운 환경 속에서 친숙한 사람들과 함께 경험을 하는 동안 발달한다. 따라서 식사 시간, 목욕 시간, 옷을 입고 몸단장을 하는 일상적인 과정, 그리고 다른 일상생활 경험들은 의사소통 능력을 발달시키는 수단이 될 수 있다.

많은 영유아들은 부모가 일하는 동안 아동을 돌보아주는 소규모 시설의 가정어린이집이나 대규모시설의 어린이집 보육 환경에서도 상당한 시간을 보낸다. 법령에 따르면 이러한 환경 또한 '자연스러운 환경'으로 간주된다. 따라서 많은 언어치료사들은 이러한 환경에 있는 아동들에게도 직접적인 서비스, 간접적인 서비스, 또는 양자 모두에 해당하는 서비스를 제공하고 있다. 대부분의 주들이 이러한 센터의 관리자에게 아동 발달에 관한 지식을 갖추고 있음을 입증하는 자격증의 소지를 요건으로 정하고 있다는 사실을 반드시 기억해야 한다.

그러나 일반적으로 센터에 채용된 보육사가 가지는 최소한의 자격 요건으로는 최소 채용 연령 이상(대개 18세)임을 입증하는 증거, 의사소통과 관련한 질환이 없음을 입증하는 건강 증명서, 그리고 보편적인 예방법 및 아동학대와 방치를 보고할 때 필요한 요건에 대한 기본적인 이해이다. 언어치료사는 보육 기관의 직원들과 협력하여 일할 때, 부모 교육과 부모 훈련에 관한 부분에서 언급한 전략들을 채택할 수 있다. 양육자가 일상적인 활동을 통해 영아에 대한 관리를 확대하도록 지원하기 위해서는 자문 서비스를 제공하고, 어떤 특별한 전략이 필요한 지 설명하고, 그리고 의사소통 능력의 발달을 보여 주는 영아의 행동을 효과적으로 기록하는 방법을 고안하도록 돕는 것이 필요하다.

일부 헤드 스타트 교육 센터 및 지역 학교들은 특별한 요구를 가진 영아를 위한 프로그램을 확립해 왔다. 그러한 프로그램을 통해 Part C에 규정된 서비스가 제공되고 있다면, 사용자들은 법령에 명시된 바에 따라 반드시 자격이 있는 직원을 고용하여야 한다. 그러한 환경에서 근무하는 조기 중재자와 교사들은 아동의 초기 발달과 관련한 정식 교육 프로그램에 참여하였거나, 현재 진행 중인 전문성 향상 프로그램에 참여하는 경우가 많다. 그러나 직원 부족으로 인해 종종 자격이 없는 사람을 고용하여야 할 때도 있다는 사실을 명심하는 것이 현명하다(유감스럽게도, 일부 주에서는 자격이 있는 직원 대 자격이 없는 직원의 비율이 50%에 이르고 있다).

그러한 환경에서 일하는 언어치료사는 위험한 상태에 있는 영아를 대상으로 일하는 직원의 요구에 민감하여야 하며, 직원의 장점을 활용하고, 더 많은 정보, 교육 및 훈련이 필요하다고 확인된 영역에 맞게 적절한 전략을 짜야 한다. 현재, 주간 보육환경과 조기 중재 프로그램에서 근무하며 영아를 돌보는 헌신적이고 유능한 직원들이 많이 있다. 이들 직원과의 협력은 일상적인 활동 속에서 영아를 지원하는 직원들의 노력을 격려하고 지도함으로써 이러한 환경에 있는 영아들에게 제공되는 관리를 확대하는 역할을 한다.

Part C에 규정된 조기 중재의 특징과 요건

언어치료사는 Part C 법령에 규정되어 있는 몇 가지 요건들이 잘 시행되고 있는지 주

의해야 한다:

1. 최소한 6개월마다 개별화 가족지원 계획을 재검토하고 추가하여야 하며, 만약 요건이 변경되거나, 부모가 재검토나 수정을 요구할 때에는 6개월 전이라도 개별화 가족지원 계획을 재검토하고 수정해야 한다.
2. 영아가 세 살에 가까워지면 전환 계획이 필요하다. 서비스가 제공되는 환경과 서비스를 제공하는 직원의 변화 및 영아에게 프로그램이 적합한지를 계속하여 확인하여야 한다. Part C에 규정된 서비스로부터 전환이 이루어지기 위해서는 반드시 부모를 참여시켜야 한다.
3. 부모는 언제든지 권장되는 서비스나 실제로 받고 있는 서비스에 참여나 거부를 결정할 수 있다. 전문가가 다른 접근법이나 우선순위를 추천할 때에도 부모는 영아의 발달을 최적화할 수 있는 서비스를 선택할 수 있다.
4. 주정부의 Part C 제도는 전문가가 제공한 서비스에 대한 비용을 확보하는 방법을 지시하고 있다. 일부 판례에서는 가족이 가입한 민간보험 기금에서 서비스 비용을 지불하는 것이 이 지불금을 미래에 사용할 때 다른 방식으로 가족에게 경제적 부담을 지우거나 비용이 전가되는 것을 방지하기 위하여, 주정부가 가족이 가입한 민간 보험에서 비용을 지불하는 것을 금지해 왔다.

특별한 요구를 가진 영아를 위한 국가적인 노력

때에 따라 규정된 시기 내에 절차를 시행하는 어려움과, Part C 시행규칙 및 시행령을 통과시키고, 현재에도 부수적인 절차 변경에 따라 법령을 개정하는 어려움에도 불구하고, Part C는 특별한 요구를 가진 영아에게 필요한 조기 중재의 중요성을 전국민에게 인식시켜 왔다. 연방정부가 참여하는 주에 상당한 기금을 제공함으로써, 위험이 있는 영아를 위한 서비스를 이용할 수 없었던 가족들이 Part C 하에서는 서비스를 이용할 수 있게 되었다. 법령의 시행규칙을 통하여 발달지체 및 장애를 가진 영아와 가족들이 Part C 하에서 혜택 여건들을 인정받았다. 전세계 다른 어떤 나라에서도 이처럼 연령이 낮고, 가장 취약한 국민들의 이익을 보장하기 위하여 헌신한 나라는 없었다.

▼ 모든 서비스 전달 모형 하에서의 최상의 실제

언어치료사가 사용하는 특정 서비스 전달 모형이나 전략들에 관계없이 효과적인 치료, 관리, 중재에 공통되는 특징은 개별화된 중재 계획과 기능적 의사소통을 돕는 것이다. 그러므로 최상의 실제를 위해서는 자격을 갖추고, 그것을 증명하는 자격을 갖춘 직원의 고용, 적절한 전략 및 기술 적용, 영아를 지원하는 기관 및 직원들의 협력, 관리 계획 수립 및 전환 계획시 가족의 참여를 보장하여야 한다. 또한 관리 기준 및 윤리적 관행 준수, 최상의 의사소통 기능을 획득하는 것을 돕는 목표에 대한 개인적인 헌신이 필요하다.

▼ 지체나 결함이 있는 의사소통 영아를 위한 실제적인 문제 해결 접근법

학생들이 당연히 제기하는 "나는 모든 것을 이해하였습니다. 그렇다면 나는 무엇을 해야 합니까?"라는 질문에 대해 유일한 정답은 오직 하나뿐이다. 필요로 하는 것을 확인하고, 어떻게 그것들을 효과적으로 만족시킬 것인가 하는 문제를 해결하면 된다. 저자의 경험으로 미루어볼 때, 이것은 학생들이 얻고자 하는 답이 아니다. 그러나 숙련된 임상가들은 이러한 질문에 대답하는 것이야말로 해야 할 일을 찾아내는 유일한 방법이라는 사실을 알고 있다. 또한 무엇을 해야 하는 지 생각하는데 필요한 지식의 원천은 시간이 지나면서 축적되는 경험을 통해 얻어진다는 것을 그들도 알고 있으며, 그러한 개별 경험들이 이미 축적된 자료에 새로운 중요한 정보를 추가하는 데 기여하고 있다. 임상가가 효과적인 치료, 관리나 중재 계획을 도출할 수 있는 결정을 내릴 수 있는 것은 정보와 경험의 통합이기 때문에 '하고 있는 것을 통해 실행한다'라고 말하는 것은 사실 너무 지나친 단순화이다.

보건의료기관에 고용된 직원은 기관이 지정한 표준화된 계획서 양식을 이용할 수도 있다. 이러한 계획서 양식은 의료 차트, 퇴원 계획서, 또는 기관으로부터 인가를 받은 단체에서 보관하는 기타의 문서에 표현된 짧은 기록의 형식을 취할 수 있다. 임상가가 다른 기관에서 사용하고 있는 양식과 자신이 사용하는 양식을 비교하고자 한다면 절차적 요건에 대한 복사본을 이용할 수 있다. 사용자들은 임상가들에게 중재 계획을 일반화하기 위해서 전산화된 양식을 이용할 것을 요구하기도 한다. 전산화된 양식을 채택하도록 요구하는 것은 때로는 계획 수립에 소요되는 전문가의 시간을 줄이기 위한 것일 수도 있고, 목적을 일관되게 유지하고, 모니터하는데 필요한 기록을 쉽게 찾을 수 있도록 데이터를 갖추기 위한 것일 수도 있으며, 때로는 단순히 개인적 선호일 수도 있다. 실제로 얼마나 많은 개별화 계획들이 달성 가능한가 하는 것은 논의 외의 문제이다.

크레이쓰(Crais)와 러버츠(Roberts)[7], 그리고 웨더비[8]는 언어치료사가 중요한 치료상의 결정을 내릴 때 지침이 될 수 있는 모범적이며 보완적이면서도 상당히 이질적인 문제 해결 기법을 고안하였다. 크레이쓰와 러버츠의 '결정 나무(decision tree)' 기법은 임상가가 영아의 의사소통 기술에 대한 정보를 체계적으로 나타내고, 문제들을 어떻게 다룰 지 계획할 때, 다음 단계들에 관한 결정을 내릴 때, 이분법적* 결정을 따르도록 한다. 점점 더 정교해지는 의사소통 기술 수준에 따라 변화하는 아동의 필요에 초점을 맞춰 순서화된 부분들로 구성된 '결정 나무'는 언어 사용 이전의 아동의 요구를 다룰 수 있도록 배열되어 있다. 결정 나무 기법은 사용하기 간편하며, 부모에게 절차상의 결정을 설명하는데 유용하다.

웨더비의 접근법은 의사소통 및 상징적 행동척도(CSBS)의 개발을 이끌었던 연구를 기초로 하고 있다.[9] 그녀는 아동의 의사소통 능력 및 요구에 대한 평가 완료 후에 장점, 취약점, 아동의 의사소통 기능, 의사소통 수단(즉, 제스처, 음성, 구어), 상호 관계, 사회적·정서적 신호, 상징적 행동과 관련한 권장 사항을 정확하게 프로파일에 작성할 것을 권장하였다. 이 방법은 검사자가 결과로서 얻은 데이터를 상징적 행동척도와 함께 제한적으로 활용하더라도 아동의 의사소통 능력을 평가하는 어떤 도구에도 적용 가능하다. 가능하다면 차별적 진단에 대한 기록도 진술에 포함해야 한다.

웨더비의 기법은 그러한 과정을 완료한 후 최근 말을 하기 시작한 영아에게 적합한 중재 목표들의 우선순위를 매기는 것이다. 목표들은 영아에게 적합한 목표와 의사소통 상대방에게 적합한 목표로 설정된다. 예를 들어 의사소통 기술이 제한적인 영아

* [역자 주] 이분법(binary): 2개의 서로 다른 값이나 상태를 취하는 것과 같은 선택 조건 또는 특성 지어지는 것을 나타내는 용어).

를 위한 계획은 다음과 같이 구성될 수 있다(p. 11)[8]

- 영아를 위한 목표: 사회·정서적 신호의 사용을 확대시킨다.
- 중재자를 위한 목표: 촉진적인 상호작용 형태를 기른다.
- 전략: 영아의 행동을 모방하고 영아가 표현하는 감정에 맞춤으로써 영아를 따라한다. 영아를 가까이 두고 사회적 참조 기능을 확대할 수 있도록 자료를 제시한다.

개별화 계획을 개발하기 위해 이러한 문제 해결 기법을 사용할 경우, 임상가는 이용할 수 있는 수단들을 매우 다양한 목표들로 기술할 수 있다. 가족과 언어치료사는 함께 목표를 선택할 수 있다. 목표 달성에는 영아가 나타낼 반응의 유형에 관한 부모교육, 영아를 돌보고 영아와 놀이활동 일과에 이용할 수 있는 특정 기술을 설명하는 부모 훈련, 그리고 전문가가 방문할 때마다 진전 부분을 모니터하고, 그 결과를 문서로 기록하는 간단한 방법들이 포함될 수 있다.

좀 더 발달된 의사소통 출현기의 영아의 개별화 계획에서 발췌한 목표는 다음과 같다(p. 11)[8]

- 영아를 위한 목표: 전상징기적 의사소통에서 참조적 언어로, 비언어적 이해 전략에서 언어적 이해 전략으로, 물건에 대한 탐색적 행동에서 기능적인 물건 사용으로, 자신과 타인에 대해 단일 및 다중의 행동도식을 사용하고, 탐색적 행동에서 간단한 성과를 얻기 위해 행동을 결합하는 방식으로 상징 수준을 향상시킨다.
- 중재자를 위한 목표: 영아에게 제공하는 언어 수준을 영아의 언어 수준과 맞추거나 약간 높게 조정한다. 그리고 학습을 촉진할 수 있는 비계(scaffolding)를 제공한다.
- 전략: 영아가 다양한 상징놀이와 구성 놀이를 경험하는 동안 영아에게 물건을 적절하게 사용할 수 있는 기회와 영아에게 적합한 수준에서 놀이를 따라할 수 있는 기회를 제공한다. 발달상 적절한 활동을 제시하고, 취약한 부분(예를 들면 놀이 형태, 의사소통 기능)을 강화시키기 위하여 상대적으로 강점을 이용한다. 놀이에서 요구하는 것이 영아에게 너무 어려운 경우에는 의사소통상의 요구를 최소화시키고, 발달상 적절한 행동을 모방하게 하고, 그러한 행동을 하도록 자극하여야 한다.

이러한 계획 절차는 동일하며, 전통적으로 언어로 표현될 수 있는 행동 목표(예를 들면, '주세요.'라고 소리 내어 말하여야 하는 상황이 주어질 경우에, 영아는 20번의 연속적인 기회에 최소한 15번은 자발적으로 구어를 사용함으로써 시작할 수 있을 것이다.)에 국한되어 사용되지 않는다. 웨더비는 과제에 국한된 기준보다는 기능적인 의사소통 기술에 더 중점을 두었다. 보건의료 임상장면에서도 이러한 기능적 의사소통을 강조하고 있다. 기능적 목표란, 지정된 상황에만 한정되어 적용되는 기술과는 달리, 다양한 상황에 적용될 수 있는 기술과 관련된다. 기능적 목표에 근거한 치료 성과에 대해 더 많은 정보가 필요한 독자는 미국 말-언어-청각협회로부터 이 주제에 관한 자료를 제공받을 수 있다.

▼ 세부적인 치료 및 중재 기준

영아의 의사소통 능력 촉진하기

처음 몇 개월 동안 제공되는 서비스가 중점적으로 다루는 것은 (1) 영아와 양육자의 상호작용을 이해하고 격려하며, (2) 구어 이전의 발성과 다른 형태의 의사소통 발달에 기초가 되는 신체 발달을 촉진시키고, (3) 인지 발달의 기회를 제공하고, (4) 아동이 앓고 있는 질환에 따라 필요한 특별한 관리를 지원하고, (5) 아동의 신체 상태와 행동상의 상태 변화를 모니터하고 보고할 수 있는 가족의 능력을 증진시키는 것이다. 아동의 의사소통 발달평가를 진행하는 것도 언어치료사가 해야 할 중요한 부분이다.

임상가가 가정 혹은 기관에 기반을 둔 프로그램에서 가족과 협력할 때, 어린이집의 보육교사와 협력할 때, 아동의 다른 의사소통 상대방과 협력할 때 반드시 문화적인 문제를 고려하여야 한다. 아이들과 어른들의 관습, 선호하는 언어, 성인과 영아의 상호작용 태도는 문화적 배경이 다른 언어치료사의 관습, 언어, 태도와 다를 수 있다.

1개 국어 이상을 구사하는 의사소통 상대방을 둔 영아의 의사소통 발달을 평가할 때는 반드시 이러한 사실을 고려하여야 한다. 카이저(Kayser)[11]가 지적한 바와 같이 "두 언어의 특징을 모두 사용하는 언어의 혼합양상은 동시에 이중 언어를 구사하는 영아가 3.5세가 될 때까지 나타난다. 양육자의 2개 언어 사용 여부, 언어의 혼합양상의 빈도와 언어 변환(language switching)의 유형이 중요한 변수들이다."(p. 210). 또한 카이저는 두 개의 언어에서 사용되는 단어들을 조사한 결과, 전형적으로 발달하고 있는 아동의 경우에는 2개 언어를 일찍 접하여도, 말이 늦거나 어휘 발달이 지체되지 않는다는 사실에 주목하였다. 언어장애의 존재 여부를 결정하기 위해서는 두 개의 언어에 대한 이해를 평가해야 한다(pp. 211-212). 언어지체 혹은 언어장애가 있는 것으로 판명된 영아를 다룰 때에는 문화의 대부분을 구성하는 가족과 의미 있는 타인이 다음에 제시한 '영아와 양육자 간의 상호작용 촉진하기'의 제안을 적용해야 한다.

영아와 양육자 간의 상호작용 촉진하기

언어치료사는 영아와 상호작용하는 사람들에게 정보를 제공하기 위하여 양육자와 협력하여야 한다. 어떤 가족은 어머니만 자녀를 돌본다. 어떤 가족은 부모 모두가 자녀를 돌보기도 한다. 또 다른 가족은 어린이집 교사가 영아를 돌보기도 한다. 영아보다 나이가 많은 형제, 확대 가족의 구성원, 입주 베이비시터, 재택 의료 전문가도 영아와 일상적으로 상호작용할 수 있다. 가족의 도움을 통해 누구에게 정보를 제공하고, 그들에게 어떻게 가장 효과적으로 정보를 전달 수 있을 지를 결정할 수 있다.

다음 단계는 어떤 정보를 제공해야 할지를 결정하는 것이다. 이것은 상황에 따라 다르며, 주로 양육자가 영아의 발달 및 신체·인지·사회, 의사소통적 정보를 얼마나 가지고 있느냐에 크게 좌우된다. 논의를 위한 주제들은 다음을 포함할 수 있다:

- 영아의 상태 조절 능력 및 아기와 가족이 함께 참여하는 일상적인 활동에서 보이는 '리듬' 혹은 주기
- 아기의 신호를 읽는 방법(예를 들면, 스트레스의 징후, 상호작용 의도)
- 상호작용하고자 하는 성인의 노력에 대해 아기가 동일한 반응과 응답을 보일 경우, 특히 영아의 질환으로 능력이 제한적임을 예견할 수 있는 경우 아기에게 말을 걸어 주는 것의 중요성
- 상호작용에 있어 상호 관계(파트너십)의 개념 및 아기에게 차례 지키기의 기회를 준다는 것의 개념
- 사회적 일과의 관리, 즉 영아를 돌보는 동안 지나친 자극, 피로감 혹은 혐오스러운 반응을 일으키지 않고 편안하게 상호작용할 수 있는 기회 만들기
- 다른 가족 구성원 및 양육자와의 의사소통에 관한 정보 공유의 중요성

수용 언어발달의 기초는 맨 처음 접하게 되는 영아의 양육자와의 상호작용에서부터 시작된다. 심지어는 청력 및 인지 능력이 정상적인 초기영아들도 양육자가 사용하는 유사한 음운과 억양 패턴의 차이를 식별할 수 있다고 주장하는 언어치료사도 있다. 가족 훈련 및 가족 교육의 일부로서 정보를 제공하는 녹화한 비디오테이프나 인쇄물을 이용할 수 있다. 각각의 특수한 환경에 맞게 이러한 자료들을 개발하거나 상업적으로 입수할 수 있는 제품을 이용할 수 있다.

의사소통 의도를 활성화시킬 수 있도록 신체 발달 촉진하기

신체적 발달과 의사소통 능력 발달 간의 상호 교환적 관계가 양육자에게 항상 분명하게 드러나는 것은 아니다. 따라서 영아의 신체 건강, 성숙 그리고 계속하여 발달하고 있는 의사소통 능력 간의 관련성을 강조하여 알려 줄 필요가 있다. 이와 관련하여 언어치료사가 포함시키고자 하는 주제들은 다음과 같다:

- 수유, 특히 구강 운동을 자극하는 것과 관련된 수유를 즐거운 경험으로 받아들이게 하기: 튜브를 통해 수유를 하는 영아에게는 영양 공급을 목적으로 하지 않는 빨기를 통해 즐거운 경험을 자극할 수 있다.
- 아기가 신체적 발달을 향상시킬 수 있도록 자세를 잡아주고 다루기: 신생아에게 신체적인 장애가 있을 경우에는, 신생아를 담당하는 의사나 물리치료사, 작업치료사와의 상담을 통해 부모에게 제공할 정보를 선택하여야 한다. 아기가 신체적 발달을 향상시킬 수 있도록 자세를 잡아주고 다루기: 신생아에게 신체적인 장애가 있을 경우에는, 신생아를 담당하는 의사나 물리치료사, 작업치료사와의 상담을 통해 부모에게 제공할 정보를 선택하여야 한다. 태아기에 약물에 노출된 아기를 다룰 때에는 아기가 환경을 통제하도록 도울 수 있는 특별한 기술이 필요하다. 병원에서 퇴원할 때 가족에게 영아를 신체적으로 다루는 것과 관련한 지침이 제공되었다면, 그 중요성을 재확인하는 것이 도움이 될 수 있다.
- 아기를 다룰 때, 자세를 잡아주거나 받쳐줄 때, 특별한 기술을 요하는 호흡문제가 있을 때 고려해야 할 문제: 이 문제를 적절하게 다루려면 아기를 위하여 일하는 다학문적 팀의 다른 구성원과의 자문이 필요할 수도 있다. 기관지폐형성 이상과 심실내 출혈이 중복된 아기는 의사소통장애를 일으킬 위험이 상당히 높다.
- 귀를 관리하는 방법과 귀가 감염되었을 때 조속히 치료를 받는 것이 왜 중요한가

에 대한 정보: 특별한 요구를 가진 영아 집단은 귀의 감염이 빈번하게 발생할 위험이 상당히 높기 때문에, 이러한 주제는 반드시 초기에 실시되는 모든 부모 교육 및 부모 훈련 계획에 포함되어야 한다. 안면장애를 가진 영아를 돌보는 사람은 이러한 문제에 특히 주의를 기울여야 하며, 수유를 하는 동안 액체가 코 안이나 귀인두관으로 흐르지 않도록 유아의 자세를 어떻게 잡아주어야 하는 지에 대한 지침이 필요하다. 젖병을 받치는 것은 귀의 감염을 일으킬 가능성이 있을 뿐만 아니라, 유아에게 중요한 촉각 자극, 수유를 하는 동안 성인과의 응시, 이른 상호작용과 같이 의사소통 능력의 발달을 촉진하는 기회를 빼앗기 때문에 모든 영아들이 하지 못하도록 해야 한다.

- 시각적 손상과 자극의 적응: 시각이 손상된 것으로 판명된 아기들은 흔히 초기 영아기에 다른 영아들이 받는 환경적 자극을 받을 수 없게 된다. 감소된 시각적 자극에 대한 보상을 조기에 해야 한다. 신생아에게는 강화된 청각 및 촉각 자극이 도움이 된다. 크기 및 질감의 다양함을 기초로 하여 탐색할 대상을 선정할 경우에도 관리가 필요하다. (힌트: 유아들이 느낄 수 있도록 무독성의 '퍼프 페인트'로 윤곽을 그리면 표면의 패턴이 두드러지게 나타난다.) 놀이감의 냄새, 무게, 온도, 운동 패턴 및 청각적 특성 역시 다양하게 제시한다. 아기의 시력 손상이 심각하더라도, 잔존 시력을 이용하도록 아기를 자극하여야 한다. 영아와 양육자 간의 감각적 상호작용 시에는 진동 및 운동을 느낄 수 있도록 소리가 날 때 아기의 손으로 상대방의 코, 입술, 또는 후두를 만져보게 하는 것이 좋다.

인지 발달 촉진하기

많은 양육자들은 조용하고 순한 영아를 방해하지 않고 내버려두는 것에 만족한다. 인지 발달을 촉진하기 위해 영아가 다양한 경험을 접할 수 있도록 하는 것이 얼마나 중요한지 이해하는 사람들은 그렇게 많지 않다. 1930년대, 미국에서 고아원에 수용된 아동들을 대상으로 수행되었던 고전적인 연구와 1980년대 말에서 1990년대 초에 루마니아에서 수행된 연구는 '선의의 무시(benign neglect)'가 유아의 발달에 미치는 해악을 입증하였다. 정신지체의 위험이 있는 신생아의 경우, 다른 사람들로부터 규칙적인 자극을 받는 것은 특히 중요하다. 영아를 돌보는 일상적인 일과와 사회적인 상호작용을 하는 동안에 영아의 인지발달을 향상시키는 경험을 확립하는 것이 쉽다. 영아에게 자극

을 주는 방법에 관하여 언어치료사가 양육자에게 제공하는 정보는 다음과 같다:

- 적절한 촉각자극—손으로 접촉하고, 자세를 잡아주고, 만지고 압박을 줌으로써 자극을 준다. 이러한 촉각자극은 뇌성마비를 앓고 있거나, 뇌성마비의 위험이 있는 아기, 태아기에 약물에 노출된 아기에게 특히 중요하다.
- 적절한 시각자극—아기에게 다양한 형태, 색깔, 빛, 그림자 및 운동을 볼 수 있는 기회를 제공한다. 영아를 돌보는 사람에게 인지, 사회 및 의사소통 발달에 있어 시각적 예민함이 얼마나 중요한 가에 대한 정보를 제공하는 것이 좋다. 영아의 시각이 손상된 것으로 판명된 경우에는 이러한 정보를 제공하기 전에 의사나 시각 전문가와 상담하는 것이 적절하다.
- 적절한 청각자극—영아에게 하루 동안 다양한 소리를 들을 수 있는 기회를 제공하고, 영아가 증폭된 음악이나 지나치게 큰 소음에 노출되지 않도록 한다. 신생아들은 생후 몇 주만 되어도 환경 속에서 나는 다른 소리로부터 사람의 음성과 음성의 다양한 변화를 구별할 수 있다. 일련의 소리가 의사소통의 수단이라는 사실을 지각하고, 가정에서 사용하는 언어의 기본적인 음소를 식별하는 것은 영아가 모국어를 일관되게 접하는 경험에서 시작된다. 영아는 어른이 사용하는 억양, 음성의 크기 및 강세 패턴을 사용하여 소리를 전달하면서 정서적인 만족감을 느낀다. 실제로 억양 패턴은 영아 자신의 발성 패턴 중에서도 아주 일찍 나타난다. 놀랍게도 영아에게 사람의 소리를 들을 수 있는 기회를 제공하는 것이 얼마나 중요한가에 대한 정보는 일반적으로 잘 알려져 있지 않다. 어머니와 떨어져 오랜 시간을 보육시설에서 보내는 영아들에게는 스트레스를 받거나 잠을 재울 때 사용하도록 어머니의 육성을 녹음해두는 것이 도움이 된다. 특히 어머니가 책 읽는 소리, 노래하는 소리, 전화 통화하는 소리, 또는 위안을 주는 구절을 읽는 소리를 녹음해 놓은 테이프가 까다로운 아기의 가족 구성원이나, 까다로운 아기를 돌보는 사람들, 아기를 달래는 것이 어려운 사람들을 도울 수 있다. 양육자는 영아의 정서적 안정감 발달에 영향을 주기 때문에, 언어치료사는 양육자의 목소리의 음색의 중요성에 대해서 보고한 연구 결과물들을 참고하는 게 도움이 될 것이다.
- 적절한 운동자극—운동자극은 인지발달과 관련이 있다. 신체 발달이 비전형적으로 이루어지고 있는 아기에게는 운동자극에 관해 물리치료사 및 작업치료사가 주는

정보가 도움이 된다. 일부 영아들에게는 신경 발달 및 감각통합 기술을 적용하는 것이 도움이 된다. 따라서 운동 발달 전문가와 협력하는 것이 효과적이다.

- 다른 환경을 경험할 수 있는 기회—풍경, 소리, 빛, 그림자가 있고 하늘, 바람 그리고 하루 동안 일어나는 지구환경 변화, 계절의 변화를 느낄 수 있는 야외와 실내(주택 내의 다른 방)가 영아에게 모두 유익하다. 물론 아동의 건강 상태가 상당히 위험한 경우에는 환경변화 조성을 할 수 없다. 이러한 예외적인 경우가 아니라면 영아의 비전형적인 특징이나 양육자의 개인적인 스트레스 때문에 영아를 제한된 환경에 가두어두는 것은 부당하다.

정서적 안정감은 영아에게 대단히 중요하며, 영아가 어릴 때부터 다양한 경험들을 즐길 수 있게 해 주는 정서적 안정감은 영아와 1차 양육자와의 상호관계에서 비롯된다.[11–13] 스파크스(Sparks)[12]는 처음으로 아기와 어머니의 '적합도(goodness of fit)'라는 용어로 이 문제를 논하였다. 지나(Zeanah)와 동료들[13]은 이러한 현상을 영아기 애착(infant attachment)이라고 불렀다. 영아의 안정감은 환경 전체에 대한 리듬감의 발달과도 관계가 있으며, 일부 임상가들은 이것을 영아의 생태계(ecosystem)라고 부르기도 한다. 현저하게 지속적으로 적응이 어려운 영아들은 인지발달, 사회적 발달 및 의사소통 기술의 발달이 어려울 수 있다. 이러한 문제들이 있다면 언어치료사는 영아를 담당하는 의사나 정신 건강 전문가와 협력하는 것이 적절하다.

심리행동상의 적응에 심각한 어려움을 보이는 것은 태아기에 코카인, 기타 약물에 노출되었던 다수의 영아들이 보이는 특징이다. 자폐성장애와 같이 일정한 정신병리를 가진 영아들도 이러한 특징을 보인다. 때로는 의료적 문제나 영양상의 문제가 결합되기도 한다. 이러한 이유에서 적절하게 선택된 전문가들은 영아를 최대한 보호하면서, 시기적절한 방법으로 지속적인 적응상의 문제를 조사하여야 한다.

영아 질환으로 인한 특별 관리 지원

영아에게 불리한 다양한 질환을 앓고 있는 영아들은 특별한 관리가 필요하며, 특별한 관리 중 일부는 의사소통 발달을 촉진시키는 것과 직접적인 관계가 있다.[14] 특별 관리가 반드시 필요한 예로는, 구순열, 구개열, 선천성 난청, 근기능저하, 감각 자극에 과민성을 보이는 아기, 지나치게 민감하거나 진정시키기가 어려운 아기, 극저체중아, 알려진 증후군을 앓고 있는 아기들을 들 수 있다. 언어치료사는 아기에게 특별한 문제가 있다는 사실을 알게 되었을 때 가족이 엄청난 스트레스를 받는다는 사실에 주의해야 한다. 아기가 앓고 있는 질환과 관련하여 요청하는 정보와 정보에 대한 감수성은 가족 내에서도 다르고, 가족마다 다르다. 동일한 가족의 구성원이라도 전문가와 관계를 맺는 수준과 시기는 스트레스와 걱정에 따라, 그리고 그것을 극복하기 위하여 개인이 이용하는 수단에 따라 다르다.

심각한 장애를 가진 영아의 치료 및 관리에 관여하는 언어치료사는 다학문적 팀의 구성원이 처방한 관리와 의사소통 발달 촉진을 위한 중재를 통합시킬 수 있도록 가족을 지원해야 한다. 가족을 지원하고자 할 때에는 반드시 가족의 우선순위, 언어치료사와 상호작용하고자 하는 의지가 그 가족에게 있는지, 그리고 주관적·감정적 수준에서 관리 계획에 참여할 의지와 이해의 정도를 고려해야 한다.

가족에게 이용할 수 있는 자원에 대한 정보를 제공하는 것도 도움이 될 수 있다(부록 C의 [표 C-3] 및 부록 D 참조). 가족에게 다른 전문가가 사용하지만 제대로 설명하지 못한 기술적인 용어의 의미를 이해시키는 것도 도움이 될 것이다. 어떤 가족이라도, 특히 집중적인 특별 관리가 필요한 아동에 대한 결정을 내려야 하는 상황에서 스트레스를 극복하고자 하는 가족이라면, 한 번에 너무 많은 정보에 노출될 수 있다. 사려 깊게 그 순간에 우선시되는 정보를 제공하고, 나머지 정보는 나중에 제공하는 것이 바람직하다. 이것은 가족이 중요한 정보를 간직하도록 도울 뿐만 아니라, 나머지 정보를 받아들일 준비가 되었음을 알릴 때 추가적인 정보를 이용할 수 있다는 사실을 가족에게 재확인시켜 주어야 한다.

영아가 앓고 있는 질병에 따라 언어치료사는 다음의 분야에 관한 정보를 제공할 수 있도록 준비를 해야 할 수도 있다:

- 구어에 도움이 되는 호흡 및 호흡 기능
- 수유시 특별히 고려해야 할 사항
- 최대한 상호작용할 수 있도록 아기의 자세를 잡아주고 다루는 방법
- 물리치료 및 작업치료
- 수술 전 관리 및 수술 후 관리
- 회복기에 고려해야 할 의사소통의 문제
- 명백한 신체적·인지적 한계

- 비전형적으로 발달하고 있는 아동에 대한 예후

신체 및 행동 상의 상태 변화 모니터링

의사소통 능력의 발달은 영아발달의 모든 면들과 너무나도 긴밀하게 얽혀 있기 때문에, 언어치료사가 성숙과정의 다른 면들을 모니터하고, 완전한 통일체로서 한 영아에게 어떠한 일이 일어나고 있는지를 이해하는 것이 아주 중요하다. 그러므로 언어치료사는 가족에게 관리계획 과정 안에 포함된 관련 정보를 요약하여 제공하는 특별한 활동에 참여해 줄 것을 요청할 수 있다. 어떤 정보는 영아를 진찰한 다른 전문가의 공식적인 보고서에서 입수할 수 있다. 그러나 보고서를 요청하고, 요청한 보고서를 입수하는 동안의 시간 지체는 능률적인 모니터링 과정을 지연시키고, 계획을 개발하는 것을 방해할 수 있다. 따라서 가족은 다음의 사항에서 변화가 관찰되었을 때 언어치료사에게 보고하기 쉽도록 체크리스트나 다른 간단한 서식을 사용해서 정보를 모니터하고 기록할 수 있다:

- 신체적 발육 상태－특정한 시간 간격에 따라, 또는 정기적으로 건강관리에 관한 진찰을 받을 때 유아의 체중을 기록한다.
- 성숙－특정한 발달지표의 수행 여부를 기록한다(예: 혼자서 앉기, 자기 이름에 반응하기, 기기, 잡고 일어서기, 돌아다니기).
- 행동 상의 특징－의사소통 발달에 있어서 중요한 새로운 행동들이 나타났을 때를 기록한다(예: 쿠잉, 옹알이, 처음으로 말하기 시작할 때).
- 발달 상의 정체나 퇴행－언어치료사나 다학문적 팀의 다른 구성원이 주의를 기울일 필요가 있거나, 개선이 보이지 않아 중재 및 치료 계획을 수정할 필요가 있음을 알릴 경우에는 일화의 형식으로 기록한다. 언어치료사는 부모에게 예상되는 정체기(예를 들면, 주요한 신체적 발달지표에 빠른 속도로 도달하는 시기의 발성 감소)에 대하여 경고하여야 한다. 단, 발달상의 퇴행은 상당히 중요할 수 있으므로 유의하고 있어야 한다.

정보를 수집하는 체계는 간단하고 분명한 양식이어야 한다. 또한 부모의 선택을 존중하여야 한다. 언어치료사나 다학문적 팀은 기록 작성에 적합한 자료(예를 들면 차트, 체크리스트, 서식, 노트북이나 일지)를 제공하기도 한다. 일부 다학문적 팀은 자체적으로 기록양식을 개발하기도 한다. 즉, 어머니가 의사의 진찰을 받으러 갈 때 쉽게 이용할 수 있을 뿐만 아니라, 팀의 구성원들도 자신의 사무실에서, 혹은 가정을 방문하였을 때 쉽게 이용할 수 있도록 어머니의 핸드백이나 기저귀 가방에 들어가는 작은 책자를 개발하기도 한다.

기록 작성시 부모가 수행해야 할 과제는 시간 요건과 편의성에 있어서 합리적이어야 한다(지나치게 상세하게 정보를 작성하려면, 시간과 노력이 필요하다). 새로 부모가 된 사람들은 거의 시간적 여유가 없거나, 에너지가 많지 않다. 아동이 진단된 질환을 가질 가능성이 있거나, 진단된 질환을 앓고 있을 경우에 두 가지의 일들로 두 배의 스트레스를 받을 수 있으며, 이 때문에 기록을 작성할 가능성도 감소할 것이다.

부모의 학력 수준, 영어에 능통한 정도도 고려해야 한다. 문서 자료를 제공할 때에는, 영아의 가족이 가정에서 사용하는 언어를 사용해야 할 수도 있다. 전문가팀의 구성원은 요청한 데이터를 수집하는 부모의 노고를 인정하여야 한다. 가족은 자신들이 자녀 관리 프로그램에 있어 중요한 참여자라는 사실과 자신들이 제공하는 정보가 프로그램의 효과를 계획하고 평가할 때 매우 유용하게 사용된다는 사실을 알아야 한다.

걸음마기 영아의 치료, 관리 및 중재

12~14개월 사이의 영아는 신체적으로 걸을 수 있든 없든 간에 걸음마기 영아(toddler)로 분류된다. 이 호칭은 많은 일상 경험을 접하였고, 어느 정도 발달상의 성숙을 가정하게 한다. 심각한 장애를 가진 영아들은 신체적 영역이나 의사소통 영역에서 전형적으로 발달하고 있는 또래 아이들이 도달하는 발달지표에 도달할 가능성이 거의 없다. 명백한 장애를 보이지 않는 영아들 중에도 일부 영아들은 수용 의사소통 능력, 표현 의사소통 능력, 또는 양자 모두를 충분히 개발하지 못한다. 그러나 대부분의 영아들은 빈약하나마 의사소통을 하려면 노력이 필요하다는 사실을 인식하고, 자신이 선택한 것을 표현하기 위해서 뚫어지게 바라보거나, 요구하기 위해 가리키고 끙끙거리거나, 제스처를 취하거나, 왜곡된 발성을 하거나, 혹은 단어를 사용하는 진정한 노력을 기울임으로써 최소한 자신들의 의사를 표현할 수 있는 몇 가지의 형식을 가지고 있다. 영아의 표현 의사소통 능력이 단순히 지체된 것인지 혹은 장애가 있는 것인지는 2세

이전에도 확인할 수 있다(제8장 참조). 그러한 사실을 확인하는 것이 아동 개개인에게 적합한 치료 및 관리 계획에 적용할 구체적인 기술을 결정하는 데 도움이 된다.

성인을 위한 지침

부모와 양육자는 비전형적으로 발달하고 있는 영아의 요구를 만족시키는 역할을 한다. 따라서 언어치료사는 영아의 발달, 평가 및 치료 프로토콜을 이해하고 있을 뿐만 아니라, 성인 교육의 원칙에 관한 실제적인 지식을 가지고 있는 것은 대단히 중요하다. 영아에게 적합한 의사소통 상의 목표 달성을 위한 치료나 관리의 효과는 언어치료사가 영아와 규칙적으로 상호작용하는 성인과 얼마나 효과적으로 협력할 수 있느냐에 달려 있다. 언어치료사는 성인들이 필요로 하는 정보를 주고, 그들이 특별한 기술을 발전시키도록 지원하는 역할을 한다.

영아를 위한 성인지침은 다음과 같다:

- 영아가 진단받은 질병, 발달상 예견되는 문제, 기타 관련된 문제들에 관하여 문서로 작성한 자료 제공
- 영아가 현재 기능하고 있는 발달 단계에 대한 정보 제공
- 특별한 기술의 모델링
- 의사소통 발달을 돕는 수단으로 놀이 및 가족의 일과를 이용하는 것에 관한 논의
- 권장되는 임상이나 기술을 적용할 때 부모와 양육자의 노력 관찰
- 부모 및 양육자에게 제안된 적용 방법을 지도하기. 영아와 관계를 맺고 의사소통적 상호작용을 하는 부모와 양육자의 행동을 확인하고 칭찬하기

비용을 최소화하기 위해서 이러한 지침에 따라 집단을 구성할 수 있다. 부모 훈련을 위한 하넨(Hanen) 프로그램[15]은 부모 그룹을 위해 고안된 성공적인 프로그램의 한 일례이다. 부모 집단을 위한 다른 프로그램은 장애 영아를 둔 가족들에게 이용될 수 있으며, 상업적 행사인을 통해 얻을 수가 있다. 담당 영아와 가족의 구체적인 필요를 다루려면 이러한 대부분의 프로그램들은 보완되어야 하지만, 방대한 양의 충실히 개발된 연구 프로그램의 자료는 충실히 조사된 형태로 유효하다.

말이 늦은 영아

조기 의사소통 중재가 가장 큰 효과를 거두는 경우 중 하나는 말이 늦은 영아들이다. 말이 늦은 영아들이란 다른 알려진 문제는 없지만, 말의 시작 및 발달에 있어서 지체를 보이는 영아를 말한다. 24개월에 말이 늦은 영아들은 사용할 수 있는 표현어휘가 50단어 이하이며, 2개의 단어를 결합하여 사용하지 못한다. 한 번 혹은 두 번 정도 귀의 감염을 앓았을 수도 있으나, 만성적인 중이염에 대한 병력은 없고, 수용 언어는 손상되지 않은 것으로 보인다.

이러한 영아들에게는 단기간의 치료 프로그램이 대단히 효과적일 수 있다. 프로그램에는 영아가 그룹 IV의 기준(위험도 0)을 만족시키는 지 확인하는 영아 평가가 포함되어야 한다(〈표 8-2〉 참조). 프로그램은 부모에게 자녀와 교대로 의사소통하는 전략, 영아의 발성 모방과 확장, 흉내 및 반복 전략을 설명하는 것에 중점을 두어야 한다. 말이 늦은 영아의 의사소통 능력은 일반적으로 부모가 이러한 프로그램에 등록하는 동안 혹은 등록한 바로 직후에 현저하게 발달한다.[6] 영아에게 또래 집단과 규칙적으로 상호작용할 수 있는 기회가 없다면, 놀이집단에 참여하게 하거나, 어머니가 자녀를 데리고 외출하거나 어린이집 프로그램을 제안할 수 있다. 일반적으로 이러한 영아들에게는 전문가가 행하는 직접적인 치료가 필요하지 않다.

보조 공학

일부 아동들에게는 심지어 청력이 손상되지 않은 아동들에게도 보조 공학을 조기에 도입하는 중재가 선택된다. 보조 공학을 통한 의사소통 기술을 조기에 도입하는 것이 유익할 수 있는 아동들 중에는 조기에 보청기를 착용하여야 하는 경우도 있다(제10장 참조). 운동신경 발달에 전반적인 영향을 주는 장애가 있는 영아들이나, 구강운동 실행증으로 진단된 영아들에게도 보조 공학적 의사소통 방법을 적용할 수 있다. 손상의 특성에 따라 선택할 수 있는 것으로는 완구를 작동시키는 전자 스위치를 도입하고(나중에 스위치 작동은 의사소통용 전자 장치에도 이용할 수 있다), 특정 시점(예를 들면, 수술 후 입원 기간)에 아동의 필요를 만족시키기 위해 만들어진 간단한 의사소통 판 이용, 수화의 조기 도입, 성인의 말과 지화(fingerspelling) 짝지우기, 혹은 종합적인 의사소통 방법 이용하기 등이 있다. 다음은 청력이 손상되지 않은 아동에게 보완 대체

의사소통(AAC)을 이용하는 것에 대한 논의로 한정하였다. 청력 손상 관리에 대한 정보를 얻고자 할 경우에는 제10장을 참조하면 된다.

보완 대체 의사소통은 신체적, 또는 심리적인 이유 때문에 구강을 통한 의사소통 기술의 발달이 늦을 수 있는 영아들에게 의사소통 수단을 제공하고자 할 때 이용된다. 즉, 보완 대체 의사소통을 이용하는 것은 아동이 성숙함에 따라 점차로 정교함을 보이지만, 여전히 언어를 사용하여 기능적으로 의사소통을 할 수 없기 때문에 장기적인 과정이 될 수 있다. 부모에게도 보완 대체 의사소통이 구어를 방해하기보다 오히려 구어를 촉진한다는 사실이 연구결과를 통해 입증되었음을 알려야 한다. 크래쓰(Cress)[16]가 설명하였듯이,

> 말/호흡 과정과 관련된 근육을 조절하는 것이 어려운 아동들이나 말과 언어에 영향을 주는 다른 신경학적인, 또는 인지적 한계가 있는 아동들은 상대방이 이해할 수 있는 구어를 발달시키기가 어렵다. 아동들의 운동 체계는 여전히 예상할 수 없는 방향으로 발전하고 있어 조기 중재는 너무 일찍 구어로 말하는 기술을 향상시킬 기회를 포기하게 하는 것일 수 있다. 목소리를 낼 수 있는 거의 모든 아동들은 듣는 사람들이 해석할 수 있는 방법으로 소리를 이용할 것이다. 아동들이 새로운 소리나 자신이 낼 수 있는 소리를 새롭게 변화시키는 방법을 계속하여 배우고 있다면, 그것은 계속하여 발성을 발달시킬 수 있다는 긍정적인 신호가 된다.

보완 대체 의사소통 방법이나 장치를 선택할 때 사전에 고려해야 할 문제는 다음과 같다:

- 자세 취하기—방법을 활용하거나 선택한 장치를 작동시키기 위해 필요한 움직임의 범위와 정확성을 위해 특별한 자세가 필요한가?
- 신호 방법—아동의 연령에 맞게 대소근육운동이 충분히 발달하였는가? 그렇지 않은 경우, 어떠한 형태의 신호를 이용할 수 있는가?(예를 들면, 눈으로 주시하기, 손이나 다른 신체 부위를 이용하여 스위치 작동하기, 발성, 불기, 빨기)
- 시력—아동의 시력이 손상되었는가? 그러한 경우에 장치를 성공적으로 사용하기 위해서 장치의 색상, 크기, 소리, 또는 촉각적 성질이 중요한가?

크래쓰는 구어를 사용하지 않는 아동에게는 처음부터 예-아니오 반응에 맞게 조

정된 장치를 제공해서는 안 되며, 처음부터 기능적인 의사소통을 자극하는 보완 대체 의사소통을 제공하여야 한다고 확언하였다. 기능적인 의사소통의 목표는 주의나 대상에 대한 요구, 거절, 인사, 설명(예: "더 필요해요." 혹은 "됐어요.")을 발달시키는 것으로 정하며, 이 모든 것들은 전형적으로 발달하고 있는 걸음마기영아가 사용하는 것들이다.

스위치로 작동되는 많은 완구와 신체적으로 한계가 있는 영아들에게 맞게 디자인된 다양한 맞춤 스위치 활용 이외에도, 상업적인 완구 시장에는 영아에 맞게 디자인된 상대적으로 가격이 저렴하고 배터리로 전력을 공급하는 '교육용 완구'가 엄청나게 많다. 많은 전자 완구들은 보완 대체 의사소통 장치로 쉽게 개조할 수 있기 때문에 언어치료 임상가가 어떤 완구가 유용한지 잘 아는 것도 도움이 된다.

보조적인 의사소통 치료법이 맞는 아동들은 선택된 방법을 이용하기 위해 열심히 노력할 때에 크게 영향을 받는다. 아동들이 자신들의 이러한 의도를 표현할 때 상대방의 반응이 신속하고 적절하여야 한다. 아동이 의사소통하기 위해서 보조적인 방법을 사용하고자 하는 것이 확실하다면, 성인은 의도라 생각되는 것의 특성을 권해야 한다. 선택한 것을 표현하거나, 요구하거나, 관찰한 것을 제안하거나, 감정을 전달하거나, 확인이나 부정을 하거나, 정보를 제공하고자 하는 의지가 명백할 때, 의사소통 상대방이 아동의 의도에 대하여 이해한 바를 말로 표현하는 것이 중요하다.

이는 특정한 의도를 전달하고자 하는 아동의 시도를 인정하는 것일 뿐만 아니라, 아동에게 자신의 의도에 대한 상대방의 해석을 확인하거나, 부정할 수 있는 기회를 부여하기 위한 것이다. 전형적으로 발달하는 또래의 아동들은 일상생활에서 보상을 받는 것을 좋아한다. 또한 보상은 비전형적으로 발달하는 아동의 의사소통 발달을 향상시킨다.

보조장치를 이용하는 것은 아동이 보이는 인지 능력에 따라 결정되어야 한다. 원인과 결과에 대한 이해력 발달은(예: 물이 틀어져 있으면 목욕 시간이 된 것이다, 젖병이나 수유 장비가 보이면 곧 식사 시간이다) 완구를 작동시키는 스위치를 도입해도 좋을 만큼 영아가 준비가 되었음을 보여 줄 수 있다. 그러나 크래쓰는 '음성 출력 스위치조차도 원인-결과를 배울 수 있는 수단이 될 수 있기 때문에 보조적인 장치를 활용할 것인지에 대해 고려할 때에는 의사소통의 필요성을 촉진시키는 것에 한하는 경향이 있다. 언젠가는 아동이 말을 통한 의사소통을 발달시킬 수 있을 것으로 예상될 경우에는, 가능한 보조장치가 이후의 언어발달을 통한 의사소통을 뒷받침할 수 있어야 한다. 또한 보조장치는 아동이 가능한 한 많은 사람들과 의사소통할 수 있게 해야 한다. 언어 상징들(예를 들면, 단어, 구)과 이용하고 있는 보조장치와 방법에 사용되는 상징들을 연관시킬 수 있도록 상대방이 사용하는 말과 보조적인 장치를 연관지어야 한다.'

신체적 문제가 있는 걸음마기 영아들조차도 놀이와 일상생활의 상호작용을 통해서 가장 잘 배운다. 그러므로 의사소통 능력의 발달을 촉진하기 위해서는 이러한 일상생활 활동과 놀이가 아동의 기능 수준에 부합하도록 하여야 한다. 발달 연령 1세 이하의 영아의 기능에 대해서 알고자 하는 독자는 부록 B와 〈표 B-4〉의 노리쓰(Norris)와 허프맨(Hoffman)[17]이 발전시킨 제안을 참조할 수 있다.

뇌손상 병력이 있는 걸음마기 영아에 관한 지침

신생아 때 뇌손상의 병력을 가진 영아들은 정상적 수준의 언어 능력을 습득하려면 초기 영아기에 더 자주 언어 경험에 노출시킬 필요가 있다.[18] 이러한 경험을 많이 하도록 격려하는 것은 위험한 상태에 있는 영아에게 장래에 발생할 수 있는 언어 문제를 예방하거나 향상시키기 위해서 중요하다. 제한된 시간에 진행되는 수업에서 특정 과제를 완성해야 하는 부담감이 있기 때문에, 학교에 가서야 많은 언어경험을 하게 되는데 이전보다 학습의 어려움을 더 가중시킬 수 있다. 그러므로 이러한 아동들이 학교나 기관중심 프로그램에 입학할 때에는 지속적으로 모니터할 것을 권장하며, 해당 환경에서 근무하는 직원들에게도 지속적인 모니터링의 필요성을 전달하여야 한다.

보조 공학이 필요하지 않을 때의 접근법

다음은 약간의 인지 능력을 보이고, 관심을 끄는 과제에 주의를 집중하는 행동을 보이며, 다른 사람들이 자신의 의도를 이해할 수 있도록 의사를 전달할 수 없다는 사실에 대하여 약간의 좌절감을 보일 것으로 가정되는 아동에 대한 논의이다. 이러한 아동은 언어지체나 장애가 있을 수 있다. 계획을 실행할 때 치료 및 중재와 동시에 진단·평가를 진행하면서 대안적인 방법들을 선별하여 사용할 수 있다.

직접적인 관리

의사소통에 어려움을 겪고 있는 아동을 돕는 방법을 계획할 때 언어치료사는 다음의 사항을 다루어야 한다:

- 아동은 상징을 통한 의사소통을 적용한 경험이 있어야 한다.
- 의사소통 상의 치료나 중재는 일상생활의 활동과 결합시켜야 한다. 특정한 시간에만 할 수 있도록 활동들을 미루어서는 안 된다.
- 부모와 양육자는 아동과 함께 하는 지속적인 언어 자극 활동에 직접 참여하여야 한다.
- 치료나 중재 계획에 아동의 발달 수준에 맞도록 조정된 효과적인 상호작용 방법을 성인 교육을 위한 전략으로 포함시켜야 한다.
- 아동의 발달 수준에 따라 언어중재는 다음 중 일부 항목 혹은 다수의 항목을 따라야 한다:
  - 사물, 행동, 감정에 라벨이나 이름을 붙인다.
  - 아동의 행동에 의미를 부여한다.
  - 행동을 하였을 때 자신이 취한 행동을 설명할 수 있도록 아동이 혼자서 말해 본다.
  - 아동이 행동을 하였을 때 아동의 행동을 동시에 설명하는 평행대화를 해 본다.
  - 아동이 의사소통을 시도할 수 있는 가능성을 증가시키도록 의사소통시 아동의 마음을 끄는 것을 제공한다(의사소통시 아동의 마음을 끄는 것에 대한 웨더비[18]의 목록을 보려면 부록 B의 〈표 B-5〉를 참조하라).
  - 아동이 말을 해야 할 필요성이 확실히 있도록 한다. 다른 사람이 아동에게 직접 질문을 하거나 설명을 할 때, 아동을 대신하여 대답해 주고 싶은 욕구를 피하는 데에 주의한다.
  - 의사소통 상의 사건들이 일어나는 것을 최적화할 수 있도록 아동에게 특정한 자세를 잡아준다. 몸의 균형을 맞추기 위해 소모되는 에너지가 쏠리지 않도록 안정된 자세로 앉혀 준다. 함께 주의할 필요가 있는 경우에는 아동이 닿을 수 있는 범위에 사물을 놓아주고, 아동이 그 사물을 요구할 가능성을 최대로 활용할 수 있게 아동 가까이에 머문다.
  - 아동이 사물이 필요하다는 의사를 전달하려는 시도를 할 때까지 아동이 바라는 사물을 주지

않고 갖고 있는다. 아동이 목표로 정한 단어를 완벽하게 말할 때까지 아동의 요구를 무시한다. 언어로 나타내려는 시도를 할 때에는 보상을 준다.

- 아동에게 의사소통이 지닌 힘을 확인시켜 준다. 아동이 의사를 전달할 때 무슨 일이 생기도록 한다. 아이의 시도에 대한 결과가 반드시 있어야 한다.
- 목소리를 이용하는 놀이에 참여한다. 오직 걸음마기 영아가 흥미를 가질 만한 재미있는 소리들을 사용한다. '게임'을 계속하는 것처럼 억양 및 강세 패턴을 변화시키면 초분절적인* 언어 특징을 사용하는 것을 강조할 수 있다. 목소리를 이용하는 게임이 진행되면, 차례로 순서를 바꿔 아동의 발성을 확실하게 따라해 본다. 발달 수준에 적절하게 영아의 관심을 지속시킨다.
- 음절의 내용과 근사한 것을 자극한다. 조음 정확도에 먼저 주의를 기울이는 것을 피하고 음절의 구성에 초점을 둔다. 또한 이러한 활동은 수, 시제, 진행 중인 행동 및 소유를 표시하는 형태소에 대한 인식을 강화시킨다. 그리고 단음절(mono syllabic) 요소와 다음절(polysyllabic) 요소에 대한 인식을 형성시킨다.
- 기계 모터소리, 동물이 내는 소리 그리고 기타 환경에서 나는 소리와 같이 의미는 있지만 말이 아닌 소리를 낸다. 이렇게 하는 것은 아동이 친숙한 사물이나 행동을 먼저 제시하는 것으로, 일반적으로 더 쉽고 스트레스를 덜 주는 발성법이 된다. 이러한 의도적 발성법도 강세를 포함하거나, 질문을 내포하거나, 크고 작은 말소리를 대조할 수 있도록 수정할 수 있다.
- 북을 칠 때 나는 둥둥 소리 또는 발성과 구어를 반영할 수 있는 리듬 패턴을 흉내 내기 위해서 목욕할 때 물을 튀기고, 뒤집어진 플라스틱 용기를 둥둥 두드리는 것과 같이, 놀이에서 의사소통 상의 상호작용을 자극하는 경험을 이용한다. 이것은 때때로 음절 구성을 확인하는 데 도움이 된다.
- 아동이 언어의 흐름을 더 쉽게 따라갈 수 있도록 성인이 사용하는 언어를 단순화 한다(예를 들면 "버비(Bobby)가 서 있다." "메리(Mary)가 과자를 먹는다." 또는 "엄마가

---

* [역자 주] 초분절(음)소(Suprasegmental): 모음과 자음은 말(speech)을 구성하는 분절음(segment)으로 간주되며, 이들이 함께 모여 음절을 구성하고 음절들이 발화를 이루어낸다. 이런 음절들의 상위에 놓이는(superimposed) 것이 초분절(음)소(suprasegmental (phoneme))라고 알려진 자질(feature)들이다.)

상점에 간다."와 같이 기본적인 요소로만 이루어지도록 문장 구조를 짧게 줄인다).

- 제스처나 신호, 언어화를 동시에 사용한다. 이것은 청력이 손상되지 않은 아동들에게도 도움이 되며, 특히 구강 운동 실행증, 전반적 발달장애가 있거나 중추에서 청각을 처리하는 것이 어려운 것으로 의심되는 아동들에게 도움이 된다.
- 노래하기, 손뼉치기, 구절의 운율 말하기를 통해 말과 음악이나 리듬을 결합시킨다.
- 일상적인 활동을 하는 동안 의사소통 상의 자극과 조화를 이루기 위하여, 선택한 전략을 이용하는 가족의 모든 구성원으로부터 도움을 받는다.
- 놀이 활동을 하는 동안 아동에게 즐거움뿐만 아니라, 좌절과 분노를 어떻게 표현하는 지를 보여 주는 음성모델을 제공한다. 주로 잘못 이해하는 사실은 감정을 표현할 수 있는 상징적 수단을 가지고 있지 않은 아동들은 기본적으로 두 가지 중 하나를 선택한다. 즉, 아동들은 그만두거나 실행에 옮긴다. 만약 실행에 옮긴다면 대체로 아동이 의사소통 상의 어려움을 표현한다기보다 행동상의 문제가 있는 것으로 해석되는 결과를 가져온다.
- 적절하다면 청력이 손상된 아동에게 적합하도록 고안된 기술을 이용하거나 적용한다. 청력이 손상된 아동들에게 권장되는 다양한 활동에는 언어지체나 언어장애가 있는 아동들에게도 적합한 기술을 포함하고 있다. 예를 들어, 함께 주의를 집중하기 위하여 다중적인 감각을 자극하고, 가정에서 사용하는 사물이나 가정에서 행해지는 활동(예를 들면, 전화나 초인종 소리에 반응하기, 찻주전자가 끓는 소리에 귀 기울이기)을 이용하는 것을 들 수 있다.
- 아동이 주도적으로 먼저 관심을 보이는 것에 따른다. 기질상 걸음마기 영아들은 탐험자이며 주의를 집중하는 시간이 길지 않다. 사물과 행동이 그들의 주의를 끌었다면 자연스럽게 일어나는 변화에 즉시 반응하고 적절한 의사소통 활동을 할 수 있도록 영아들과 함께 움직인다.

아뎀슨(Adamson)과 베이크맨(Bakeman)은 의사소통 놀이 프로토콜를 활용하여, 다양한 중증의 발달장애 영아에 관한 연구에서 상당히 중요한 결과를 얻었다.[19-21] 최소한의 말을 하는 걸음마기 영아들은 친숙한 어른과 함께 두 가지의 놀이를 하는 상황, 즉 요구하는 상황과 설명하는 상황에서 목소리와 언어를 사용하여 의사소통하고자 하는 시도를 증가시켰다. 연구자들은 자료를 수집하기 위해서 5분의 간격의 놀이를 이용하였지만, 〈표 9-2〉에 열거된 놀이 활동은 언어사용을 증가시키는 중재 전략에 맞도록 아동의 관심이 지속되는 시점까지 확대되었다.

부모와 양육자도 의사소통 능력 발달을 촉진하기 위하여 아동과 규칙적으로 놀이를 할 때, 이러한 인식을 적용하도록 훈련시킬 수 있다. 아동이 점점 더 많이 의사소통하고자 하는 시도를 증가시키기 위해서 놀이를 하는 동안 상호적인 즐거움을 촉진할 수 있는 또 다른 수단으로는 '플로어 타임'*이 있다.[23]

이 접근법은 놀이를 하는 동안 아동이 무엇에 관심을 보이던 간에 어른의 참여와 모방을 촉진시킨다. 어른은 처음에는 단순히 아동이 하고 있는 것을 흉내 내고, 그 다음에는 의견이나 문구를 추가하고, 아동이 발성을 하는 경우, 아동이 발성한 것을 인정하고 점차적으로 아동이 발성한 것을 부연할 수 있다. 사물을 조작하는 것, 행동이나 일련의 행동들을 취하는 것, 허밍을 하거나 소리를 내는 것, 얼굴 표정이나 제스처를 모방하는 것, 행진하는 것, 아동이 시작한 다른 활동에 함께 주의를 기울이는 것은 발성 및 언어화를 뒷받침하는 수단이 될 수 있다. 언어치료사는 부모들이 이러한 활동에 참여하도록 이해시키기 위하여 놀이가 의사소통 발달을 촉진할 수 있는 흥미로운 활동이라는 사실을 부모에게 설명하여야 한다.

요더(Yoder)와 웨렌(Warren)[24]은 전언어적 환경교수법(prelinguistic milieu teaching; PMT)과 반응적인 전언어적 환경교수법(responsive prelinguistic milieu teaching; RPMT)을 이용한 방법을 설명하였다. 전자는 1:1의 성인 대 아동 비율 속에서 이루진 반면, 후자는 성인과 또래 아동 집단을 활용한다. 두 교수법 모두 놀이 상황에서 수행된다.

치료 혹은 중재 계획으로서 진행되는 진단·평가

적절한 목표를 선택할 때 지표가 되는 것은 지속적으로 행하는 아동의 전반적인 발달 및 의사소통 기술에 대한 진단·평가이다. 보조 의사소통 장치를 이용할 것, 기본적인 개념을 확장시킬 것, 의사소통 기술에 필요한 구강운동이나 다른 신체 능력을 발달시

---

* [역자 주] 플로어 타임(floor time): 미국 조지 워싱턴대학의 소아정신과 임상교수인 Dr. Stanley Greenspan의 이론으로 아이의 눈높이에 맞추어 상호적인 놀이를 하며, 가정에서 아이에게 가장 가깝고 친근한 치료자가 되어 일상생활 속에 사회성 발달 훈련을 하는 것.

〈표 9-2〉 의사소통 놀이 프로토콜: 걸음마기 영아의 요청하기, 언급하기에 대한 의사소통적 상호작용을 유도하기*

요청하기 활동	언급하기 활동
장난감을 사용한 '나를 도와주세요' 놀이 대본	**'미술관' 방문하기 대본**
제안	제안
1. 비록 아동이 어떤 장난감을 원하는지 알더라도 요청하기를 기다린다. 아동이 보는 앞에서 풍선을 불어 아동의 관심을 유도하고, 아동이 관심을 보이면 풍선에서 공기가 빠져나가게 한다. 아동이 다시 해달라고 요청하도록 기다린다. 다시 풍선을 불고, 공기가 빠져 나가게 한다.	1. 아동과 함께 방 주변에 전시된 그림을 보면서 논다. 각각의 그림에 아동의 주의를 끌려고 애쓴다. 모든 그림을 본 다음, 아동이 가장 좋아하는 것 같은 그림으로 돌아가고, 그런 다음 가장 덜 좋아하는 그림으로 간다. 그림에 대해 언급하고 직접적 질문을 하지 않고 아동이 반응에 참여하도록 노력한다.
2. 비눗방울을 한참 불고 난 다음 뚜껑을 닿는다. 그것을 아동의 앞 테이블에 놓는다. 아동이 활동을 반복하기 위해서 요청하는지 보기 위해서 기다린다.	2. 그림 중 하나는 상황에 맞지 않은 엉뚱한 이름이 적혀 있다. 아동에게 그림이 웃긴 무엇을 생각나게 한다고 말해 준다. 아동의 반응을 모니터한다.
선반에 있는 장난감을 요구하는 '주세요' 대본	**'상자' 안에는 무엇이 있나? 놀이의 대본**
제안	제안
1. 아동이 닿을 수 없는 높은 선반위에 있는 장난감을 알아차린다. 아동이 무엇을 원하지를 이해하지 못하는 체한 후 원하던 것을 내려 준다.	1. 테이블이나 바닥에 앉는다. 상자에 있는 사물을 하나씩 꺼낸다. 꺼낸 것을 아동이 만져 보도록 하고, 다음 것을 꺼내며 그 사물의 특징(형태, 기능, 색깔, 그 사물이 흔히 있는 곳)을 말해 준다.
2. 기꺼이 도와주겠다고 하면서 엉뚱한 장난감을 준다. 마지막으로 아동이 '실수'에 반응하는 것을 유의한 후 아동에게 맞는 장난감을 준다.	2. 각각의 사물 이름을 말하고, 다른 사물을 꺼내기 전에 잠깐 동안 그것으로 놀이를 한다.
3. 만약 아동이 장난감에 별로 주의를 두지 않는다면, 특정한 것을 가리키지 않고 그것들에 직접적인 주의를 두도록 한다. 아동이 1분 동안 장난감의 하나를 가지고 놀도록 한 후, 선반 위에서 '멀리 치우고' 아동이 다른 장난감이나 그것을 다시 달라고 요청하도록 기다린다.	3. 아동이 사물을 가지고 하는 것을 모방한다. 아동으로 하여금 내가 사물을 가지고 놀이하는 것을 모방하도록 한다.

출처: Adamson LB, Bakeman R: The communication play protocol for toddlers, technical report 8, Atlanta, Ga, 1998, Developmental Laboratory, Department of Psychology.

*놀이의 목적은 아동이 얼굴 표정, 소리, 몸짓으로 의사소통하도록 격려하는 것이다. 의사소통 수단과 의도를 기록하는 방법이 대본을 수행하기 앞서 선택되어야 한다. 섹션 후에 아동의 의사소통 행동을 분석하기 위해서는 비디오녹화가 유용하다. '나를 도와주세요' 놀이의 대본에서 사용하는 장난감은 비눗방울놀이, 두 개의 풍선, 소꿉놀이와 농장놀이, 레고, 퍼즐 맞추기, 사람모형을 태우는 버스가 적당할 것이다. '주세요' 놀이의 대본에는 시계, 플래쉬 장난감, 집에서 가져온 아동이 좋아하는 장난감이 유용할 것이다. '상자' 안 놀이의 대본에는 연령에 적절한 다섯 개의 작은 사물이 들어갈 밀폐된 상자나 단지가 필요할 것이다. 들어갈 작은 사물로는 동물 인형, 탈것, 부엌도구 등이 사용될 것이다. '미술관' 놀이의 대본에는 카드 크기만한 각각의 동물, 유아, 탈 것 등의 여섯 개의 인사카드(six framed greeting card)를 방 주변의 여러 높이에 놓아둔다. 아동이 '우스운 그림'을 바라볼 때 아동이 비디오카메라에 나올 수 있도록 놓아둔다. 또한 우스운 단어를 적어 놓는다. 이러한 방식은 수정될 수도 있다. 그러나 대본이 제시한 방법은 의사소통을 이끌어내는 데 좋은 출발점이 될 것이다.

킬 것, 지속적인 빨기, 삼키기 및 수유문제를 관리할 때 다른 전문가와 협력할 것, 청각적 지각과 함께 주의를 발달시킬 것 등을 통하여 언어치료사는 부모가 일상적인 활동 속에서 아동을 자극할 수 있는 많은 기회를 이용하도록 도울 수 있다.

▼ 요약

영아들이 의사소통 기술을 획득하는 것을 돕기 위해서 많은 전략을 이용할 수 있다. 언어치료사가 이 장에 열거된 접근법들 중에서 영아에게 적합한 접근법을 선택하고, 가족과 양육자가 생산적인 프로그램을 시도할 수 있도록 도움을 줄 수 있다. 언어치료사는 발달을 모니터하고, 가족과 자주 상담하고, 상황이 변화할 때마다 그 상황을 평가하고, 필요하다면 주어진 프로그램을 조정할 필요가 있다.

다음의 내용들이 사실일 때에 거의 모든 아동들에게 발달이 이루어질 것이다:

1. 영아가 의사소통하려고 충분히 시도하였다. 그 시도가 충분하지 않은 경우에는 시도의 횟수를 증가시키는 것이 목표가 된다.
2. 자신이 의사를 전달하려고 시도하는 사람들이 자신의 시도를 받아들이고 반응해 줄 것을 알고 있기 때문에 아동은 안정감을 느낀다.
3. 의사소통은 대부분의 일상 활동의 한 부분이며, '치료'나 '언어' 시간에만 그 노력이 국한되어서는 안 된다.
4. 의사소통을 하려는 노력이 결과를 가져오고 영향력을 가지고 있다는 것을 아동이 인식한다.

언어치료사의 관리를 받도록 의뢰된 아동들이 최상의 의사소통 기능을 달성하고, 그렇게 함으로써 신체적, 정신적, 정서적으로 건강해질 것이라고 확증하는 것은 불가능하다.

그러나 우리가 이러한 아동과 가족들에게 약속할 수 있는 것은 우리의 능력이 되는 한 그러한 목표를 달성할 수 있도록 아동 및 가족, 그리고 동료 전문가들과 협력하겠다는 것이다.

▼ 참고 문헌

1. Brazelton TB: Assessment in early infancy as an intervention. In Gilderman D, et al, editors: *The health care/education relationship*, Chapel Hill, NC, 1981, Technical Assistance and Development System, p 3.
2. Coleman PP, et al: Consultation: applications to early intervention, *Infants Young Child* 4(2):41, 1991.
3. Banigan RL: Memorandum to the author, 1991.
4. Barrera M, Rosebaum P: The transactional model of early home intervention, *Infant Ment Health J* 7:112, 1986.
5. Moxley-Haegert L, Serbin LA: Developmental education for parents of delayed infants: effects on parental motivation and children's development, *Child Dev* 54:1324, 1983.
6. Schober-Feterson D, Cohen M: Facilitating parent-child interactions. Paper presented at the ASHA Conference, Atlanta, Ga, November 1991.
7. Crais E, Roberts J: Decision making in assessment and early intervention, *Lang Speech Hear Serv Sch* 22:25, 1991.
8. Wetherby A: Infants and toddlers with special needs. Syllabus accompanying presentation at the Alton Ochsner Clinic Continuing Medical Education Program, New Orleans, May 1996.
9. Wetherby AM, Frizant BM: *Communication, and symbolic behavior scale (CSBS)*, Normed edition, Chicago, 1993, Applied Symbolix.
10. American Speech-Language-Hearing Association: Packet of reports on treatment outcomes, Rockville, Md, 1997, American Speech-Language-Hearing Association. (Available from ASHA, 10801 Rockville Pike, Rockville, MD 20852.)
11. Kayser HR: Bilingual language development and language disorders. In Battle DE: *Communication disorders in multicultural populations*, ed 3, Boston, 2002, Butterworthpp 205-232.
12. Sparks S: Assessment and intervention with at-risk infants and toddlers: guidelines for the speech-language pathologist, *Top Lang Disord* 10:43, 1989.
13. Zeanah CH Jr., Mammen OK, Lieberman AF: Disorders of attachment. In Zeanah CH, Jr., editor: *Handbook of infant mental health*, New York, 1993, Guilford Press, p. 332.
14. Letourneau N: Fostering resiliency in infants and young children through parent-infant interaction, *Infant Young Child* 9:36, 1997.
15. Maolson A: *It takes two to talk*, ed 3, Toronto, 1992, Hanen Center Publications.
16. Cress CJ: Speech/phonological intervention for young non-speaking children with limited sound inventories. Seminar presented at the American Speech-Language-Hearing Association conference, New Orleans, Nov 16, 2001.

17. Norris JA, Hoffman PR: Comparison of adult-initiated vs. child-initiated interaction styles with handicapped prelanguage children, *Lang Speech Hear Serv Sch* 21:28, 1990.
18. Keefe KA, Feldman HM, Holland AL: Lexical learning and language abilities in preschoolers with perinatal brain damage, *J Speech Hear Disord* 54:395, 1989.
19. Kubitz KR, et al: Communication play exchanges of toddlers with severe developmental disabilities. Poster session presented at the American Speech-Language-Hearing Association conference, New Orleans, Nov 16, 2001.
20. Adamson LB, Bakeman R: Viewing variations in language development: the communication play protocol, *Augmented and Alternative Communication* (Newsletter for ASHA Division 12) 8:2-4, 1999.
21. Adamson LB. et al: Autism and joint attention: young children's responses to maternal bids, *Applied Dev Psychol* 22:439-453, 2001.
22. Adamson L, Bakeman R: The communication play protocol manual for toddlers: technical report 8, Atlanta, Ga, 1998, Developmental Laboratory, Department of Psychology.
23. Greenspan SI: A developmental approach to problems in relating and communicating in autistic spectrum disorders and related syndromes, *SPOTLIGHT Top Dev Disabilities* 1(4):1-6, 1998.

제 10 장

청각장애 영아의 재활 및 의사소통 발달

Thomas G. Rigo

청각장애(hearing loss)*는 영아의 의사소통 발달 및 사회적·정서적 발달에 다양한 영향을 미친다. 생애 초기의 청각 결함은 말-언어를 정상적으로 습득하는데 어려움이 있다. 의사소통 문제는 점차적으로 학습과 사회적 어려움의 원인이 되고, 학업적 성취결과를 감소시키며, 직업선택의 기회를 제한한다. 이러한 잠재적인 결함을 성공적으로 치유하기 위해서는 언어치료사, 청능사, 의사, 사회복지사, 심리학자, 청각장애인을 대상으로 하는 교육자 및 가족 구성원의 협력적인 노력이 필요하다. 본 장에

* [역자 주] 청각장애(hearing impairment): 경도부터 최중도에 이르는 청각장애를 의미한다. 이 용어에는 농과 난청이 포함된다. 경도 및 중등도(20~60dB), 중도(60~90dB), 최중도(90dB 이상).

서는 초기 청각장애가 의사소통 능력에 미치는 영향과 말-언어의 발달을 촉진하기 위하여 이용하는 절차들을 제시하고 있다. 또한 간학문적 구조 안에서 전통적인 언어치료사와 청각사의 전형적인 역할들에 대한 직접적으로 관련된 주제들을 중점적으로 다루고 있다.

▼ 청각장애가 구어를 통한 의사소통 능력에 미치는 영향

감각인지

말소리들은 어떠한 상황하에서도 변하지 않고 동일한 개별적 지각력이 있는 각각의 소리를 갖고 있는 하위음소 특질들의 결합으로 구성되어 있다. 청각장애는 청각을 통해 이러한 특질들을 받아들이는 것을 왜곡하거나 제한함으로써 말을 인지하기 어렵다.

언어 습득 후 청각장애가 발생하였을 경우에는, 일반적으로 메시지의 요소들을 짐작함으로써 감각적 입력의 손실을 보완할 수 있다. 일단 기본적인 분량의 감각정보를 받아들이게 되면, 난청이 있는 사람들은 언어의 규칙을 이해하고, 문맥과 상황상의 단서를 이용함으로써 메시지의 구조와 내용을 대략적으로 예견할 수 있다. 음향적 패턴(acoustic pattern)은 자세하게 처리할 필요가 없다. 다시 말해, 음향적 패턴은 예상되는 언어의 패턴이 얼마나 정확한지 확인하는 정도로 분석이 진행된다.

언어 습득 전에 청각 결함이 발생하였을 경우에는 감각정보의 손실은 더욱 부정적인 영향을 미친다. 메시지가 어떻게 점진적으로 변화하는지 예견할 수 없는 영아는 구어를 습득하고 이해하기 위해서는 감각 입력을 더 자세하게 분석할 필요가 있다. 청각장애로 인해 이러한 입력이 심각하게 훼손된 경우에는 청각을 통한 언어 습득이 불가능할 수 있다. 그렇기 때문에 청각장애와 관련한 장애는 장애의 정도뿐만 아니라, 장애가 발생한 시기에 따라서 언어 습득의 정도가 좌우된다.

청각적 수용

모음(vowels). 모음은 말소리의 긴 스펙트럼 상에서 강한 음소와 많은 에너지를 차지한다. 각 모음의 특성을 확인하려면 첫 번째 모음 포르만트*와 두 번째 모음 포르만트를 인식할 수 있어야 한다. 첫 번째 모음 포르만트의 주파수 대역*은 조음상의 협착 정도와 관련이 있다. 이것의 주파수 대역 범위는 고모음일 때 250Hz에서부터 저모음일 때 850Hz까지이다. 두 번째 모음 포르만트의 주파수 대역은 발음의 전후 위치와 관계가 있다. 이것의 주파수 대역의 범위는 후설모음일 때 850Hz에서부터 전설모음일 때 2,800Hz까지이다.[1] 일반적인 규칙과 마찬가지로 주파수 대역이 증가할수록 모음 포르만트의 진폭은 감소한다.

청각장애는 흔히 두 번째 모음 포르만트를 수용하는 것에 영향을 미친다. 첫 번째 모음 포르만트는 강도가 더 크고, 주파수는 더 낮기 때문에 여전히 들을 수 있는 상태로 남아 있을 가능성이 더 많다. 이들 두 포르만트는 경도 청각장애를 가진 아동들에게 여전히 들을 수 있는 상태로 남아 있어야 한다. 1,000Hz 이상의 중도 청각장애는 두 번째 모음 포르만트를 인식하는 데 한계가 있다. 전설모음에 적합한 두 번째 모음 포르만트는 강도가 더 낮고, 주파수는 더 높기 때문에 후설모음보다 더 취약하다. 모든 주파수에 영향을 주는 최중도 난청은 첫 번째 모음 포르만트와 두 번째 모음 포르만트 모두를 인식하는 것이 어렵다.

자음(consonants). 자음을 인지하려면 발성, 발성 방법, 발성 위치와 관련한 청각적 단서를 수용하여야 한다. 일차적인 발성 단서는 100Hz에서부터 250Hz까지의 주파수 범위에 위치한 기본 주파수의 존재 여부이다.[1] 발성 시작 시간 및 음소의 지속 시간과 같은 이차적인 특질은 발성의 단서가 되는 주파수 범위를 2,000Hz 대역까지 확대시킨다. 기본 주파수는 매우 강력한 단서로 중도나 최중도 청각장애를 제외하고는 모든 사람들이 들을 수 있다.

---

* [역자 주] 포르만트(formants): 《언어》 모음의 구성음소, 파생접사. 《음향음성》 음성파의 스펙트럼 분석에서 성도(聲道)가 공명한 결과 음의 에너지가 어떤 특정한 주파수 영역에 집중하는 일, 또는 그 결과 나타나는 스펙트럼의 돌출부.

* [역자 주] 주파수 대역(frequency location): 1.작용하고 있는 주파수의 최소값에서 최대값까지의 구역. 2. 주파수(일명 진동수): 일정한 크기의 전류나 전압 또는 전계와 자계의 진동(oscillation)과 같은 주기적 현상이 단위 시간(1초)에 반복되는 횟수. 3. 주파수(1초 동안의 사이클)가 증가 할수록 파장(1개의 사이클의 길이)은 감소하게 되며 주파수가 감소할수록 파장은 증가하게 된다.

각각의 자음 종류(즉, 반모음, 비음, 마찰음, 폐쇄음)는 발음 방법과 관련한 청각적 단서를 포함하고 있다. 반모음은 300~400Hz의 주파수 대역에서 포먼트와 유사한 에너지패턴을 통해 분류된다. 비음은 200~300Hz 대역에 위치한 조화 에너지 대역(a band of harmonic energy)이 존재하는 것이 특징이다(콧소리). 마찰음과 폐쇄음은 모두 1,000Hz 이상의 주파수에서 두드러지게 나타나는 광대역의 불규칙한 청각에너지로 구성된다. 이들 두 종류의 소리 차이는 각각의 시간적 특징과 관계가 있다. 마찰음은 지속적이며 안정된 소리 패턴을 가지며, 폐쇄음은 소리의 순간적인 파열이 특징이다.[2] 반모음 및 비음의 청각적 단서는 강하고, 조화로우며, 그리고 저주파수이다. 반모음 및 비음은 중증이나 최중도의 청각장애 수준이 될 때까지도 들을 수 있는 상태로 남아 있게 된다. 반대로 마찰음과 폐쇄음의 청각적 단서는 덜 강하고 불규칙적이다. 이러한 종류의 소리들을 내는 방법들은 일반적으로 아주 혼동스러우며, 경도 청각장애의 경우에 발생한다.

발성 및 발음 방법에 관한 단서만으로는 청자에게 개별적인 음소를 확인할 수 있는 충분한 청각적 정보를 제공할 수 없다. 예를 들어, 코에서 나는 소리를 인지하면 비음이라는 것을 인식할 수는 있지만, 비음 중에서도 어떤 음소를 들었는지를 결정할 수 있게 해 주는 정보가 충분히 제공된 것은 아니다. 발성방법이 같은 음소들을 구별하기 위해서는 발음의 위치와 관련한 청각적 단서들을 수용할 필요가 있다. 이러한 단서들은 일반적으로 1,000Hz 이상의 주파수 대역에 모여 있다. 이러한 단서들은 말의 하위음소가 갖는 특질로 최소한의 강도만을 갖는다.[2] 발성 위치에 대한 정보의 손실이나 왜곡은 청각장애인들이 소리를 들을 때 경험하는 가장 일반적인 어음 인식 결함(speech-reception deficit)이다. 이것은 청각장애의 정도에 관계없이 동일한 종류의 소리 안에 존재하는 서로 다른 음소들을 인지하는 데 혼동을 가져온다.

음소와 관련된 청각적 단서를 수용한다고 해서 음소를 정확하게 확인할 수 있는 것은 아니다. 역시 청자가 음소를 인식하려면 서로 다른 말소리를 낼 때 일어나는 작은 청각적 변화를 구별할 수 있어야 한다. 감음 신경성 청각장애*는 가청도의 손실뿐

---

* [역자 주] 감음 신경성 청각장애(sensorineural hearing loss)는 내이나 청신경에 장애를 입고 있으나, 외이나 중이는 정상인 경우이며, 전음성 청각장애(conductive hearing loss)는 외이나 중이에 장애를 입고 있으나, 내이는 정상인 경우이다.

〈표 10-1〉 가시성이 높은 독화소

운동 패턴	관련된 음소
모음과 2중 모음	
입술 오므리기*	/u, ʊ, oʊ, ɝ/
입술 뒤로 하기*	/i, ɪ, eɪ, ʌ/
입술 동그랗게 하기*	/ɔ/
입술을 이완했다가 입술을 오므리기*	/ɑʊ/
입술 이완	/ɛ, æ, ɑ/
입술을 동그랗게 했다가 뒤로 하기	/ɔɪ/
입술 이완했다가 뒤로 하기	/aɪ/
자음	
치아에 입술 대기*	/f, v/
입술 오므리기*	/w, hw, r/
입술 붙이기*	/p, b, m/
치아 사이에 혀 대기*	/θ, ð/
입술 앞으로 내밀기*	/ʃ, ʒ, ʧ, ʤ/
치아 붙이기	/s, z/
입술 뒤로 하기	/j/
혀를 위쪽이나 아래쪽으로 움직이기	/t, d, n, l/
혀를 뒤로 움직이기	/k, g, ŋ/

* 눈으로 관찰이 용이한 움직임 패턴 표시

만 아니라, 주파수, 강도 및 순간적 변별 능력의 감소도 가져온다. 이러한 이유에서 청각장애 아동들은 들을 수는 있지만, 청각적으로 유사한 음소들을 구별하지 못할 수도 있다. 그러므로 역치(threshold)*에 대한 정보만으로 변별 능력을 판단할 수는 없다. 단, 이러한 청각적 혼동에 대한 분석, 최소-짝 검사(minimal-pairs testing), 연령에 적합한 구어변별(speech discrimination) 척도와 같이 보다 잘 짜여진 진단·평가 절차를 이용할 경우에 청력에 대한 확실한 측정을 내릴 수 있다.

---

* [역자 주] 역치(threshold): 역치(閾値) 특정 자극을 탐지하거나 감각하는 데 필요한 최소량의 자극 강도, 또는 감각하고 있는 자극 정도의 변화를 탐지할 수 있는 최소량을 나타내는 수치.

시각적 수용

독화(speechreading)나 독순술(lipreading)은 조음을 할 때 말하는 사람의 입술, 혀, 턱의 움직임을 보고 언어 정보를 획득하는 것이다. 독화는 청각장애나 청각적 신호를 감소시키는 환경적 요인으로 인해 청각적으로 단서들을 이용할 수 없을 때 청각을 사용하지 않는 감각을 제공함으로써 구어 이해의 향상을 돕는다. 구어란 시각이나 청각을 통해 전달될 때만큼 효과적이지 않기 때문에 독화를 통해 획득할 수 있는 언어 정보의 양은 제한적이다.

감각 단서는 또한 (1) 많은 말소리들의 가시성(visibility)의 불충분, (2) 유사해 보이는 소리의 출현(동음 이의어: homophones),* (3) 말의 속도, (4) 화자 간의 조음 차이, (5) 이차조음(coarticulation)**이 조음 움직임의 가시성 및 안정성에 미치는 영향, (6) 환경조건(예를 들면 조명, 보는 각도, 말하는 사람과의 거리)에 의해 제한된다.[3] 감각 입력이 제한적이기 때문에 구어에 대한 시각적 인지는 구화자의 언어 능력과 귀납적인 추리 능력에 크게 좌우된다. 다시 말해 감각적 기호체계의 상당 부분이 결핍되거나 모호할 때에도 구화자는 인지 및 개념의 결론을 내릴 수 있어야 한다.

시각적으로 이용할 수 있는 일차적인 감각 단서는 발음의 위치이다. 음소 발음과 관련된 운동 패턴을 관찰하면 위치 정보를 얻을 수 있다. 이러한 운동 패턴은 구화소(visemes)***로 불리는 대조군으로 체계화할 수 있으며, 체계화한 내용을 〈표 10-1〉에 제시하였다.[3] 구화소군(viseme groups)은 각각 가시성의 순서에 따라 모음, 자음을 분류하여 배열할 수 있다. 별표가 표시된 것들은 가시성이 대단히 큰 것들로 대부분의

---

* [역자 주] 동음 이의어(homophones): 발음은 같지만 의미가 다른 것으로, 철자가 같은 경우(homonym)도 있으나 좁은 뜻에서 철자가 다른 동음 이의어를 가리킨다(예: too와 to).

** [역자 주] 이차조음(coarticulation): 1. 이차조음(부차조음)-어떤 특정의 음을 조음할 때 그 음의 조음에 직접관계가 없는 1개 또는 2개 이상의 다른 조음 기관이 그 특정음의 영향으로 간접적으로 움직여 그 음의 조음에 영향을 미치는 일. 2. 조음의 수반-예를 들면 fro처럼 표면상 3개의 다른 음의 연속으로 생각되지만 물리적으로는 음소/f/가 조음 수반에 의해 /fr-/로 되고 다음 음소 /-r-/에 융합한다. 다시 조음 수반에 의해 /-ro-/로 되고 다음 음소 /-o-/와 결합한다.

*** [역자 주] 구화소(viseme): 특정한 소리를 묘사하는데 사용될 수 있는 포괄적인 얼굴 이미지를 말한다. viseme는 구어에 있어서의 소리 단위 또는 음소와, 시각적으로 대응하는 것으로 이것을 사용하면, 청각장애인도 소리를 시각적으로 볼 수 있다.

독화자들이 정확하게 식별할 수 있다. 나열된 다른 구화소들은 쉽게 인지되지 않으며, 이상적인 조건에서만 구별할 수 있다.

/ɔ/와 /j/를 제외한다면, 많은 소리들은 동일한 조음 위치를 공유하기 때문에 시각적 운동 패턴 하나만으로 각각의 음소를 변별할 수는 없다. 예를 들어 /p/, /b/, /m/은 시각적 정보에만 의지해서는 구별할 수 없다. 이 음소들을 변별하기 위해서는 발성 및 발성방법의 특징에 대한 추가 정보가 필요하다.

청각적-시각적 수용

많은 청각장애 아동들에게 청각적 조건이나, 시각적 조건만을 이용할 경우에는 구어를 이해하는 것이 어렵다. 청각적 단서는 청각적 결함으로 인해 아예 없거나 왜곡되며, 시각적 단서는 구화 자체의 한계로 인해 불충분하다. 그러나 청각-시각적(두 가지 방법을 이용하는) 조건에서 말을 처리할 때에는 각각의 양식이 제공하는 중복되지 않은 단서들을 결합시켜 메시지에 대한 이해를 향상시킬 수가 있다.

두 가지 방법을 동시에 사용할 경우 말에 대한 이해가 향상되는 정도는 청각장애의 정도와 보청기 혜택에 좌우된다. 청각장애가 경도나 중도인 아동들은 청각적으로 상실한 주단서(primary cue)인 발음의 위치를 시각적 채널을 통해 재발견할 수 있기 때문에 두 가지 방법(bimodal)으로 말을 처리할 때 상당한 혜택을 얻을 수 있다. 그러나 이렇게 두 가지 방법을 사용하는 것이 중도나 최중도의 청각장애를 가진 아동들에게도 동일한 혜택을 가져오는 것은 아니다. 동일한 말의 단서를 시각적으로 이용할 수 있어도 청각장애가 심한 경우는 눈에는 잘 보이지 않는 낮은 주파수의 언어특질이 청각적으로 받아들이는 것을 방해한다. 이러한 아동들에게 말의 이해는 판단 능력을 아주 강하게 결정짓게 한다. 따라서 보청기, 와우관 이식이나 기타 감각 장치를 이용하여 청각적 수용을 충분히 강화시키지 않을 경우 말을 이해하는 것은 불가능할 수도 있다.

비언어적 수용

비언어적 단서는 말로써 전달하는 메시지와 화자의 감정상태, 태도 등의 화용적 측면과 의미론적 측면에 대한 중요한 정보와 적절한 반응행동을 제공한다. 비언어적 정보는 말의 운율학적 측면을 통해 청각적으로 전달된다. 750Hz 이하의 주파수에서도 들을 수 있을 정도로 청각이 충분한 경우에는 운율적 특징을 수용하는 것이 가능하다.[4] 청각적 단서는 상대적으로 강하기 때문에 낮은 주파수대의 청각손상 정도가 중도나 최중도의 수준에 이를 때에도 운율적 정보는 최소한 부분적으로나마 들을 수 있다.

비언어적 정보는 시각적 채널을 통해 가장 효과적으로 전달된다. 시각적, 비언어적 단서에는 얼굴 표정, 눈의 반응, 신체의 움직임 및 자세가 포함된다. 청각장애 아동이 시각적, 비언어 단서에 대해 뛰어난 민감성을 발달시킴으로써 감소된 청각 능력을 보완한다고 가정하는 것은 아주 주목 받을 만한 생각이다. 그러나 연구들은 청각장애인들이 건청인*들보다도 시각적 비언어 정보를 잘 해독하지 못한다는 사실을 입증해 왔다.[5,6] 청각장애를 가진 청자는 청각 결함으로 인해 건청인과 전략에서의 차이를 보일 뿐이다. 청각장애인들은 언어적 수용을 최대화하기 위해서 화자의 입술 모양을 가까이에서 모니터해야 하기 때문에, 그렇게 하는 동안 입술부위 주변에 나타나는 비언어적 정보들을 잃을 수 있다. 시각적 영상으로 떠오를 때조차도 주의력 제약으로 인해 주변 단서의 정보를 처리하는 데 제한이 있을 것이다. 이와는 대조적으로 건청인은 주의를 기울일 때 독화술에 덜 의존하며, 더 이해가 빠른 방법으로 비언어적인 정보들을 처리하므로 시각적 양식에 구애받지 않는다.

구어의 특징

선천적으로, 또는 언어가 형성되기 전부터 청각장애를 가진 대다수 아동들은 구어(oral-language)를 습득할 때 지체나 결함을 보인다. 이러한 문제들은 형태론, 구문론, 의미론 및 화용론을 포함한 언어의 모든 영역에서 발생할 수 있다.

청력도가 유사한 아동들 간에 사용하는 기술은 다양하지만, 청각장애 아동들의 구어 결함은 주로 청각장애의 정도와 관계가 있다. 구어 결함에 영향을 미치는 또 다른 요소로는 청각장애의 발생 시기, 어음 변별 기술, 보청기 착용 시기와 혜택, 불충분한 감각정보를 다루고 이용하는 능력을 들 수 있다.[7]

난청 아동**들에게 발생하는 구어의 문제는 청각장애의 정도에 따라 증가하긴 하지만, 일반적으로 손상 정도가 최중도인 아동들에게 발생하는 결손의 정도에는 미치

---

* [역자 주] 건청인(normal hearer): 청력에 관한 한 장애가 없는 보통의 비장애인들.

** [역자 주] 난청 아동: 일반적으로 보청기를 사용해서 청각적으로 언어정보를 처리하기에 충분한 잔청을 가지고 있는 청각장애 아동.

지 않는다. 언어 습득 패턴에 있어서는 건청 아동과 경도 청각장애 아동의 언어 습득 패턴이 유사하고, 중도와 최중도 청각장애를 가진 아동의 언어 습득 패턴이 유사하다.[8] 난청 아동들에게 발생하는 구어 습득의 어려움은 대부분 가족들의 강력한 지원을 받아 조기에 중재하면, 성공적으로 치료할 수가 있다. 그러나 많은 농(deaf)* 아동들은 감각 입력이 불충분하기 때문에, 청각적으로는 언어를 습득할 수 없다.

난청 아동에게서 나타나는 구어의 결함은 농 아동들이 실제로 보여 주는 구어 결함과 질적으로 다르다. 난청 아동들은 대개 언어장애보다는 오히려 언어지체를 보인다. 다시 말해 난청 아동들은 정상적인 발달 순서에 따라 언어를 습득하지만, 정상적인 또래 아동들에 비해 그 속도가 느리다. 또한 발달 과정에서 특히 형태론적 통사 영역(morphosyntactic area)에서 지속적으로 미숙함을 보일 수 있다. 농 아동의 경우에는, 심각한 언어지체와 함께 비정상적인 언어 형태가 나타난다. 농 아동의 단어와 의미에 대한 지식은 불규칙적이며, 자연스러운 언어 경험보다는 교육과정과 관련성이 더 높을 것이다. 청각장애 아동의 구어는 주요한 문장성분의 생략, 형태론 표지들(morphological markers)**이 없거나 부정확함, 비문법적인 어순, 비문장적 형태가 특징이 될 수 있다.[2, 9] 청각이 손상된 아동들에게서 공통적으로 나타나는 구어의 결함은 〈표 10-2〉에 열거되어 있다.

구어의 특징

중도(severe)-최중도(profound)의 난청

청각장애를 가진 아동들과 건청 아동들의 발성은 옹알이를 시작할 때까지는 구별되지 않는다. 최중도 청각장애 아동들은 옹알이 단계를 시작할 수 없다. 중도 청각장애 아동들은 제한적이나마 옹알이 행동을 보일 수 있지만, 발성은 질적, 양적인 측면에서 건청 아동들과 다르다. 전형적으로 정상 청력을 가진 영아들은 연령이 증가함에 따라 구

---

* [역자 주] 농(deaf): 보청기를 착용하거나 착용하지 않은 상태에서 청각으로 언어정보를 성공적으로 처리할 수없는 청각장애 아동.

** [역자 주] 표지(marker): 문법적 성질을 명시적으로 나타내는 요소, 예를 들면 부정사구를 이끄는 to, 종속절을 이끄는 that 따위. 2. 어떤 언어구조의 레벨에서 임의의 문장(기호열)의 내부 구성을 표시한 것. 3. 판별적 특징, 본성, morphosyntactic marker-형태론적 특성.

〈표 10-2〉 청각의 일반적인 구어 특성

어휘와 단어-품사의 사용
- 어휘의 감소
- 다음을 포함한 단어 품사에 대한 제한적 지식
  - 명사와 동사의 과용
  - 기능어의 생략이나 제한된 사용

의미론
- 의미론 규칙의 제한된 사용
- 추상적 언어형식의 제한된 사용
- 다중의미 낱말의 이해가 어려움

통사론
- 구속형태소(bound morphemes)의 생략이나 제한된 사용
- 동사에 대한 제한된 지식
- 주어-동사-목적어 문장구조의 과용
- 문장길이의 감소
- 복문형식의 제한된 사용과 지식
- 통사론 사용이 질적으로 떨어짐(낱말 생략, 순서 바꾸기, 대체, 추가)
- 비문법적 문장형식

화용론
- 수동적인 의사소통 스타일 (구어적 상호작용의 개시가 줄어듬)
- 대화를 유지하고 수정하기가 어려움
- 애매하고 확실치 않은 반응을 보임

어와 유사한 말소리들을 증가시키고, 비언어적인 소리들을 감소시키지만, 중도 청각장애를 가진 영아들은 옹알이를 시작한 직후부터 이러한 두 가지 형태의 발성이 모두 퇴보한다. 청각장애 영아들은 건청 영아보다 자음의 다양성이 부족하고, 다음절(multisyllabic utterances)을 거의 발성하지 못한다. 또한 이들은 유음(glides)* 및 성문폐쇄음(glottal stops)**의 비율이 높은 경향이 있다.[10, 11] 청각장애의 정도가 중도나

---

* [역자 주] 유음(glides): 음성학에서 쓰이는 용어로 혀가 입 안에서 공기의 흐름을 일부 가로막아 나는 자음 소리. 공기의 흐름이 부분적으로 막히면 모음처럼 잘 울리는 자음 소리가 나온다. 영어의 'l'과 'r'이 유음에 속함.

** [역자 주] 성문폐쇄음(glottal stops): 음성학에서 성대 사이의 공간인 성문이 닫혀 성대의 진동

최중도인 아동들의 발성은 청각적 경험의 질에 좌우된다. 전언어기 농 아동의 반응은 일반적으로 청각적, 음성적 요소, 제스처 요소 및 화자의 관찰로 구성된다. 보청기나 와우관 이식(cochlear implants)을 조기에, 그리고 능숙하게 사용하게 되면, 청각적, 음성적 요소를 발달시킬 수 있다. 그러나 이러한 장치의 사용이 지체되거나, 혜택을 적게 제공할 경우에는 청각적, 음성적 반응은 감소하고, 시각적, 제스처 반응이 두드러지게 된다.[12]

농 아동의 구어는 분절적인(segmental) 면과 초분절적인(suprasegmental)* 면 모두와 관련된 심각하고 다양한 결손을 나타낸다. 농인(聾人)집단에서의 구어 명료도는 개개인마다 크게 다르다. 대부분의 연구에서 농인의 구어를 이해할 수 있는 가능성은 20~40%라고 제시하였다.[9] 말할 때 나타나는 이상한 특징은 주로 손실된 청각적 피드백에 기인한다. 그러나 불완전한 호흡조절, 후두부의 지나친 긴장, 조음 시의 긴장으로 인해서도 나타날 수도 있다. 농인의 구어에서 나타나는 공통적인 특징은 〈표 10-3〉에 제시되어 있다.

경도(mild)-중도(moderate)의 청각장애

정도가 어떻든 청각장애는 구어 산출시 오류를 나타내기도 하지만, 난청 아동의 구어는 중도-최중도인 아동들보다 건청 아동들에 더 가깝다. 난청 아동들은 대부분 이해할 수 있게 말을 한다. 그들의 구어 음질, 초분절음 산출, 모음 발성은 건청 아동들과 비교할 수 있다. 말할 때 일어나는 오류의 대부분은 자음 및 자음의 혼합(consonant blends)과 관련이 있다. 강도가 낮고, 주파수가 높으며, 지속 시간이 짧은 소리들이 가장 일반적으로 영향을 받는다. 물론 마지막 자음을 생략하고, 유성마찰음의 발음이 감소하고, 유성 자음, 구강 뒤쪽 자음 및 설측 자음을 제한적으로 사용하는 등 다른 형태의 실수들도 빈번하게 발생하기는 하지만, 두드러진 특징은 대치 및 왜곡 오류이다.[8,9,13]

이 일시적으로 멈추면서 공기 흐름이 임시적으로 차단되는 현상(예: button, cotton, kitten)

* [역자 주] 초분절적인(suprasegmental): prosodic feature라고도 함. 음성학에서 강세, 성조, 단어의 연접처럼 자음과 모음 위에 덧붙이거나 거기에 수반되는 언어 자질.

〈표 10-3〉 농 아동의 일반적인 구어 특성

초분절적(Suprasegmental)

- 높이와 강도 특성
  - 부적절한 음성 높이(정상인보다 대체로 높은 음성 사용)
  - 음 높이가 끊긴다
  - 연결된 음성에서 높이가 끊긴다(대체로 높은 모음에서)
  - 단조로운 음성
  - 부적절한 음성 강도 (너무 큰 소리나 너무 작은 소리 사용)
  - 말하는 상황에 따라 음성강도를 변화시키지 못한다.
  - 강세사용의 실패(모든 모음 핵에 강세를 줌)
- 일시적인 특성
  - 구어 속도 감소
  - 비정상적인 휴지 행동 (구문 사이와 구문 안에서)
  - 말소리와 분절의 지속 시간 증가
- 음성 질
  - 거친 소리, 숨소리, 과대 비음, 과소 비음이 단독으로도 생길 수 있고, 결합하여 발생할 수도 있다.

분절적(Segmental)

- 모음과 2중 모음
  - 대체 (대체로 긴장음/이완음이나 근접한 모음에서)
  - 중립화
  - 2중 모음의 감소; 모음의 이중모음화
  - 비음화
- 자음
  - 생략
    - 단어 위치 (대체로 단어 끝 자음(종성))
    - 산출 장소 (대체로 안쪽 자음)
  - 대체 방법
    - 비강/구강
    - 유성/무성
    - 파찰음을 파열음으로
  - 대체 장소(가시성과 관련되어 있음)
  - 왜곡
  - 2차 조음 기술의 부족
  - 연속자음의 자음 생략

다른 특성

- 빈약한 호흡 통제
- 성문음화와 관입음(끼어든 음성)
- 과장된 입술과 턱 운동

▼ 청각 훈련

청각 훈련의 일차적인 목표는 청각장애들의 수용 의사소통 능력과 표현 의사소통 능력을 극대화하는 것이다. 치료 교육 활동에는 부모상담 및 교육, 보청기나 다른 감각 입력장치의 사용, 감각 훈련(청각 및 시각), 구두 혹은 수화 형식의 의사소통 양식이 포함될 수 있다.[14]

상담 및 교육을 통해 부모의 근심에 대처하기

아동이 청각장애를 진단받으면 부모들은 충격과 혼란에 휩싸이게 된다. 이 시기에 부모들이 보이는 감정적 반응은, 사랑하는 사람이 사망하였을 때 뒤따르는 애도의 단계에서 나타나는 반응들 즉, 부인, 죄책감, 분노, 타협, 우울 등 결과적으로 나타나는 수용의 반응들과 유사할 수 있다. 슬픔의 기간은 저마다 상당히 다르지만, 전형적으로 6~12개월 동안 지속된다.[15] 부모들이 보이는 이러한 반응들은 정상적인 것이며 회피할 수 없지만, 이러한 반응들이 부모들이 치료활동에 적극적으로 참여하는 것을 방해하거나 지연시킬 수 있다.

전문가들은 슬픔을 극복하고자 하는 반응에 공감하고 수용하는 태도를 보임으로써, 슬픔의 과정에 적합한 정서적, 교육적 지원을 제공하고, 이 기간 동안 제공되는 서비스를 조정하고 모니터함으로써 잠재적인 어려움을 최소화시킬 수 있다. 직접적이든 간접적이든 심리학자나 사회복지사가 참여할 수 있다. 부모 지원 그룹이 특히 유용하며, 이는 임상의가 이용할 수 있는 가장 강력한 상담 도구가 될 수 있다. 부모들은 부모 지원 그룹을 통해 걱정과 경험을 공유함으로써 서로 도울 수 있다. 또한 부모 지원 그룹은 지속적으로 정서적 지원과 정보에 관한 지원을 제공해야 한다.

부모 자신의 요구와 청각장애 아동의 요구에 대비하기 위해서는 많은 정보 제공이 필요하다. 각각의 치료 단계에는 상담과 훈련 기간이 필요하다. 정보를 제공할 때에는 분명하고 솔직한 태도를 취하고, 전문적인 용어는 최소한으로 사용해야 한다. 가끔 시연 및 실제훈련이 필요할 수도 있다. 부모들은 감정적 스트레스, 좌절, 불안을 겪는 동시에 방대한 양의 정보에 몰두하려 하고 있다는 사실을 기억해야 한다. 이 때문에 그들의 감정을 공유하여 관대하고 편안하게 모든 교육적 활동을 수행하도록 하는 것이 중요하다. 또한 상담과 훈련 기간 동안 부모에게 제공되는 정보들을 재검토하고, 보충하고, 부연할 수 있도록 문서로 작성된 자료를 제공하여야 한다. 부모와 상담시 다루어야 하는 주제들은 다음과 같다:

1. 청각장애가 의사소통, 학습 및 사회적·정서적 발달에 미치는 영향
2. 정서적, 재정적 지원 서비스, 아동 옹호 단체 및 지역사회 내의 서비스 기관 이용 방법
3. 교육, 훈련 및 기타 관련 서비스
4. 청각장애 아동들에 대한 서비스 제공과 관련한 연방정부, 주정부, 지방 자치단체의 법령
5. 언어와 의사소통에 관한 선택 사항 및 고려 사항
6. 치료 교육과정에서의 가족의 역할
7. 치료 교육과정에 관여하는 다양한 전문가, 단체, 기관의 역할 및 능력
8. 정보와 지원의 출처 밝히기: 저서, 문서로 작성된 자료, 권장되는 인터넷 사이트, 자원보유 집단, 청각장애 단체
9. 부모와 아동 간의 효과적인 의사소통 방법
10. 보청기, 인공 와우 이식 및 기타 감각 보조장치의 이점과 한계
11. 보청기에 관한 오리엔테이션, 사용, 관리, 고장 수리
12. 부모-아동 중재: 절차, 기법, 자료 및 자원

보청기

보청기를 선택하고 적합화하는 것은 아동의 청각장애가 확인되고, 의학적으로 보청기를 사용해도 좋다는 허가를 받은 후에 즉시 시작하여야 한다. 보청기를 선택하고 적합화 과정은 착용에 따른 아동 반응의 면밀한 관찰, 부모의 지원과 참여, 아동 관리에 관여하는 전문가들의 협력이 필요한 지속적인 과정이다. 보청기를 선택하는 과정에서 보청기를 처방하는 청각사는 착용할 기구의 형태, 양 귀 모두에 증폭을 이용할 것인지, 또는 한 쪽 귀에만 증폭을 이용할 것인지, 장치의 이상적인 전기음향 특성, 보청기의 성능 및 이점을 측정하는 방법 등을 포함하여 몇 가지의 임상적 결정을 내려야 한다. 보청기를 착용한 초기에는 기구에 대한 아동의 반응과 기구의 성능을 모니터하면서,

그에 알맞게 보청기를 조절할 필요가 있다.

보청기의 형태

귀에 착용하는 보청기〔귀걸이형(BTE), 귓속형(ITE), 외이도형(ITC)〕는 영유아를 위해 선택되는 기구로서 신체 보조장치를 대신했다. 귀걸이형 보청기는 아동들에게 가장 일반적으로 사용되는 장치이다. 귀걸이형 보청기는 가볍고, 외부와 연결된 와이어가 없고, 입고 있는 옷에서 나는 잡음을 증폭시키지 않으며, 자연스러운 위치에서 청각적 수용을 제공할 수 있기 때문에, 신체 보조장치보다 선호된다.[16] 그러나 아동이 머리를 제대로 가누지 못하는 경우와 청각적 피드백을 감소시키기 위해 마이크로폰과 수신기를 분리해야 할 경우에는 신체 보조장치가 필요할 수 있다.

귓속형 보청기와 외이도형 보청기는 영유아에게는 자주 사용되지 않는다. 이러한 형태의 보청기는 대부분의 청각장애에 적합한 충분한 파워를 제공할 수는 있지만 유연성과 외부 입력 성능〔예: 직접적인 오디오 입력과 텔레코일 옵션(telecoil options)〕을 제한해 왔다. 또한, 아동의 귓바퀴와 외이도가 성장함에 따라 외피를 빈번하게 다시 제작하여야 하기 때문에, 귀본(earmolds) 제작보다 비용이 더 많이 들고, 시간을 낭비하게 된다.[17] 귓바퀴나 외이도에 선척전인 기형이 있는 아동들에게는 임시수단으로 골전도형 보청기를 사용할 수 있다. 전형적으로 골전도형 보청기는 귓바퀴나 외이도를 외과적으로 수술한 후에, 공기전도 보청기로 교체하게 된다.

귀본(earmolds)

귀본은 음향 누출 없이 외이도에 증폭된 신호를 전달할 수 있도록 설계되었다. 특히 귀 높이에 착용하는 보청기를 착용하였을 때 귀본을 통해서 혹은 귀본 주변에서 소리가 흘러나와서 청각적 피드백*을 발생시킨다. 귀본은 크기, 무게 및 폐쇄성이 서로 다른 다양한 스타일로 제작되어 있다. 신체 보조장치 및 귀에 착용하는 고증폭형 보청기는 외이도에 편안하게 맞고, 귓바퀴의 익이를 채우는 귀본을 필요로 한다. 크기가 더 작고, 폐쇄성이 더 낮은 귀본은 귀에 착용하는 중간증폭 보청기에 사용된다. 대략 9살이 될 때까지 아동의 귓바퀴는 계속하여 성장한다. 이 때문에 보청기를 착용하는 영유

* [역자 주] 청각적 피드백: 귓속으로 전달된 출력음이 귀본 틈 사이로 빠져 나와 다시 마이크로폰으로 반복 입력되는 현상.

아의 경우, 3~6개월마다 귀본과 귓속형 보청기 및 외이도형 보청기의 외피를 다시 제작해야 한다.

일반적으로 귀본은 보청기의 주파수 반응을 변경하기 위해 개조할 수 있다. 일반적인 개조의 형태는 구멍 뚫기, 완충(감폭)하기, 호른 달기이다. 이어몰드에 구멍을 뚫으면 낮은 주파수 증폭을 감소시킬 수 있다. 또한 외이도를 공기에 노출시킴으로써 편안함을 증가시킬 수 있다. 증폭을 줄여 주는 방법은 주로 중간 주파수범위에서 주파수 반응의 최고치를 제거하고, 보청기 출력을 감소시키기 위해 귀본 튜브에 필터를 삽입하는 것이다. 호른을 달면 음향이 귀본을 통해 통과할 때 음향채널의 직경을 점진적으로 증가시킬 수 있다. 호른 달기는 고주파수 증폭의 효과가 있다.

귀본은 경성의 재료든, 연성의 재료든 상관없이, 어떠한 재료로도 제작이 가능하다. 일반적으로 영유아의 경우에는 떨어지거나 귀를 부딪쳤을 때 다치지 않도록 연성의 재료를 사용한다. 또한 연성의 귀본을 사용할 경우에는 체온 때문에 재료가 팽창하기 때문에 음향을 단단하게 폐쇄할 수 있다. 다른 유형의 재료에 알레르기 반응을 보이는 아동들에게는 반경성으로 되어 알레르기를 일으키지 않는 귀본을 사용하도록 한다.

양쪽 귀 모두 증폭시키기와 한쪽 귀만 증폭시키기

양쪽 귀 모두 청각장애를 가진 아동들에게는 양귀 모두를 증폭시키는 것을 권장한다. 이것은 좌우 대칭성의 청각 손상과 비대칭적 청각 손상 모두에 적용된다. 양쪽 귀로 들을 때 얻을 수 있는 이점은 (1) 위치측정 능력과 소리의 강도 인지 능력 증가, (2) 머리가림 효과의 배제, (3) 시끄러운 상황에서 말의 이해도 향상, (4) 음질, 공간 균형감 향상과 듣기의 용이함이다.[17,18]

보청기 오리엔테이션

일단 증폭이 이루어졌다면 점증적으로 도입하여야 한다. 대부분의 아동들은 보청기에 빨리 적응하지만, 일부 아동들의 경우에는 적응하는데 더 오랜 시간이 걸릴 수도 있다. 다운스(Downs)[19]는 영유아가 보청기를 착용하여야 할 경우에는 6~8주의 오리엔테이션 프로그램을 이용할 것을 권장하였다. 다른 연구자들은 오히려 이러한 오리엔테이션 프로그램이 보청기에 주의를 끌어 적응하는 기간을 연장시킨다고 주장하기도 하였다.[20] 오리엔테이션에 관한 권장 사항은 엄격한 시간표를 고수한다거나, 그것들을 완전히 무시하는 것보다는 보청기를 착용한 아동이 보이는 개별적 반응에 따라 변경할 수 있는 지침으로 보는 것이 가장 적절하다.

아동이 보청기에 적응하는 과정 동안 반드시 고려해야 하는 요소들은 (1) 보청기 착용 기간, (2) 증폭 제어장치 조절, (3) 소리를 듣는 상황이다. 초기에 보청기는 증폭 제어장치를 최소한도로 조절하여 하루에 수회, 단시간(예를 들면, 10~20분) 착용하여야 한다. 착용시간은 보청기를 하루 종일 성공적으로 착용할 수 있을 때까지 서서히 증가시켜야 한다. 적응기간의 초기 단계에서는 목표에 도달할 때까지 증폭 제어폭도 점차적으로 증가시킬 수가 있다. 보청기를 맨 처음 사용할 때는 주변의 소음이 최소한도인 유쾌한 환경에서 청각을 보완할 때 사용하여야 한다. 다음에는 음향을 통제한 환경에서부터 점차적으로 자연스럽고 복잡한 청각 자극을 더 많이 포함한 환경으로 보청기를 착용하는 상황으로 확대시킬 수 있다. 부모에게는 시간에 대한 지침과 보청기를 착용하고 듣는 적절한 상황에 대한 실제적인 예를 제시한 오리엔테이션 계획서를 제공하여야 한다.

보청기 착용 및 관리

처음에 보청기는 두려운 존재일 수 있으며, 착용하는 것도 불편해 보일 수 있다. 이 때문에 보청기를 제작해 주는 청각사와 다른 임상가들은 보청기를 올바르게 착용하고 관리할 수 있도록 초기에 보청기 착용에 대한 상당한 격려와 기술적 지원을 제공하고, 훈련시킬 필요가 있다. 보청기를 착용하는 영유아와 규칙적으로 접촉하며 돌보는 모든 양육자들은 다음의 사항을 알고 있어야 한다.

1. 보청기의 부품(예: 마이크로폰, 온-오프 스위치, 음량 조절 장치, 배터리 위치, 귀본과 튜브)
2. 정확한 배터리 삽입방법, 배터리 수명, 배터리 전압체크방법, 안전한 사용을 위해 취해야 하는 예방조치
3. 정확한 귀본 삽입방법 및 청결유지 방법
4. 음량 조절 장치의 정확한 위치
5. 음향 피드백의 발생원인 및 음향 피드백 발생시 해야 할 일
6. 보청기를 훼손시킬 수 있는 요인(예를 들면, 충격, 고온, 습기, 지나친 많은 오물이나 먼지, 헤어스프레이)

보청기의 상태와 성능은 매일 모니터 해야 한다. 매회 치료기간이 시작되기 전에 임상가들도 정기적으로 보청기를 점검해야 한다. 학령기 아동들의 보청기 착용 실태 조사에서 얻어진 일관된 결과로 미루어볼 때, 정기적인 점검은 특히 중요하다. 지난 30년간 수행된 이들 연구들에서 조사가 진행된 시점에 아동들이 착용하고 있는 보청기의 27~92%가 제대로 작동하지 않고 있음을 확인하였다.[21]

보청기를 점검하려면 배터리 검사기, 보청기, 청진기, 소리를 들을 때 사용하는 몰드(listening mold), 귀본에서 귀지를 제거할 때 사용하는 브러시 및 와이어루프, 이어몰드의 관을 청소할 때 사용하는 수동 세척기 등 여러 장비들이 필요하다. 보청기를 점검하는 전체 과정은 다음과 같다.

- 보청기, 귀본, 튜브에 대한 육안 검사
  - 보청기 스위치를 점검한다.
  - 관이 딱딱해지지는 않았는지, 구멍이나 금이 생기지는 않았는지 점검한다.
- 배터리 점검
  - 배터리 전압을 점검한다.
  - 배터리 접촉부위가 부식되지는 않았는지 점검한다.
  - 배터리 덮개가 안전하게 닫혀 있는지 점검한다.
- 듣기 점검
  - 증폭된 소리의 질을 점검한다.
  - 보청기의 덮개를 두드리고 음량 조절 장치를 돌려보면서 잡음이 지나치게 많지 않은지, 신호가 때때로 중단되지 않는지, 음향 피드백이 발생하지 하지 않는지 점검한다.
  - 음량 조절 장치를 돌리면서 증폭이 원활하게 시행되는지 점검한다.

부모들은 간단한 고장 수리 기법을 배움으로써 불가피하게 발생하는 다수의 문제들을 해결할 수 있다. 일반적으로 발생하는 문제들로는 수명이 다하거나 약한 배터리를 사용하거나, 배터리장치에 배터리를 잘못 삽입하여 발생하는 문제, 스위치를 부정확한 조절점에 맞추었을 때 발생하는 문제, 귀본이 너무 작거나 잘못 삽입하였거나 귀지 혹은 습기로 인해 차단되었을 때 발생하는 문제들을 들 수 있다. 부모에게 고장 수리 목록과 절차를 제공하면, 보청기 제작자의 사무실을 방문하지 않고 대부분의 문제들을 해결할 수 있다.

다른 감각 입력장치

와우 이식

감음 신경성 청각장애의 원인은 청각 신경섬유보다는 내이에 있는 청각 유모세포가 제대로 기능하지 않는 경우가 대부분이다. 청각의 손상 정도가 최중도인 많은 환자들에게는 청각 유모세포의 손상 정도 때문에 보청기가 의미가 없을 수도 있다. 와우 이식은 청각 신경섬유에 전기 자극을 직접 적용함으로써, 기능을 하지 못하는 청각 유모세포를 우회하도록 설계되었다. 장치는 외부 마이크로폰, 어음처리기, 송신 와이어나 코일, 수술을 통해 이식한 수신기-자극기, 전극선으로 구성된다.

와우 이식의 대상은 아동의 최중도 청각장애로 보청기를 착용해도 많은 이득을 얻지 못하는 아동이다(즉, 보청기를 착용해도 말을 인지하는 것이 불가능할 경우). 이식 전의 진단, 평가 및 보청기를 착용하였을 때 이익이 있는지 없는지를 결정하기 위해서는 아동의 연령이 최소한 12개월 이상은 되어야 한다. 청각과는 무관한 추가적인 기준으로는 정상 지능, 성공적인 이식에 영향을 줄 수 있는 추가적인 장애의 존재 여부, 가족의 지원을 들 수 있다.[18] 인공 와우의 선택과 수술 후 성공에 영향을 줄 수 있는 해부학적인 요소로는 와우의 개방성* 및 신경이 살아 있는 정도를 들 수 있다.[22]

와우 이식을 한 아동들마다 말 인지 능력은 크게 다르며, 그 범위도 제한적으로 소리를 탐지하는 것에서 실외 구어를 인지하는 것에 이르기까지 매우 다양하다. 이식의 성공은 (1) 청각장애가 발생한 연령, (2) 이식하기 전에 청각장애가 지속된 기간, (3) 와우에 남아 있는 신경, (4) 어음처리기의 부호화 전략, (5) 아동에 대한 재활교육, (6) 부모의 지원과 교육적 지원의 수준과 가장 관련성이 높다.[22, 23] 일반적으로 와우 이식은 성인과 언어 습득 후에 청각장애가 발생한 아동들에게 가장 효과가 큰 것으로 관찰되었다. 물론, 선천적이나 언어 습득 이전에 청각장애가 발생한 대부분의 아동들도 와우 이식을 통해 효과를 얻었지만, 이들은 청각적 기술을 획득하는 것이 더 느렸으며, 와우 이식 후 1~2년 정도 사용한 후에 어음인지(speech perception)가 향상되는 것을 보여 주었다.[24] 수행 능력의 향상은 소리 탐지, 패턴 인식, 언어 전 의사소통 능력, 개방성* 조건(open-set)과 폐쇄성 조건(closed-set)에서의 구어 인지, 독화 및 구어 산출

등으로 측정할 수 있다.[25-27]

진동 촉각 감각 입력장치

진동 촉각 장치는 청각 신호를 피부를 통한 진동 패턴으로 변환시킨다. 진동 촉각 입력장치는 전통적인 증폭 방법을 이용하였을 때 얻을 수 있는 이익이 거의 없는 청각장애아에게 사용할 수 있는 대안적 방법이다. 단일채널 및 다채널 장치가 모두 사용된다. 단일채널 장치는 주로 초분절적 정보와 분절적 음성단서를 제공한다. 다채널 장치〔혹은 보코더(vocoders)〕는 이와 동일한 저주파수의 단서를 제공하며, 또한 협착성 기식음과 다른 발성방법에 대한 단서를 포함하여 말소리의 고주파수 성분을 전달할 수도 있다.[28,29]

진동 촉각 장치는 농영유아들의 구화 능력, 초기 음성 반응, 발성 레퍼토리, 음절 발음을 향상시키는 것으로 밝혀져 왔으나,[30,31] 이러한 효과를 거두기 위해서는 보청기 및 와우 이식과 같은 청각장치를 착용한 각각의 아동에게 맞게 서로 다른 교수 및 학습 전략이 필요하다. 대체로 아동들은, 숫자도 적고 학교 환경과도 멀리 떨어져 있는 전문센터에서만 훈련과 추후 조사 서비스를 받을 수 있다. 이러한 어려움 때문에 농인들은 진동 촉각 장치를 광범하게 사용하지 못하고 있다.

의사소통 방법론

청각이 손상된 아동들의 언어발달을 촉진하기 위하여 다양한 의사소통 방법론이 이용되고 있다. 주요한 방법은 〈표 10-4〉에 제시되어 있다. 각각의 방법을 지지하는 사람도 있고, 비난하는 사람도 있지만, 모든 아동들을 위한 최선의 방법으로 증명된 유일한 방법은 없다. 데이비스(Davis)와 하딕(Hardick)[2]이 설명한 바와 같이 "영아에 대한 주요한 결정은 아동이 구어 이외에도 … 다른 상호적 의사소통방식을 접해야 하느냐, 그렇지 않느냐를 결정하는 것이다."(p. 158)

1970년대에 이르러 종합적인 의사소통(TC: 토탈 커뮤니케이션)*은 구화주의를

* [역자 주] 개방성(patency): 체내의 관이 막혀 있지 않은지의 여부.

* [역자 주] 종합적 의사소통(total communication method): 의사소통에 사용할 수 있는 모든 수단(독화, 발화, 수화, 지문자, 몸짓, 지화)을 동시에 사용하거나 그러한 것들 중에서 의사소통에

〈표 10-4〉 청각장애 아동의 의사소통 방법

방법론	설명
구어	• 다양한 언어의 이해와 표현방법 대 구어 • 청각적 수용은 구화, 다른 시각적 신호나 둘을 병행하여 수행된다.
단일감각을 이용한 방법(음향적, 청각적으로 알려진 감각)	• 구어지각을 위해서 청각적 입력만을 사용함 • 구순은 아동이 청각을 효과적으로 사용할 능력을 생기면 교수한다.
구두 방법(청각, 음성-청각, 또는 구두-청각)	• 구어지각을 위해서 청각과 구화가 사용된다.
로체스타 방법(새로운 구어주의나 가시성 구어로 불림)	• 구어지각을 위해서 지문자를 청각과 구화를 보완하여 사용한다.
말소리 단서	• 구어지각을 위해서 청각과 구화를 보완하기 위하여 여덟 개의 손가락 모양과 네 가지 손가락 위치를 사용한다(32개의 단서). • 발음이 같은 단어(동음 단어)를 구별하고 또렷하게 하기 위해 단서를 준다.
지문자(신호 체계로 알려짐)	• 언어의 이해와 표현방법 대 공식적 몸짓, 지문자, 손을 사용하여 구두언어를 표현하는 신호사용방법이다. • 수화의 상징은 영어어순으로 산출되고 일반적인 단어의 종성법칙을 따른다. • 시화기초영어(Seeing Essential English, SEE_1), 시화기호영어(Signing Exact English; SEE_2), 문법수화(Signed English)를 포함하는 몇 가지 신호체계가 개발되었다.
미국사인언어(ASL 또는 AMESLAN으로 알려짐)	• 농사회에서 사용하는 자연스런 언어이다. • 미국수화(American Sign Language, ASL, AMESLAN)는 영어와 모든 구조적 측면에서 다르고, 자신만의 형태론, 통사론, 어휘를 가지고 있다.
이중언어-이중문화적 접근법	• 교육적 접근법이 농문화의 구성원에 의해 옹호되어 왔다. • ASL를 농인의 자연스런 언어로 인식하고, 그것의 사용을 권장하며, 제2언어로서 구두 언어, 수화, 둘 다를 병행한 방법을 가르친다.

적절한 어떠한 수단을 사용하는 것.

(다음 쪽에 계속됨)

〈표 10-4〉 청각장애 아동의 의사소통 방법 (계속)

방법론	설명
종합적 의사소통(TC로 알려짐)	• 특정 방법이라기보다는 철학이다. • 개별 아동에게 성공적인 의사소통 방법을 사용한다. • 실제로, Total Communication 프로그램은 언어의 표현과 이해를 위하여 구어와 수화를 동시에 사용한다.
농-맹 방법	• 촉각적 지각으로 구어운동 패턴, 지문자, 또는 신호를 사용한다. • 구어 움직임을 얼굴과 화자의 목에 손을 대 봄으로써 알게 한다. • 지문자와 신호는 신호자의 손에 손을 댐으로써 알게 한다.

람들 간에 수화의 사용과 그것이 구어발달에 미치는 영향에 대한 논쟁이 계속되어 왔다. 구화주의 지지자들은 구어와 사인(signs)을 동시에 사용하는 것은 구어 인지와 구어 기술의 발달을 억제한다고 주장한다. 종합적인 의사소통 지지자들은 교수방법에 관계없이 조기에 언어를 확립하는 것이 구어를 통한 의사소통 발달을 촉진시킨다고 주장한다. 경험적인 연구들에서는 이러한 문제를 해명할 수가 없었다. 일부 연구는 구어 프로그램을 통해 아동의 구어 능력의 향상을 평가해 온[32, 33] 반면, 다른 연구들은 동시적 의사소통기술을 사용하는 것은 구어 기술발달을 저해하는 원인이 아니라고 제안했다.[34, 35]

난청 아동들에게는 단일감각이나 다감각적 구어방법이 가장 적절하다는 사실에 대해서는 일반적인 합의가 이루어지고 있다. 그러나 농 아동들을 위해서 이상적인 교육방법을 선택하는 것은 명확하지 않다. 청각장애아들이 구어를 말할 수 있는 가능성은 잔존 청력 정도뿐만 아니라, 농의 발생 연령, 중재의 필요성 확인 및 중 중재 시작 연령, 감각 입력장치가 제공하는 이익에 좌우된다. 아동의 인지 능력, 다른 신체장애의 존재 여부, 가족의 지원 수준, 아동이 거주하고 있는 지역사회 내에서 이용할 수 있는 프로그램의 형태와 질을 포함한 다른 비청각적 요소들도 상당한 영향을 미칠 수 있다.[2]

양적인 평가를 통해서 부모와 전문가의 선택과정을 도울 수가 있다. 청각장애 관리 지수(deafness management quotient)는 구어 의사소통 대 종합적 의사소통 중 어디에 아동을 배치할 지를 결정하기 위하여 잔존 청력, 중추신경의 손상 정도, 지능, 가족구도, 사회경제적 조건에 관한 중요한 평가방법을 이용한다.[36] 구어예측지수(spoken language predictor index)는 구어, 신호, 또는 양자 모두에 어느 정도로 중점을 두어야 하는 지를 결정하기 위해 청각의 양, 촉진된 언어 사용 능력, 언어적 능력, 비언어적 이해력, 가족의 지원과 구어를 통한 의사소통 평가를 포함한다.[37]

건청 아동의 언어 능력을 평가하기 위해 고안한 검사의 대부분은 청각장애 아동들에게 이용될 수가 있다. 그러나 이러한 방법에는 잠재적인 단점이 존재한다. 첫째, 청각장애와 관련된 독특한 언어 결함을 사정하는 표준화된 검사의 수가 제한적이다. 둘째, 청각적 어려움, 구화 및 신호에 대한 단기기억이 검사시 아동의 능력에 미치는 영향이 충분히 검토되지 않으며, 이는 다양한 수준에서 특정 검사도구의 유용성을 혼동시킬 수 있다.[38] 이러한 이유에서 청각장애 아동들의 언어 능력을 평가하려면 비공식적 검사도구와 공식적 검사도구를 모두 이용하여야 한다. 영아의 언어기술을 사정할 때 이용되는 특별한 검사 방법 및 절차는 제8장 및 부록 A, B에 설명하였다. 영아를 위한 언어 중재절차는 제9장에서 상세하게 재검토하였다.

감각 기술의 발달

청각 훈련

건청 아동들은 생애 초기에 지속적인 청각자극에 반응하면서 자연스럽게 청각적 기술을 습득한다. 들을 수 있는 아기들은 6개월에 대화 수준에서 제시되는 말소리들을 경청하고, 음원의 위치를 파악하고, 음조의 차이를 인식하고, 말 신호에 포함된 다양한 청각적 특질을 구별할 수 있다. 1세가 되면 자신의 이름, 친숙한 말, 간단한 지시를 인식할 수 있을 만큼 청각 능력과 언어 능력이 발달된다. 청각 기술의 정상적인 발달 순서가 〈표 10-5〉에 제시되어 있다.

청각장애는 아동에게서 청각적 자극을 박탈함으로써, 아동이 청각적 기술을 습득하는 것을 방해하거나 지체시킬 수 있다. 청각 손상이 청각발달에 미치는 영향은 손상의 정도와 발생 시기에 따라 다르다. 중도-최중도의 청각장애를 가진 아동들은 감각입력장치와 중재 없이는 청각적 기술을 획득하지 못한다. 난청 아동들은 자연스럽게

〈표 10-5〉 생애 첫해동안 청각 기술의 정상적 발달

1. 반사: 아기는 역치를 벗어난 소리에 반사적으로 반응한다(예: 놀람반사, 활동의 시작과 중지, 수면상태에서 움직이거나 깨어남, 눈을 크게 뜨거나 울기).
2. 참여와 경계하기: 아기는 환경에서 들리는 소리와 음성에 반응한다; 경청하는 태도와 탐색행동, 안면표정 변화들을 보일 수 있다.
3. 소리의 위치 찾기: 소리가 나는 곳을 확인한다; 아기는 돌아보거나 소리가 나는 쪽으로 움직일 것이다.
4. 원거리 듣기: 영아는 다양한 거리에서 나는 소리의 위치를 찾고 반응을 보인다.
5. 총체적 환경 변별, 확인, 이해: 아기는 환경에서 나는 소리를 관련시킬 수 있다. 소리가 나는 곳을 가리키거나 소리를 조작하거나, 모방할 수 있다.
6. 음성 변별, 확인, 이해: 아기는 그들의 힘으로 음성, 단어, 문장을 변별하고 관련시킬 수 있다.
7. 구어 변별, 확인, 이해: 말소리를 구별하거나 이해할 수 있다. 모음에 대한 지각 기술은 자음의 지각 기술보다 먼저 발달한다.

약간의 기본적인 청각적 반응들을 습득할 수는 있으나(예: 청각적 주의집중, 위치파악), 더 정교한 기술의 발달은 보청기를 착용할 때까지 지체된다.

청각 훈련의 목표는 청각장애 아동들의 듣기 기술을 최대한 발달시킴으로써 수용능력을 최대화시키는 것이다. 청각 훈련에 관한 몇 가지 접근법이 발전되어 왔다. 그 예로는 카하트(Carhart) 방법,[39] 전통적인 접근법,[40] 청각법(acoupedic method),[41] 인지적-청각법[42] 및 언조청각법(verbo-tonal method)[43]을 들 수 있다. 각각의 접근법은 청각 기술의 정상적인 발달 순서에 기초를 두고 있으나, 구조화의 정도, 전달 및 강화 방법, 보완적인 감각 입력장치의 사용에 따라 다르다.

영아의 청각 훈련은 정상적인 일상 활동 중에 수행하는 것이 가장 효과적이다. 아동의 기술이 발달하면, 구조화된 활동들을 치료 교육 프로그램에 통합하여 향상된 청각기능(예: 연속적 기억, 종결, 선택적 주의집중)의 발달로 촉진시킬 수 있다. 가정 중심 중재는 가족 구성원이 가진 정보에 따라 참여도가 달라진다. 그러므로 가족 구성원은 청각반응의 발달 순서뿐만 아니라, 치료기법 및 자료에 대해서도 잘 알고 있어야 한다. 이용할 수 있는 상업적인 청각 훈련 프로그램도 다양하다. 많은 청각 훈련 프로그램은 부모를 위해 문서로 작성되거나 그들에게 적합하도록 변형시킬 수 있다.

시각 훈련

대부분의 교육 방법론은 청각장애 아동 수용 능력을 최대화하기 위해 구화 이용을 권장한다. 그러나 중재의 초기단계에 적용할 구조화된 시각 훈련은 아직까지 거의 없는 실정이다. 힙스킨드(Hipskind)[44]가 설명한 바와 같이 "청각, 말, 언어기술의 습득이 서로 연관되어 자연스럽게 발달할 수 있도록 재활훈련에서도 이러한 측면이 허용되는 추세이다."(p. 150).

치료 교육에서도 시각 훈련은 조기에 실시되지 않지만, 시각적 언어단서의 수용을 극대화하기 위해서 이 기간 동안에 단계적으로 시작하도록 할 수는 있다. 가능한 빨리 안과 검사를 받아야 한다. 시력은 말의 미묘한 청각적 움직임을 수용할 수 있도록 정상적인 시력 범위나 교정시력 범위에 있어야 한다. 거리와 시야도 구화 능력에 영향을 미친다. 0~45°의 수평적인 시야에서 10피트 이하의 거리만큼 떨어져 말을 들을 때에 말지각이 최상으로 일어난다. 적당한 실내조명을 유지하여야 하며, 화자는 광원이 얼굴에 그림자를 만들 수 있는 위치에 있어서는 안 된다.

아동의 구어 능력이 발달하면, 치료 교육에 구조화된 구화훈련을 통합시킬 수 있다. 역사적으로는 구화를 가르치기 위해서 분석적 접근법(analytical methods)과 통합적 접근법(synthetic methods)이 모두 사용되었다. 분석적 방법은 말을 구성하는 각각의 성분들(예를 들면 음소, 음절, 단어)을 시각적으로 확인하는 것에 집중한다. 통합적 방법은 메시지를 구성하는 각각의 성분을 확인하는 것보다는 메시지의 총체적인 의미를 이해하는 것에 초점을 맞춘다. 가장 현대적인 방법은 이들 두 접근법을 훈련절차에서 결합시키는 것이다. 제퍼스(Jeffers)와 발리(Barley)[3]는 결합된 형태의 구화 훈련 방법을 자세히 기술하였다.

구어 훈련

청각이 손상된 아동의 구어 사정은 발성의 세 가지 영역 즉, 초분절적 기술, 분절적 기술, 구어 명료도에 초점을 맞추어야 한다. 명료도 검사는 구어 기술이 제한적인 아동들에게는 적합하지 않을 수 있다. 그러나 아동의 표현 능력이 증가하면 이러한 기준들을 진단·평가 도구에 통합시켜야 한다.

아동들은 구어 기술을 발달시키기 전에 의사소통의 목적을 위해 음성을 자발적으로 일관되게 사용하여야 한다. 경도-중도 난청을 앓고 있는 대부분의 아동들은 자연스럽게 청각-구어 의사소통 유형을 발전시킬 수 있으나, 중도-최중도의 청각장애를 가진 아동들의 음성 반응을 유지시키기 위해서는 부모와 임상가의 협력적인 노력이 필요하다. 음성을 빈번하게 사용할 필요가 있는 활동(예: 언어놀이, 노래 부르기, 게임하기, 말이 아닌 소리 흉내 내기)에 아동들을 참여시키면 조기발성을 촉진할 수 있다. 음성 반응을 유도하기 위해 소리를 내는 장난감과 시각적 장치들도 이용할 수 있다. 아동이 발성을 시작하거나, 발성을 흉내 내거나, 발성에 반응하도록 촉진하는 모든 활동을 유심히 관찰하여 더 나은 훈련의 기초로 사용하여야 할 것이다.

공식적인 구어-훈련 프로그램은 청각장애 아동의 구어기술을 발달시키기 위하여 구별되는 변별자질 대조,[46] 단어 및 음절 발성,[47] 분절 및 초분절적 위계의 대조[4], 또는 이들 중 몇 가지를 결합하여 사용한다. 아동이 자극에 내포된 청각적 특질을 탐지하고 구별할 수 있다면 언제든지 청각 모형을 적용하여야 한다. 그러나 대부분의 아동들은 목표로 정한 발성을 습득하고, 모니터하기 위해 시각적, 촉각적 방법을 결합시켜 사용할 필요가 있다. 시각적, 촉각적 피드백을 보완하기 위하여 다양한 기술들을 사용할 수 있다. 전자장치와 컴퓨터에 기초한 장치들(예: IBM Speech Viewer III, 분광사진 디스플레이, 전자구개도(electropalatography), 진동 촉각 입력장치)도 다양한 초분절적 및 분절적 특징을 보여 주는 상세한 시각 및 촉각 피드백을 제공한다. 더 간편하고 더 저렴한 기법으로는 구화, 시각적 촉진, 손으로 만질 수 있는 단서, 호흡시 기류의 촉각적 단서, 후두와 코의 떨림, 조음기관의 위치 등을 들 수 있다.

▼ 참고 문헌

1. Peterson GE, Barney HL: Control methods used in a study of the identification of vowels, *J Acoust Soc Am* 24:183, 1954.
2. Davis JM, Hardick EJ: *Rehabilitative audiology for children and adults*, New York, 1986, Macmillan.
3. Jeffers J, Barley M: *Speechreading (lipreading)*, Springfield, Ill, 1971, Thomas, p 3.
4. Ling D: *Speech and the hearing impaired child: theory and practice*, Washington, DC, 1976, The Alexander Graham Bell Association for the Deaf.
5. Schiff W, Thayer T: An eye for an ear? Social perception, nonverbal communication, and

deafness, *Rehabil Psychol* 21:50, 1974.

6. Rigo TG, Lieberman DA: Nonverbal sensitivity of normal-hearing and hearing-impaired older adults, *Ear Hear* 10:184, 1989.
7. Norlin PF, Van Tasell DJ: Linguistic skills of hearing impaired children, *Monogr Contemp Audiol* 1:1, 1980.
8. Elfenbein JL, Hardin-Jones MA, Davis JM: Oral communication skills of children who are hard of hearing, *I Speech Hear Res* 37:216, 1994.
9. Seyfried DN, Hutchinson JM, Smith LL: Language and speech of the hearing impaired. In Schow RL, Nerbonne MA, editors: *Introduction to aural rehabilitation*, ed 2, Austin, Tex, 1989, Pro-Ed, p 181.
10. Stark RE: Phonatory development in young normally hearing and hearing-impaired children. In Hochberg I, Levitt H, Osberger MJ, editors: *Speech of the hearing impaired: research, training, and personnel preparation*, Baltimore, 1q83, University Park Press, p 251.
11. Stoel-Gammon C, Otomo K: Babbling development of hearing-impaired and normally hearing subjects, *I Speech Hear Disord* 51:33, 1986.
12. Tait M, Lutman ME: Comparison of early communicative behavior in young children with cochlear implants and with hearing aids, *Ear Hear* 15:352, 1994.
13. West J, Weber J: A phonological analysis of the spontaneous language of a four-year-old hard-of-hearing child, *I Speech Hear Disord* 38:25, 1973.
14. American Speech-Language-Hearing Association: Preferred practice patterns for the professions of speech-language pathology and audiology: aural rehabilitation, *ASHA* 35:23, 1993.
15. Tanner DC: Loss and grief: implications for the speech-language pathologist and audiologist, *ASHA* 22:916, 1980.
16. Northern JL, Gabbard SA, Kinder DL: Pediatric considerations in selecting and fitting hearing aids. In Sandlin RE, editor: *Handbook of hearing aid amplfication. Vol II: Clinical considerations and fitting practices*, San Diego, 1995, Singular Publishing Group, p 113.
17. Mueller HG, Grimes A: Amplification systems for the hearing impaired. In Alpiner JG, McCarthy PA, editors: *Rehabilitative audiology: children and adults*, Baltimore, 1987, Williams & Wilkins, p 115
18. Northern JL, Downs MP: *Hearing in children*, ed 4, Baltimore, 1991, Williams & Wilkins.
19. Downs M: *The establishment of hearing aid use: a program for parents*, 1967, MAICO Audiology Library Series, p 4.
20. Ross M: Hearing aid selection for preverbal hearing impaired children. In Follack M, editor: *Ampl fication for the hearing impaired*, 1975, New York, 1975, Grune & Stratton, p 207.

21. Elfenbein JL, et al:. Status of school children's hearing aids relative to monitoring practices, *Ear Hear* 9:212, 1988.
22. Fryauf-Bertschy H: Pediatric cochlear implantation: an update, *Am J Audiol* 2:13, 1993.
23. Tyler RS: Cochlear implants and the deaf culture, *Am J Audiol* 2:26, 1993.
24. Fryauf-Bertschy H, et al: Performance over time of congenitally and postlingually deafened children using multichannel cochlear implants, *J Speech Hear Res* 35:913, 1992.
25. Dawson PW, et al: Cochlear implants in children, adolescents, and prelinguistically deafened adults: speech perception, *I Speech Hear Res* 35:401, 1992.
26. Dawson PW, et al: A clinical report on speech production of cochlear implant users, *Ear Hear* 16:551, 1995.
27. O'Donoghue GM, et al: Cochlear implants in young children: the relationship between speech perception and speech intelligibility, *Ear Hear* 20:419, 1990.
28. Eilers RE, et al: A longitudinal evaluation of the speech perception capabilities of children using multichannel tactile vocoders, *J Speech Hear Res* 39:518, 1996.
29. Osberger MJ, Maso M, Sam LK: Speech intelligibility of children with cochlear implants, tactile aids, or hearing aids, *J Speech Hear Res* 36:186, 1993.
30. Steffans ML, et al: Early vocal development in tactually aided children with severe-profound hearing loss, *I Speech Hear Res* 37:700, 1994.
31. Boothroyd A: Special issue: auditory and tactile presentation of voice fundamental frequency as a supplement to speech reading, *Ear Hear* 9:6, 1988.
32. Geers AE, Moog JS: Speech perception and production skills of students with impaired hearing from oral and total communication education settings, *J Speech Hear Res* 35:1384, 1992.
33. Hyde MB, Power DJ: The receptive communication abilities of deaf students under oral, manual, and combined methods, *Am Ann Deaf* 137:389, 1992.
34. Caccamise F, Hatfield N, Brewer L: Manual/simultaneous communication research: results and implications, *Am Ann Deaf* 123:803, 1978.
35. Grove C, Rodda M: Receptive communication skills of hearing-impaired students: a comparison of four methods of communication, *Am Ann Deaf* 129:378, 1984.
36. Downs MP: The deafness management quotient, *Hearing and Speech News* Jan-Feb 1974.
37. Geers AE, Moog JS: Predicting spoken language acquisition of hearing impaired children, *J Speech Hear Disord* 42:84, 1987.
38. Moeller MP, Osberger MJ, Morford JA: Speech-Language assessment and intervention with preschool hearing-impaired children. In Alpiner JG, McCarthy PA, editors: *Rehabilitative audiology: children and adults, Baltimore*, 1987, Williams & Wilkins, p 163.
39. Carhart R: Auditory training. In Davis H, Silverman R, editors: *Hearing and deafness*, ed 2,

New York, 1960, Holt, Rinehart & Winston, p 368.

40. Erber NP: *Auditory training, Washington*, DC, 1982, Alexander Graham Bell Association for the Deaf.
41. Pollack D: *Educational audiology for the limited hearing infant*, Springfield, Ill, 1970, Thomas.
42. Grammatico L: The development of listening skills, *Volta Rev* 77:303, 1975.
43. Guberina P: *Studies in the Verbo-Tonal system*, Columbus, Ohio, 1964, The Ohio State University Press.
44. Hipskind NM: Visual stimuli in communication. In Schow RL, Nerbonne MA, editors: *Introduction to aural rehabilitation*, ed 2, Austin, Tex, 1989, Pro-Ed, p 125.
45. Caccamise F, Meath-Lang B, Johnson D: Assessment and use of vision: critical needs of hearing-impaired students, *Am Ann Deaf* 26:361, 1981.
46. Bennett C: Articulation training of profoundly hearing-impaired children: a distinctive feature approach, *J Commun Disord* 11:433, 1978.
47. Abraham S, Werner F: Efficacy of word training vs. syllable training on articulatory generalization by severely hearing-impaired children, *Volta Rev* 87:97, 1985.

제 11 장

언어치료사 마케팅 전략

왜, 어떻게 할 것인가?

Frances P. Billeaud

마케팅은 의사소통장애 전문가가 끊임없이 풀어가야 할 과제이다. 또한 그것은 언어치료사(SLP)가 맡고 있는 다양한 전문가 책무 중 매우 중요한 부분이며, 대학의 훈련 프로그램이 가르쳐주지 않는 것들 중 하나이기도 하다. 흔히 전문가의 투입을 제한함으로써 비용의 절감을 강조하는 보건의료 시대에 우리가 행정조직, 관리 의료조직, 소비자그룹에 제공하는 것을 마케팅하기 위해서는 반드시 그에 필요한 기술을 발전시켜야 할 필요가 있다. 코야나기(Koyanagi)와 로베르(Lorber)[1]는 "과연 보건의료는 영아의 정신건강 측면에서도 적절한가?"라는 논설에서 이점에 관한 탁월한 제안과 지침을 제시하였다. 그들이 제시한 실용적인 제안들은 다른 영아-걸음마기 영아-가족 서비스 제공영역에도 적용될 수 있을 것이다.

마케팅은 비용이 많이 들거나 현란하여서는 안 된다. 마케팅은 분명한 목적에 도움이 되어야 한다(예를 들면, 새로운 프로그램을 홍보하거나, 현존하는 서비스에 대한 이용을 증가시키거나, 동료 전문가들에게 의사소통 발달에 내재한 문제와 자신의 전문성을 홍보하거나, 또는 영아에 대한 조기 중재가 효과적이라는 사실을 부모에게 알리는 것). 마케팅은 시장경영자와 목표 대상자 모두의 요구를 만족시켜야 한다. 그리고 목표 대상자에게 솔직하고, 목표 대상자의 마음을 끌고, 목표 대상자에게 정보를 제공하며, 목표 대상자가 이용할 수 있는 형태로 실행되어야 한다. 그 다음 수행해야 할 첫 번째 과제는 장래에 목표 대상이 될 수 있는 집단을 확인하고, 어떻게 해야 가장 효과적으로 그들에게 접근할 수 있는 지를 결정하는 것이다. 두 번째 과제는 어떤 메시지를 전달할 것인지, 즉 대상집단이 무엇을 알아야 하는지, 어느 정도로 상세하게 알아야 하는지, 어떤 접근법과 매개를 이용하는 것이 가장 생산적일지, 어떤 수준의 언어를 사용하여야 하는 지를 결정하는 것이다.

마케팅 도구에는 언어치료사의 업무카드, 짤막하면서도 주제에 한정된 정보를 제공하는 인쇄물, 팸플릿이나 브로슈어, 보고서 전달시 특정 개인이나 집단을 대상으로 한 설명서, 동료 전문가 집단을 대상으로 한 프레젠테이션, 의료박람회와 같은 행사에서 제공하는 디스플레이나 프로그램, 비디오테이프, 주요한 인물(예: 행정 관리자, 장래 혹은 현재에 의뢰를 해 올 수 있는 공급자), 조직 내 사보, 지역 신문이나 단체의 정기간행물에 기고한 짤막한 사설 등이 포함될 수 있다. 또한 마케팅 도구에는 텔레비전이나 라디오 프로그램에 출연하여 아동의 의사소통 발달과 특별한 장애를 가진 아동을 다루는 법, 부모가 이용할 수 있는 자원에 접근하는 법에 대한 정보를 제공하는 방법도 포함된다.

계획성 없는 마케팅과는 달리 계획된 마케팅은 시간이 걸리기는 하지만 전문적 업무를 수행하는 데 필수적인 부분이다. 계획된 마케팅은 언어치료사가 제공하는 서비스에 대한 이해를 증진시키는 것에서부터 동료전문가들이 의뢰건을 증가시키는 일까지, 그리고 지역사회 내에 가시성을 증가시키는 일에서부터 의사소통장애의 위험이 있는 영유아를 위한 서비스의 이용을 증진시키는 일까지 다양한 이득을 가져올 수 있다.

이 책에서 제안하는 마케팅의 목표는 의사소통장애가 있거나, 의사소통장애의 위험이 있는 영아를 위한 서비스 이용을 확대하고, 그러한 서비스 목적에 대한 행정 관리자, 다른 전문가 그룹, 부모들의 이해를 증진시키는 방향으로 설정되어야 한다. 이러한 마케팅은 서비스 그 자체나 목표로 정한 특정 연령 집단을 중심으로 계획할 수 있다.

▼ 신생아를 대상으로 언어치료사의 서비스 마케팅

병원의 재활병동에는 일반적으로 언어치료사가 직원으로 상주한다. 신생아 집중 치료실에 고용되는 언어치료사의 수가 점점 증가하고는 있지만, 사실 대부분의 신생아 집중 치료실에서 언어치료사가 직원으로 상주하지는 않는다. 연구에서도 신생아 집중 치료실에서 언어치료사를 포함한 다학문적 팀의 이점을 이용하고 있는 기관이 점점 증가하고 있다. 이러한 팀을 당장에 구성하고자 할 때에는 의료직원 및 병원 관리 부서를 대상으로 전문적인 마케팅을 해야 한다.

신생아 집중 치료실에 입원한 신생아들은 일반적으로 작고, 질병이 있으며, 허약하다. 의료 직원의 일차적인 관심사는 건강 문제를 해결하는 것이다. 이러한 사실을 인정하는 것은 언어치료사가 신생아 집중 치료실에 다학문적 팀을 구성하기 위해서 마케팅할 때 도움이 된다. 스파크(Spark)와 동료들[2]은 신생아 집중 치료실에 참여하는 것을 논의하기 위해 의료 직원과 회의를 할 때에는 구체적인 계획을 염두에 두어야 한다고 제안하였다. 다시 말해, 언어치료사는 의료 직원에게 (1) 임상가가 보건의료팀에서 역할을 맡도록 확립시켜야 한다. (2) 의사소통 발달에 있어서 위험요인이 될 수 있는 생물학적 질환과 치료중인 질환, 또한 그러한 질환들이 어떻게 상호작용하는 지에 대하여 설명한다. (3) 발달사정 과정과 관련한 의사소통 진단·평가의 원칙에 대해서 설명한다. (4) 신생아 인구 집단에 대한 임상 중재의 원칙을 설명한다. (5) 신생아 집중 치료실에서 임상가가 맡아야 하는 역할인 예방에 대하여 소개한다. 환자를 위한 성과를 극대화함으로 인한 이점, 발달관리로 인한 비용절감에 대한 정보를 문서로 제공하여야 한다.

주임 간호사인 맥켄지 이(Lee McKenzie)[3]는 처음에는 그곳의 체계를 배울 필요가 있는 관찰자로 참여하는 것이 중요하다고 강조하였다. 그리고 '전통과는 달리' 신생아 집중 치료실 팀의 일원이 되고자 하는 전문가는 신생아 간호에 주요한 직원(그녀는 간호사이어야 한다고 제안하였다)에게 정보를 요청하여야 한다고 제안하였다. 신생아 집중 치료실에서 근무하는 사람들의 직무를 알고, 의료진이 일상적인 절차를 수행할 때 방해가 되지 않는 곳에 있는 것이 매우 중요하다. 맥켄지는 진정한 관심을 보이는 것, 전문가의 영역을 침해하지 않는 것, 일상적인 일과와 일련의 명령을 배우는 것, 그리고 신생아 집중 치료실에서 인정을 받을 때까지 '출석'하는 것이 직원의 마음을 여는데 효과가 있다고 제안하였다.

스파크쓰와 동료들[2]은 '신생아 집중 치료실에 참여하려면 임상가들은 의학적 질병을 공부하여 신뢰를 쌓고, 소아과 환자들을 다루는데 전문지식을 습득하고, 기꺼이 시간을 할애하여야 한다. 수유를 도울 수 있는 것 역시 유리할 수 있다.'는 이러한 충고를 반영하였다. 물론 이를 수행하려면 특별한 훈련이 필요하다.

신생아 집중 치료실의 직원과 회의 약속을 정하는 것이 어렵다면, 10~20분 분량의 비디오테이프를 제출하는 것도 직원의 마음을 움직이는 주요한 방법이 될 수 있다. 베니간(Banigan)[4](1991)은 언젠가 병원의 소아과 직원들과 협력할 때 이 방법을 사용하였으며, 저자 또한 소아과, 산과, 부인과의 동료들이 스케줄이 한가한 때에 의사 휴게실이나 편리한 시간에 볼 수 있도록 집으로 가져갈 수 있는 연수 자료를 주는 것을 더 좋아한다는 사실을 경험한 적이 있다. 간호사들도 이러한 방법을 선호하는 것으로 보인다.

언어치료사는 모든 환자를 위하여 질적인 간호를 조성하는 것이 무엇인지 병원의 입장에서 연구를 수행하여야 한다. 여러 병원이 협력하는 경우, 협력체계를 구성하는 다른 병원들도 언어치료사를 자기병원에 있는 신생아 집중 치료실의 직원으로 채용할 것인가? 승인된 기준과 지역사회 내에서의 마케팅 노력으로, 또는 필요한 의료직원의 관심을 끄는 차원에서 병원의 신생아 집중 치료실 팀에 언어치료사를 포함시키는 것이 병원행정에 유익할 것인가?

적절한 시점에 행정직원, 의료직원이 검토할 수 있도록 간결한 제안서를 준비할 필요가 있다. 제안을 검토하게 할 경우, 첨부 문서나 증거 서류를 포함시킬 필요가 있다.

▼ 지역사회 내의 영아를 위한 서비스 마케팅하기

의사소통장애의 위험이 있는 모든 아기들이 신생아 집중 치료실에 입원하는 것은 아니다. 건강한 아기를 돌보는 신생아실에서 퇴원한 아기들도 많고, 가정에서 태어나 한 번도 병원의 신생아실에 입원하지 않은 아기들도 많다. 공립 모자보건 클리닉이나 소아과 개인병원은 언어치료사가 의사소통장애의 위험이 있는 영아 가족과 접촉하는 첫 번째 장소가 될 것이다. 영아와 그들의 가족으로 구성된 인구 집단을 다루고자 하는 의사소통장애 전문가는 연방정부가 기금을 제공하고 공립 모자보건서비스가 실시하고 있는 조기 검사, 정기 검사, 진단, 치료(EPSDT)프로그램을 잘 알아야 한다. 조기 검사와 정기 검사, 진단, 치료 프로그램은 출생 시부터 학령 전 연령 영유아의 의사소통 문제를 검사하는 것을 포함하여, 정기적이며 종합적인 건강 검진을 수행할 책임이 있다. 이러한 프로그램의 관리자에게 서비스를 마케팅하는 것은 현명한 일이다. 이러한 노력을 기울일 때 이용할 수 있는 양식의 예가 〈표 11-1〉에 제시되어 있다. 양식에 간단히 동그라미만 치도록 하여 해당 인구 집단을 다루는 직원에 대한 정보를 얻을 수 있다. 그리고 '견본집(sampler)'은 의사소통장애의 위험 확인에 대한 간호사들의 인식 수준을 끌어올리는 수단이 될 수 있다.

영아에게 도움을 주는 다른 중요한 지역사회 기관으로는 의학클리닉, 조기 중재 프로그램, 개인병원, 사회복지 기관, 유치원, 어린이집, 공중보건 프로그램이 있다. 이러한 다양성으로 인해 각 기관과 그 기관을 이용하는 소비자그룹, 또는 양자 모두를 목표로 정하여 마케팅 노력을 기울일 필요가 있다. 성공적인 마케팅 전략을 고안하기 위해서는 기관의 구조, 직원의 구성, 프로그램의 목표, 기관 설립취지, 관리 철학을 아는 것이 중요하다.

민간 개인병원에서 근무하는 많은 언어치료사는 소아과, 이비인후과, 성형외과, 신경과, 가정의학과에 근무하는 동료들에게 무료상담서비스를 제공하고 있다. 개업의들이 언어치료사가 어떠한 역할을 하는지에 대한 정보를 스스로 구할 가능성은 매우 적다. 소아과 의사이자 미국 말-언어-청각협회(ASHA)의 전 회장이었던 리쳐드슨(Richardson)[5]은 언어치료사가 소아과 의사와 상호작용하는 방법에 대한 타월한 제안을 제시하였다.

영아가 말을 시작할 것으로 기대되는 연령(즉, 12~14개월)에 도달한 후에야 부모들은 점점 커지는 걱정을 말로 표현하기 때문에 언어치료사나 청력사의 역할은 그 연령이 되어서야 더 두드러지게 된다. 유감스럽게도, 인지 능력 부족이나 신체 이상의 징후를 보이지 않는 아동이 왜 말을 시작하지 않는 지를 진단할 때에는 부모에게 3세가

〈표 11-1〉 영아기 의사소통장애와 관련한 병인

청각장애

- 선천적 청각장애(유전성, 증후군, 감염, 기형)
- 일시적 청각장애(즉, 지속적이고, 귀앓이가 만성적; 바이러스성과 박테리아성 질병; 소음으로 인해 생긴 장애; 심각한 외상)
- 후천적 청각장애
- 라티로젠 중독(예: 내이 신경독성 약물)
- 질환(특히 바이러스 감염)이나 상해로 기인

수용 언어발달지체나 장애

- 정신지체
- 청각장애
- 다른 감각장애(특히 중도 시각장애)
- 대사성장애
- 염색체 이상이 확인되지 않은 증후군(예를 들어, 태아 알코올 증후군)
- 정신장애(자폐, 전반적 발달장애와 같은 정신병리학적 장애)
- 염색체장애(예: 유약 X 증후군)

분명한 수용 언어장애 없이 언어의 시작이 늦어지는 경우

- 구조적 이상(예를 들어, 구개열, 후비공 폐쇄)
- 신경심리학적 신경행동학적 장애(예: 뇌성마비, 실어증, 태아기 코카인 노출의 후유증)
- 환경적 요소(예: 학대나 방치, 구어나 언어의 발달을 방해하는 비정상적인 양육행동, 경험의 부족이나 빈약한 구어 모델)
- 과잉행동성 동반 또는 동반하지 않은 주의력결핍장애
- 이해 불가능한 말소리를 내는 구어부전(잦은 출산과 관련되어 있음)

구어나 언어발달장애

- 이미 논의된 섹션의 모든 요소
- 신경병리학(예: 뇌손상, 안면신경마비, 대근육신경마비)
- 정신병리학(예: 자폐, 정신분열증, 달리 분류되지 않는 전반적 발달장애, 소아기 붕괴성장애)
- 발달이 퇴행하거나 중단되어짐(예: 외상성 쇼크, 퇴행성 또는 진행성 질병)
- 음성장애(예: 성대 천명, 후두웹, 유두종, 장기적이거나 잦은 삽관으로 인한 손상, 성대마비를 일으키는 장기간의 기관절개술)
- 인후두의 무능력, 구강과 후두 메커니즘의 다른 구조 이상
- 언어-학습장애(novel within the index family)

될 때까지 기다리라고 조언해야 한다고 여전히 고집하는 일부 보건의료 전문가들도 있다.[5-7] 분명한 것은 아동의 인지, 정서, 사회, 교육적 발달에 있어 의사소통 능력의 중요성을 알고 있는 전문가 그룹과 부모들이라면 조기 중재의 노력을 늦출 수 없다는 것이다.

관련 학문 분야의 동료 전문가들이 속한 전문가 단체가 추천된 실제(recommended practice)나 입장 진술(position statement)한 것을 필사하는 것도 권장된다. 개인병원 의사들에게는 의사소통 평가, 의뢰와 관련하여 동료 전문가들이 저술한 문서에서 발췌한 인용구들을 제시할 수 있다. 언어치료사가 그러한 연구 보고서에 대해 잘 아는 것도 전문적 직업의식에 대한 신뢰를 구축하고, 팀 구성원 간의 결속을 강화하는데 도움이 될 수 있다. 미국 말-언어-청각협회(ASHA) 외에도 입장 표명(position Paper)과 임상 지침(practice guideline)을 발표한 주요한 단체들로는 다음을 들 수 있다:

- 미국 소아과학회[8-14]
- 발달 및 학습장애에 관한 간학문위원회[15]
- 미국 신경학회[16(]
- 소아 신경학회[16]

▼ 현재의 마케팅 전략

마케팅은 언어치료사가 기관 협회나 병원의 임상실과 관련된 과정 전반에 관여하는 연속적인 과정이다. 서로 다른 시점에 서로 다른 마케팅 도구를 이용하여 서로 다른 목표와 목적을 홍보한다. 언어치료사가 조기에 의사소통 발달에 관심을 기울이는 것의 중요성을 동료 전문가와 부모집단에 전달할 때 이용할 수 있는 방법들은 다음과 같은 것들이 있다:

- 팀이나 직원회의, 또는 부모집단과의 회의에서 발표를 한다(목표집단에 초청해 줄 것을 요구한다).
- 동료들에게 아동 발달의 양상, 관리 비용, 사정에 관한 정보, 의뢰시 이용할 수 있

는 지역사회의 최신 자원에 관한 내용들을 배포하거나 직장에 있는 '금주(또는 '날'이나 '달')의 활동' 게시판에 게시한다.

- 동료들의 관심사와 관련된 유용한 인터넷 사이트에 고지한다.
- 팀 구성원이 편리한 시간에 볼 수 있도록 준비한 짤막한 비디오테이프를 제출한다.
- 관심이 있을 수도 있는 주제라고 생각한다는 비공식적인 메모와 함께 전문가 단체의 기관지에서 발췌한 논설의 사본이나 실례를 동료에게 배포한다.
- 기관 내 사보나 다른 간행물에 실을 수 있는 짧은 논설을 준비한다.
- 세미나, 워크숍 및 직원연수활동에 참가한다(이러한 성질을 띤 전문가모임에서 활동하는 것이 좋다).
- 메모, 편지, 전화, 또는 개인적인 방문을 통해 다른 전문가에게 의뢰한 사항을 추적한다.
- 관련 분야의 동료들을 위해 실시되는 연수프로그램에 참석 허락을 요청한 후 연수프로그램에 참석한다(지식 기반의 공유가 중요하다).
- 관련 동료들에게 특정 질환이나 문제를 치료하거나 관리할 때 적용하는 기준에 대한 정보를 요청한다. 관련 동료들의 전문지식과 경험, 그리고 그러한 것들을 알려 준 점에 대해 감사를 표한다.
- 다른 전문 분야의 의사들〔예: 의학 분야의 브레이절튼(Brazelton), 그린스팬(Greenspan), 카푸트(Capute), 아카르도(Accardo), 션코프(Shonkoff)와 동료들, 심리학 및 다른 분야의 저명한 공헌자들〕이 공헌한 바에 대한 지식을 관련 동료들에게 알려라.
- 동료 전문가와 지역사회의 눈에 띄도록 한다. 전문적인 직함을 통해 자신을 소개한다. 적절한 시간에 사람들에게 명함을 제공한다.
- 전문가의 호의에 대하여 감사한다는 짤막한 메모를 보낸다. 동료들의 원조, 격려, 관심을 잘 알고, 감사하고 있다는 사실을 동료들이 알 수 있게 한다.
- 아동 발달을 지원하는 기관과 단체가 후원하는 행사에 참가한다.

미국 말-언어-청각협회(ASHA)는 마케팅계획을 고안하고, 적절한 마케팅도구를 필요로 하는 임상가를 위하여 구체적인 자료들을 발전시켜 왔다.[17-20] 이 협회로부터 이러한 간행물을 입수하는 방법에 대해서 알려면 부록 C의 〈표 C-3〉을 참조하면 된다.

▼ 결론

생애 초기 36개월은 아동에게 가장 중요한 시기이다. 신체, 인지, 행동, 사회적 지표에 빠르고 상호적인 변화들이 전반적으로 이루어지고, 이러한 변화는 의사소통체계 발달에 통합된다. 의사소통체계는 차례로 다른 영역의 성숙과 성장을 촉진하며, 성공적으로 학교생활을 수행하는 토대가 된다. 가장 효과적인 관리를 실현하기 위해서는 비전형적으로 발달하고 있는 아동을 조기에 확인하는 것이 가장 중요하다.

전문 분야를 대표하는 많은 전문가들의 임상 경험과 연구노력이 적절한 서비스를 제공하기 위한 정보들을 발전시키고 있다. 본 장 다음에 수록된 용어집과 부록에는 발전하고 있는 정보 중에서도 필수적인 자료들이 제시되어 있다. 용어집과 부록은 실제 임상에서 참조할 수 있도록 개발되었다. 또한 그것들은 임상에서 새로이 출현하는 문헌을 임상가들이 더 탐색하게 하는 자극과 자료가 될 만하게 고안되었다. 제시된 용어집과 부록은 이 장에서 이미 설명한 마케팅 노력에 대한 정보를 제공하고 있다. 다음의 영역에 대한 자료가 수록되어 있다:

- 소아과 인구 집단에게 서비스를 제공할 때 사용하는 용어(용어집)
- 자주 사용되는 발달 규준과 기대치; 평가 자료(부록 A)
- 신생아 수유 및 구강 운동에 대한 정보; 중재 자료(부록 B)
- 50개 주의 선도기관; 엄선된 국가 단체의 주소(부록 C)
- 유용한 인터넷사이트에 대한 안내(부록 D)

▼ 참고 문헌

1. Koyanagi C, Lorber M: Can managed care meet the mental health needs of very young children? *Infant Young Child* 10:38, 1997.
2. Sparks SN, et al: Infants at risk for communication disorders: the professionals' role with

the newborn. Short course presented at American Speech-Language-Hearing Association Convention, Boston, November 1988.

3. McKenzie L: How to start a grassroots multidisciplinary neonatal intervention team. Presentation at Region IV Interagency Coordinating Council's Multidisciplinary Conference on Handicapped Infants and Toddlers, Lafayette, La, October 1990.
4. Banigan R: Letter to author, Nov 29, 1991.
5. Richardson SO: Pediatrics. In Haller RM, Sheldon N, editors: *Speech pathology and audiology in medical settings*, New York, 1976, Stratton Intercontinental Medical Books, p 37.
6. Alt E: Speech delay predictive of later problems [letter to the editor], *Exceptional Parent* 20:8, 1990.
7. Moon E: Speech delay predictive of later problems [letter to the editor], *Exceptional Parent* 20:7, 1990.
8. American Academy of Pediatrics. Policy statement: Advanced practice in neonatal nursing (RE9257), *AAP News* 9(7):17, 1992.
9. American Academy of Pediatrics: Policy statement: role of the primary care physician in the management of high-risk newborn infants, *Pediatrics* 98(4):786-788, 1996.
10. American Academy of Pediatrics: Policy statement: shaken baby syndrome: rotational cranial injuries-clinical report, *Pediatrics* 108(1):206-210, 2001.
11. American Academy of Pediatrics: Policy statement: role of the pediatrician in family-centered early intervention services, *Pediatrics* 107(5):1155-1157, 2001.
12. American Academy of Pediatrics: Policy statement: assessment of maltreatment of children with disabilities, *Pediatrics* 108(2):508-512, 2001.
13. American Academy of Pediatrics: Policy statement: noise: a hazard for the fetus and newborn, *Pediatrics* 100(4):724-727, 1997.
14. American Academy of Pediatrics: Policy statement: the physician's role in the diagnosis and management of autistic spectrum disorder in children, *Pediatrics* 107(5): 1221-1226, 2001.
15. Interdisciplinary Council on Developmental and Learning Disorders: ICDL clinical practice guidelines: redefining the standards of care for infants, children, and families with special needs, Bethesda, Md, 2000, ICDL Press. Also available for free downloading at http://www.icdl.com.
16. Quality Standards Subcommittee of the American Academy of Neurology and the American Academy of Neurology: Practice parameter: screening and diagnosis of autism, *Neurology* 55:468-479, 2000.
17. American Speech-Language Hearing Association: *Marketing manual: a resource guide*, Rockville, Md, 1996, ASHA.

18. American Speech-Language Hearing Association: *Physician education program kit*, Rockville, Md, 1991, ASHA.
19. American Speech-Language Hearing Association: *Speech-language pathology marketing kit, person to person: making a difference*, Rockville, Md, 1991, ASHA.
20. American Speech-Language Hearing Association: *Marketing to multicultural audiences kit (speech-language pathology)*, Rockville, Md, 1992, ASHA.

부록 A

정상적인 발달 및 영아 진단·평가 도구

▼ **차 례**

〈표 A-1〉 파운드 및 온스에서 그램으로의 무게환산*

	온스															
	0	1	2	3	4	5	6	7	8	9	10	11	12	13	14	15
0	0	28	57	85	113	142	170	198	227	255	283	312	340	369	397	425
1	454	482	510	539	567	595	624	652	680	709	737	765	794	822	850	879
2	907	936	964	992	1021	1049	1077	1106	1134	1162	1191	1219	1247	1276	1304	1332
3	1361	1389	1417	1446	1474	1503	1531	1559	1588	1616	1644	1673	1701	1729	1758	1786
4	1814	1843	1871	1899	1928	1956	1984	2013	2041	2070	2098	2126	2155	2183	2211	2240
5	2268	2296	2325	2353	2381	2410	2438	2466	2495	2523	2551	2580	2608	2637	2665	2693
6	2722	2750	2778	2807	2835	2863	2892	2920	2948	2977	3005	3033	3062	3090	3118	3147
7	3175	3203	3232	3260	3289	3317	3345	3374	3402	3430	3459	3487	3515	3544	3572	3600
8	3629	3657	3685	3714	3742	3770	3799	3827	3856	3884	3912	3941	3969	3997	4026	4054
9	4082	4111	4139	4167	4196	4224	4552	4281	4309	4337	4366	4394	4423	4451	4479	4508
10	4536	4564	4593	4621	4649	4678	4706	4734	4763	4791	4819	4848	4876	4904	4933	4961
11	4990	5018	5046	5075	5103	5131	5160	5188	5216	5245	5273	5301	5330	5358	5386	5415
12	5443	5471	5500	5528	5557	5585	5613	5642	5670	5698	5727	5755	5783	5812	5840	5868

*[역자 주] 야드파운드법에 의한 무게의 단위. 상용 온스는 1파운드의 16분의 1로 28.35그램에 해당하고, 금·은·약재용으로는 1파운드의 12분의 1로 약 31.1035그램에 해당한다.

〈표 A-2〉 뇌신경*

숫자	신경 이름	기능 요약
I	후각신경	냄새
II	시각신경	시각
III	동안신경	동공, 안구 및 위쪽 눈꺼풀의 움직임을 위한 근육의 신경 분포
IV	활차신경	눈의 위쪽 비스듬한 근육의 신경분포
V	삼차신경	씹기와 안면 감각
VI	외전신경	눈의 외전
VII	안면신경	얼굴근육의 운동, 미각, 타액선의 활동
VIII	(전정신경) 청각신경	평형과 청각
IX	설인신경	미각, 삼킴, 인두와 후두의 융기, 이하선, 위쪽 인두 감각
X	미주신경	미각, 삼킴, 구개의 융기, 발성, 내장기관에 부교감신경의 유출
XI	부신경	머리의 돌림과 어깨부분의 으쓱거림
XII	설하신경	혀의 운동

출처: Love R, Webb W: *Neurology for the speech-language pathologist*, ed 3, Boston, 1996, Butterworth-Heinemann, p 140.

*[역자 주] 12쌍의 뇌신경(출처: jant.tistory.com, http://cafe.daum.net/vagus)
뇌신경은 뇌에서 직접 나오는 좌우 12쌍, 총 24개의 말초신경을 말한다.
척추가 아닌 뇌에서 직접 나와서 얼굴에서 일어나는 웃고, 보고, 먹는 것 등의 기능을 수행하며 구체적인 역할은 다음과 같다.

▶1번 신경: 후각신경(嗅覺神經-olfactory nerve)
- 후각신경은 냄새를 맡는 신경이다.
- 코의 상단부 후각점막(olfactory mucosa)에 위치한다.
- 호흡을 통해 들어온 공기 중에 냄새분자는 후각수용기(olfactory receptors)를 자극하게 되고,
- 이곳에 있는 후각신경세포을 통해 전기적 신호로 바뀌어 중추신경계로 전달되어 지고 냄새를 확인하게 된다.

▶2번 신경: 시각신경(視神經-optic nerve)
- 시각신경은 보는 신경이다.
- 시각신경은 망막으로 부터 시작되게 되는데 외부로 부터 들어온 상(image)은 꺼꾸로 망막에 비쳐지게 되고 망막의 세포에서 전기적 신호로 바꾸어 시각신경을 통해 중추신경계로 보내지게 된다.
- 시각신경 경로는 매우 복잡하게 되어 있기에 경로 중간에 이상이 생길 경우(예: 종양이 자랄 경우) 시신경이 압박을 받게 되고 이로 인해 상(像) 전달이 제대로 이루어지지 않게 된다.

- 상(像)에 대한 인식은 후부두, 또는 후두엽(occipital lobe)이라 하여 뇌의 뒤쪽에 위치하고 있다.

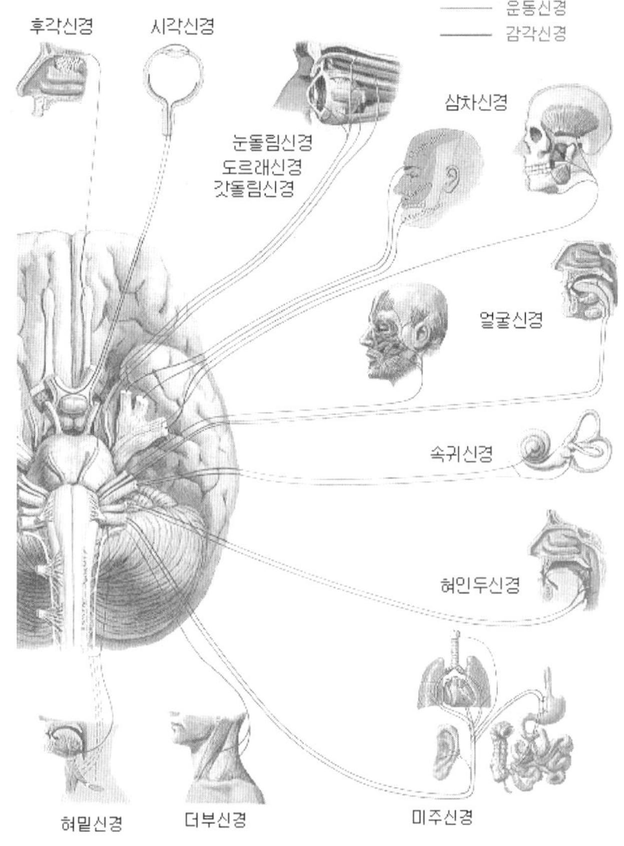

12신경 그림

▶3번 신경: 동안신경(動眼神經-oculomotor nerve)

- 동안신경은 눈을 움직이는 신경이다.
- 동안신경은 눈의 움직임에 관여하여 위나 밑을 본다든가 옆을 보는 것에 관여한다.
- 눈에 초점조절에도 관여할 뿐만 아니라, 빛에 밝기에 따라 달라지는 동공을 수축과 이완도 담당하게 된다.
- 동안신경에 마비가 올 경우 안겸하수증(眼謙下垂症-ptosis)이라 하여 위 눈꺼풀을 올리지 못하여 축 늘어지게 되며 동공의 수축과 이완도 안 되게 된다.

▶4번 신경: 활차신경(滑車神經-trochlear nerve), 또는 도르래신경

- 활차신경은 눈의 움직임을 돌리는 근육 중 위빗근을 조절하는 신경이다.
- 활차신경은 중뇌의 아래둔덕 뒤쪽에서 시작하여 중뇌의 옆쪽으로 돌아 앞쪽으로 주행하며, 소뇌천막의 앞 끝에서 해면정맥동의 옆 벽속으로 들어간다. 그 후 위안와 틈새를 지나 안와 속에 들어가서 위비스듬근에 분포하는 운동신경이다.

▶5번 신경: 삼차신경(三叉神經-trigeminal nerve)

- 삼차신경은 뇌신경 중 가장 큰 신경으로 머리와 얼굴의 감각을 담당하고 일부는 씹는 근육을 조절한다.
- 삼차신경의 감각신경은 얼굴의 피부, 안와, 비강, 구강, 혀 앞 2/3 및 치아 등에 분포하여 감각을 관장한다.
- 혀의 앞 2/3의 미감각은 삼차신경의 가지인 혀 신경과 얼굴 신경가지인 고실끈신경에 의해 지배된다.
- 운동신경은 저작근육인 측두근, 교근 내측날개근 및 외측날개근에 분포한다.
- 삼차신경은 교뇌의 외측에서 나와 측두골의 암석부분에서 삼차신경절을 형성한다. 그 후 3개의 신경가지로 갈라진 후 두개 바닥에 있는 구멍을 통하여 두개강 밖으로 빠져나가 눈주위, 상악 및 하악 부위에 분포

한다.

▶6번 신경: 외전신경(外轉神經-abducens nerve)

- 외전신경은 교뇌와 연수가 이행하는 부분에서 기시해서 위안와 틈새를 통해 안와로 들어간 후 외측곧은근에 분포한다.

▶7번 신경: 안면신경(facial nerve)

- 안면신경은 얼굴표정을 짓는데 관여하게 된다.
- 웃는 것, 눈을 감는 것, 인상을 쓰는 것 등 다양한 얼굴표정을 짓는데 관여하게 된다. 아울러 혀끝에서 느끼는 맛도 이곳에서 관여한다.
- 안면신경에 손상이 있을 경우 얼굴이 돌아간다든지, 눈을 감을 수 없다든지 하는 안면신경마비(bell's palsy)가 오게 된다.

▶8번 신경: 속귀신경, 내이신경 또는 속달팽이관신경(vestibulocochelar nerve), 또는 전정달팽이신경

- 전정달팽이신경은 평행감각과 청감각을 전하기 때문에 평형청각신경이라고도 한다.
- 전정신경은 반고리관에 있는 평형반과 평대능선에 연결되고, 달팽이신경은 나선기관에서 흥분을 각각 전한다.
- 내이도 바닥에서 양쪽이 합쳐진 전정달팽이 신경이 되어 두개강 속으로 들어가는데, 중소뇌다리 아래 모서리에서 얼굴 신경뿌리의 외측으로부터 뇌 속에 들어가는 감각신경이다.

▶9번 신경: 설인신경(舌咽神經-glossopharyngeal nerve)

- 설인신경은 혼합신경으로서 연수의 윗부분 외측에서 기시하며, 미주신경, 부신경과 함께 목정맥구멍을 통해 두개강을 빠져나와, 혀와 인두에 분포하는 신경이다.
- 목정목구멍 부분에 위, 아래 신경절이 있다. 혀 뒤 1/3의 미각과 지각, 인두벽의 운동과 점막의 감각을 관장한다.
- 부교감섬유를 귀신경절을 거쳐 귀밑샘으로 보내고 있다.

▶10번 신경: 미주신경(迷走神經-vagus nerve)

- 미주신경은 우리 몸에서 가장 큰 신경이다.
- 흉각과 복강에 있는 모든 장기를 지배하는 부교감신경섬유로 구성되어 있다.
- 인두와 후두에 감각 및 운동신경섬유를 보내고 내장의 감각을 감지한다.
- 미주신경이 주행하는 도중에 갈라지는 가지는 머리 부분의 경질막가지, 귓바퀴가지, 목 부분의 인두가지, 위후두신경, 심자가지, 되돌이후두신경의 끝가지인 아래후두신경, 가슴부분의 기관가지 및 식도가지 등이다.
- 복장에서 끝가지가 되어 위, 소장, 결장, 비장 췌장 및 신장 등의 기간에 널리 분포한다.

▶11번 신경: 부신경(副神經-accessory nerve)
- 부신경은 연수로부터의 뇌뿌리와 경수로부터의 척수뿌리가 모여 큰 후두구멍을 통해 두개강으로 들어간 후, 혀인두신경 및 미주신경과 함께 목정맥구멍을 통해 다시 두 개강 밖으로 나온다.
- 나온 신경은 미주신경과 합쳐서 인두와 후두의 근육에 분포한다.
- 나온 신경은 등세모근과 흉쇄유돌근에 분포한다.

▶12번 신경: 설하신경(舌下神經-hypoglossal nerve)
- 혀의 근육에 분포하는 운동신경으로 연수의 전방에서 나와 후두골의 설하신경관을 통과하여 두개강을 빠져나온다.
- 그 후 내경동맥과 내경정맥 사이로 빠져 나와 전하방으로 주행하여 혀의 외하방을 따라 혀끝까지 간다.

〈표 A-3〉 출생~2세까지의 언어와 두뇌 성장

나이	언어 이정표	두뇌 무게(그램)
출생	울음	335
3개월	목 울리기*와 울음	516
6개월	옹알이**	660
9개월	자곤(음성 억양을 붙여 말하는 소리)***	750
12개월	첫 단어 접근	9225
18개월	초기명명하기	1024
24개월	두 단어 조합하기	1064

출처: Love R, Webb W: *Neurology for the speech-language pathologist*, ed 3, Boston, 1996, Butterworth-Heinemann, p 257.

*[역자 주] 목 울리기(cooing): 꾸르륵하며 목 울리는 소리로 모음소리를 내다 자음 소리를 삽입한다.

**[역자 주] 옹알이(babbling): 생후 2개월경부터 성대로 공기를 내보내는 신경근육이 발달하면서 자모음으로 구성된 음절을 연속적으로 발성하는 음성적 행동을 말한다.

***[역자 주] 자곤(jargon): 어원적인 뜻은 새의 재잘거림(a chattering of birds)으로, 외국인이 말하는 것처럼 알아들을 수 없는 영문 모를 말에 적용되며 영아기의 옹알이 다음 단계에 나타나는 의미 없는 소리로 지껄이는 것을 일컫는다.

〈표 A-4〉 중추신경계 성숙에 있어 여섯 가지 주요 사건, 신경 이상 및 중추신경계가 성숙하는 동안 일어날 수 있는 신경정신학적 결과

주요 사건과 기간 (연속적인 순서 목록)	신경 이상의 병인론	신경정신학적 결과*
1. 후면 유발[†1] (임신 18~26일째)	▸ 신경관 닫힘 이상	▸ 무뇌증과 수막척수탈출증, 심한 손상
2. 복부 유발[†2] (임신 4~10주째)	a. 정상적인 틈을 만드는데 실패한 뇌. b. 포낭이 소뇌 반구를 분리함.	▸ 완전 전뇌증[†3], 발작, 심한 손상
3. 뉴런의 확산 (임신 2~4개월)	a. 중간 이하의 머리 크기 2~3 SD**, 세포 분열 억제, 염색체 이상 b. 세포 분열의 조기 중지	▸ 정신지체, 다른 뇌 이상 ▸ 소두증 증후군, 경도·중등도 정신지체, 구순파열과 구개파열 가능
4a. 뉴런의 이동 (임신 8주)	▸ 대뇌 반구의 양측 틈, 형성되지 않은 여섯 층의 모든 피질층	▸ 소두증, 태아알코올증후군, 인지손상
4b. 뉴런의 이동 (임신 11~13주)	▸ 뇌의 연화, 회 미형성, 여섯 층의 뇌피질의 미형성, 비정상적으로 위치한 뉴런	▸ 분열뇌증, 다중 인지 이상, 발작, 감각운동 결손
4c. 뉴런의 이동 (임신 2~5개월)	▸ 대뇌반구 사이 섬유조직 교차 발달의 실패.	▸ 뇌회결손, 심한 손상, 발작, 이상 소두의, 영아기의 대부분의 죽음.
4d. 뉴런의 이동 (임신 4~5개월)	▸ 대뇌 표면의 작고 얕은 다량의 주름, 비정상적으 로 위치한 뉴런.	▸ 무량형성 부전증, 발달지체, 발작 ▸ 다소뇌회증, 가능성 있는 정신지체와 발작질환

출처: Hallett T, Proctor A: Maturation of the central nervous system as related to communication and cognitive development, *Infants Young Child* 8:3, 1996 Copyright © 1996 by Aspen Publishers.
*의사소통, 말 그리고/또는 언어 장애, 인식 결핍은 신경심리학적 검사의 결과와 관련된다.
**SD: 표준편차

[†1][역자 주] 후면 유발(Dorsal induction): 정상적인 배아는 신경관 후면이 발생유도됨으로 인해 신경관이 닫히게 됨.

[†2][역자 주] 복부 유발(Ventral induction): 배아의 신경관 전면이 발생유도.

[†3][역자 주] 완전 전뇌증(完全前腦症, holoprosencephaly) 중앙선 전부의 분화 결손에 수반하는 전뇌분할의 이상.

〈표 A-5〉 생후 1년의 원시적이며 체위적인 초기영아반사

반사	반응
비대칭 긴장적 목 반사	영아가 주로 엎드려 있을 때 주로 나타나며 머리가 한쪽으로 돌아가 있을 때 얼굴 방향에 잇는 아기의 팔과 다리는 뻗어지게 되고, 반대쪽의 팔과 다리는 굽혀지게 된다.
대칭 긴장적 목 반사	영아가 앉은 자세를 취할 때 나타나며 영아의 몸이 뒤쪽으로 충분히 젖혀지면 목이 쭉 펴지게 되고, 팔다리가 이완되는 반응을 보인다. 반면에 몸이 완전히 구부려질 만큼 안쪽으로 숙여질 때에는 팔과 다리가 수축하게 된다.
양성 지지반사	영아는 발의 둥근 부분들이 자극되면 무게를 지탱한다.
긴장적 미궁 반사	영아가 목을 구부리면 어깨를 움츠리고 목과 몸통을 늘린다; 혀 내밀기 반사가 일어나기도 한다.
단편 회전 반사 (체간 구르기 반사)	영아는 머리나 다리를 돌리면 골반 부분이나 몸통을 뒤집으며 구른다.
갈란트 반사	영아의 척추 쪽 가까이에 있는 등의 피부를 자극하면 몸을 활 모양으로 휜다.
모로반사	영아가 팔을 앞으로 내어 위로 뻗었다가, 팔을 구부리거나 다리를 편다.

출처: Love R, Webb W: *Neurology for the speech-language pathologist*, ed 3, Boston, 1996, Butterworth-Heinemann, p. 278.

〈표 A-6〉 초기 영아의 구강반사

반사	자극	출연 시기	소실 시기
포유(찾기)반사	자극된 구강 주변	출생시	3~6개월
빨기반사	입 안의 젖꼭지	출생시	6~12개월
삼킴반사	인두안의 음식 덩어리	출생시	지속한다
혀반사	자극된 입술과 혀	출생시	12~18개월
씹기반사	고무질의 압력	출생시	9~12개월
구역반사	자극된 인두와 혀	출생시	지속한다

출처: Love R, Webb W: *Neurology for the speech-language pathologist*, ed 3, Boston, 1996, Butterworth-Heinemann, p. 288.

〈표 A-7〉 진단 지침: 정상적 언어발달과 비정상적 언어발달을 구별하기 위한 적용 지침*

	언어발달의 정상적인 패턴	임상집단에서 보이는 비정상적인 언어발달 패턴
비율	빠르고, 매 3주마다 패턴 변화를 보임	느리고, 패턴 변화를 보이지 않으며 일관됨
자곤	간헐적으로 사용하며, 27개월이 되면 소멸함	지배적 특성임 30개월이 지나도 지속됨
반향어	간헐적으로 사용하며, 29개월이 되면 소멸함	지배적 특성임 36개월이 지나도 지속됨
단단어	12~18개월까지 다양하게 나타남	24개월이 지나서 명사만 나타남
비언어적 단서	단어나 구문에서 기본적으로 나타남	30개월이 지나야 부정문이나 의문문에 일관되게 나타남
구어 놀이	29개월에 소멸함	36개월이 지나도 지속됨
구어 실험	주로 소절과 구문구조에서 나타남	전혀 하지 않거나 제한적임
개념		
사회적 언어	24개월까지 사용	30개월까지 전혀 사용하지 못함
신체 부위	22개월까지 사용	24개월까지 전혀 사용하지 못함
숫자	20개월까지 사용	24개월까지 전혀 사용하지 못함
색깔	35개월까지 사용	42개월까지 전혀 사용하지 못함
행동 알리기	25개월까지 사용	30개월까지 전혀 사용하지 못함
오류 자기 수정	36개월까지 사용	48개월까지 전혀 사용하지 못함
100개의 명령어 발화	23개월까지 사용	24개월에도 전혀 사용하지 못함
문장의 사용이 늘면서 단단어의 사용은 줄어듬	18개월에서 23개월까지	24개월에도 단단어의 사용이 줄어들지 않음
발달적 문장 점수(DSS)의 유용성	28개월까지 사용	30개월에도 유용하지 않음
DSS와 평균문장길이(MSL)	함께 증가하지는 않으며, 질환이 MSL에만 영향을 미침	함께 증가하며, 질환이 DSS에 영향을 미침
문장의 길이를 능가하는 복잡성의 증가	36개월까지 사용	42개월에도 전혀 사용하지 못함
문장을 스스로 50%는 교정함.	36개월까지 사용	42개월에도 전혀 사용하지 못함
사용하는 문장 유형	평서문, 명령문, 의문문을 사용함. 36개월까지 사용	36개월까지 평서문만 사용할 수 있음
단문, 중문, 복문의 사용	36개월까지 사용	36개월 이하에서 단순한 문장만 사용함 36개월이 지나야 함

(다음 쪽에 계속됨)

〈표 A-7〉 진단 지침: 정상적 언어발달과 비정상적 언어발달을 구별하기 위한 적용 지침* (계속)

	언어발달의 정상적인 패턴	임상집단에서 보이는 비정상적인 언어발달 패턴
과거형		
불규칙	29개월까지 사용	30개월까지 전혀 사용하지 못함
규칙	34개월까지 사용	36개월까지 전혀 사용하지 못함
과잉일반화	36개월까지 사용	40개월까지 전혀 사용하지 못함
미래시제	30개월까지 사용	30개월까지 전혀 사용하지 못함
부정 대명사		
그거, 이거, 저거	18개월까지 사용	24개월까지 전혀 사용하지 못함
하나, 어떤 거, 다른 거	24개월까지 사용	24개월까지 전혀 사용하지 못함
어떤 사람, 어떤 물건	36개월까지 사용	36개월까지 전혀 사용하지 못함
인칭 대명사		
너	27개월까지 사용	30개월까지 전혀 사용하지 못함
그들	34개월까지 사용	42개월까지 전혀 사용하지 못함
그, 그들의	36개월까지 사용	36개월까지 전혀 사용하지 못함
우리	36개월까지 사용	42개월까지 전혀 사용하지 못함
동사		
조동사(can)+동사	31개월까지 사용	36개월까지 전혀 사용하지 못함
are(/will/do)+동사	36개월까지 사용	48개월까지 전혀 사용하지 못함
am+동사+~ing	36개월까지 사용	48개월까지 전혀 사용하지 못함
부정문		
문장에서 can't, don't를 사용함	36개월까지 사용	36개월까지 전혀 사용하지 못함
접속사와 연결 목적어와 문장	36개월까지 사용	36개월까지 전혀 사용하지 못함
의문문		
누가, 무엇, 어디에서	27개월까지 사용	30개월까지 전혀 사용하지 못함
where+subject+~ing	36개월까지 사용	36개월까지 전혀 사용하지 못함
what+subject+~ing	36개월까지 사용	42개월까지 전혀 사용하지 못함

출처: Trantham CR, Pederson JK: *Normal language development: the key to diagnosis and therapy for language-disordered children*, Baltimore, MD, 1976, Williams & Wilkins, p. 33.

*위에 제시한 언어발달의 정상적인 패턴은 그 범위 내에서 최대치의 연령을 나타낸다: 위에 제시한 비정상적인 언어발달 패턴에서 장애가 있는 아동들은 놀랍게도 다른 패턴의 특성들을 나타낸다.

〈표 A-8〉 영아기의 화용언어 발달

0~12개월	1~2세	2~3세
1. 성인의 몸짓과 발성을 모방하는 시도. 2. 자기만족적(self-amusement) 놀이에서 발성 사용 3. 몸짓과 억양 표시에 의한 정보 전달 방법의 사용(요구, 부정, 명령, 의문의 사용을 위해 강세를 올리고 발성을 사용) 4. 의성어의 사용(의미하는 물체와 소리가 비슷한 말) 5. 의도되지 않은 청취자에게 영향을 미치게 하는 언표외적 행동-신호의 사용(예: 울음, 웃음) 6. 울음은 서로 다른 의미를 갖는다. 부모와 아동 자신을 위한 지시(울음, 배고픔, 변덕스러움) 영아가 요구를 나타내고 의사소통 행동으로 나타남 7. 언향적 행동—사회적으로 구조화된 행동들을 수행할 수 있도록 발화되는 행동—신호들 사용(예: 의도적인 의사소통) 8. 물체를 집어 들고 그것을 보임(비언어적) 9. 물건을 고르기 위해 그리고 어떤 사람의 관심을 끌기 위한 지시 사용 10. 의사소통적인 몸짓을 사용하고, 지각하는 반응을 시작한다. (대화가 진행되는 동안 경청하는지 확인하라) 11. 의사소통적인 몸짓으로 가리키기에 반응한다.(얼굴 또는 손에 초점을 맞추는 대신 성인이 가리키는 것을 잠깐 본다.)	1. 의도를 표현하기 위한 비언어적 의사소통 사용: •요구를 위함(물건을 잡으려고 손발을 펼침) •물건에 주의를 끌기 위함(지시, 보여 주기) •스스로 주의를 끌기 위함(발성) •옮겨 달라는 표현(다른 사람에게 손발을 뻗음) •싫음의 표현(하강조[억양 패턴]) •사라졌다는 것을 표현(갑자기 몸을 빠르게 움직이거나 흔듦) •거절의 표현(소극적인 머리 흔듦) • 기쁨의 표현(놀람, 인정, 미소) 2. 수행이 나타난다—아동은 소통적인 의도로 언어를 사용한다. 그 아동은 무엇을 원하는지 알 수도 있다. 그러나 의미는 청취자에게 명백하지는 않다. 3. 전제가 나타난다—발음정보에 상관없이 일반적으로 정보를 공유한다. 아동은 말하는 사람과 청취자에 따른 의미를 갖는 표현을 사용한다. 4. 무생물의 세계에 대해 이야기하기 시작한다. 5. 말하는 의도를 나타내기 위해 사용되는 초기 단어: •요구("milk") •소유("mine") •명령("up") •문제("hurt")	1. 관념성 선택—외부세상의 현상과 자기 자신이 지각하는 내부세계를 경험하면서 자기 자신만의 표현방법을 배운다. 관찰자가 되는 것을 배운다. 현실 세계에 대해 의사소통하기 위해 언어를 사용하기 시작한다. 2. 사람과 사람 사이의 의사소통. 대화 환경에 참여하게 된다. 개성이나 의견들을 표현하기 위한 역할 선택을 배운다. 대화를 시작한다. 3. 의사소통 맥락에 맞게 말한 것을 조작할 수 있다. 4. 정관사나 부정관사를 대비하여 사용할 수 있다(예: the vs a or an). 종종 부정확하게 사용한다. 상대방이 무엇에 대해 말하는지를 아는지 추측한다. 5. 상황언어의 성질을 50% 판단할 수 있다(예: 예의바름과 무례함). 일관성 있게 사용하지 않는다. 6. 좀 더 활동적인 숨바꼭질 놀이를 사용한다(예: "멍멍멍" "야옹" "칙칙폭폭"). 7. 몇 가지 역할 놀이가 가능하다. 양육자와 할 수 있다(예: 만약 엄마가 "나는 할 수 없어."라고 말했다면 아동은 "아뇨 당신은 할 수 있어요."라고 말한다). 8. 반복 사용: •질문에 대한 대답 (예: 당신은 우유를 원하십니까? "우유") •설명 (예: 우리 핫도그 먹고 있어. "핫도그")

(다음 쪽에 계속됨)

〈표 A-8〉 영아기의 화용언어 발달 (계속)

0~12개월	1~2세	2~3세
12. 아동들을 위해 사람들이 이름 붙인 물건들의 새로운 어휘를 배우기 위해 가리키기를 사용한다. 13. 어른들이 사용하는 억양과 조음의 발성이 의미가 있다는 것을 깨닫는다. 그래서 그들의 목소리를 모방("mama" "dada")하고, 또한 발성에 해당하는 의미를 스스로 형성한다. 그들은 만족과 표현언어를 가진다. 14. 비언어적 발성이 기능을 수행한다: (1) 수단이 되는 "I want"(개인의 필요를 충족시킴.) (2) 조절하는 "Do it"(다른 사람들의 행동을 통제하기 위해 시도함)—상호 작용적, 개인적, 발견적, 상상적.	•진술("shoe") •물체를 건네줌("gimme") •위치("there") •욕구("I want") 6. 한 단어 시기에는 오직 아이들에게 새로운 것만을 표현한다. •두 단어 시기에는 새로운 정보와 주어진 정보(무엇이 무엇인지를 말하기 위한 음성 강세 사용)를 표현한다. 7. 어휘—자신의 언어에서 성인의 언어로의 어휘 전환; 어떤 소리가 어떤 의미를 갖는지 배운다. 8. 대화에서 문법 구조 획득; 화자와 청자 입장에서 할 수 있음; 대화의 몇 가지 법칙을 배움("어떤 사람이 이야기 할 때, 너는 들을 수 있어야 해.") 9. 어미 변화의 패턴에서 증가하는 어조를 사용 10. 들은 것을 글자 뜻 그대로 해석한다. 단어놀이를 하지 못함. 11. 구어에서 차례 지키기 12. 기능; 수학적인; 실용적인; 정보를 제공하는	•승낙 (예: 우리는 불을 피웠다. "와, 불 피러 가자") •개인 정보(예: 우린 소시지를 요리하고 있어.) •역질문(예: 위에 올려놓아라. "위에?") •흉내(예: 안녕. "안녕." 난 가장 좋은 요리사야. "가장 좋은") •역명령(예: 너 그거 해/ "아니, 너 그거 해") •역질문(예: 숟가락 어디에 있어요? "엄마, 숟가락 어디에 있어요?") •발화의 명확성(예: Fab. "Fab, 무슨 뜻이니?") 9. 형태소의 획득—일관성 없이 과거와 현재의 개념 사용 10. 두 단어 단계: 단어의 연합은 다음의 기능들을 표현하기 위해 사용된다. •확인(예: "See doggie.") •위치(예: "Book there.") •재현(예: see above) •사라짐(예: "All gone thing.") •부정(예: "Not wolf.") •소유(예: "My candy.") •수식(예: "Big car.") •질문(예: "Where ball?") 11. 기능: 관념화, 상호적, 축어적

출처: Shulman BB: *Pragmatic development chart*, Mobile, Ala, 1991.

*[역자 주] perlocutionary: 발화(發話) 매개적인, 발화가 가져오는(말한 내용이 듣는 이에게 영향을 주는 상태)
*[역자 주] ilocutionary: 발화(發話)의, 발화 내(發話內)의 (화자(話者)가 말하는 것으로 알 수 있는 언어 행동에 대해 말함, 조언·경고·약속·질문 등)

〈표 A-9〉 신생아의 수유, 빨기 및 삼킴 장애의 참조, 진단·평가 및 관리를 위한 고위험 판단 기준*

고위험 판단 기준

- 미숙(26주 또는 그 이하)
- 정상 연령보다 작음
- 5분에서 7점 이하의 아프가 점수
- 발작
- 패혈증 또는 뇌막염
- 광선요법 또는 수혈
- 환기요법
- 근육긴장저하의 지속 또는 24시간 이상의 과다근육긴장증.
- 재발성 무호흡
- 선천적 이상
- 선천적 또는 후천적 감염
- 수유를 기다리는 인내력 부족
- 비정상적이거나 빈약한 빨기
- 까다롭고, 과다 자극적이거나 비주기성을 가진 아기
- 약 또는 알코올 남용(산모)
- 출산 후 체외의 기계적 산소공급
- 출생 시 체중에서 5~7%의 감량

진단 평가 절차

- 출생시 분만력 수집
- 신생아의 근긴장을 진단·평가
- 구강 반사를 유도
- 수유가 목적이 아닌 신생아의 빠는 능력을 평가
- 모든 영역에서 신생아가 최대한 시도를 하도록 중재 기술을 사용
- 부모로부터 정보를 수집
  - 영아가 정상적인 수유를 합니까?
  - 보통 영아의 수유는 어떻습니까?
  - 영아가 적절한 체중을 갖고 있습니까?
  - 보통 수유시간은 얼마나 걸립니까?
  - 영아가 보통 한번 수유 시 얼마만큼의 양을 섭취합니까?
  - 영아가 딱딱한 음식을 섭취합니까?
  - 영아가 잠자고 일어나는 패턴은 어떻습니까?

*수유사정은 고위험군이라고 판단되는 신생아를 대상으로 한다. 제시된 판단 기준들은 Mapleton Center in Boulder에서 사용되는 것이다. Mapleton Center in Boulder은 Beth Landry Murphy에 의해 설립되었으며, 신생아의 수유와 아기의 상태를 진단·평가하는 일을 담당한다.

〈표 A-10〉 수유 및 아기의 상태를 파악하기 위한 신생아 진단·평가

아동이름: ______________________ 부모 혹은 보호자: ______________________
생년월일: ______________________ 처음 진단·평가 날짜: ______________________
생활연령: ______________________
조정연령: ______________________
아프가: 1__________ 2__________
산소: ______________________
몸무게: ______________________
주요 의료 내역

수유코스

IV: ______________________
위관 영양법: ______________________ 수유 빈도: ______________________
모유: ______________________
분유: ______________________ 사용하는 젖꼭지: ______________________
받은 치료 처치: ______________________

구강 반사

반사	유도 방법	통과	실패
입 벌리기	입 주변을 자극한다.	입을 열거나 빨기 시작한다.	입을 열거나 빨기가 나타나지 않는다.
입 벌리고 돌리기 (3개월에 통합됨)	양 볼을 자극한다.	자극한 쪽으로 머리를 돌리고, 빨기에 상관없이 입을 벌린다.	머리를 돌리지 않고, 입을 벌리거나 빨기가 보이지 않는다.
빨기 시작	입에 손가락을 넣는다.	강하게, 즉시 빨기 시작한다.	빨기가 시작되지 않거나 약하다.
삼키기	약간의 우유를 주거나 수유하는 동안 관찰한다.	세 번 또는 네 번 빨기 후 즉시 삼킨다.	일곱 번 또는 그 이상의 빨기 후 삼키기가 나타나지 않는다.
입으로 손 가져가기	아기를 관찰한다.	손을 입으로 가져가는 행동이 도움 없이 의도적으로 행해진다.	손을 입으로 가져가는 행동이 보이지 않는다.

(다음 쪽에 계속됨)

〈표 A-10〉 수유 및 아기의 상태를 파악하기 위한 신생아 진단·평가 (계속)

반사	유도 방법	통과	실패
물기	손가락을 입 안에 넣는다.	물지 않는다.	깨문다.
구토	손가락을 입으로 가져가는 위의 행동을 하는 동안이나 수유 시 관찰한다.	구토가 관찰되지 않거나 약한 구토를 보인다.	구토가 관찰된다.

구강 운동 기능 향상을 위한 기술

구강반사를 촉진하기 위한 기술

깨물기 줄이기:

4회로 나누어 잇몸을 문지른다. 삼킬 때까지 기다린다.

구토 줄이기:

자극할 땐 큰 힘을 준다.

작은 원을 그리며 양 볼을 마사지 한다.

손가락으로 볼에 약간의 우유를 묻힌 뒤 양 볼을 마사지한다.

손가락 또는 젖병의 젖꼭지로 우유를 잇몸을 문지른다.

점차적으로, 그리고 단호하게 혀 중간의 뒤에서 앞으로 자극을 준다.

혀의 뒤쪽으로 손가락으로 걷는 것처럼 두드린다.

입을 벌리는 동작을 촉진하기

병이나, 젖꼭지, 손가락으로 입술을 만진 뒤, 입을 벌리도록 한참 기다린다.

입술에 약간의 액체를 놓고, 입을 열거나 빨 수 있도록 기다린다.

아기의 손바닥을 꼭 누른다(손바닥반사).

입으로 손을 가져가는 행동을 증가시키는 기술

아기를 포대기로 감싼다.

아기의 어깨와 팔이 앞으로 말린 상태로 둔다.

손을 입으로 가져가는 행동이 아기에게 안도감을 주도록 돕는다.

턱의 통제와 운동을 향상시키기 위한 기술

턱의 뒤에서 앞쪽으로 마사지를 해 준다.

턱 아래를 단단히 빠르고 강하게 두드린다.

움츠려진 아기의 몸의 자세를 반대쪽으로 늘려 준다.

수유 시 턱 아래 손가락을 가져가 턱을 고정시켜 준다.

정상적인 혀의 위치와 운동을 향상시키기 위한 기술

혀의 중간과 양쪽 측면을 뒤에서 앞으로 만진다.

(다음 쪽에 계속됨)

〈표 A-10〉 수유 및 아기의 상태를 파악하기 위한 신생아 진단·평가 (계속)

혀의 뒤에서 두드리듯 마사지를 한다.
아기가 영양과 관련되지 않은 빨기를 할 때 당신의 손가락을 빨도록 한다. 만약 혀가 구부러지게 될 경우 고정시켜 준다.
혀 중앙의 편평한 부분에 압력을 가한다.
혀 운동을 지속시키기 위해 턱 아래를 단단히 고정시키고, 손가락을 뒤에서 앞으로 움직인다.

입술의 운동을 향상시키기 위한 기술
양 볼과 입술을 마사지한다.
입술을 움켜잡는다.
입술을 가볍게 튕긴다.
양 볼을 잡고 젖꼭지의 앞으로 잡아당긴다.
턱을 지탱해 준다.
아기의 머리를 앞으로 구부리고 턱이 주름지게 한다.

협응 운동 향상을 위한 기술

혀, 턱, 입술을 사용한 기술들
모든 외부 자극을 줄여 준다.
만약 아기가 3~4개월 또는 그보다 많으며 특별히 시작이 어렵다면, 주의 산만한 자극을 제공한다(예: 텔레비전, 음악, 장난감).
움직임이 있는 리듬을 제공한다.
아기의 리듬을 결정하되, 아기의 수준에 맞는 리듬을 부과한다.
젖병에서 우유를 뺀 다음 잠깐 쉬고, 젖병을 제거하거나 아기가 삼킬 때까지 그것을 뒤로 기울게 한다.
아기가 헐떡거리고, 혼란해하거나 지쳤을 때 멈추도록 한다.
위와 같은 수유행동을 할 때는 휴식시간을 준다.
삼키기는 좋으나 빨기의 개시, 빨기가 어려울 때는 특수 젖병을 사용한다.
다양한 종류의 젖꼭지로 실험해 본다. 빨기가 약하고, 지친 경우 미숙아 젖꼭지를 준다.
심장병을 갖는 아기는 좀 더 몸을 편 상태에서 젖병의 젖꼭지를 사용하는 것이 더 좋을 수 있다.
45도 이하로 아기를 안는다.

출처: Landry MB: *Neonatal assessment of feeding and state organization*, Boulder, Colo, 1990, NAFSO.

〈표 A-11〉 두개 및 안면의 이상 시 구강-운동과 삼킴 진단·평가 및 중재

모든 신생아들은 생존을 위해 두 가지 기본적인 요구들을 갖는다: 호흡과 영양. 간학문적 팀은 두개 및 안면에 이상을 갖는 아기들에 의해 제시된 복잡한 이슈들을 다루키 위해 필요하다. 언어치료사(SLP)들은 언어발달이 늦어지는 원인이 되는 구강-운동 기능의 관리에 관한 결정을 하는 데서 팀에게 주요한 역할을 한다. 또한 SLP는 영아의 수유하는 동안 이루어지는 초기 의사소통 발달에 대해 정보를 제공하고 안내하는 역할을 담당한다. 다음은 두개 및 안면 이상을 갖는 영아에게 적절한 보살핌을 제공하는데 고려해야 할 중요사항들이다.

Ⅰ. 수유를 위한 간학문적 팀
- A. 신생아 교육가: 전체적 상태
- B. 이비인후과 의사: 기관
- C. 영양사: 식사 문제
- D. 언어치료사: 구강 운동 기능과 의사소통
- E. 작업치료사: 자세와 긴장성 상태
- F. 양육: 1차적 수유
- G. 턱과 얼굴의 외과: 보철 고려
- H. 사회 복지사: 가족 문제

Ⅱ. 진단·평가
- A. 긴장성(전체적인 긴장도, 구강-운동)
- B. 파열
- C. 신경학적 상태(예: 민감함, 증후군에 대한 일련의 증거, 구조적 이상)
- D. 의사소통과 유대감
- E. 구조(예: 기관과 식도의 통로, 증후군/구조적 이상)

Ⅲ. 구강-운동 진단·평가
- A. 입술, 턱, 혀, 구개의 대칭성, 힘, 근육의 협응
- B. 파열과 관련한 요소: 너비, 길이, 위치, 주변 구조, 조직들
- C. 해부와 관련된 구강 운동 기능
  1. 부적절한 구강 내 수술로 인한 발생
  2. 젖꼭지를 밀어내는 운동
  3. 수유 도구와의 부적합성

Ⅳ. 구강 수유 지침 (안정된 기관과 신경학적 정상)
- A. 곧은 자세
- B. 특수 젖병(Medela, lnc, P.O. Box 386, Crystal Lake, IL 60014; phone: [800] 435-8316)
  이것은 조절판이 있어 조절이 가능하도록 특별히 고안된 것으로 아기나 양육자가 우유의 흐름을 조절할 수 있다.

(다음 쪽에 계속됨)

〈표 A-11〉 두개 및 안면의 이상 시 구강-운동과 삼킴 진단·평가 및 중재 (계속)

C. 신중한 장소에서 X자형으로 자라진 젖꼭지
D. 빈번한 트림
E. 수유의 횟수를 적게 함(최대 30분)
F. 볼이나 턱에 외부 압력을 가함
G. 1~2주 동안 수유 양이 조금씩 늘어남: 30cc(3온스)/1b/1일

V. 파열과 모유 양육
A. 갈라진 구순파열: 간헐적 성공
B. 갈라진 구개파열: 대개 어려움
C. 전면적인 구순파열 및 구개파열: 매우 어려움

VI. 보철을 이용한 구개 수유
A. 징후
1. 부위가 큰 구개-구순 파열
2. 젖꼭지의 부적절한 밀봉
3. 2~3주 이상 수유문제를 겪음
B. 목적
1. 삼키기에 도움
2. 정확한 혀 위치에 도움
3. 빨기 패턴 강화
4. 입천장을 아치형으로 유지
5. 간호사의 부담을 덜음
C. 예방
1. 점막의 자극물
2. 점막의 부종
3. 중이염 방지에 도움이 되지는 않음
4. 성장에 필요한 대체물
5. 구강 위생

VII. 비 구강 수유자
A. 기도 위험(Robin 기형 연쇄)
1. U자 모양의 구개 파열
2. 소하악증
3. 설하수
4. 상기도폐쇄

(다음 쪽에 계속됨)

〈표 A-11〉 두개 및 안면의 이상 시 구강-운동과 삼킴 진단·평가 및 중재 (계속)

B. 미숙(신경학적 결합을 갖는 저체중 출산)
  1. 억압된 빨기 반사
  2. 약한 빨기(21번 염색체 증후군, Mobius' sequence, Arnold-Chiari의 이상, 파열)
  3. 협응이 이뤄지지 않는 빨기(중추신경계의 산소공급 정지, Arnold-Chiari의 이상)

Ⅷ. 비구강 수유의 유형
  A. 입위관 수유
  B. 비강영양〔[역자 주] 코에서 위(胃)로 수유하는 비위관영양이라고도 함〕
  C. 장루영양〔[역자 주] 위루조성술(胃瘻造成術)〕

Ⅸ. 비 구강 수유자를 위한 치료
  A. 구강-운동 자극
    1. 리듬적으로 자극한다.
    2. 놀이개 젖꼭지
  B. 관 수유기의 목적
    1. 향상된 자세 통제
    2. 향상된 인두 기도관 통제
    3. 의사소통 접근법으로 사용되는 접촉과 움직임
    4. 정상적 반응
    5. 리듬적인 빨기, 삼키기, 호흡패턴
    6. 위식도 역류의 감소
    7. 향상된 어조와 안면 운동
    8. 환경을 탐지하기 위한 입술과 혀의 사용
    9. 음악-놀이 촉진
    10. 환경을 배울 때 접근하는 전반적인 의사소통

Ⅹ. 수술 후 수유
  A. 입술 수술
    1. 파열로부터 떨어진 입의 측면으로 마심
    2. 부드러운 튜브로 주사
    3. 모유 영양
  B. 구개 수술
    1. 컵으로 먹이기(외과의사마다 수유기간이 다름)
    2. 씹을 수 있는 음식 제한
    3. 고무젖꼭지, 빨대, 숟가락, 포크, 또는 엎어지기 쉬운 컵들은 사용하지 않음

(다음 쪽에 계속됨)

〈표 A-11〉 두개 및 안면의 이상 시 구강-운동과 삼킴 진단·평가 및 중재 (계속)
C. 이유식으로 전환을 위한 순서 1. 처음 4~6개월: 영아용 유동식 2. 4~6개월 사이: 물기를 제거한 아기 음식 3. 10~11개월: 덩어리 음식(14~16개월까지 늦어지게 되면 도입하는 데 좀 더 어려움이 있다)

출처: Arvedson IC: Presentation given at the 1990 ASHA Convention, Seattle, November 1990.

A. Finger IM, Guerra LR. Provisional restoration in maxillofacial prosthetics, *Dental Clinics of North America* 1989;3:435, 1989.

B. Morris 5, Klein MD: *Prefeeding skills*, Austin, Tex, 1987, Pro-Ed.

C. Weatherly-White RCA: Surgical timing and postoperative feeding in the cleft-lip child. In Kernahan DA, Rosenstein SW, editors: *Cleft lip and palate: a system of management*, Baltimore, 1990, Williams & Wilkins.

주: Rothschile MA, editor: *Otologic Clin North Am Syndromic Congenital Anomalies Head Neck* 33(6), 2000과 Wolf LS, Glass RP: *Feeding and swallowing disorders in infancy: assessment and management*, Tucson, Ariz, 1992, Communication Skill Builders.

아동 이름: ______________________ 생년월일: ______________________

태아기 연령(출생 시까지의 재태기간): ________ 출생시 몸무게: ______g, 또는 _____lbs _____oz

출생지: ______________________ 아프가 척도: 1분 시________, 5분 시________

분만 담당자: ______________________ 가족에서 출생 순위: ______________________

분만 유형: 자연분만____ 제왕절개____ 도산 또는 역산(breech)____ 초음파변화기(fetal monitoring)____

공상(stargaze)_______ 다산________ (쌍둥이 자녀 수_______) 기타_______

합병증: ____

부모 이름: ____

친자: _________ 입양아: _________ 양육아: _________

메일 주소: ____

집 주소: ____

전화번호: ____________(집) ____________(母의 핸드폰) ____________(父의 핸드폰)

아동의 현재 주치의: ______________________ 주소: ______________________

작성자의 이름과 직위: ____

아동/가족을 의뢰한 사람: ____

요구되는 서비스: ____

모가 출생 전 정기적인 검진을 받았는지의 여부: ________예 ________아니오

잠재적 위험 요소를 체크하시오.

모든 항목들을 꼼꼼히 체크하세요. "예"라고 대답한 문항 중 비고란에 필요한 해석을 덧붙이시오. 면담, 의학적 기록으로부터 특정 사실을 얻었다면 기록하시오. 필요하다면 이 양식에 추가적인 정보를 첨부하시오.

부모 관련 요소	**예**	**아니오**	**비고**
이전의 조산 경험	______	______	____________________
반복적 유산	______	______	____________________
현재의 임신 전 가장 최근의 유산경험	______	______	____________________
사산 경험	______	______	____________________
설명할 수 없는 태아, 신생아의 사망(예: 신생아 돌연사 증후군)	______	______	____________________
자궁 기능 부전	______	______	____________________
태반 이상	______	______	____________________
유전질환이나 염색체 이상	______	______	____________________
임신 후 첫 3주 동안의 감염	______	______	____________________
혈액형 문제(즉 RH부적합)	______	______	____________________
임신기의 독소	______	______	____________________
이유 없는 출혈	______	______	____________________

[그림 A-1] 영아기의 위험이력(Billeaud)

(다음 쪽에 계속됨)

심각한 고혈압이나 저혈압	______	______	______
모의 영양상태	______	______	______
모의 간질	______	______	______
의학적 처치, 약, 알코올	______	______	구체적으로 기입: ______
다른 질환	______	______	질환명과 시기를 기입: ______

진통, 분만, 출생 전 요소	**예**	**아니오**	**비고**
비정상적인 임신기간	______	______	기간: ______
진통 시간	______	______	시간: ______
분만 시 사용된 도구	______	______	______
저체중아, 또는 극저체중아	______	______	< 2500g ______ < 1500g ______ < 1000g ______
자궁 내에서의 성장 지체	______	______	______
과잉빌리루빈(황달)	______	______	______
태변 착색이나 흡인(배변을 빨아내 제거하는 것	______	______	______
중추신경계의 장애	______	______	______
비정상적인 근육 긴장	______	______	과소긴장: ______ 과잉긴장: ______ 근이양증: ______
호흡문제	______	______	저산소증: ______ 무산소증: ______ 청색증: ______
산소 보충	______	______	얼마나 오래 받았나? ______
비정상적인 머리 크기	______	______	대두증(macrocephaly): ______ 소두증(microcephaly): ______ 비대칭(asymmetry): ______
경련	______	______	언제: ______ 유형: ______
무호흡	______	______	______
과잉 자극반응성	______	______	______
비정상적 반사패턴	______	______	______
호흡기 질환	______	______	기관지 폐 이형성증 ______ 다른 질환: ______
위장 문제	______	______	______

[그림 A-1] 영아기의 위험이력(Billeaud)

(다음 쪽에 계속됨)

삼키기와 씹기의 문제			
입위관 또는 비위관구강관 음식섭취			
빈약한 체중 증가(예: 몸무게 증가의 실패)			
신생아 질환(에이즈, 사이토메갈로스[거세포] 바이러스, 폐혈증, 톡소플라스마증, 다른 바이러스들, 풍진, 헤르페스 바이러스			질병명:
잦은 부종			
두 개(頭蓋)내 출혈			등급 III 등급 IV
유전적 이상			목록:
신생아 집중치료실(NICU)의 사용여부			치료기간:
출생 후 약물 노출			약물명:
약물치료 여부			구체적 기술:
수술여부			구체적 기술:
다른 질환 및 기록할 가치가 있는 관찰 내용			구체적 기술:

발달적 요소	**예**	**아니오**	**비고**
심각한 질병			질병명: 언제:
심각한 외상 및 상해			질병명: 언제:
소리에 듣지 못함			발생 연령:
확인된 귀의 질환			언제: 치료:
시각적 자극을 보지 못함			발생 연령:
확인된 시력 손상			진단받은 시기(연령): 유형:

특정 요소와 관련된 지체된 발달 영역	**예**	**아니오**	**비고**
운동 기술			
사회적 기술			
말과 언어 기술			
적응행동			
성장 실패			
진단되지 않은 이상에 대한 임상적 기술			
수면 장애			
섭식, 씹기, 삼킴 장애			

[그림 A-1] 영아기의 위험이력(Billeaud)

(다음 쪽에 계속됨)

그 외의 요소들	예	아니오	비고
유전적이거나 학업에 문제를 일으키는 가족력(예: 학습장애, 읽기 문제, 정신지체)	______	______	구체적으로 기술하라:
환경적 독소에 노출(예: 금속, 독가스)	______	______	______________
장애를 가진 쌍둥이 형제의 존재여부	______	______	______________
장애를 가진 친척의 존재여부	______	______	______________
확인된 알러지	______	______	______________
신체적 학대와 방치	______	______	______________

심리적 요소들	예	아니오	비고
낮은 가족 수입	______	______	
모의 교육 정도	______	______	학력수준: ______________
정서적 학대 및 방치	______	______	______________
자극에 접할 기회가 거의 없거나 전무함.	______	______	______________
낮은 지적 능력	______	______	______________
말-언어 장애	______	______	______________
시각 장애	______	______	______________
기타	______	______	______________

고려해야 할 다른 사항이나 관찰사항:

____

____

____

____

입수한 다른 적절한 보고서의 목록:

____

____

____

____

입수해야 할 다른 적절한 보고서와 출처의 목록:

____

____

____

____

[그림 A-1] 영아기의 위험이력(Billeaud)

아동 이름: ______________ 생년월일: ______________ 평가날짜: ______________

부모 이름: ______________ 출생 시 몸무게: ______________ 임신기간: ______________

주소: ______________________________ 전화: ______________

병원의 가족서비스 담당직원: ______________________________

학교의 연락처: ______________________________

1차 의료제공자(병원에서 퇴원한 후) ______________________________

______________ 는 다음과 같은 사항으로 인해 영아를 위한 Part H 법령에 의거해서비스를 받을
(아동이름) 기준에 부합합니다.

기준 A

확인된 의학적 질환을 가짐

______ 유전적 장애
구체적으로 기술하시오:
____

______ 선천적 질환이나 신생아 질환, 발달지체가 될 가능성이 높은 질환
구체적으로 기술하시오:
____

______ Sensory impairment
구체적으로 기술하시오:
____

발달문제

신생아집중치료실에서 선별됨.

선별	날짜	결과
페닐케톤뇨증	______	______
갑상선호르몬/갑상선자극호르몬 (갑상선의 특질)	______	______
헤모글로빈, 전해물	______	______
시각	______	______
두개(頭蓋)	______	______
초음파를 이용한 진단	______	______

기준 B

생리적으로 위험군에 속함

______ 1000g 이하의 출생 시 몸무게

______ Level III의 신생아집중치료실 간호가 필요한 복잡한 요소를 가지고 있는 1250g 이하의 출생 시 몸무게

______ 저산소성 허혈성 뇌수막염

______ 두개 내 출혈, 등급 III이나 IV, 실주위의 백색연화증

______ 이후에 발달지체가 되기 쉬운 공학에 대한 의존성.

______ 기형발생인자나 약물, 그밖에 효과를 미치는 것으로 발견된 요소에 노출

______ 만성적이고 퇴행적인 정형외과적 질환, 신경계 질환, 발달지체의 가능성이 높은 중복 질환
구체적으로 기술하시오:
____

[그림 A-2] 병원중심 다학문적 평가에 대한 표본양식

(다음 쪽에 계속됨)

다음의 영역에서 아동의 발달상태: 신체적 상채(즉, 운동, 시각, 청각), 인지, 언어 및 말, 자조:

____

____

____

____

가족과 아동의 강점과 요구를 확인하십시오.

아동의 발달을 촉진하기 위한 가족의 강점

____

____

____

____

아동의 발달을 촉진하기 위한 가족의 요구

____

____

____

____

아동의 요구

____

____

____

____

개별화된 가족서비스계획이 고려할 점

______ 가족 서비스 담당직원

______ 조기 중재자

______ 상담

______ 영양사

______ 진단 및 프로그램 평가

______ 아동을 누구에게 의뢰할 것인가? ______________

______ 기타: ______________

____

____

추가적 기술

____

____

____

____

[그림 A-2] 병원중심 다학문적 평가에 대한 표본양식

(다음 쪽에 계속됨)

평가 참가자

부모 ______________________ 의사 ______________________

사회복지사 ______________________ 간호사 ______________________

그 외 ______________________ 그 외 ______________________

병원에서 가정으로 이행 계획

소아과 의사: ______________________ 안과 의사: ______________________

심장 전문의: ______________________ 신경과 의사: ______________________

청각사: ______________________ 정형외과 의사: ______________________

소아과 수술: ______________________ 유전학자: ______________________

가족건강: ______________________ 추후 점검: ______________________

가족 모니터: ______________________ 호흡 지원: ______________________

아동의 교육적 요구

영양 상담: ______________________ 작업치료: ______________________

물리치료: ______________________ 언어치료: ______________________

발달 사정: ______________________ 교육 프로그램 구안자: ______________________

계획에 참여할 참여자

다음은 개별화된 가족서비스계획에 참여할 사람이다.

서명	직위	소속기관	날짜

병원에서 가정으로 계획을 이행하기: 개별화된 가족서비스계획

아동명: ______________________

가족: ______________________

가족의 요구	날짜	책임자

__________ 가족서비스의 담당직원 __________ 지역서비스에 대한 정보

__________ 부모훈련 __________ 이동

__________ 경제력 __________ 다른 요구사항

구체적 지시사항:

____

[그림 A-2] 병원중심 다학문적 평가에 대한 표본양식

출처: Louisiana Region II Interagency Coordinating Council Multidisciplinary Evaluation Project, Boston Rouge, La, 1992.

부록 B

진단·평가, 중재수단 및 절차

▼ 차 례

〈표 B-1〉 초기 의사소통 기술 진단·평가를 위한 도구의 확장된 목록

(자폐스펙트럼장애가 의심되는 아동을 위한 진단·평가 도구의 목록은 제7장을, 진단·평가도구의 기본적 목록은 제8장을 참조하라.)

도구	참고	특징	연령그룹 추천
조산아 행동을 위한 진단·평가(APIB)	Als et al, 1982[1]	• APIB 신생아 행동 진단·평가 척도는 저하하는 신장력을 위해 처음으로 고안되었음 • APIB는 관리자의 적절한 훈련이 요구됨	APIB는 병원에 있는 조산아의 행동을 진단·평가할 때 사용함
바텔발달검사(BDI)	Newborg et al, 1984[12]	• BDI는 의사소통을 포함한 많은 발달 영역에 관한 아동의 발달수준을 결정하기 위해 관찰, 구조적 상호작용, 양육자와의 면담에 사용함	출생~8세
Bayley 영아발달검사	Bayley, 1993[2]	• 이 진단·평가 도구는 정상적 발달연령 또래들로부터 표준화된 신생아의 행동과 비교함 • 이것은 알려진 이상을 가지지 않은 영아를 위해 추천됨	2~30개월
임상적 언어와 청력 지표척도(CLAMS)	Capute and Accardo, 1978[6]	• 이 형식은 의사의 표준 성장 도표와 비슷함 • CLAMS는 정보제공자로써 부모대리와 함께 아동기관을 방문하는 동안 의사가 사용하도록 고안되었음 • CLAMS는 의사소통 기술발달과정을 따라감 • 이 진단척도는 아동이 기대되는 지표에 일치하는지 혹은 아동이 지체되며 진단·평가를 위한 참조가 요구되는지를 표시함	출생~24개월
덴버 발달 선별검사(제2형)	Frankenberg and Dodds, 1990[8]	• 이 진단·평가 도구는 자격증 있는 임상가나 자격증 있는 임상가의 관리에 의한 감독이 필요함 • 규준참조평가 항목은 의사소통을 포함하여 발달에 관한 세부원칙들을 진단·평가함	2주~6세
조기 언어 지표	Coplan, 1984[7]	• 이 진단·평가 도구는 부모보고, 관찰과 의사소통 발달 수준 사정을 위한 행동의 유도에 사용함(수용언어와 표현언어)	출생~3세

(다음 쪽에 계속됨)

〈표 B-1〉 초기 의사소통 기술 진단·평가를 위한 도구의 확장된 목록 (계속)

도구	참고	특징	연령그룹 추천
하와이 조기 학습도표	Furono et al, 1987[9]	• 이 진단·평가 도구는 또래 연령에 맞게 기대되는 영아 발달기술과 비교함 • 이것은 의사소통을 포함하여 모든 발달 영역 범위를 다룸	출생~3세
신생아 행동 진단·평가척도	Brazelton, 1984[3]	• 영아행동 진단·평가 도구 관리에 훈련된 임상가가 요구됨 • NBAS는 영아의 상태를 결정하기 위해 신경학적 상태의 평가에 따라 사례력과 신체적 감각 자극에 대한 반응을 사용함	만삭아와 신생아에게만 유일하게 적절함
릴-2(유아 수용-표현 언어검사: REEL-2)	Bzoch and League, 1991[4]	• 이 선별 도구는 영아의 표현언어 기술 판단척도에 대한 부모보고에 사용함 • 이것은 사회성숙도 검사(Vineland Social Maturity Scale)의 형식을 따름	1개월~3세
Reynell 발달언어척도	Reynell and Gruber, 1969[13]	• 이 진단·평가 도구는 언어능력을 측정하기 위해 관찰, 그림과 대상 일치시키기, 대상 사물조작하기를 이용함	1~6세
의사소통 발달의 연속된 목록	Hedrick et al, 1984[10]	• 이 진단·평가 도구는 영유아의 의사소통 능력을 평가하기 위해 부모의 응답, 그림과 대상 일치시키기, 사물 조작하기를 이용한다.	4개월~4세
남부 캐롤라이나 발달척도	California State Department of Education, 1984[5]	• 각각의 척도는 영유아발달의 다양한 측면에서 진단·평가함 • 의사소통 발달 척도는 한 단위로 구성함	특별히 추천되는 연령이 없음
조기 언어발달 검사-2 (TELD-2)	Hresko et al, 1991[11]	• TELD-2는 언어의 내용과 단어의 형태를 포함하는 수용언어와 표현언어의 능력을 평가함 • 이것은 영유아가 시선공유(joint attention)에 참가하는 능력과 간단한 지시를 따르는 능력의 상황하에서 사용함	2~7세 11개월

(다음 쪽에 계속됨)

▼ 참고 문헌

1. Als H et al: Assessment of preterm infant behavior (APIB). In Fitzgerald HE, Lester BM, Yogman MW, editors: *Theory and research in behavioral pediatrics*, Vol 1, New York, 1982, Plenum, p 233.
2. Bayley N: *Bayley scales of infant development*, San Antonio, Tex, 1993, The Psychological Corporation.
3. Brazelton TB: *Neonatal behavioral assessment scale (NBAS)*, White Plains, NY. 1984, March of Dimes Materials and Supplies Division.
4. Bzoch KR, League R: *Receptive expressive emergent language test (REEL)*, ed 2, Austin, Tex, 1991, Pro-Ed.
5. Diagnostic School for Neurologically Handicapped Children and California State Department of Education: *Southern California ordinal scales of infant development*, Sacramento, Calif. 1984, Foreworks.
6. Capute A, Accardo PJ: Clinical linguistic and auditory milestone scale (CLAMS), *Clin Pediatr* 17:847, 1978.
7. Coplan J: *Early language milestone scale (ELM)*, Tulsa, Okla, 1984, Modern Education Corporation.
8. Frankenberg WK, Dodds JB: Denver developmental screening II (Denver II), Denver, 1990, Ladaca Project and Publishing Foundation.
9. Furono S, O'Rilley K, Inatsuka T: *Hawaii early learning profile (HELP)*, Palo Alto, Calif, 1987, Vort Corporation.
10. Hedrick DL, Prather EM, Tobin AR: *Sequenced inventory of communicative development (SICD)*, Los Angeles, 1984, Western Psychological Corporation.
11. Hresko WP, Reid DK, Hammill DD: *Test of early-language development (TELD-2)*, ed 2, Austin, Tex, 1991, Pro-Ed.
12. Newborg J, Stock J, Wnek L: *Battelle developmental inventory*, Allen, Tex, 1984, DLM/Teaching Resources.
13. Reynell JK, Gruber CP: *Reynell developmental language scales*, Los Angeles, 1969, Western Psychological Services.

영아의 이름: ______________________	생년월일: ______________________
작성자: ______________________	작성한 날짜: ______________________

양육자를 위한 안내: 이 체크리스트는 영아의 발달을 확인하기 위해 만들어졌습니다. 영아가 말을 하기 전에 발달하는 다양한 행동들이 영아의 말을 배우는 데 어려움을 갖게 될지, 갖지 않을지를 예측하도록 도와줍니다. 이 체크리스트는 **영아가 6~24개월 사이일 때,** 영아를 진단에 의뢰할 것인지를 결정하기 위해서 양육자가 완성하도록 되어 있습니다. 양육자는 부모님이나 영아를 매일 돌보는 사람이어야 할 것입니다. 영아의 행동을 가장 잘 기술한 항목에 체크해 주시기 바랍니다. 만약 확실하지 않다면, 당신의 경험에 비추어 가장 근사한 반응을 선택하여 주시기 바랍니다. **당신 자녀의 나이 대에 있는 영아가 아래의 행동목록을 모두 수행할 수 있다는 것은 아닙니다.**

정서와 눈 맞춤의 사용

1. 당신은 자녀가 언제 행복하고 화가 나는지 알고 있습니까? ❑전혀 그렇지 않다 ❑때때로 그렇다 ❑자주 그렇다
2. 자녀가 장난감을 가지고 놀 때, 당신이 보고 있는지 아닌지를 알기 위해 자녀가 당신을 쳐다봅니까? ❑전혀 그렇지 않다 ❑때때로 그렇다 ❑자주 그렇다
3. 당신의 자녀는 당신을 바라보는 동안 미소 짓거나 웃습니까? ❑전혀 그렇지 않다 ❑때때로 그렇다 ❑자주 그렇다
4. 당신이 바라보며 빈 건너편에 있는 장난감을 가리키면 자녀는 그것을 쳐다봅니까? ❑전혀 그렇지 않다 ❑때때로 그렇다 ❑자주 그렇다

의사소통의 사용

5. 당신의 자녀는 손에 닿지 않는 사물을 원하거나 도움이 필요할 때, 당신이 인식하도록 할 수 있습니까? ❑전혀 그렇지 않다 ❑때때로 그렇다 ❑자주 그렇다
6. 당신이 자녀에게 관심을 두지 않을 때 자녀가 당신의 주의를 끌고자 시도합니까? ❑전혀 그렇지 않다 ❑때때로 그렇다 ❑자주 그렇다
7. 당신의 자녀는 당신을 웃기기 위해서 어떤 행동을 합니까? ❑전혀 그렇지 않다 ❑때때로 그렇다 ❑자주 그렇다

[그림 B-1] 의사소통발달을 위한 영아체크리스트

(다음 쪽에 계속됨)

8. 당신의 자녀는 흥미로운 물건에 당신이 관심을 갖도록 합니까? 단지 당신이 사물을 바라보도록 합니까, 아니면 그것을 가지고 어떤 일을 하도록 합니까?	❑ 전혀 그렇지 않다 ❑ 때때로 그렇다 ❑ 자주 그렇다
제스처의 사용	
9. 당신의 자녀는 물건을 잡아서, 그것을 당신에게 줄 수 있습니까?	❑ 전혀 그렇지 않다 ❑ 때때로 그렇다 ❑ 자주 그렇다
10. 당신의 자녀는 당신에게 물건을 주지 않고, 보여 주기만 합니까?	❑ 전혀 그렇지 않다 ❑ 때때로 그렇다 ❑ 자주 그렇다
11. 당신의 자녀는 사람들에게 인사를 하기 위해 손을 흔듭니까?	❑ 전혀 그렇지 않다 ❑ 때때로 그렇다 ❑ 자주 그렇다
12. 당신의 자녀는 사물을 가리킵니까?	❑ 전혀 그렇지 않다 ❑ 때때로 그렇다 ❑ 자주 그렇다
13. 당신의 자녀는 "예"라는 뜻으로 머리를 끄덕입니까?	❑ 전혀 그렇지 않다 ❑ 때때로 그렇다 ❑ 자주 그렇다
소리의 사용	
14. 당신의 자녀는 주의를 끌거나, 도움을 요청하기 위하여 소리나 단어를 사용합니까?	❑ 전혀 그렇지 않다 ❑ 때때로 그렇다 ❑ 자주 그렇다
15. 당신의 자녀는 우우, 마마, 가가, 바이바이, 바다와 같은 소리를 함께 사용합니까?	❑ 전혀 그렇지 않다 ❑ 때때로 그렇다 ❑ 자주 그렇다
16. 다음에 오는 자음 중 당신의 자녀는 몇 개나 사용할 수 있습니까: 마, 나, 바, 다, 가, 와, 라, 야, 사, 샤?	❑ 전혀 사용하지 않는다 ❑ 1~2 ❑ 3~4 ❑ 5~8 ❑ 8개 이상
단어의 이해	
17. 당신이 자녀의 이름을 부를 때, 당신을 바라보거나, 고개를 돌림으로써 반응할 수 있습니까?	❑ 전혀 그렇지 않다 ❑ 때때로 그렇다 ❑ 자주 그렇다
18. 몸짓 없이 당신의 자녀는 얼마나 많은 단어나 구문을 이해합니까? 예를 들어, 만약, 당신이 몸짓 없이 "너의 배는 어디에 있니?", "아빠 어디 있어?", "공 좀 줄래", "이리와" 라고 말한다면, 당신의 자녀는 적절하게 대답할 수 있습니까?	❑ 전혀 사용하지 않는다 ❑ 1~3 ❑ 4~10 ❑ 11~30 ❑ 30 이상

[그림 B-1] 의사소통발달을 위한 영아체크리스트

(다음 쪽에 계속됨)

단어의 사용

19. 당신이 인식하기에 당신의 자녀가 얼마나 많이 서로 다른 단어를 의미 있게 사용하고 있습니까?(bottle를 baba로, doggie를 gaggie로)	❑ 전혀 사용하지 않는다 ❑ 1~3 ❑ 4~10 ❑ 11~30 ❑ 30 이상
20. 당신의 자녀는 두 단어 문장을 사용합니까(과자 더, 아빠 안녕)?	❑ 전혀 그렇지 않다 ❑ 때때로 그렇다 ❑ 자주 그렇다

사물의 사용

21. 당신의 자녀는 다양한 사물을 가지고 노는 것에 흥미를 보입니까?	❑ 전혀 그렇지 않다 ❑ 때때로 그렇다 ❑ 자주 그렇다
22. 다음의 사물 들 중에서 당신의 자녀가 적절하게 사용하는 것은 무엇입니까: 컵, 병, 바가지, 스푼, 빗이나 브러쉬, 칫솔, 세탁, 공, 장난감 자동차, 장난감 전화기?	❑ 전혀 사용하지 않는다 ❑ 1–2 ❑ 3–4 ❑ 5–8 ❑ 8개 이상
23. 당신의 자녀는 블록을 몇 개나 쌓을 수 있습니까?	❑ 전혀 사용하지 않는다 ❑ 2개 ❑ 3–4개 ❑ 5개나 그 이상
24. 당신의 자녀는 장난감을 가지고 놀이하는 동안 가장놀이를 합니까(솜인형에게 음식을 먹입니까, 재우기 위해 인형을 눕힙니까, 자동차에 동물인형을 태웁니까)?	❑ 전혀 그렇지 않다 ❑ 때때로 그렇다 ❑ 자주 그렇다

[그림 B-1] 의사소통발달을 위한 영아체크리스트

출처: Amy M. Wetherby and Barry M. Prizant 1998 by Applied Symbolix.

	울음	화냄	울분/자해	소극적인 응시	근접	타인의 손을 끌어당김	다른 사람을 건드리기/흔들기	얼굴	손을 움켜쥐거나 뻗기	연기	숨거나 사라지기	초점 맞추기/소리	적극적인 응시	사물 건네주기	제스처/지적하기	얼굴 안면 표정	“아니오”/고개 끄덕이기 “예”	억양	부적절한 반향어	적절한 반향어	일어문 말하기	일어문 사인하기	다단어 말하기
애정이나 상호작용을 요구: 만약에 아동이 무엇을 원한다면?																							
성인에게 가까이 앉으라고 할 때?																							
또래에게 가까이 앉으라고 할 때?																							
성인에게 아동(her/him)을 바라보라고 할 때?																							
성인에게 놀아달라고 할 때?																							
앉고 흔들거나 행동을 껴안는다면?																							
성인의 무릎에 앉힌다면?																							
상호작용을 하도록 다른 사람이 명령한다면?																							
성인의 행동을 요구: 만약에 아동이 무언가 해 줄 것을 원한다면?																							
옷 입는 것을 도와주기 원한다면?																							
책 읽기를 원한다면?																							
공놀이나 게임을 원한다면?																							
바깥에 나가기를 원한다면?																							
특별한 곳에 가기를 원한다면?																							
기타																							
사물, 음식 또는 물건에 대한 요구: 만약에 아동이 원한다면?																							
손에 닿지 않는 물체를 원한다면?																							
문이나 음식의 용기를 열어달라고 한다면?																							
좋아하는 음식을 요구할 때?																							
음악, 라디오 또는 TV를 켜 주길 원한다면?																							
열쇠, 장난감 또는 책을 원한다면?																							
기타																							
주장하다. 어떻게 할까?																							
일상적인 일과가 깨졌을 때?																							
좋아하는 음식이나 장난감을 치웠을 때?																							
아동이 원하지 않는데, 차에 태워졌을 때?																							
성인이 상호작용을 끝냈을 때?																							
아동이 원하지 않는 무언가를 하도록 강요했을 때?																							
진술 또는 언급: 만약에 어린이가 무엇을 원한다면?																							
당신에게 무언가를 보여 주길 원할 때?																							
당신에게 무언가를 이야기하기 원할 때?																							
기타																							

[그림 B-2] 의사소통 방법과 기능의 진단·평가 핵심질문

출처: Schuler S et al: Assessment of Communicative means and functions through interview: assessing the communicative abilities of individuals with limited language, *Semin Speech Lang* 10:51, 1989. 허락하에 게재함.

〈표 B-2〉 부모와 전문가를 위한 진단·평가 구조: 영아의 강점 및 약점 영역

영아 능력	부모 능력	상호작용의 구성요소
반응성	자녀의 발달에 대한 부모의 인식	우세한 정서
신호보내기	광범위한 환경 안에서 부모의 기능 수준	감정 변화
의사소통	부모 양육 기술의 수준	상호작용의 주도성
인지	부모에게 자녀의 장애가 가지는 의미와 상태를 이해하는 부모의 능력	상호작용의 유지
운동		페이스(속도)
정서적 기질		말차례 지키기
사회적 기질		의사소통 양식의 사용
기질		
외관		

출처: Hanson MJ, Krentz MS: *Supporting parent-child interactions: a guide for early intervention program personnel*, San Francisco, 1986, Department of Special Education.

〈표 B-3〉 자녀의 강점 및 약점 영역 확인과 기술을 위한 부모조력

주요 강조점: 부모와 전문가가 공동으로 부모와 영아가 함께 하는 가르치고, 먹이고, 놀이를 하는 상황에서 일어나는 상호작용을 녹화해 놓은 것을 재검토한다. 테이프를 재검토한 후 다음의 질문에 대한 대답을 부모와 함께 탐구한다.

1. 특별히 능력을 보이는 영역과 어려움이 발생하는 영역은 무엇인가?
2. 부모를 제외한 다른 파트너와는 어떤 어려움을 보이는가?
3. 말차례 지키기, 동시성([역자 주] synchrony: 어떤 일이 동시에 발생할 때 관계가 있는 것: 예를 들면 약물은 뇌파의 동시성을 증가시킨다. http://www.thefreedictionary.com/synchrony), 혹은 타이밍과 같은 상호작용들 중 특별히 언급되어야만 할 특별한 역동적 상호작용이 있는가?

다음과 같은 질문에 답한 후에 중재는 특정한 초점을 맞추어 설계되어야 한다.

1. 한 사람 또는 다른 파트너(부모 혹은 자녀)의 특정 행동과 그것을 변화시키려 노력한다.
2. 행동에 대한 부모의 반응에 초점을 맞추고 그것을 변화시키려 노력한다.
3. 변화를 위한 상호작용의 특정 양상에 초점을 맞춘다.

(다음 쪽에 계속됨)

〈표 B-3〉 자녀의 강점 및 약점 영역 확인과 기술을 위한 부모조력 (계속)

▼ 관계 속에서 적응하기 위한 전략

단계 1: 생물학적 패턴의 조절

주요 강조점: 영아가 환경에 너무 민감하거나 너무 둔감한지를 결정하고 영아가 최적의 상태가 되도록 부모를 돕는다.

주의

관찰에 대한 논평과 부모와 공유할 점: 부모와 전문가는 함께 영아가 낮은 각성에 수동적인지, 환경에 대한 요구하지 않는 경향을 갖는지, 고통이나 배고픔에 대한 신호가 약한지 주목해야 한다. 반대로, 만약 영아가 우는 행위가 과도하거나, 상태가 쉽게 변화하거나, 싫은 것을 응시하거나, 달래지 않는 것과 같이 외부 자극에 너무 민감한지 주목해야 한다. 부모가 자녀의 신호에 혼란스러워하는가? 상대방이 상호작용에서 매우 다른 페이스를 갖는지 주의해야 한다.

영아의 신호 해석자의 역할: 영아의 신호를 주의 깊게 관찰하고, 그 신호의 의미를 부모가 이해하도록 돕는다. "충분하다", 혹은 "더 필요하다"란 의미의 영아의 신호를 지켜본다.

안내

정보: 조산 혹은 장애가 상황 조절에 미치는 영향에 대해 토론한다. 부모가 서로 다른 상태들을 구분하는 것을 돕는다. 부모에게 참여 신호(상호작용을 시작하거나 유지하는 신호 ; 예: 보기, 웃기, 혹은 만지기)와 끝내기 신호(영아가 상호작용을 멈추기를 원하는 것을 가리키는 신호; 싫어하는 것을 응시, 비틀기, 외면하기, 혹은 돌아다니기)를 인지하는 것을 돕는다. 부모가 보다 적은 양식을 사용하여 신경학상으로 민감한 자녀와 의사소통 하는 것을 돕는다(예: 목소리, 시각, 동작보다 목소리만 사용한다). 수동적 자녀를 가진 부모가 과장된 언어로 표현하여 자녀가 관심을 가지고 긴장하여 듣도록 한다.

재구성: 자녀가 싫어하는 것을 응시하는 것을 경험한 부모에게 그것이 거절이 아닌 과다 환경적 자극을 통제하기 위해 시도하는 것임을 이해하도록 돕는다. 자녀가 적절한 칼로리를 섭취하도록 한다는 긍정적 동기를 각인함으로써 자녀에게 빠른 속도로 음식을 먹이려는 부모의 노력을 감소시킨다.

독특한 특성에 대한 설명: 독특한 특성 혹은 능력(적성)을 언급함으로써 사회적 불리로부터 떨어져서 자녀를 볼 수 있도록 돕는다. 부모가 환경에 민감하게 반응하는 것과 같은 영아의 특별함을 깨닫도록 하고, 부모가 자녀 고유의 특별함에 더욱 주목하고 관찰할 수 있게 돕는다. 부모가 자녀를 인식하는 것에 맞춰 자녀의 특성에 대해 언급한다.

모델링: 신경학적으로 민감한 영아에게 자극을 감소시키는 것을 모델링해 준다. 더 수동적인 영아와 함께 과장된 놀이를 하는 것을 모델해 준다. 먹고 노는 시간에 영아에게 발성하는 것을 보여 준다. 다른 수단을 이용해 영아와 의사소통하는 것을 보여 준다.

실험: 신경학적으로 민감한 영아에게 다양한 방법으로 다가가기를 시도한다.

강조: 자녀의 부모에 대한 긍정적 반응의 설명. 자녀의 신호에 대한 부모의 민감성 설명

(다음 쪽에 계속됨)

〈표 B-3〉 자녀의 강점 및 약점 영역 확인과 기술을 위한 부모조력 (계속)

단계2: 선택적 애착 행동의 발달과 관계에 초점을 맞춘다

주요 강조점: 두 파트너가 애착을 발달시키고, 관계를 형성하는 방법을 개발하는지 관찰한다.

주의

관찰에 대한 논평과 부모와 공유할 점: 영아가 충분한 애착 신호를 보낼 능력이 있는지, 어떻게 애착 신호를 보내는지 주목한다. 부모가 자녀에게 잘 반응하는지 관찰한다.

영아의 신호해석자의 역할: 영아가 필요한 특정 애착에 대한 설명

안내

정보: 부모가 전형적 애착 행동에 대해 알도록 돕는다. 부모가 자녀의 장애 때문에 특이한(다른) 애착을 보인다는 것을 인식하게 한다. 부모에게 자녀의 철회(물러나는) 신호에 대해 주의하게 한다.

재구성: 자녀의 분리에 대한 저항은 부모에 대한 애착이 자라고 있다는 신호로 해석한다. 분리에 대한 저항은 부모와의 특별한 관계의 징후로써 해석한다.

독특한 특성에 대한 설명: 자녀의 선택적 애착 행동과 좀 더 전형적이어야 했을 애착 행동 사이의 상이함을 부모가 인지하고 받아들이도록 돕는다. 만약 자녀가 장애 때문에 따르거나 발성을 사용하는 것과 같은 다양하거나 집중적인 애착 행동을 보이지 않는다면, 부모가 실망과 곤란함을 겪을 수도 있다는 것을 이해하도록 돕는다. 자녀가 보이는 미세한 애착 행동을 설명한다.

모델링: 신체적 접촉과 운동감각적 방법으로 영아와 의사소통 할 수 있는 방법을 모델링 해 준다. 영아와 함께 사회적 놀이(활동)를 하는 것을 보여 준다.

실험: 다른 자세, 시각적 범위, 채광(조도) 등 과 같은 다양한 물리적 요소를 바꾸었을 때, 영아가 좀 더 반응을 보이는 지를 관찰한다.

관찰에 대한 논평과 부모와 공유할 점: 영아가 상호의례적 행동을 하는 지 주의한다. 몸짓과 목소리에 반응하는지, 이런 행동들을 시작하고 반응하기를 바라는지를 관찰한다.

단계 3: 긍정적인 상호작용의 구축과 의사소통 맥락의 발달

주요 강조점: 자녀와 부모가 파트너로 발달되고 상호 의사소통하는지 관찰한다.

주의

관찰에 대한 논평과 부모와 공유할 점: 영아가 상호적인 행동에 참여하는지 주목하라. 영아가 몸짓과 발성에 반응하는지, 이런 행동들을 시작하고 반응하기를 바라는지를 관찰한다.

영아의 신호해석자의 역할: 영아의 상호 반응을 위한 시도를 설명한다. 자녀가 자신이 유능하다는 것을 인식하도록 자녀가 의도할 때 부모가 반응을 보일 필요가 있다는 것을 인식하도록 한다.

안내

정보: 부모에게 예측가능성이 필요하고, 의사소통 맥락을 제공하기 위한 반복성이 필요하다는 정보를 제공한다. 자녀의 운동, 말, 인지 장애가 의사소통 맥락을 개발하는 데 어떻게 난관으로 작용하는지를 부모가 이해하도록 정보를 제공한다. 자녀가 가장 쉽고, 편안한 상호작용 영역을 찾도록 도와준다.

(다음 쪽에 계속됨)

〈표 B-3〉 자녀의 강점 및 약점 영역 확인과 기술을 위한 부모조력 (계속)

재구성: 부모가 자녀의 주도성과 자아의식의 성장을 나타내는 지표로써 의도성을 보이는 지를 관찰할 수 있도록 한다.

독특한 특성에 대한 설명: 자녀가 의사소통 특성을 관찰하거나 부모에게 자녀들이 보이려 시도하는 특정 방법들을 논평한다.

모델링: 부모에게 사회적인 놀이를 모델링해 준다. 자녀의 주도성에 반응하는 방법을 모델링하고, 의사소통 순서 지키는 것과 그것의 연속을 확장하는 모델링을 해 준다.

실험: 여러 가지 정서표현을시도해 봄으로써 영아의 반응을 관찰한다. 시간이 더 주어진다면, 영아가 더 많이 반응을 보이는 지를 관찰하기 위해 영아와 상호작용하는 속도를 조절한다.

강조: 특별히 파트너와의 관계에서 의사소통 능력들이 발달하는 지 주목한다. 영아가 의사소통하는 방법 중 가장 효과적인 것이 무엇인지 주의한다(시각, 발성, 몸짓).

단계 4: 관계 안에서 파트너와의 성장 분화

주요 강조점: 자녀의 자아의식의 성장을 발견하고, 이것에 대한 부모의 격려

주의

관찰에 대한 논평과 부모와 공유할 점: 영아가 어떻게 자율성의 성장을 보여 주는지 주목한다. 그것은 발달의 전 영역에 걸쳐져 있는가(감성적, 인지적, 운동적)? 부모가 자녀의 자율성을 조장하는가? 자녀의 자율성 성장에 대해 부모는 어떻게 느끼는가?

영아의 신호해석자의 역할: 영아의 자율성에 대한 설명한다. 자아의식이 성장함에 따라 부모에게 저항하는 시도를 한다는 것을 인식하도록 돕고, 자기조절 행동을 내면화하고, 자율성을 지지하는 데 제한을 둘 필요성에 대해 주목한다.

안내

정보: 자아의식의 성장을 보이는 전형적 영아 행동을 확인하도록 돕는다. 부모가 자녀의 감정을 구분할 수 있게 돕는다. 부모가 자녀를 위한 적절한 한계를 구분할 수 있게 돕는다. 부모가 자녀의 감정에 라벨링을 붙일 수 있도록 안내한다. 부모가 자녀의 행동을 구어적 수단을 사용함으로써 통제할 수 있도록 돕는다.

재구성: 부모가 자녀의 반행행동을 영아의 자율성의 신호로써 받아들이게 한다.

독특한 특성에 대한 설명: 자녀의 자율성에 대해 부모가 어떻게 느끼는지 스스로의 감정을 인식하도록 돕는다. 부모가 자녀로부터 너무 많은 혹은 너무 적은 기대를 하는가? 자녀의 장애 때문에 부모가 자녀의 자율성에 대해 걱정하는가? 부모가 자녀를 신뢰할 수 있도록 영아의 능력이 충분함에 대해서 언급한다.

모델링: 적절한 한계 설정을 모델링한다. 영아의 감정을 라벨링하는 것을 보여 준다.

강조: 영아의 주도성과 자율적 행동에 대해서 긍정적으로 설명한다. 자녀 성장에 대해 부모가 어떻게 인식하는 지 돕는다.

(다음 쪽에 계속됨)

〈표 B-3〉 자녀의 강점 및 약점 영역 확인과 기술을 위한 부모조력 (계속)

단계 5: 분리 협상

주요 강조점: 자녀가 부모와 떨어져서 기능할 수 있는 능력을 기르고, 촉진할 수 있도록 한다.

주의

관찰에 대한 논평과 부모와 공유할 점: 부모와 자녀가 분리되는 시간과 상황들을 주목한다.

관찰: 분리의 특성과 또한 재회의 특성. 가까운 거리로부터 부모와 자녀가 의사소통 할 수 있는 능력(예,방을 가로질러)과 그들이 의사소통하는 양식(시각적, 청각적)을 관찰한다.

안내

정보: 영아에게 방 건너편에 있다는 것을 확신시키기 위해 목소리, 몸짓, 눈 응시와 같은 방법을 사용하여 영아와 먼 거리에서 의사소통하는 방법을 알려 준다. 자녀가 부모주변을 맴돌면서 탐색하는 행동을 부모가 이해하도록 돕는다. 부모가 자녀와 가까운 거리가 아닌 먼 거리에 있어도 자녀를 안심시킬 수 있도록 돕는다. 자녀가 독립적으로 잘 기능하지 못하는 영역에 대한 부모의 두려움을 인정하고 토론한다.

재구성: 부모가 자녀가 숙달과 관리능력을 발달시키기 위해 옆에 접근하는 것을 거절하는 것임을 인식하도록 돕는다.

독특한 특성에 대한 설명: 자녀가 어떤 영역에서 분리할 때 힘들어 하는지를 부모들이 인식하도록 돕는다. 예를 들어, 자녀가 부모가 있는지 보기 위하여 돌아오는데 시각적으로 볼 수 없거나, 운동능력의 한계 때문에 힘들어 하는 경우.

모델링: 부모에게 먼 거리에서도 의사를 전달할 수 있는 동작들을 모델링하여 보인다. 자녀를 안아주고, 떠나는 것을 보여 주고, 그러면 자녀는 가까운 미래에 부모와 이별하는 것을 구어적으로 표현하게 될 것이다. 자녀가 혼란스러워 하는 것을 관대하게 다룰 수 있다는 것을 모델링을 통해서 보여 준다.

실험: 만약 분리가 어렵다면, 짧은 시간의 기간 동안 부모가 자녀를 떠나면서 친숙한 성인과 함께 있어 보게 한다.

강조: 자녀를 분리시키는 행동의 중요성을 인식하게 한다. 부모가 자신만의 시간을 가지는 것의 중요성을 알게 한다.

출처: Hanson MJ, Krentz MS: *Supporting parent-child interactions: a guide for early intervention program personnel*, San Francisco, 1986, Department of Special Education.

〈표 B-4〉 전언어기 장애영아의 상호작용 유형 기술을 위한 방법

Norris와 Hoffman(1990)이 개발한 성인과 신생아의 상호작용 방법은 아직 구어를 발달시키지 못한 장애 영아의 의사소통적 상호작용을 기술하기 위해 임상적으로 적용되었다. 상호작용의 수준과 범주는 의사소통적 기능을 가진 신생아의 행동을 확인하는데 유용한 지침으로 사용된다. 영아가 자발적으로 나타내는 능력에 기초하여 효과적인 중재전략을 고안하는데 도움을 줄 수 있다. 여섯 개의 발달 연령 수준은 피아제에 의해서 확인된 감각운동기의 하위 단계에 부합되는 것이다.

▼ 비구어적 상호작용에 대한 영아 척도

상호작용 행동의 수준

- **수준 I (1~3개월 척도):** 이러한 행동은 일반적인 자극에 대한 반응으로써 일어나고, 대개는 성인의 행동과 주변의 환경에 대한 반응으로 일어난다.
- **수준 II(4~6개월 척도):** 이러한 행동은 사람과 놀이를 하는 동안 발생하며, 다른 사람들이 특별히 통제하지는 않지만 일반적으로 차례 지키기를 표현한다.
- **수준 III(7~9개월 척도):** 이러한 행동은 참여자들이 사물과 상호작용을 하는데 모방이나 반응을 함으로써 그 상호작용을 주도적으로 조절하려고 할 때 발생한다.
- **수준 IV(10~12개월 척도):** 이러한 행동은 실제의 기능적 행동을 모방하고 관습적 몸짓과 발성을 포함한다; 그러한 행동의 의미는 대개는 맥락 안에서는 분명하다.
- **수준 V(13~18개월 척도):** 이러한 행동은 성인에게 사물을 달라고 하거나, 성인과 계속 놀이를 유지하기 위해서 게임을 조정할 때 사용된다.
- **수준 VI(19~24개월 척도):** 이러한 행동들은 간단한 구문, 한 단어, 자곤을 통하여 자신의 경험들을 표현하려는 아동의 시도를 나타낸다; 아동은 종종 의사소통 상대방에게 사물을 건네줌으로써 상호작용을 시작한다.

행동의 범주

- 구어가 아닌 소리, 구어의 소리, 단어를 포함한 발성
- 동작 및 손, 팔, 다리, 발의 제스처를 포함한 팔다리 행동
- 사회적 의미를 가진 눈, 입, 몸자세의 움직임을 포함하여 얼굴과 몸의 자세

관찰된 행동의 기록

특정 유형의 행동이 다음에 같은 유형에 따라 기록되고, 발달 수준과 범주로 목록화된다.

수준 I: 1~3개월 척도

발성

특정 자극보다는 일반적인 환경에 반응으로써 사용되는 동일한 발성

기쁨이나 답답함을 표현하는 일반적인 비명지르기, 낄낄거리는 웃음소리

(다음 쪽에 계속됨)

〈표 B-4〉 전언어기 장애영아의 상호작용 유형 기술을 위한 방법 (계속)

일반적인 자극에 대해 산출하는 쿠잉과 다른 모음 발성의 사용
사물을 사용한 놀이가 아닌 놀이상황에서 발성으로 다른 사람의 발성에 반응하기

팔다리 동작

홍분을 표현하는 무작위적인 몸동작
깜짝 놀라는 반응
몸동작으로 주의를 끎
예측 가능한 행동(사물이 보였을 때의 흥분)

얼굴과 몸통 자세

상호작용하는 동안 눈 마주침을 유지
이야기를 하는 동안 미소 짓거나 눈을 크게 뜸
사물을 가지고 노는 동안 보이는 반응이 아닌, 사람을 바라봄
시각적으로 사람이나 사물을 좇음

수준 II: 4~6개월 척도

발성

영아에게 어떤 행동을 가했을 때 사용하는 발성, 말을 걸 때의 비명소리, 방해를 받을 때 울음소리, 상호작용을 하는 동안 웃음소리를 포함하는 사회적 발성
쿠잉에서 강세의 변화로 특징지어지는 발성; 양순음 자음 /P/, /b/, 그리고 /m/; 자음-모음 음절의 반복; 자음 /m/, /b/, /n/, /d/, /g/, /l/, /w/, /h/, /p/, /t/
음의 고저, 음의 셈여림의 변화를 모방
다른 사람에 대해 사용하는 직접적 발성
장난감을 가지고 노는 동안 사용하는 발성
차례 지키기를 위한 발성

팔다리 행동

멀리 밀치고, 머리를 흔드는 것을 포함한 사회적 거부
울음소리와 얼굴 찌푸림으로 사회적 거부에 반응
성인이 친숙한 제스처를 보일 때 팔다리를 흔듦
다른 사람을 향해 몸을 뻗거나 사물에 다가감

얼굴과 몸통 자세

들어올려 달라고 손을 올리는 것과 다른 사람에게 가까이 가거나 달라붙는 것을 포함하여 기대를 표현함.
다른 사람에 대해 미소짓거나 찡그리는 행동을 하나 사물을 가지고 노는 놀이기 때문은 아님.
보이는 것과 둘러보고 싶은 것을 향해 움직임.
성인에 의해 제시된 것에 초점을 맞춤

(다음 쪽에 계속됨)

〈표 B-4〉 전언어기 장애영아의 상호작용 유형 기술을 위한 방법 (계속)

수준 III: 7~9개월 척도

구어 음성을 시작하려는 시도를 보이고(동일한 소리를 사용하지는 못할 수도 있음), 자음-모음을 연속적으로 사용함.

음의 높이, 음질, 음의 셈여림, 속도 및 장단에 있어서 변화를 보이는 발성

사물이 움직일 때, 또는 성인과 활동하는 동안 사용하는 발성

사물을 보고 발성을 사용한 후에 성인을 바라보고, 잡아당기고, 움켜잡고, 그 밖의 다른 움직임을 사용해 가리킴

구어가 아닌 소리를 모방함(예: 기침소리, 쩝쩝 거리기, 동물소리, 자동차 소리)

의미가 연결되지 않은 단어를 모방하기

/t/, /d/, /n/, /w/, /f/, /v/, /l/와 같은 소리를 포함하여 4개나 그 이상의 음절을 사용하여 옹알이 구문을 사용하기

팔다리 행동

팔을 흔든다거나 쟁반에 손을 두드리는 것과 같은 움직임을 모방함

원하지 않는 음식, 사물, 사람을 밀치기

현재 일어나고 있는 일을 가리키기 위하여 팔다리를 움직임

성인의 손가락을 잡고, 손을 내밀고, 그 밖의 일어나고 있는 일을 가리키기 위한 행동

케이크 두드리기('pat-a-cake'-손바닥을 두드리는 게임)와 같이 친숙한 게임을 하기 위해 행동을 함

얼굴과 몸자세

간질이거나 즐겁게 할 때 미소 짓거나 웃기

거절의 의미로 뒤로 밀거나 치워버림

도움을 요청한다는 의미로 눈 맞춤을 사용하기

성인이나 사물의 행동을 따라하기 위해 매달리거나 그 쪽으로 움직이는 행동

수준 IV: 10~12개월 척도

발성

반응하기 위해서 반복해서 사용하는 발성

원하는 물건이 사라졌을 때 짜증내거나, 울거나, 분노발작을 보임

발성을 통해 부정적 반응을 보임

명명하기를 위해 일어문을 사용함

성인이 말하는 일련의 소리를 모방함

말하는 것처럼 장난감이나 사람에게 자곤을 사용

(다음 쪽에 계속됨)

〈표 B-4〉 전언어기 장애영아의 상호작용 유형 기술을 위한 방법 (계속)

팔다리 행동

주시하고 있던 사물을 가리킴

모방에 의해 사물의 일부를 가리킴

기능적인 행동(예: 먹기, 씻기)을 모방하거나 사건이 전개되도록 관찰했던 행동을 반복함.

새로운 몸짓을 모방함

장난감을 놓지 않고, 주기 위해서 장난감을 내밈

행동을 표현하기 위해서 제스처를 취함(예: 손을 흔들어 떠나가려 하는 것을 잡다)

바이-바이를 하기 위해 손을 흔들고, 아니라는 것을 말하기 위해 머리를 흔드는 것과 같이 사회적 제스처를 사용함.

얼굴과 몸통 자세

뛰어 오르는 것과 같이 움직임을 계속하기 위해 몸을 흔듦

행동을 표현하기 위해 몸을 움직임(예: 흔들거리는 장난감을 표현하기 위해서 몸을 흔듦)

수준 V: 13~18개월 척도

발성

다섯 개의 단어를 사용

많은 의미를 가진 한 단어를 사용

다양한 단어를 모방함

실제 단어와 섞어서 자곤을 사용

팔다리 행동

장난감을 움직이기 위해서 성인에게 가져옴

원하는 것을 가리키기 위해서 사물이나 장난감을 가리키고, 건드리고, 잡음

웃거나 주의를 끄는 행동을 반복적으로 보임.

원하는 것을 가리키기 위하여 통합적인 제스처를 사용함.

얼굴과 몸자세

얼굴의 움직임이나 표현을 모방함.

원하는 물건으로 성인의 손을 잡아 끔

수준 VI: 19~24개월 척도

발성

10~50단어의 어휘

2~3개 단어를 조합하는 모방

실제 단어와 섞어서 자곤을 사용함으로써 경험을 설명하려고 함.

다양한 품사를 사용함(예: 동사, 주어, 부사)

(다음 쪽에 계속됨)

〈표 B-4〉 전언어기 장애영아의 상호작용 유형 기술을 위한 방법 (계속)

팔다리 행동
읽거나 나누어 주기 위해서 책이나 물건을 건네 줌
일련의 관련성 있는 행동을 함
얼굴과 몸 자세
다른 사람이 반응을 보이지 않아도 자신만의 행동을 취함.

출처: Norris JA, Hoffman PR: Comparison of adult-initiated vs. child-initiated interaction styles with handicapped prelanguage children, *Lang Speech Hear Sch* 1:28, 34-36, 1990.

〈표 B-5〉 의사소통 유도

이 활동 리스트는 다른 사물의 이름을 아동에게 물어보는 형식을 피하고, 아동의 입장에서 최대한으로 의사소통이 가능하도록 고안되었다. 상황에 의거하기 위하여 아동의 양육자 혹은 임상가는 활동 수행에 대한 지시를 받아야 할 수도 있다. 임상가는 활동이 진행될 때 아동의 대화(의사소통)의 의미와 기능을 관찰해야 한다. 제3자가 반응을 기록하거나 비디오로 찍어서 이후 분석하는 데 사용할 수 있도록 하면 임상가는 자유롭게 활동에 직접 참여할 수 있다.

1. 투명한 플라스틱 샌드위치 봉지 안에 매력적인 간식을 넣어 보이게 한다. 봉지를 열고 아동에게는 조금도 주지 않은 채 먹기 시작해라. 엄마나 동행한 어른에게 다소 제공해도 된다. 아동의 반응을 기록한다.
2. 아동이 지켜볼 때 풍선에 바람을 넣는다.(풍선을 부풀리다) 풍선을 잡은 손을 놓아 방안으로 이리저리 날리도록 한다. 그것을 제자리에 가져오고, 아동이 볼 수 있도록 앞에 놓고 아동의 반응을 기다린다.
3. 아동이 지켜볼 때, 풍선에 바람을 넣고, 아동의 시야 안에서 천천히 공기를 뺀다. 아동의 반응을 관찰하고 기록한다.
4. 태엽 장난감을 작동시켜 움직이다 멈추게 한다. 아무 말 없이 아동의 반응을 기다리거나 아동에게 그 장난감을 주면서 아동이 가지고 놀 차례라고 한다.
5. 아동이 바구니나 박스에 넣을 네 가지의 비슷하거나 동일한 물건(예: 블록, 플라스틱 형태)을 건네준다. 다섯 번째로 건네주는 물건은 다른 것으로 제공한다(예: 작은 차 혹은 컵). 반응을 기록한다.
6. 아동이 싫어한다고 알려진 장난감 혹은 식품을 적극적으로 선물한다. 반응을 관찰한다.
7. '클릭커(clicker)' 장난감(예: 바닥면이 금속 지레로 되어 있는 개구리 혹은 곤충모형)이 어떻게 작동되는지 보여 주고, 아동이 그것을 작동하는 것을 허락한다. 작동이 안 되는 동일한 클릭커 장난감과 바꾸어 놓고, 아동이 그것으로 놀이를 하도록 격려한다. 아동의 반응을 관찰한다.
8. 단단하고 꼭 맞는 뚜껑이 있는 투명한 플라스틱 항아리 안에 매력적인 장난감 혹은 선호하는 식품을 넣어 둔다. 항아리를 아동 앞에 둔다. 반응을 관찰한다.

(다음 쪽에 계속됨)

〈표 B-5〉 의사소통 유도 (계속)

9. 소리를 만드는 물건을 갈색 봉지에 넣어 두고, 아동 앞에 둔다. 반응을 관찰한다.
10. 아동에게 흥미 있는 일(예: 종이와 크레용)에 참여하기 위한 자료를 제공한다. '사보타주(sabotage: [역자주] 파괴 또는 방해 행위의 뜻)' 실수로 종이를 찢거나 크래용의 끝을 부숨으로써 계획했던 활동을 망친다. 반응을 관찰한다.
11. 탁자 아래에 두 손으로 퍼펫인형을 잡고 있는다(혹은 제3자가 잡고 있어라). 테이블을 두드리고 퍼펫인형을 부른 후 짝으로 된 두 개의 퍼펫인형을 세 번 연속해서 가져온다. 네 번째에선 하나만 보여줘라. 반응을 관찰한다.
12. 아동의 나이에 적절한 책들 충분히 조사하고, 그려진 사물을 지시하고 아이의 반응을 기대하여 본다.
13. 아동에게 열쇠 한 세트, 거울, 연필 그리고 패드 또는 엄마가 형식적으로 갖고 다닐 수 있는 다른 흥미로운 물체가 포함 되어 있는 여성의 지갑이나 지퍼 달린 가방을 제공한다. 아이가 지갑을 갖고 놀도록 놔둔다. 필요 하다면 그것을 여는 것을 돕는다. 반응을 관찰한다.
14. 파라핀지 종이나 쟁반을 사용해서 아동의 손을 끈적하고 차갑고 축축한 물질(휘핑크림이나 젤라틴 디저트나 밀가루 반죽덩어리와 물 반죽 또는 하얀색 풀)에 놓는다. 반응을 관찰한다.
    주의: 끝난 후 아동의 손을 깨끗하게 할 젖은 수건과 마른 타월을 준비한다.
15. 특정한 재료(예: 종이, 크레용 가위, 면공, 풀)를 사용해야 하는 활동에 아동을 참여시킨다. 제 3자가 꼭 필요한 재료를 가지고 아동이 보이는 방 건너편에 앉는다. 반응을 관찰한다.
16. 거의 다 써가는 스태플러와 종이를 아동에게 주어 어떻게 사용하는지 가르쳐주고 아동이 쓰도록 하고 스테이플을 다 사용 한 후 어떤 반응을 보이는지 살핀다.
17. 하나는 쓸 수 있고 다른 하나는 많이 사용하여 마른 두 가지 동일한 색의 펠트마커를 준비한다. 쓸 수 있는 마커로 종이에 쓰도록 한 뒤, 쓸 수 없는 것으로 바꿔라. 아동이 눈앞에서 작동되는 마커를 가지고 있을 때 아동이 어떤 반응을 보이는지 관찰한다.
18. 한 대는 한쪽 바퀴가 빠진 두개의 장난감 자동차 또는 트럭을 아이에게 보여줘라 아동이 손상되지 않은 장난감을 가지고 노는 동안 평가자는 부서진 장난감을 가지고 논다. 게임이 진행되면서 아동과 장난감을 교환한다. 반응을 관찰한다.
19. 공기 빠진 공이 포함된 두 개의 공을 제공한다. 처음엔 완전한 공을 굴리고 놀게 하다가 공기 빠진 공과 바꾸어 놀게 한다. 반응을 관찰한다.
20. 퍼즐을 맞추는 활동에 참여시킨다. 세 번째 조각을 맞추면 아동에게 다른 퍼즐 조각을 준다. 반응을 관찰한다.

출처: Wetherby A, Prizant BM: The expression of communicative intent: assessment guidelines, *Semin Lang* 10:77-91, 1989; Wetherby A, Prutting C: Profiles of communicative and cognitive social abilities in autistic children, *J Speech Hear Res* 27:364-377, 1984; with supplemental items from Billeaud 1998.

〈표 B-6〉 모델링을 통한 의사소통 향상 전략

- 성인은 아동의 정서표현에 맞추고 행동을 흉내 내면서 아동의 주도성에 따라야 한다.
- 사회적 참조를 확대하기 위해 가까운 곳에 재료를 제시한다. 아동이 신속한 의사소통을 위해서 기회를 제공한다. 다른 사람들이 기다리고 있다는 것을 의식하게 하고, 아동을 기대에 차서 바라보도록 한다.
- 의사소통 속도가 적당한 아동들을 위해서는 반복이나 의사소통 신호를 변경함으로써 자연스런 기회를 제공한다.
- 아동이 의사소통 기능을 폭넓게 사용할 기회를 제공하기 위한 환경을 제공한다.

1) 행동 조절
   - 식사시간이나 간식시간 동안, 아동이 원하는 음식을 요구하거나, 자신의 그릇을 열어달라고 하거나, 바라지 않는 음식에 대해 항의할 기회를 제공한다.
   - 놀이 시간에 아동이 바라는 장난감을 요구하고, 장난감을 작동시킬 도움을 청하고, 바라지 않는 장난감에 대해 항의할 기회를 제공한다.
   - 옷을 입거나 목욕을 하는 동안, 아동이 선택할 기회를 제공한다.

2) 사회적 상호작용
   - 사회적 게임 중 아동이 게임을 시작 혹은 계속하는 것을 요구할 기회를 제공한다.
   - 아동이 지치거나 관심이 필요할 때, 아동이 위로를 받기를 바라고 부모를 가까이 부를 수 있는 기회를 제공한다.
   - 떠나거나 도착할 때 인사를 연습한다.
   - 순서가 돌아오는 게임 중, 아동이 자랑할 수 있도록 용기를 준다.

3) 시선공유
   - 공동주의를 이끌기 위해서 흥미를 보이는 대상을 옮기거나 사물을 주어 아동을 격려한다.
   - 주의를 공통적으로 집중시키는 활동을 하면서, 새로움과 변화를 관찰할 계획을 짠다. 기다리고 관조적으로 바라봄으로써 필요한 정보를 요구하도록 기회를 제공한다.

- 아동의 의사소통 의지를 인정하여 쉬운 상호작용 방식을 사용하고, 자녀의 의사소통 행동을 확장 시키거나, 좀 더 복잡한 의사소통 방법을 모델링한다.
- 아동의 레퍼토리 안에서 확실히 확립된 의사소통 기술을 좀 더 정교한 수단으로 표현하도록 "의견의 일치를 보는" 자연스러운 기회를 제공한다.
- 다양한 상징놀이와 구성놀이를 하는 동안 아동이 적절한 수준으로 놀도록 모델링을 보여 주고, 적절하게 사물을 사용할 수 있도록 기회를 제공한다.
- 발달상 적합한 활동을 제공하고, 상대적인 강점을 사용하여 약점의 영역을 향상시킨다.(예: 놀이 유형, 의사소통 기능): 놀이 요구가 아이들의 수준보다 더 어려울 때는 의사소통 요구들을 최소화하라. 그러나 모델링을 보여 주고, 발달적으로 적절한 행동을 자극한다.

출처: Wetherby A: Strategies for Communication Enhancement from the CSBS Model. Presented November 6, 2000 at the Louisiana Speech-Language-Hearing Association 2000 Convention, Baton Rouge, La (p. 15 of handout).

부 록 C

관리와 관련된 참조사항

자세한 정보를 위해 전문가나 가족들에게 중요한 인터넷 사이트는 부록 D를 참조하라.

▼ **차 례**

〈표 C-1〉 List 미국의 관할 구역과 다른 국가에 있어 파트 C 서비스 기관 리스트[††]

주/관할권	선도 기관
Alabama	Rehabilitation Services
Alaska	Health and Social Services
American Samoa	Health
Arizona	Economic Security
Arkansas	Human Services/Developmental Disabilities
California	Developmental Services
Colorado	Education
Commonwealth of Northern Mariana Islands	Education
Connecticut	Mental Retardation
Delaware	Health and Social Services
District of Columbia	Human Services
Florida	Health (Children's Medical Services)
Georgia	Human Resources/Division of Health
Guam	Education
Hawaii	Education
Idaho	Health and Welfare/Developmental Disabilities
Illinois	Human Services
Indiana	Family and Social Services
Iowa	Education
Kansas	Health and Environment
Kentucky	Human Resources/Mental Health-Mental Retardation
Louisiana	Health and Hospitals
Maine	Education
Maryland	Education
Massachusetts	Public Health
Michigan	Education
Minnesota	Education
Mississippi	Health
Missouri	Education
Montana	Public Health and Human Services
Nebraska	Co-lead: Education Health and Services
Nevada	Human Resources
New Hampshire	Health and Human Services
New Jersey	Health and Senior Services
New Mexico	Health/Developmental Disabilities
New York	Health
North Carolina	Health and Human Services/Division of Public Health, Women's and Children's Health Section

(다음 쪽에 계속됨)

〈표 C-1〉 List 미국의 관할 구역과 다른 국가에 있어 파트 C 서비스 기관 리스트†‡ (계속)

주/관할권	선도 기관
North Dakota	Human Services
Ohio	Health
Oklahoma	Education
Oregon	Education
Palau	Education
Pennsylvania	Public Welfare
Puerto Rico	Health
Rhode Island	Health
South Carolina	Health and Environmental Control
South Dakota	Education
Tennessee	Education
Texas	Interagency Council on Early Childhood Intervention
Utah	Health
Vermont	Co-lead:
	Education
	Human Services
Virgin Islands	Health
Virginia	Mental Health/Mental Retardation/SAS
Washington	Social and Health Services
West Virginia	Health and Human Services
Wisconsin	Health and Social Services
Wyoming	Health

† 미크로네시아와 마샬 군도 공화국은 일반적으로 이 연합 프로그램에 적격은 아니다. 2001년 현재 리스트; 업데이트를 하거나 NECTAS 웹사이트(http://www.nectas.nc.edu/partc/ptclead.asp)를 이용한다.

‡ 서비스 기관의 주소와 전화번호는 종종 예기치 않게 변한다. 그들의 웹사이트에서 서비스 기관의 전화번호부나 전화번호부 보조 서비스를 이용한다.

〈표 C-2〉 적절한 국가 기관의 이름과 주소 리스트

아래의 기관들은 특정한 질문에 대한 답을 제공해 주는 자원들이다: 서비스를 얻기 위한 안내, 특정 조건과 관련된 인쇄물, 정보, 자격 있는 전문가의 위치 제공.

Alexander Graham Bell Association for the Deaf
3417 Volta PI. NW
Washington, DC 20007
(202) 337-5520

Alliance of Genetic Support Groups
38th and R Streets NW
Washington, DC 20057
(202) 625-7853

American Academy for Cerebral Palsy and Developmental Medicine
2405 Westwoocl Ave., Suite 205
P.O. Box 11083
Richnioncl, VA 2323()
(804) 355-0147

American Academy of Pecliatrics
141 Point Blvd. NW
P.O. Box 927
Elk Grove Village, IL 60009
(312) 288-5005

American Brittle Bone Association
1256 Merrill Dr.
Marshalton
West Chester, PA 19380
(215) 692-6248

American Cleft Palate Educational Foundation
331 Salk Hall
University of Pittsburgh
Pittsburgh, PA 15261
(412) 681-9620

American Council for thc Blind
1010 Vermont Ave. NW, Suite 1000
Washington, DC 20005
(202) 393-3666
(800) 424-8666

(다음 쪽에 계속됨)

〈표 C-2〉 적절한 국가 기관의 이름과 주소 리스트 (계속)

American Foundation for Maternal and Child Health
439 E 51st St.
New York, NY 10022
(212) 759-5510

American Occupational Therapy Association
P.O. Box 1726
Rockville, MD 20850-4375
(301) 948-9626

American Physical Therapy Association
1111 North Fairfax St.
Alexandria, VA 22314
(703) 684-2782

American Society for Deaf Children
814 Thayer Ave.
Silver Spring, MD 20910
(301) 585-5400

American Speech-Language-Hearing Association
10801 Rockville Pike
Rockville, MD 20852-3279
(800) 638-8255

American Association tor the Care of Children's Health
3615 Wisconsin Ave. NW
Washington, DC 20016
(202) 244-1801

Association for Persons with Severe Handicaps
701 0 Roosevelt Way NW
Seattle, WA 98115
(206) 323-8446

Association of Birth Defect Children
3526 Emerywood Ln.
Orlando. FL 32806
(305) 859-2821

Center tor Birth Defects Information Services
Dover Medical Building
P.O. Box 1 776
Dover, MA 020 30
(508) 785-2525

(다음 쪽에 계속됨)

〈표 C-2〉 적절한 국가 기관의 이름과 주소 리스트 (계속)

Cornelia de Lange Syndrome Foundation
60 Dyer Ave.
Collingsville, CT 06022
(203) 693-0159

Epilepsy Foundation of America
4351 Garden City Dr., p406
Landover, MD 20785

International Association for Infant
Psychology Research Building
Michigan State University
East Lansing, MI 48824-1117
Mental Health

March of Dimes Birth Defects Foundation
1275 Marnoroneck Ave.
White Plains, NY 10603
(914) 428-7100

National Association for Retarded Citizens
2501 Ave. J
Arlington, TX 76006
(8 I7) 640-0204

National Association for Sickle Cell Disease, Inc.
4221 Wilshire Blvd., Suite 360
Los Angeles, CA 90010
(213) 936-7205
(800) 421-8453

National Association for the Visually Handicapped
22 West 21st St., 6th Floor
New York, NY 10010
(212) 889-3141

National Down Syndrome Society
141 Fifth Ave.
New York, NY 10010
(212) 460-9330
(800) 221-4602

(다음 쪽에 계속됨)

〈표 C-2〉 적절한 국가 기관의 이름과 주소 리스트 (계속)

National Easter Seal Society
2023 West Ogden Ave.
Chicago, IL 06612
(312) 243-8400

National Information Center for Handicapped Children and Youth
P.O. Box 1492
Washinoton, DC 20013
(703) 522-0870

National Institute of Child Health and Human
9000 Rockville Pike
Bldg. 31 Room 1A32
Bethesda, MD 20205
(301) 496-4143

National Neurofibromatosis Foundation
70 W 40th St., 4th Floor
New York, NY 10018
(212) 460-8980

National Organization for Rare Diseases
P.O. Box 8921
New Fairfield, CT 06812
(203) 746-6518

National Retinitis Pigmentosa Foundation
1401 Mount Royal Ave.
Fourth Floor
Baltimore, MD 21217
(800) 638-2300

The Autism Society of America
7910 Woodmont Avenue, Suite 300
Bethesda, MD 20814-3067
(301) 657-088l

National Tay-Sachs and Allied Diseases Association
92 Washington Ave.
Cedarhurst, NY 11516
(516) 569-4300

Osteogenesis lmperfecta Foundation, Inc.
P.O. Box 838
Manchester, NH 03105
(516) 325-8992

(다음 쪽에 계속됨)

〈표 C-2〉 적절한 국가 기관의 이름과 주소 리스트 (계속)

Parents of Premature and High Risk Infants International, Inc.
33 West 42nd St.
New York, NY 10036
(606) 277-0008

Prader-Willi Syndrome Association
5515 Malibu Dr.
Edina, MN 55436
(612) 933-0113

Sensory Aids Foundation
399 Sherman Ave., Suite 12
Palo Alto, CA 94306
(415) 329-0430

Spina Bifida Association of America
1700 Rockville Pike, Suite 540
Rockville MD 20852

United Cerebral Palsy Associations
66 E 34th St.
New York, NY 10016
(212) 481-6300

Zero to Three: National Center for Infants, Toddlers and Families
2000 M Street, NW, Suite 200
Washington, DC 20036
(202) 638-1144

〈표 C-3〉 다양한 전문적 기관 리스트

아래의 문서는 장애 영아 및 가족들을 위해 일하는 전문가들의 도서관일 것이다. 모두는 아니지만 대부분의 문서들은 출처로부터 온라인 이용이 가능하며 또한 지원기관으로부터 직접적으로 자료를 얻을 수 있다. 그 문서들은 책임에 관한 비난 정보, 윤리적 지침, 그리고 모집단과 여러 분야의 영역을 대표하는 팀원들 간의 기대되는 최상의 실제들을 임상가들에게 제공한다.

1. The Interdisciplinary Council on Developmental and Learning Disorders: *Clinical Practice Guidelines: Redefining the Standards of Care for Infants, Children, and families with Special Needs*. This document is endorsed by organizations of speech-language pathologists, developmental pediatrics, neurology, occupational therapy, physical therapy, psychology, social work, special education, and child psychiatry. Available on-line for viewing and downloading at www.icdl.com. Also available from The Interdisciplinary Council on Developmental and Learning Disorders, 4938 Hampden Lane, Suite 800, Bethesda, MD 20814 (Ph: 301-656-2667).
2. American Speech-Language-Hearing Association, National Joint Committee on Learning Disabilities: *Communication Based Services for Infants, Toddlers, and Their Families*, May 1989. Available from ASHA, 10801 Rockville Pike, Rockville, MD 20852-3279. Also available on-line at www.asha.org.
3. American Speech-Language-Hearing Association: The roles of speech-language pathologists in service delivery to infants, toddlers, and their families. *ASHA 32* (suppl 2):4, 1990. Also available from www.asha.org.
4. American Academy of Pediatrics. Policy statement: The role of the primary care pediatrician in the management of high-risk newborn infants, *Pediatrics* 98(4):786-788, 1996. Also available from www.aap.org/policy/pe000786.html.
5. American Academy of Pediatrics: Role of the pediatrician in family-centered early intervention services, *Pediatrics* 107(5):1155-1157, 2001.
6. American Academy of Neurology: Practice parameter: screening and diagnosis of autism. Report of the quality standards subcommittee of the American Academy of Neurology and the Child Neurology Society, *Neurology* 55:468-479, 2000. Also available from QSS, American Academy of Neurology, 1080 Montreal Ave., St. Paul, MN 55116 (Ph: 1-800-879-1960). NOTE: This statement has been endorsed by the American Academy of Audiology, the American Occupational Therapy Association, the American Speech-Language-Hearing Association, the Autism National Committee, Cure Autism Now, the National Alliance for Autism Research, and the Society for Developmental Pediatrics.
7. American Academy of Pediatrics, Committee on Children with Disabilities: Technical report: The pediatrician's role in the diagnosis and management of autistic spectrum disorder in children, *Pediatrics* 107(5): 1221-1226, 2001. Also available at www.pediatrics.org/policy/re060018.html.
8. American Academy of Pediatrics: Policy statement—Noise: a hazard for the fetus and newborn, *Pediatrics* 100(4):724-727, 1997. Also available at www.aap.org/pol icy/re9728.html.

부록 D

전문가와 가족을 위한 인터넷 자료

이 표는 가족과 전문가가 종종 장소 정보를 찾을 때 시간을 절약하기 위한 장치로써 제공된다. 특별한 요구를 위해 독특한 관심이 있는 사이트 부분에 저자의 주석이 도움이 될 것이다. 표에서 주어진 출처의 배열은 다음과 같다.

- 어떤 주제에 대해 연구를 운영하기 위한 검색 엔진과 사이트
- 일반적인 것과 특정한 정보 모두 제공하는 단체와 도서관
- 연방법과 법령 정보가 속해 있는 정부 사이트
- 증후군, 건강상태, 혹은 진단에 대한 알파벳순으로 정렬된 사이트
- 진단받은 상태와 관련지어 타당한 의학적 명명으로 정렬된 사이트(청구서 목적을 위해 그리고 보험실체, 의료기록, 동료들과 정보를 나누기 위하여)

독자는 때때로 웹사이트 주소가 바뀐다는 것을 알고 있어야 한다. 주 사이트는 다음과 같은 경우 새로운 주소를 제공할 수도 있고 제공하지 않을 수도 있다. "www."전 접두사가 자동적으로 프로그램 되어지지 않은 컴퓨터를 사용할 때 특정 사이트에 접속하기 위해 접두사 "http://"가 필요할 수도 있다(예: ".com, .edu, .org, .net, mcd"). 새로운 확장자가 2002년과 차후 년도 사용을 위해 인가되었다.

자료	URL
Search Engines and Metasites	
Google Speedy; searches many databases; highly recommended as a starting place	http://www.google.com
Metacrawler—Searches several databases	http://www.metacrawler.com
NCBI—Features 200+ pages of related links listed under search term "disability"; provides access to over 11 million Medline citations; full text articles	http://www.ncbi.nlm.nih.gov/PubMed/
Mamma—General website with an excellent search capability similar to google but taster to access	http://www.mamma
Meclscape—Features links to many medical sites	http://www.medscape.com
Alta Vista	http://www.altavista.com
Yahoo	http://www.yahoo.com
Look Smart	http://www.looksmart.com
Lycos	http://www.lycos.com
Hot Bot	http://www.hotbot.com
Galaxy	http://www.galaxy.com
Achoo Health Explorer	http://www.achoo.com
Health A to Z	http://www.healthatoz.com
Search COM Health and Medicine—Site features include updates of new metasearch domain names	http://www.search.com
Education Resource Information Center (ERIC)—This Council for Exceptional Children (CEC) site also has links to the National Parent Information Network and other useful sites	http://www.cec.sped.org
Medpulse	hflp://www.medpulse.com
Libraries and General Information Resources	
Medical information online	http://www.medicalonline.com
Division of Early Childhood of the CEC	http://www.dec-sped.org
National Education Resource Information Center (ERIC)—Search page for information on clinical, diagnosis, developmental disabilities, early identification, prenatal care, symptoms of individual disorders, and educational diagnosis	http://ericae.net/scripts/ewiz/amain4.asp
Disability Links—Rich resource for links to information for families and professionals	http://wa.gov/dshs/iteip/links.html#Disability
National Center on Children and Youth with Disabilities (NICCHY)—Provides information about how to obtain therapy services by state	http://www.nicchy.org
National Library of Medicine (NLM)	http://www.nlm.nih.gov
NLM list of serials indexed for online web users	http://www.nlm.nih.gov/tsd/serials/lsiou.html

(다음 쪽에 계속됨)

자료	URL
NLM list of serials recently included, changed names or discontinued from listing	http://www.nlm.nih.gov/tsd/
Neonatology—Excellent resource with links to related sites	http://www.neonatology.org
Vanderbilt Interactive Pediatric Digital Library	http://www.mc.vanderbilt.edu/peds/pidl
Web Net Lit—Journal collection similar to Medline	http://www.webmedlit.com
World Health Organization—Provides much information re: international classification of diseases and disabilities as well as I inks to related sites	http://www.who.int/icidh
Pediatric Database (PEDBASE)—Describes over 550 childhood conditions and diseases; excel lent resource for such information	http://www.icondata.com/health/pedbase pedlynx.htm
Federal Laws and Legal Information	
Individuals with Disabilities Education Act (IDEA)	http://www.ed.gov/offices/ (NOTE: use search option "IDEA" and select from options)
Americans with Disabilities Act (ADA)	http://adainfo.org
Federal Resource Center	http://www.dscc.org/frc/idea_law.htm
Special Education Laws—Excel lent resource tor text of laws md links to federal agencies, message boards; bookstore; current news site is updated frequently	http://www.specialedlaw.net/index.mv
Google—Use Google search site and enter starch terms such as "disability law" or I.D.E.A" or "special education law" md select from among site options provided	http://www.google.com
Apraxia/Dyspraxia/Developmental Apraxia of Speech (DAS)	
DAS article for parents	www.apraxia..kids.org/slps/ marquardt.html
Attention Deficit Hyperactivity Disorder	
Children and Adults With Attention-Deficit/Hyperactivity Disorder (CHADD)—Association founded by concerned parents provides extensive information re: diagnosis md treatment of attention deficit/hyperactivity disorder sometimes identified in the toddler years	http://www.chadd.org
Autistic Spectrum Disorder (PDD, Asperger Syndrome, PDD-NOS)	
First Signs—Dedicated to informing physicians and parents about early warning signs of autism mod other developmental disorders. The goal is the earliest possible identification and intervention for children at risk; good information on children ages newborn to 3 yr with disabilities	www.firsfsigns.org

(다음 쪽에 계속됨)

자료	URL
Families for Early Autism Treatment—Support and advocacy for families with autistic children; offers free daily online newspaper that focuses on autism and has arm active list serve	www.feai.org
Autism Society of America	http://www.autism-society.org
National Alliance for Autism Research (NAAR)—Dedicated to finding the causes, prevention, treatment and cure of autistic spectrum disorders; unites families and researchers to fund and accelerate autism research	www.naar.org
Autism Research Institute—Bernard Rimland's site	http://www.autism.org/
Autism Resources John Wobus' site for parents; products and publications; links to 50 key sites	http://www.autismresources.com
Bio-Medical—Information network—Links to biomedical articles and data	http://www.autism-biomed.org
Autism/PDD Resources Network—Excellent site with links to hundreds of others; good for families arid professionals	http://www.autism-pdd.net
National Institute of Neurological Diseases and Stroke	www.ninds.nih.gov/health_and_medical/disorders/autismshortdoc.htm#toc
Psychcrawler—Sponsored by the American Psychological Association; enter "autism in search area for array of information	http://www.psychcrawler.com
Autism/Asperger Syndrome Support for families; links to multiple sites; information	http://www.thelaughtongroup.com/pddsupport/index.html
The National Institute of Mental Health—Resource for a variety of publications about autism	http://www.nimh.nih.gov/publicat/autism.menu
Web of Care—Features articles for home caregivers; animated caregiving skills	www.webofcare.com/autism/html
Autism Network for Dietary Intervention	http//:www.autismNDI.com
The Feingold Dietary Program	http//:www.feingold.org
Gluten-Free Diet Information	http//:www.gfcfdiet.com
Cure Autism Now—Provides links to other autism interest groups and information on research and grants	http//:www.cureautismnow.org
Patient Centers—Links to information for families of persons with PDD	http//:www.patientcenters.com
National Center on Birth Defects and Developmental Disabilities	http//:www.cdc.gov/ncbddd/default.htm
Birth Defects	
International Clearinghouse for Birth Defects Monitoring Systems (ICBD) Multiple links re: information on birth defects; good site for both parents arid professionals	http//:www.icbd.org/link.htm

(다음 쪽에 계속됨)

자료	URL
National Center on Birth Defects and Developmental Disabilities	http//:www.cdc.gov/ncbddd/default.htm
Pediatrician's role with ASD—American Academy of Pediatrics site (policy statement)	http//:www.aap.org/policy/reo60018.html
Cerebral Palsy	
Cerebral Palsy Information Center—Information ranging from legal to resources	http://www.CerebralPalsyInfoCenter.com
National Institutes of Health—Information page and links to other sites	http://www.ninds.nih.gov/healtlu_and_medical/disorders/cerebral_palsy.htm
United Cerebral Palsy (UCP)	http://www.ucp.org#
Web of Care—For families of children with cerebral palsy	www.webofcare.com/cerebralpalsy.html
National Information Center for Children and Youth with Disabilities—Lists resources government, education, and organizations) by state with mailing addresses and phone numbers	www.nichcy.org/
National Organization for Rare Diseases—Numerous links and printable fact sheets	http://www.rarediseases.org/cgi-bin/hord
A.I. Dupont Institute—Excellent review of condition and answers to frequently asked questions	http://gait.aidi.udel.edu/res695/homepage/pdortho/clinics/c palsy/cpweb.htm
Cleft Palate and Craniofacial Disorders	
Greg and Catherine's Cleft Palate Information Page Useful links for parents	http://www.acay.com.au/.~gsm/defts.htm
Smiles—Support group for families of children with cleft palate	http://www.cleft.org
Cleft Palate Foundation—Extensive list of links to pertinent organizations	http://www.cleftline.org
Cochlear Implants	
Cochlear Implants Tutorial from the National Institutes of Health	www.nidcd.gov/healthpubshb/coch.htm
Where Do We Go from Hear? Extensive list of links to information on cochlear implants and other information re: hearing impairment; user-friendly site	http://www.gohear.org/link/link.html
Cochlear Implant Association, Inc.—Links to many pertinent sites re: resources, contacts, organizations, manufacturers	http://www.cici.org
Effects of Cochlear Implants Early in Life	http://www.aamc.org/newsroom/bulletin/umich/010102.htm

(다음 쪽에 계속됨)

자료	URL
Communication Disorders	
Communication Disorders and Sciences Home Page—Judith Kuster's home page tor audiologists and SLPs; site has numerous links for communication disorders (CODI) professionals and parents is updated frequently	**http://www.mankato.msus.edu/dept/comdis/kuster2/welcome.html**
American Speech Language—Hearing Association Information for consumers and professionals	**http://www.asha.org**
Drugs and Pharmacology (NOTE: Also search Google.com by condition/disease name for commonly prescribed drugs)	
MedScape Drug Database	**http://www.medscape.com/druginfo**
RX LIST—Extensive information on prescription drugs; search by condition or by prescription drug name	**http://www.rxlist.com**
Family and Parent Resources (Resources re: specific disabilities listed below under name of disability)	
National Parent Network on Children with Disabilities—Provides numerous links	**http://www.npnd.org/links_resources.htm**
Parents Helping Parents Provides access to information about specific conditions, programs, organizations, and ways to communicate with other families whose children have the same condition; articles of interest change frequently	**http://www.php.com**
The Unicorn Children s Foundation—information about specific conditions involving communication disorders and links to other sites; also a quick screening tool for concerned parents of children 1–3 years of age	**http://www.etinicorn.com/index**
Special Needs—An excellent source of hooks about children with special needs	**http://www.spcialneeds.com**
Association of Birth Defect Children—Fact sheets; parent matching links and more	**http://www.birthdefects.org/**
Federation for Children with Special Needs—Massachusetts organization; updates on disability issues and links	**http://www.fcsn.org/**
Med Help International—Patient medical information center	**http://www.medhelp.org/**
Zero to Three—Excellent resource for information on cognitive, physical, and social development of infants and toddlers	**http://www.zerotothree.org/parent.html**
Special Education Laws—Excellent resource for test of laws and links to federal agencies; message boards; bookstore; current news; site is updated frequently	**http://www.specialedlaw.net/index.mv**

(다음 쪽에 계속됨)

자료	URL
Genetics (See also syndromes and disorders listed by name)	
Mendelian Inheritance in Man Classic site	**http://www.ncbi.nlm.nih.gov/omim/**
Genetic Alliance International coalition of 300+ cc)nsumer and health	**http://www.geneticalliance.org**
professional organizations; links to information and support groups	
Genetic diseases links	
Association of Birth Defect Children Features a parent	**http://www.geneletter.org**
matching service; extensive links	**http://www.birthdefects.org/**
Health and Disabilities (See also syndromes and diseases listed by name)	
National Center for Birth Defects and Developmental Disabilities	**http://www.cdc.gov/ncbddd/dh**
lnterdisciplinary Council on Developmental and Learning Disorders—Links and annotated information on developmental disorders (DDs)	**http://www.icdl.com**
Waisman Center—Provides extensive list of links to sites relating to various cognitive and developmental disabilities	**http://www.waisman.wisc.edu/mrsites.html**
Kids Health—Physician-approved health and development information	**http://www.kidshealth.org**
National Health information Center—English and Spanish texts available	**http://www.healthfinder.gov/**
Bright Futures English and Spanish texts; links	**http://www.brightfutures.org**
Toll-Free Health Hotline Numbers from National Library of Medicine	**http://sis.nlm.nih.gov/hotlines**
National Library of Medicine—Public Medicine	**http://www.ncbi.nlm.nih.gov/PubMed/**
Ped Base—Links to information on disorders by name; extensive database on conditions (arranged alphabetically)	**http://www.icondata.com/health**
List of Disability organizations and Agencies—Links to government agencies; text of laws and more	**http://www.laalliance.org**
Disability-specific Websites—Indices and links (arranged alphabetically)	**http://www.disserv.stu.umn.edu/disability/**
PedINFO—Searches online journal links	**http://www.pedinfo.org**
MedScape—Current medical information and Search tools for specific conditions	**http://www.medscape.com**
Pediatrics On Line—Links to many pediatric sites through Medical College of Georgia site	**http://www.mcg.edu/PedsOnL/PedsOnL.Menu.html**

(다음 쪽에 계속됨)

자료	URL
Hearing Loss (See also "Cochlear Implants")	
Sites for parents re: hearing loss—Excellent links to many other organizations, resources, and information on Communication development and assistive devices	**http://www.gohear.org**
Free electronic newsletter from Pfizer Pharmaceuticals	**http://www.Kidsears.com/**
Marion Downs National Center for Infant Hearing—Excellent resource; numerous links	**http://www.Colorado.edu/slhs/mdnc/**
Medical Conditions and Information (See also "Health and Disabilities"; and "Libraries and General Information Resources")	
Medicine Net—Dictionary of diseases and conditions; database re: treatments, procedures, tests; search "Pediatrics" or "kids health" for detailed information	**http://www.medicinenet.com**
MT Desk Medical transcriptionists site; terminology for health professionals	**http://www.mtdesk.com**
American Academy of Pediatrics Journal—*Pediatrics*	**http://www.pediatrics.org/all.shtml**
American Medical Association—Sign on to establish a free account, which allows access to the following: search tools, a table of contents and abstracts from the Journal of the Association and other medical journals	**http://www.ama-assn .org/**
The Merck Manual of Medical Information: Home Edition—Good source of basic information for families on many conditions	**http://www.merck.com/pubs manual_home/contents/htm**
National Institutes of Health—Home page of the NIH provides access to research on specific conditions; use the keyword "childhood" in a general search at this web site	**http://www.nih.gov**
Galaxy—Links to many sites organized by category; also advanced search option	**http://galaxy.einet.net/galaxy/ Medicine.html**
Mental Health	
Academy of Child and Adolescent Psychiatry	**http://www.aacap.org**
Developmental Psychology Links	**http://www.socialpsychology.org/**
Interscience—Resource for journal articles in infant mental health	**http://www3.interscience.wiley.com**
Neonatology	
Neonatology on the Web—Links to related sites; excellent resource for parents and professionals	**http://www.neonatology.org**
American Academy of Pediatrics Reviews of Internet Resources by AAP Fellows	**http://www.aap.og/bpi**

(다음 쪽에 계속됨)

자료	URL
Cochrane Neonatal Collaborative Review Group-Technical information on many procedures/issues in neonatology and medical management	**http://www.nichd.nih.gov/Cochrane.htm**
Prematurity	**http://www.neonatology.org** **http://pages.cthome.net/cbristol/preemies.html**
Neurology (See also links through "Libraries and General Information Resources" and Birth Defects listed above)	
NeurologyLinx.com—Extensive information links	**http://www.neurologylinx.com/**
Pediatric Neurology Links—Excellent site; extensive links list	**http://www.waisman.wisc.edu/child**
Nursing	
BrownSON'S Nursing Notes—Outstanding site with many links to useful pediatric information	**http://members.tripod.com/~DianneBrownson**
Resources for Nurses and Families	**http://pegasus.cc.ucf.edu/~wink/home.html#resources**
Retardation (See also links shown under "Libraries and General Information Resources" and other organizations listed above)	
The Association for Retarded Citizens in the U.S.	**http://www.aamr.org/**
Council for Exceptional Children (CEC)—Links to many sites, including the ERIC clearinghouse	**http://www.cec.sped.org**
Speech and Language Development (see also Communication Disorders)	
American Speech-Language-Hearing Association	**http://www.asha.org**
Child Development Institute Select option "disorders"	**http://www.childdevelopmentinfo.com/**
Syndromes and Congenital Conditions (Author suggests doing a Google search by name for specific syndromes and conditions not listed below)	
Congenital Conditions	**http://www.pedinfo.org**
The National Fragile X Foundation—Home page provides information and links about fragile x for parents and educators	**http://www.fragilex.org/**
National Institute on Child Health and Development—Information/facts about fragile x	**www.nichd.nin/gov/publications/pubs/fragilextoc.htm**
Apert Syndrome—Teeter's Page; information provided in many languages	**http://www.aperf.org**
Fetal Alcohol Syndrome Resources arid Materials Guide	**http://IheArc.org/misc/faslist.html**

(다음 쪽에 계속됨)

자료	URL
Prader-Willi Syndrome Association—Home page provides information and numerous links re: PWS	**http://www.pwsausa.org**
Rett Syndrome International Rett Syndrome Association	**http://www.rettsyndrome.org**
National Institutes for Neurological Diseases and Strokes (NINDS) Information Page—Includes fact sheet and links to organizations and web sites	**www.ninds.nih.gov/health_and_medical/disorders/rett_.doc.htm**
Shprintzen Syndrome (Velocardinalfacial Syndrome)—Fact sheet for professionals; information re: support groups; e-mail link to Dr. Robert Shprintzen	**http://www.vcfsef.org**
Turner Syndrome—Lists clinical and genetic features links	**http://turners.nichd.nih.gov/**
Usher Syndrome Links—Information sheets links to useful resources, organizations	**http://www.nidcd.nih.gov/fextonly/health/pubshb/usher.htm**
Williams Syndrome—Information and extensive list of links to other sites and organizations	**http://www.williams-syndrome.org**
Coding Information on Diagnoses and Conditions for Billing and Data Sharing Purposes	
World Health Organization's 2001 International Classification of Functioning, Disability, and Health (ICF)—Classification system adopted by ASHA as the framework for assessment and intervention	**http://www.who.int/whosis/icd10/index.html** **http://www.who/**
World Health Organization's International Classification of Disease (ICD)—System to be used in conjunction with the CF see previous entry) iii coding individual diagnoses	

용어해설

유산(abortion) 자연적 또는 다른 원인에 의한 임신상태의 종료. Spontaneous abortion은 임신 12~28주 내에 이루어지는 자연유산을 말한다. 이전에 많은 자연유산을 경험한 산모에게서 태어난 영아, 특히 인덱스 영아(index infant)의 출생에 가깝다면 발달지체에 대한 위험이 있을 수 있다.

급성(acute) 진행 중이거나 만성 질환과는 반대로, 갑자기 혹은 예상치 못하게 발생하는 것을 말한다.

추가적 위험 요인(additive risk factors) 다른 인지 가능한 위험 요소에 추가되었을 때 중요한 발달 문제가 일어날 가능성이 높아진다. 누적된 효과는 개별적인 잠재적 위험 요소가 발달문제를 일으킬 가능성을 합한 것보다 개인의 발달문제일 가능성이 높다.

조정역 연령(adjusted chronological age; ACA) 조산아의 연령을 출생시 시간을 계산하여 조정한 연령. ACA는 특정한 기술이나 그 시기에 보이는 발달의 이정표가 발달적으로 적합한가를 평가하는 데 사용한다. 조정역 연령은 조산아가 12개월이 될 때까지 승인되어 사용되고 있다. 그러나 많은 이들은 조산아에 대한 조정역 연령은 아이의 발달을 올바르게 평가하기 위해 24개월 이상 연장해야 한다고 주장한다. ACA를 계산하는 방법은 실제 출산일에서 조산한 주 수(preterm week)만큼 아기의 연령을 뺀다. 그 결과가 ACA이다.

대체 의사소통(alternative communication) 말을 하기 위해 시도된 의사소통의 모든 방법(예를 들어, 노래, 리버스 상징(Rebus symbols), 지화(fingerspelling), 전기장치(electronic device).

1990년 미국의 장애인법(americans with disabilities act of 1990) 특정 장애가 있는 개인을 포함하는 포괄적인 법령. 이것은 연방법 하에서 광범위한 서비스와 보호를 제공하기 위한 것이다.

양수검사(amniocentesis) 양수를 태아 주변에 있는 작은 낭에서 채취하여 이상을 유발하는 유전 물질의 존재 여부를 검사하는 출생 전 진단 기술. 검사절차는 일반적으로 15~20주 임신기간에 이루어진다.

무뇌증(anencephaly) 문자 그대로 '뇌가 없음', 그러나 더욱 정확하게는 심한 기형, 불완전하게 발달된 뇌를 가진 아동을 말한다. 최중도의 지체와 관련되어 있다.

이상(anomaly) 신체적 구조의 어떤 이상. 일반적으로 부정적이거나 적합하지 않은 비정상성을 의미하는 데 사용된다.

무산소증(anoxia) 문자 그대로 '산소가 없음'. 이 용어는 종종 뇌에 공급하는 산소가 감소하는 질환을 설명하기 위해 달리 사용한다(예: 저산소증). 산소공급의 지속된 감소, 또는 뇌에 실질적 산소의 결핍은 뇌손상이나 사망의 원인이 될 수 있다.

무호흡(apnea) 15초 이상의 호흡정지. 이 상태는 미숙아에게서 흔히 일어나며, 저산소증, 무산소증, 또는 사망에 이를 수 있다. 일부 미숙아들에게는 영아 사망률을 줄이기 위해 병원에서 퇴원할 때 무호흡 모니터가 지급된다.

응용 행동 분석(applied behavioral analysis; ABA) 스키너 이론(Skinnerian)을 기초로 한 고도로 조직화된 언어 및 행동 치료 중재 접근이며, 고전적인 자극-반응-강화 원리를 엄격하게 준수하기 위하여 확장된 치료 회기(하루에 여러 시간까지)를 사용하였다. Ivar Lovaas가 고안한 중재 접근법을 말할 때 ABA라는 용어를 사용한다.

흡인(aspiration) 구강 또는 비강에서 호흡계 안으로 고체 또는 액체의 유입. 이 상태는 감염, 저산소증, 무산소증, 또는 사망에 이르게 한다. 태변 흡인은 신생아와 연관되어 있다. 병력의 사례력에서 어떤 종류의 흡인이 보고되었다면 그 증상에 대한 추후 조사를 통해 정보를 수집할 필요성이 있다.

사정(査定, assessment) 전문가의 견해와 입법상에서 서로 다른 방식으로 사용되는 용어. 장애인 교육법에서 사정은 현재 문제에 대한 완전한 평가가 이루어졌다는 것이 결정된 과정을 의미한다. Part C 하에서 사정은 대상 아동과 가족의 강점과 요구가 포함된 개별 가족 지원 계획(IFSP)의 개발을 목적으로 하는 다학문적 과정을 나타내는 데 사용된다. 이 경우에 진단은 실제적으로 사정에서 수행한다. 서비스에 대한 적격성은 Part C 하에서 정의한 것처럼 평가 과정을 통해 결정된다.

보조기기(assistive device) 개인의 결함이나 장애를 보상하도록 도와주기 위해 고안된 기구. 의사소통 장애에서는 일반적으로 청각 손실을 보상하기 위해 청각 장애인을 돕는 보청기를 의미하는 데 사용한다.

비대칭 긴장성 목반사(asymmetrical tonic neck reflex; ATN) 신생아에게서 정상적인, 초기 반사 형태지만 성숙하면서 없어지지 않는다면 우려가 될 수 있고 운동 발달에서 중요한 문제를 야기할 수 있다.

위험군(at risk) 영유아가 발달지체나 장애를 지닐 가능성이 평균보다 훨씬 높은 상태를 가리키는 용어. 위험은 진단된 불리한 질환이나 의학적, 생물학적, 또는 환경적 요인으로 인해 유발될 수 있다. 연방법(PL 205-17의 C)은 주정부가 위험군 아동을 정의하고, 법 조항 하에서 적절한 서비스의 대상으로 포함하거나 제외하도록 하고 있다.

폐쇄증(atresia) 생물학적 통로가 없음으로 해서 생기는 해부학적 이상(예: 외이도반사폐쇄증, 또는 후비공폐쇄증, 모두 의사소통 발달 장애와 관련되어 있다).

청성뇌간유발반응(auditory brainstem evoked response testing; ABER)검사 청각구조의 신경생리적 행동을 측정하는 청각뇌간유발반응검사의 형태

청각유발전위반응(auditory evoked potential response; AER) 청각계의 신경생리적 행동은 전기생리장치를 사용하여 고도로 숙련된 전문가가 측정한다.

보완 의사소통(augmentative communication) 신호, 지화, 의사소통판 및 전기적 보완장치를 포함하는 구어 이외의 구성요소를 사용하여 의사소통하게 하는 방법.

자폐(autism) 여러 가지 소아 장애 중 하나로, 넓은 범주로는 전반적 발달 장애에 포함된다. 대체로 3세 이전에 장애의 조짐이 있고, 평생에 걸쳐 영향을 주며, 미국정신의학회에서 출간한 진단·통계 편람의 개정판에 제시한 기준을 만족해야 한다. 이 장애는 여아보다 남아에게 더 자주 발생하고, 미국에서 500

명 아동 중 1명꼴로 발생한다. 의사소통 결함은 특정한 사회적 및 행동상의 문제만큼 두드러진 특징이다. 이것은 흔히 틀에 박힌 행동과 애매한 시선처리를 수반하며, 사정이 필요하다고 판단할 수 있는 첫 번째 증후일 것이다. 자폐는 일부에서는 유전에 의해 발생하고 있다. 다른 경우에는 원인이 알려지지 않고 있다.

자폐스펙트럼장애(autistic spectrum disorder) 전반적 발달장애의 일부로 진단된 아동 사이에서 발견되는 다양한 범위의 행동이나 특징을 추론하기 위해 사용되는 용어. 행동 결과가 적은 아이, 특히 의사소통 기술 및 사회적 상호작용이 더 향상된 아동은 사회적 상호작용이 완전히 결여되어 말을 거의 하지 않거나 전혀 하지 않는 아동보다 더 나은 예후를 보인다.

서맥(bradycardia) 느린 심박수

새궁장애(branchial arch disorder) 새궁 구조를 포함하는 배아발달에서 방해가 일어나 발생하는 몇 가지 중요한 출생 결함 중 하나. 이러한 장애는 종종 의사소통 장애로 이어지며, 특히 새궁에 영향을 미치는 특정 증후군이 원인이 될 수 있다(예: 터너증후군).

기관지폐형성이상증(bronchopulmonary dysplasia; BPD) 허파조직의 손상은 흔히 조산아에게 나타나는 미발달된 호흡기 구조와 인공호흡장치의 사용과 관련된다. 허파조직에 터진자리나 구멍이 보이면, 유아는 '팽창한' 허파를 가지고 있다고 판단된다. 조산 시에 BPD는 종종 뇌실내출혈(IVH)과 연관된다. 뇌실내출혈-기관지폐형성이상증의 조합은 성장 기간에 의사소통 장애를 일으킬 위험이 높다.

간호계획(care plan) 해당 아동이나 가족에게 최적의 도움을 제공하기 위해 고안된 몇 가지 계획 중 일부. 간호계획에 포함되는 것으로는 개별화 의료계획, 개별화 가족 서비스계획, 개별화 교육계획이 있다.

사례 관리(case management) PL 99-457의 H 하에서, 모든 서비스 관리는 개별화 가족 서비스 계획을 실행하기 위해 필요하였다. 이 용어는 장애인 교육법의 PL 102-119 하에서 가족 서비스 조정으로 교체되었다. 또한 사례 관리라는 용어는 직접적인 치료활동을 언급하기 위해 많은 전문가들이 사용하였다. 용어가 사용되는 방법이 중요하고, 언제든지 운영 상의 정의로 인해 법적인 문제가 파생될 수 있기 때문에 아동 및 가족과 함께 일하는 사람들은 이 용어를 분명히 이해하고 있어야 한다. 저소득층의 의료보험제도는 부양자가 서비스에 대한 비용을 지불받을 수 있는 지를 알아보기 위해 사례 관리라는 용어를 사용한다.

사례 관리자(case manager) PL 99-457의 H 하에서 서비스 조정자의 기능을 수행하는, 아동의 불능(disability)이나 사회적 불리(handicap)와 가장 가깝게 관련이 있다고 판단되는 직업에서 선택된 개인. PL 102-119는 서비스 사례 관리자가 있는 곳에서는 가족 서비스 조종자(FSC)라는 용어를 사용한다. 부모는 자신이 서비스 조정자의 역할을 수행할 수 없지만, 다른 가족의 FSC의 역할은 수행할 수 있다. 다른 기준 하에서는 사례 관리자의 의미가 상당히 다르다. 특정한 서비스 훈련을 받은 개인에 제한되어 있다. 법률과 연관되기 때문에, 어떤 법규나 관련 지침에 정의된 바에 따르면 한 사람이 "사례 관리자"의 역할을 책임진다고 동의할 경우, 어떤 용어를 사용하고 무엇이 가능한지를 반드시 이해해야 한다.

뇌성마비(cerebral palsy) 이 용어는 3세 이전에 발생한 영구적인 신경운동장애를 설명하는데 사용된다. 뇌의 특정 구역에서 생긴 신경운동 병발의 유형을 설명하는 뇌성마비의 하위범주는 일반적으로 병인요소들이 인용된다. 신경운동 성숙의 정상적인 형태가 시간이 걸려 발생하기 때문에, 뇌성마비의 진단을 확인하는데 시간이 2년까지 걸릴 수 있다. 뇌성마비가 있는 아동은 청각 문제, 구어장애를 가질 위험이 높고, 보조 의사소통 장치로부터 많은 혜택을 받을 수 있다.

charge 결합(charge association) 결손, 심장이상, 후비공폐쇄증, 성장 및 발달 지연, 생식기관형성저하증 및 이(耳)기형(ear anomaly)을 비롯한 다양한 질환의 조합 및 정도에 이상이 생길 수 있는 신체적 이상의 집적(集積). CHRGE 결합으로 진단된 아동은 청각장애의 위험이 높다.

주임간호사(charge nurse) 주어진 교대 근무 내에서 병원 또는 의료기관의 간호보호에 대한 책임을 맡고 있는 간호사.

융모막 융모 채취(chorionic villus sampling) 태반조직의 작은 표본을 추출하여 염색체 분석을 수행하기 위해 시행하는 출생 전 진단 기술. 검사는 양수천자(amniocentesis)보다 조기 임신 시점(10~11주)에 행할 수 있지만, 후자의 절차보다 태아에게 다소 더 위험한 경향이 있다.

염색체 이상 또는 장애(chromosomal anomaly or disorder) 염색체가 너무 많고, 너무 적고, 잘못 놓여지고, 파괴되거나 기형으로 인해 발생하는 많은 신체적 문제 중 하나이다. 많은 증후군은 염색체 이상이 원인인 것으로 추정된다. 이것은 의사소통 장애와 연관이 있다(제3장 참조).

만성(chronic) 진행 중이거나 지속적임. 종종 의사소통 장애와 관련된 의학적 질병을 설명하기 위해 사용된다(예: 만성 중이염).

복합(complex) 증후군의 가능성을 예측하지만 증후군이라는 진단을 확증할 특징이 미비한 경우나 증후군의 집적(集積).

증상(condition) 질환으로부터 문제를 차별화하기 위해 사용하는 특징이나 특징 집단을 의미(예: 뇌성마비 대 진행성 뇌병증).

선천적인(congenital) 출생 시에 존재.

혈족(consanguineous) 공동의 조상을 통해 피로 연결됨.

자문(consultation) 협력자들이 여러 전문가들로 이루어져 있거나(능력 따위가), 부모 또는 특정 이슈, 문제와 관련이 있는 총체적인 전문 지식을 제시할 목적으로 논의하는 간접적인 문제 해결 과정.

지속성기도양압보충술(continuous positive airway pressure; CPAP) 비강 카뉼라(nasal cannula)를 통해 산소를 공급하는 방법, 보충적으로 산소가 필요한 유아를 위해 짧은 시간 동안 흔히 사용하는 절차. 연장 사용은 압력이 너무 높을 경우에 호흡계에 물리적 손상을 입힐 수 있다.

청색증(cyanosis) 산소부족으로 인해 피부에 나타나는 붉거나 검은 빛을 띠는 증상

거대세포바이러스(cytomegalovirus; CMV) 일반적으로 해로운 바이러스이며, 때때로 태아가 발달하는데 치명적이다. 선천적 결손증과 정신지체를 유발할 수 있다.

지체(delay) 지정된 활동이나 기술을 성취하기 위해 필요한 지연, 또는 연장시간.

발달지체(developmental delay) 두 가지 방법으로 정의된다. (1) 알려지거나 알려지지 않은 요인에 기인하는 발달 이정표나 기술을 습득하는데서 보이는 주목할 만한 지체. (2)평생 결함이나 장애로 적응행동을 성취하기 위해 지속적인 훈련이 필요하고, 자기관리를 위해서 보조적인 도움이나 장치의 사용이 필요할 수 있다. 전문가들은 발달지체라는 용어가 사용되는 방식을 반드시 이해해야 한다. 영유아 입법(PL 205-17의 C 부분)은 주정부가 그들이 원하는 데로 용어를 정의하도록 하였으며, 따라서 정의는 주정부마다 상당히 다르다. 가족과 일부 전문가들은 발달지표를 습득하는데 있어 기능적 지체를 포괄하기 위해 이 용어를 사용한다.

발달장애(developmental disabilities) 신경발달 상의 영구적인 손상을 입은 질환으로서 수용언어, 표현언어, 운동 능력에 국한되지 않으면서 주요한 일상활동의 영역에서 기능적 능력에 손상을 입힌 장애이다. 제한성이 있는 것은 아니지만, 간질, 감각장애(난청 및 실명), 중증학습장애, 주의력결핍과잉행동장애뿐만 아니라, 뇌성마비, 정신지체, 중복 인지장애, 자폐 및 소아기 전반적 발달장애를 포함한다. 발달장애의 법적 정의를 만족하는 아동은 공공자금으로 운영되는 프로그램을 통해 많은 사회적, 의학적 및 교육적 서비스의 자격이 부여된다. 1990년 미국장애인법에 있는 정의를 참조하라(42편, 제126장, USC, 섹션 12102). 이것은 http://www4.law.cornell.edu/uscode/42/ch126.html에서 확인할 수 있다.

진단(diagnosis) 의학적인 검사를 통해 질병의 특징을 확인하고 결정하는 과정이거나 활동. 진단소견은 이러한 진찰과정을 통해 유도된다. 일반적으로 검사방법의 결과 분석을 통해 도달한 결론 및 어떤 증상의 특징에 대한 분석. 또한 분류 상의 구분으로 특성이 정확하고 자세한 설명을 포함. 이 용어는 종종 의료 및 동맹관계의 전문가들에게 기술적, 차별적, 정의적, 가설적 진단으로 사용된다. 이 용어의 의미를 명확하게 이해해야 하며 각기 다른 전문가들이 받은 다양한 임상훈련의 결과로 이 용어를 다르게 사용할 수 있으므로 다학문적 팀의 구성원들이 용어에 대해 일치된 의견을 가져야 한다.

진단통계 편람(diagnostic and statistical manual; DSM) 특정 심리 및 정신질환을 분류하기 위한 진단기준과 설명을 포함하는 미국정신협회가 출간한 표준적인 진단 참조서. DSM은 일반적으로 계속 개정이 이루어지고 있다. 현재에도 재개정이 이루어져야 한다.

다일랜틴(dilantin) 발작을 조절하기 위해 흔히 처방되는 약물. 임신 중에 사용하면 성장하는 태아에게 해로운 영향을 미칠 수 있다.

장애(disorder) 시간이 지나도 지속되는 문제 또는 장애. 장애는 문제의 해결이나 적절한 보상을 통해 이루어진 치료 관리에 반응하기 쉽다.

기능장애(dysfunction) 기능의 비효과적인 작용. 기능장애는 일반적으로 적절한 중재에 대해 반응하기 쉽고 영구적인 질환이 요구되는 것은 아니다.

동질이상(同質二像, dysmorphic) 신체적 구조의 비정상적 모양.

형성이상(形成二像, dysplasia) 신체적 구조의 비정상적 성장.

조기 및 정기선별, 진단 및 치료(early and periodic screening, diagnosis, and treatment; EPSDT) 연방 자금을 지원 받아 출생에서 21세에 이르는 해당 아동에게 무료 건강 서비스를 제공하는 프로그램.

조기 중재자(early interventionist) 발달지체나 장애, 또는 발달 문제를 가진 아동과 그들의 가족과 관련된 일을 하는 사람. 어떤 주정부에서는 조기 중재자는 영아와 가족의 교육자로서 특별히 자격을 부여받은 사람을 의미한다.

장애인 교육법(education for the handicapped act; EHA) 출생에서 21세까지 이르는 장애 학생이 최소 제한적 환경에서 자유롭고 적절한 교육을 받도록 규정하는 연방 프로그램(PL 94-142). 주정부가 Part B(이미 주정부가 선택권을 가지고 있음) 하에서는 3~5세까지의 학령전 영유아에게도 교육적 서비스를 제공하도록 하고, Part H(IDEA 하에서 한 선택으로 남아 있고, 1991 특별 교육 연방법) 하에서 위험 상태에 있는 영유아 및 장애인에게 광범위한 서비스의 규정을 장려하기 위하여 1986년에 개정되었다.

효능(efficacy) 특별한 중재가 유해한 것 보다 더 유익하다는 증거자료 또는 증거.

효율(efficiency) 특별한 중재가 시간, 사람, 비용 면에서 효율적이라는 증거자료(효능과 혼동하지 말아야 한다. 효능 참조).

적격성(eligibility) 주정부 및 연방법령, 규칙 및 규정 하에서 서비스를 받기 위한 특정 자격에 맞는지를 판단.

뇌염(encephalitis) 뇌조직을 침투하는 바이러스 감염. 사망이나 영구적 장애를 유발하는 중증 상태.

뇌류(encephalocele) 두개골에 난 구멍을 통해서 뇌를 싸고 있는 물질이 튀어나온 상태.

뇌병증(encephalopathy) 뇌의 기능장애 또는 질환.

기관튜브(endotracheal tube; ET) 폐에 산소를 공급하기 위해 기관 내 및 입이나 코를 통해 삽입하는 얇은 튜브.

환경적 위험(environmental risk) 영유아에게 부정적인 발달성 결과를 예측할 수 있는 가족, 지역사회 또는 사회적 조건의 실재.

간질(epilepsy) 뇌의 전기생리학적 기능과 관련된 발작행위 중 일부. 발작 참조.

병인(etiology) 장애나 질병의 원인 또는 원천.

평가(evaluation) 사정 참조.

엑손(exon) 성숙한 유전정보전달물질 RNA(리보 핵산)에 대한 DNA(디옥시리보핵산) 코드의 일부.

체외막산소공급장치(extra-corporeal mechanical oxygenation; ECMO) 신생아 중환자실에 들어가게 되는 일부 영아에게 인공심폐기를 통해 산소 공급.

성장부전(failure to thrive; FTT) 기질적 병인이 알려지지 않고 아동의 체중이 3% 이하로 떨어질 경우, 생후 2년 내에 진단한 상태.

지방조직(fat pads) 임신만기에 태어난 아동의 볼에 있고 임신만기 전에 태어난 아기에게는 없는 과잉조직. 이 조직은 아동이 흡입하고 영양섭취를 하는 것을 도와준다. 또한 흡지방체(sucking pad)라고 부른다.

태아알코올효과(fetal alcohol effects; FAE) 임신 중 모(母)가 알코올을 섭취했을 시 나타나는 물리적 특징, 행동 또는 양쪽 모두. 이 용어는 태아알코올증후군이 충분히 증명되지 않을 경우 사용된다.

태아알코올증후군(fetal alcohol syndrome; FAS) 알코올에 노출된 출생 전 병력이 있는 아기에게 공통적으로 나타나는 물리적 특성 및 행동. 이러한 아동은 대체로 인지적 능력, 특정 의사소통능력, 학습능력에서 지체를 보일 뿐만 아니라 특징적인 형태를 지니고 있다. 연인두 기능부전(Velopharyngeal inadequacy), 점막하구개 파열(submucous cleft palate), 또는 양쪽 모두는 이러한 모집단에서 자주 발생한다.

병변(focal lesions) 국지적 영역에서 생긴 조직의 병리학적 변화. 이 용어는 자주 뇌파(EEGs)의 결과를 보고할 때 사용된다.

천공(fontanel) 두개골의 뼈 사이에 아기의 머리에 있는 몇 군데의 부드러운 지점의 하나. 뼈의 미성숙한 융합은 뇌가 자라기 위한 공간을 제한하고, 정신지체를 유발할 수 있다. 외과적 치료의 시기가 미숙한 봉합(premature closure)과 관련한 정신지체를 예방하는데 중요하다.

임신만기(full-term) 37~41주 임신기간 사이에 태어난 아기의 성숙 수준을 기술.

기능적 능력(functional skills) 일상생활 활동을 하기 위해 필요한 능력.

경관수유(gavage feeding) 코나 입에서 식도까지 이르는 비위관(nasogastric tube)을 사용하여 영양을 공급하는 튜브.

유전성 질환(genetic disorder) 상염색체 우성, 상염색체 열성, 또는 성염색체 유전 형태로 일어나는 여러 가지 질환 중 일부. 염색체 이상이나 장애를 참조하라.

재태연령(gestational age) 임신한 날로부터 분만일까지 계산된 신생아의 나이.

미간(glabella) 코뿌리 위쪽에 있는 이마 뼈 상에 부드럽게 돌출된 부분. 안와위 능선의 중간선에서 이마의 앞쪽 투영점.

설하수(glossoptosis) 혀의 위치가 아래로 향하는 것.

임신횟수(gravida) 임신을 명확히 하기 위해 사용하는 용어. 보통 숫자나 서술식으로 설명한다〔예: 첫 임신의 경우에는 초임부(primigravida)로, 네 번째 임신은 임신횟수 4(gravida 4)로〕.

g-튜브(g-tube) 연하곤란이나 소화계통에 일부 해부학적 구조에 문제가 있을 경우, 아기는 영양을 공급받기 위해 사용하는 급식 튜브(외과 수술로 복벽을 통해 위까지 부착함). 또한 페그(peg)라고 부르기도 하고, 비위관(Nasogastric tube)이라고 하기도 한다.

특수젖병(haberman feeder) 입천장 파열이 있는 아기가 사용하기 위해 특별히 고안된 신생아용 젖병. 영양 공급 및 연하곤란 증상이 있는 다른 아기에게도 유용.

불리(handicap) 정상적인 방법으로 일상생활을 할 수 있는 능력을 영구적으로 방해하는 상태. 장애는 신체, 정신, 또는 모두에서 일어날 수 있다.

인간면역결핍바이러스(human immuniodeficiency virus; HIV) 신경계에 영향을 미치는 것으로 알려진 질병, 후천성 면역 결핍증의 원인. 선천성 HIV는 신생아가 의사소통 장애를 포함한 많은 문제를 가질 가능성이 높다.

수두증(hydrocephalus) 머리에 뇌척수액이 축적된 상태. 제거하지 않을 경우 뇌에 증가된 압력은 정신지체를 유발하는 영구적 손상의 원인이 될 수 있다. 대체로 치료는 과도한 뇌척수액이 자연적으로 제거될 수 있는 복강으로 전달하기 위해 외과적 단락술의 형태로 제공된다.

고빌리루빈혈증(hyperbilirubinemia) 화학적 빌리루빈의 과도한 공급. 치료되지 않은 상태로 남아 있다면 간 손상을 유발할 수 있고, 지나친 경우에는 뇌손상이나 사망의 원인이 될 수 있다. 흔히 이 질환에서는 누런 피부(어두운 피부)나 눈 색깔이 특징적으로 관찰되기 때문에 황달이라고 부른다.

과신장(hyperextension) 근육 움직임의 과대확장. 지속적이거나 비정상적일 경우에는 운동 기능의 전형적인 발달을 저해하는 신체적 질환으로 나타난다.

이안증(hypertelorism) 눈 사이가 비정상적으로 먼 상태. 가족 특질을 반영하는 것일 수도 있지만, 보통 증후군을 나타내는 다른 이상(anomaly)과 관련된다.

과다근육긴장(hypertonia) 과도한 신체 긴장도. 운동 발달성 문제의 진단적 신호일 수 있다.

근육긴장저하(hypotonia) 느슨한 신체 긴장도. 운동이나 다른 발달적 문제의 신호일 수 있다.

저산소증(hypoxia) 뇌에 존재하는 산소의 현저한 감소. 지속적 산소 결핍은 뇌손상을 유발할 수 있다. "무산소증(anoxia)"과는 다르다.

의원성(iatrogenic) 치료 과정으로 인해서나 치료 과정으로부터의 원인이 발생함(보통 인명 소생 약물의 사용 후 잔류해 있는 바람직하지 않은 영향).

습관성첨족보행(idiopathic toe walking) 학령 전 기간이나 그 이후에도, 두드러진 신경학적 손상이 없는데도 발가락으로 지속적으로 걸음을 걷는 아동의 두드러진 행동. 자폐스펙트럼장애의 조기 신호일 수 있다.

발생률(incidence) 특정 기간 내에 모집단에서 한 질환의 새로운 발생 비율. 이 용어는 "출현율"과 뜻이 같지 않다.

개별화 교육계획(individual education plan; IEP) 이 계획은 연방정부의 특수교육법 하에서 서비스를 받는 모든 취학 아동에게 필요하다.

개별화 가족지원계획(individual family service plan; IFSP) PL 105-17의 Part C 하에 서 적격성을 부여받은 영유아 및 가족이 받을 수 있는 서비스를 요약한 문서. IFSP의 요건은 아동의 현재 건강 상태, 발달 5개 영역에서 기능의 현재 수준, 장점(strength), 요구의 진술을 포함한다. 가족의 강점(자원)과 요구(우선사항), 가족이 아동의 발달 향상을 돕는데 필요한 서비스에 대한 진술. 예상한 결과, 지정한 가족 서비스 코디네이터의 이름, 서비스 규정에 대한 일정표. 지정한 서비스에 대해 비용을 지불할 곳. 전이계획.

1991년의 장애인 교육법(individuals with disabilities education act of 1991; IDEA) 법령과 후속 개정은 출생에서 21세까지의 넓은 범주 안에서 장애인에게 무상의, 적절한 교육을 제공한다.

국제질병 분류(international classification of disease; ICD) 미국의학협회에서 출간하고 의료계에서 사용하는 표준의학진단기준서. ICD코드는 종종 청구서 상에서 나타나며, 비용지불에 관한 업무를 하는 보험업자가 사용하기도 한다(CPT도 참조).

중재(intervention) 발달 기간에 있는 아동 또는 장애가 있거나 혹은 특정 기준으로 인해 장애나 지체에 대해 위험상태에 있는 아동을 향상시키기 위해 제공되는 다양한 서비스를 설명하는데 사용되는 용어. 이 용어는 다른 여러 분야의 전문직 일원에 의해 다르게 사용된다(특히, 약물복용 프로그램과 관련하여 종사하고 있는 상담원 및 심리학자). 현장 종사자들은 동료들이 이 용어를 사용하는 방법을 이해한다는 것을 확인해야 한다. 조기 중재(또는 발달성 중재)는 영유아와 관련된 일에 종사하는 사람들이 선호하는 용어이다. 그러나 조기 중재는 또한 문제의 인지에 관해 제공한 중재를 확인하기 위해 사용된다. 이것은 영유아 전문가가 사용하는 것보다 다른 틀을 포함할 수 있다.

자궁내성장지연(intrauterine growth retardation; IUGR) 임신기간 동안 태아의 적절한 신체 크기, 몸무게, 또는 양자 모두의 발달에 결함이 생김. 대체로 발달지체와 장애와 관련된 질환.

뇌실내출혈(intraventricular hemorrhage; IVH) 뇌실 내의 출혈과 관련하여 조산아에게 흔히 나타나는 질환. 출혈의 수준에 따라 등급을 지정한다. 1등급이 수치가 가장 적은 것이며, 4등급이 수치가 가장 큰 것이다. 3등급 또는 4등급 IVH 증상이 있는 아동은 추후에 의사소통 문제(및 다른 발달 문제)가 존재할 위험이 있는 것으로 간주된다. IVH는 머리 초음파 검사(head ultrasound testing)에 의해 발견된다.

삽관법(intubation) 인체 내부로 튜브를 삽입함. 기관 내 삽관법은 특별한 마취법을 수행하기 위해 사용되는 과정이다. 반복적이거나 부주의한 삽관법은 주변 조직의 손상을 야기할 수 있으며, 특히 성대에서 일어날 경우에는 발성을 어렵게 한다.

황달(jaundice) 신생아에게 나타나는 일반적인 질환. 빌리루빈감소램프(bilirubin reduction lamp)(bili-lights)를 사용하여 치료함. 고빌리루빈혈증(Hyperbilirubinemia) 참조.

핵황달(kernicterus) 혈중 빌리루빈이 과다하여 발생하는 신경계통의 손상

배냇솜털(lanugo) 태아를 덮고 있는 미세한 솜털. 신생아에게 솜털이 존재하는 것은 조산의 특징이다.

후두발육부전(laryngeal hypoplasia) 후두 조직의 발육부전. 호흡 기능 및 발성 모두에 영향을 줄 수 있다.

주무기관(lead agency) 영유아에 관련한 법률의 이행과 다른 주정부, 기관, 서비스 제공기관 간의 협력에 책임을 지기 위해서 만들어진 주정부 기관.

백색연화증(leukomalacia) 조직의 활력(viability)과 기능이 손실되어 발생하는 뇌 백색질의 연화로 나타나는 심각한 질환.

로바쓰 치료법(Lovaas therapy) 주 당 40시간의 중재를 필요로 하고 전반적 발달장애(pervasive developmental disorder)나 자폐증 진단을 받은 아동에게 사용되는 행동치료의 집중적이고 특수한 프로그램. 응용 행동분석 참조.

저체중아(low birth weight; LBW) 2,500g 이하의 신생아 체중으로 다양하게 정의되지만, 보통 1,250g 이하인 경우에 적용한다.

대두증(macrocephaly) 연령 및 신체 사이즈에 비해 정상치보다 큰 머리 둘레. 그것은 가족 특성일 수도 있고 뇌수종(hydrocephalus)이나 다른 중요한 의학적 질환(medical conditions)의 징후일 수도 있다.

관리(management) 질환의 작용을 방지하거나 감소시키기 위해 제공되는 중재나 치료 과정. 대체로 치료(treatment)나 중재(intervention)라는 용어는 서로 상호 교환적으로 사용된다. 다학문적 팀의 구성원은 영유아 및 가족과 협력해야 함으로 용어의 사용에 대해 논의하고 공유하여야 한다.

태변(meconium) 태아가 분비하는 배설물. 태변의 흡인(aspiration)은 신생아의 호흡계통에 영향을 주는 잠재적으로 심각한 주산기 합병증(complication)이다. 태변 흡인으로 인해 발생하는 감염은 치명적일 수 있다. 이러한 질환이 있는 신생아는 미래에 의사소통 장애 및 다른 발달장애가 발생할 위험이 있다.

빈민의료보장제도(medicaid) 부모의 소득 수준, 신생아의 신생아 중환자실 입원 또는 신생아의 저체중 출생과 같은 특별한 상황 등에 의해서 적격성을 인정받은 영아에게 제공되는 국가가 운영하고 연방 자금의 지원을 받는 보건 프로그램.

수막염(meningitis) 바이러스나 박테리아 감염에 의해 발생하는 수막(뇌와 척주의 조직 상태)의 염증으로 인한 뇌손상, 시각상실, 뇌성마비, 발작, 청각소실, 또는 정신지체가 발생할 수 있다.

수막탈출증(meningocele) 두개골 또는 척주의 결함으로 인한 수막〔뇌 및 척수를 둘러싼 조직의 세 층: 경막(dura matter), 연막(pia matter), 거미막(arachnoid)〕의 헤르니아 돌출(Hernial protrusion).

소두증(microcephaly) 문자 그대로 '작은 머리'. 두개골 뼈의 미성숙과 관련되며, 치료하지 않은 채로 둘 경우 뇌의 성장을 제한하여 정신지체를 일으킬 수 있다.

소이증(microtia) 귀(들)의 크기가 작은 두개안면 이상. 항상 그런 것은 아니지만 대체로 청각결함과 관련이 됨.

모니터(monitors) 신생아의 생리학적 상태의 양상을 측정하는 데 사용되는 몇몇 유형(예를 들어, 산소 흡입, 무호흡, 온도, 호흡, 심장박동, 액체 흡입, 혈액가스의 구성).

질병률(morbidity) 질병 또는 병(Illness or disease). 집단 내의 발병률

모로 반사(moro reflex) 정상적인 최초의 반사. 중추신경계의 성숙을 통한 분할의 실패는 운동문제를 일으킬 수 있다.

수초화(myelination) 신경 섬유 성숙에 따른 외부 막의 형성. 수초화가 이루어지지 않는 것은 발달지체 및 장애와 관련이 있다.

척수막탈출증(脊髓膜脫出症)(myelomeningocele) 척주관(vertebral canal)의 결함으로 인한 헤르니아 돌출

비강 영양 튜브(nasogastric[NG] tube) 삼키기 어려운 신생아에게 코나 입과 식도에 모유 또는 분유 수유를 하기 위해 삽입하는 유연한 튜브.

괴사(necrosis) 조직 세포의 사멸(死滅).

신생아 집중 치료실(neonatal intensive care unit; NICU) 심각한 간호 필요성이 있는 유아를 위해 설계된 특별한 병원 육아 시설. 신생아의 복잡한 의료(건강관리)를 수행하기 위해 증가하는 역량 정도에 따라 4단계로 나눈다. 장비 및 의료진의 복잡함은 단계가 높아질수록 증가한다. 1단계는 분만실에서 태어난 신생아의 의식을 회복시키고, 2,3단계 또는 4단계로 이동하기 전에 신생아를 안정시키고, 퇴원할 때까지 신생아의 건강관리를 지속하며, 2,3 단계 또는 4단계 NICU에서 이동해 온 신생아 환자에게 특별 관리를 지속할 적당한 의료진을 갖추어야 한다. 2단계는 1단계 부분에 열거된 모든 서비스에 더하여 위험성이 높은 분만 시설(high-risk delivery facilities)에서 태어난 신생아에게 중간 관리를 제공할 직원을 갖추어야 한다. 3단계는 의식회복, 안정 및 1, 2단계 시설에서 이동해 온 신생아 환자의 관리 지속을 포함하여 정상적인 신생아 및 고위험 신생아를 대상으로 일할 직원을 배치해야 한다. 4단계 부분은 가장 진보된 의료 및 수술 절차(예: 장기이식)를 수행할 시설 및 숙련된 의료진을 갖추어야 한다.

신생아(neonate) 태어난 지 28일까지의 신생아.

신경관 결손(neural tube defect) 척수막탈출증, 수막탈출증, 척추갈림증 및 무뇌증을 포함한 일반적 용어.

신경발달적 치료(neurodevelopmental treatment; NDT) 감각 통합 치료(Sensory integration therapy) 참조

비언어적 의사소통(nonverbal communication) 음성화된 단어를 사용하지 않는 모든 형태의 의사소통.

규준참조검사 진단·평가(norm-referenced scales assessment) 아동의 행동을 전형적인 연령대 친구들의 행동과 비교하는 측정

뒤통수(occiput) 머리의 후부

불완전골형성증(osteogenesis imperfecta) 뼈가 골절되기 쉬운 증후군. 청각손상의 가능성이 있다.

내이신경독소(ototoxin) 청각신경을 손상시키고, 그 결과 청력을 약화시킬 잠재력이 있는 화학물질이나 물질.

손바닥 잡기(palmar grasp) 물건을 다루기 위해 손가락보다는 손바닥을 사용하는 미숙한 움켜잡기. 이러한 미성숙 양상의 지속은 어린 아동에게서 소근육 운동장애의 증후가 될 수 있다.

patent ductus arterisus(PDA) 다운증후군 아동에게서 일반적으로 보이는 심장의 물리적 기능 이상.

투과도(penetrance) 해당 아동에게서 유전 인자가 나타나는 정도. 어떤 유전적 이상은 다양한 정도로 한 세대에서 다른 세대로 이동된다(문제의 소질의 다양한 투과도).

주산기(perinatal) 임신 18주부터 출산 후 1주까지의 기간.

페노바르비탈(phenobarbital) 발작을 제어하기 위해 일반적으로 처방되는 약물처치. 임신 중 사용될 경우, 발달 중인 태아에게 유해한 영향을 줄 수 있다.

페닐케톤뇨증(phenylketonuria; PKU) 뇌 조직에 페닐알라닌이 과도하게 축적되도록 하는 대사 장애이며, 대부분의 상태는 모든 신생아의 PKU 검사를 필요로 한다. 질환이 존재한다면, 치료는 식이요법의 엄격한 통제를 필요로 한다.

광선치료(phototherapy) 비공식적으로 빌리루빈감소램프(bililights)라고 칭하는 밝은 빛을 사용하는 황달 치료.

현행 절차상 의료용어(physicians' current procedural terminology(CPT) 의료 절차를 기술하고 분류하는 미국 의학협회의 전문용어 발행. 이 참조문은 의학 기록 사서(medical records librarian), 보험회사 및 빈민의료보장제도(Medicaid)와 같은 제3자가 널리 사용한다. CPT 코드를 ICD 코드와 함께 사용할 수 있

다[국제 질병 분류(ICD) 참조].

태반조기박리(placenta abruptio) 출생 전 태반의 분리. 아기의 자연유산(spontaneous abortion)(유산, miscarriage), 저산소증, 또는 질식의 잠재적 원인.

기흉(pneumothorax) 흉강(chest cavity) 내의 공기 및 가스의 축적이며, 산소공급시스템(oxygen delivery system)의 과도한 압력으로 인해 발생할 수 있다.

만삭분만(post-term delivery) 임신 39주 후 태아의 분만. 만숙아는 언어 장애를 포함하여 다양한 문제를 지닐 위험이 있다.

화용론(pragmatics) 의사소통 상황 내에서 언어 사용과 관련된 사회언어학적 규칙(Rossetti LM: The Rossetti Infant-Toddler Language Scale: Examiner's Manual, East Moline, Ill, 1990, LinguiSystems, pp 8-9). 초기영아 양육자와의 상호작용은 가족이 속해 있는 문화의 화용론규칙을 학습하는데 기초가 된다.

미숙(prematurity) 임신 39주 전의 분만. 극단적 미숙상태인 기관지폐형성이상증(bronchopulmonary) 및 3등급이나 4등급의 뇌실내출혈과 결합할 경우, 영아가 언어장애를 포함한 발달 문제의 위험에 놓이게 된다.

조산(preterm) 임신 38주 전 출산에 대한 의료 전문가들 사이에서의 선호하는 용어. 일반 대중들은 일반적으로 미숙(prematurity)이라는 용어와 동의어로 사용한다.

출현율(prevalence) 특정 기간 동안 한 집단에서 총 비율 또는 사례 비율

예방(prevention) 질병 또는 장애의 발생을 방지하려는 목적으로 수행되는 모든 활동(1차 예방), 존재하는 경우 그것을 제거하거나 치료함(2차 예방), 또는 질환 자체의 개선이 불가능할 경우 치료를 통해 부정적 영향을 감소시킴(3차 예방).

근육운동성반사(primitive reflexes) 근육운동성반사는 출생 전에 발달하여 영아에게 지속되는 근육운동 반응. 근육운동성반사는 출생 후 첫해의 말까지 자발적 운동 조절을 위하여 예언할 수 있는 배열을 분석하도록 기대된다. 근육운동성 반사의 지속은 발달 문제의 분명한 진단 지표이다. 운동 발달은 의사소통 발달과 얽혀 섞이기 때문에 지속적인 근육운동성 반사는 영아를 의사소통 지체 및 장애의 위험에 처하게 한다.

예후(prognosis) 수집된 모든 정보를 고려하여 전문가의 사정에 기초한 전체적이거나 부분적인 교육 또는 재교육에 대한 가능성의 진술.

엎드림(prone) 위 또는 복부를 대고 누움.

안검하수증(ptosis) 눈꺼풀이 처지는 근육 문제. 때때로 발달지체(delays)나 장애(disability)와 관련 있는 나른 두개안면(頭蓋顔面) 이상과 함께 나타난다. 또한 눈꺼풀 처짐은 특정한 진단적 의미가 없는 가족 특성이 될 수 있다.

공법(public law 205-17) 1997년 IDEA의 개정안. 특수교육을 위한 기금을 제공하고 권한을 부여함. 이 법의 Part C에 영유아와 가족들에게 서비스를 제공하는 것이 포함되어 있다.

공법(public law 102-119) Part H를 포함한 장애인교육법의 1991년 개정안 IDA(Individuals with Disabilities Education Act)로 재명명됨.

공법(public law 99-457) 전장애아교육법의 1986년 개정안으로 3~5세 아동에게 서비스를 제공토록 함(섹

션. 619, Part B). 주정부에 위험군 아동, 영유아, 그들의 가족들에게 서비스를 제공할 지에 대한 선택권을 줌.

공법(public law 94-142) 전장애아 교육법(Individuals with Disabilities Act[IDEA] 참조).

자격소지 요원(qualified provider) Part C 규정 하에 요구되는 다학문적 사정 팀의 서비스 제공자에게 사용되는 용어. 각 주정부는 검증기관 요원이라고 간주되는 전문가에게 훈련 및 증명서를 확인하도록 하고 있지만, 그러한 선정은 각 주의 각 분야에서 "최고의 표준"이 되어야 한다는 것을 명심해야 한다. 각각의 주정부에 속한 임상가들이 그들의 주정부가 원하는 자격요건을 잘 숙지하고 있어야 한다.

호흡곤란증후군(respiratory distress syndrome; RDS) Respiratory distress syndrome(RDS) 주산기에 산소결핍으로 인한 일련의 증상. 대체로 기관지폐형성이상증(bronchopulmonary dysplasia)과 관련이 있음.

미숙아 망막증(retinopathy of prematurity; ROP) retinopathy of prematurity(ROP) 주산기 동안 미숙아에게 보충적 산소(supplementary oxygen)를 과도하게 사용하거나 장기적으로 사용하여 발생하는 질환이며, 이는 신생아의 망막에 악영향을 미치고 시력의 민감성을 감소시키는 것과 관련이 있다.

하악후퇴증(retrognathia) 작은 턱뼈에 관한 것으로 정상적인 자세에서의 작고 덜 발달한 아래턱뼈; 어떠한 증후군이나 일련의 증후(예: 피에르 로빈 시퀀스)와 관련된 특징. 하악후퇴증은 머리와 얼굴 구조들의 성장과 치아 발달에 심각한 의미를 포함할 수 있다. 그것은 또한 아무 특별한 발달적 중요성이 없는 가족 특징일 수도 있다. 그것은 가끔 이 상태에 자주 보이는 치과적 앞니 반대 교합(咬合)과 혼동될 수 있다.

풍진(rubella) 독일 홍역 바이러스. 임신중 루벨라에 감염되었을 경우 감각 이상, 심장 문제, 정신지체 및 청각장애를 포함한 대단히 심각한 출생 결함을 발생시킨다.

선별(screening) 더 세밀한 평가나 사정을 필요로 하는 개인을 모집단으로부터 판별하는 과정(형식적 또는 비형식적).

섹션 619(section 619) 가족이 비용을 부담하지 않으면서 발달장애 아동들을 위한 초기 관리, 지속적인 관리 및 교육을 보장하는 연방법의 섹션에 대한 "속기: short hand" 참조. 그러한 서비스에 대한 기금은 정액 보조금으로 주정부에 제공된다.

발작(seizure) 비정상적 신경 충동에서 오는 의식이나 신체 조절의 비자발적인 이탈. 영유아에게서 관찰되는 신경운동 이상을 설명하기 위해 사용될 때에는 발작은 원인불명(idiopathic, 해당 개인에게 특별하고 쉽게 식별되는 원인이 없는), 대발작(grand mal, 조절되지 않은 신경운동 활동과 함께 의식의 일시적 상실과 관련됨), 또는 작은 발작(petit mal, 아동이 신체의 직립 자세를 유지할 수 있는 동안 의식을 순간적으로 잃으며 백일몽을 꾸는 것처럼 보임). 발작행동은 저절로 해결되지만, 발작증상이 있는 아동은 발달지체 및 장애의 위험이 있다. 약물 치료는 병력이 존재할 때 지속적인 발작행동에 대해 처방되며 예방법으로도 처방된다.

자기자극(self-stimulation) 감각 자극이나 자아 안정감을 얻기 위한 아동의 행동. 일시적인 자기자극은 발달의 특정 단계에서는 정상적이다. 이례적이고, 지속적이거나, 과도한 형태의 자기 자극은 정신지체, 자폐, 정서장애 및 신체장애를 포함한 특정 질환의 증상이다.

감각운동 발달단계(sensorimotor stage development) 피아제(Piaget)가 정의한 바에 따르면 감각운동 발달단계는 일반적으로 출생 시부터 2세 사이 영아의 행동 특징을 의미한다.

감각통합치료(sensory integration therapy) 뇌성마비에 대해 칼(Karl)과 베르타 보베스(Berta Bobath)에 의해 개발된 신경발달치료에 근거한 치료형태. 감각통합치료의 목적은 손상된 신경운동 기능을 지닌 아동의 대근육운동을 촉진시키는 것이다. 감각통합치료에 사용되는 방법은 일부 아동을 진정시키고, 교육 및 주의력과 관련된 치료를 더욱 잘 받아들이게 하는 의학적 효과가 있다. 이러한 형태의 치료는 몇몇 조기 중재자 사이에서는 논란의 소지가 많은 것으로 간주된다.

패혈증(sepsis) 혈액 내 감염이 존재함.

혈청학적(serological) 혈청의 성분 연구나 측정과 관련됨.

지름술(shunt) 신체의 한 부분에서 다른 부분으로 수술을 통해 삽입된 튜브. 대체로 지름술은 두개골에 뇌척수액이 과도하게 축적되어 발생하는 뇌의 압력을 경감하기 위해 사용된다.

피부(skin tags) 피부의 여분 조직(연골이 있을 수도 있고, 없을 수도 있음), 발달 이상이 있는 아동의 머리나 목에서 종종 나타남. 그러한 조직은 배아기 동안 안면 구조의 비정상적 형성을 의미하며 다른 문제들도 발달 단계 동안 발생했음을 나타낼 수 있다.

수면무호흡(sleep apnea) 무호흡(Apnea) 참조.

부당경량아(small for gestational age; SGA) 이 용어는 몸무게와 크기가 해당 발달 수준의 기대치 이하인 것을 나타낸다. SGA의 주요 원인에는 모성의 영양 부족, 모성의 질병이나 모성의 물질 남용이 포함된다. SGA는 발달지체의 위험이 있다.

신경학적 미세이상소견(soft neurological signs; SNS) 비전형적 신경 성숙의 가능성을 암시하는 신경운동 증상이나 신체적 증상(또는 그들의 결합). 단독으로 나타나는 증상은 관심의 대상이 되게 한다. 동반되어 나타나는 다른 증상들은 다른 진단을 내릴 것을 요구한다. 학습장애가 있는 일부 아동들은 SNS가 이례적으로 나타난다. 현재 연구를 통해 그러한 수치의 함축성을 조사하고 있다. SNS의 예로는 손, 발 및 손톱의 비정상적 형태, 두 개의 가르마뿐만 아니라, 민첩한 동작성 문제, 단순한 접촉 자체만으로는 사물 인식 불능, 원시 반사의 지속, 감각 소실 및 오른 손 사용의 감소 등을 들 수 있다.

상태조절장애(state regulation disorder) 다양한 이유로 수면-각성 주기, 각성수준이나 체온 유지와 같은 생리적 기능을 조절할 수 없는 증상. 이러한 어려움은 출생 전 약물 노출을 경험한 영아에게 일반적으로 발생하지만, 다른 요인들로 인해 발생할 수도 있다.

협착(stenosis) 해부학상 통로가 좁아짐(예: 후두 협착, 외이도 협착, 식도 협착).

경막하출혈(subdural hemmorrhage) 일반적으로 외상으로 인해 발생하는 두개내 출혈.

앙와(supine) 바닥에 등을 대고 누움.

사회보장금(supplementary security income; SSI) 적격성 기준을 충족시키는 영유아를 포함하여 장애인을 위한 연방 기금의 지원. 현재의 적격성 기준은 지역의 사회복지 기관이나 사회복지행정기관의 공무실에서 이용될 수 있다. 또한 주정부의 교육과 보건 기관의 사무실에서도 사본이 사용될 수 있다.

표면활성제(surfactant) 일반적으로 미숙아에게 호흡장애를 치료하기 위해 주산기에 사용되는 물질.

합지증(syndactyly) 손가락 또는 발가락 사이에 갈퀴막이 생김(webbing). 머리와 목의 이상과도 관련된 몇몇 증후군에서 공통적으로 나타나는 증상이며(그러한 구조의 발달 시기는 발생학적 형성 시 태내기에서 이루어진다.) 이 증상을 가지고 있다면 의사소통 장애와 관련될 수 있다.

심박과다(tachycardia) 빠른 심장 속도.

기술 의존(technology dependent) 생명을 유지하거나 특별한 기능을 수행하기 위해 특수한 장비에 대한 의존을 설명하는데 사용되는 용어(예: 모니터, 보충적 산소). 또한 타인과 의사소통하기 위해 지원되는 특별한 장치를 필요로 하는 영유아, 노인에게 언급됨. 부가적인 의사소통 및 보조 장치 참조.

양내안각과다격리증(telecanthus) 내안각(medial canthi) 사이의 거리가 먼 증상(눈의 안쪽 구석). 가족 특성이거나 선천성 기형의 특성일 수 있음.

기질(temperament) 아동의 사회적 적응, 자기 통제 및 행동 유형에서의 개인적 차이.

기형발생인자(teratogen) 발달 중인 배아에서 육체적 결함을 만들어내는 어떤 약제나 요인.

치료적 자세잡기(therapeutic positioning) 신체적 위치를 통해 해당 개인에게 특수한 기능 또는 활동을 촉진함. 치료 위치는 보통 신체적 또는 작업 치료사에 의해 설계된다. 언어치료사가 신경학상으로 장애가 있는 아동을 대상으로 일할 때 치료 위치의 좋은 쪽을 아는 것은 필수적이다.

치료법(therapy) 질병, 질환, 또는 행동의 치료나 감소를 위해서 고안된 특별한 기술의 적용. 때때로 중재나 관리의 동의어로 사용된다. 효과적인 의사소통을 위해 다학문적 팀 구성원은 1차, 2차 및 3차 예방 절차와 관련하여 사용되는 전문용어에 대해 논의하고 약속할 필요가 있다.

TORCH 증후군 톡소포자충증(toxoplasmosis), 풍진(rubella), 거대세포바이러스(cytomegalovirus) 및 헤르페스 바이러스(herpes virus)의 조합에 기인하는 신생아 감염의 약어. TORCH 증후군은 아동에게 난청 및 언어장애를 일으킬 수 있다.

독소혈증(toxemia) 혈류에 의해 박테리아 독소가 퍼져서 발생하는 질환. 임신중독증은 임신 중 대사 장애로 인해 발생하며, 분만 중에 산모와 아기의 건강을 위태롭게 하는 질환인 자간전증(preeclampsia)을 유발할 수 있다.

독소(toxin) '유해한' 영향을 미치는데도 치료하지 않고 남겨둘 경우, 영구적인 해로운 결과를 입힐 수 있는, 신체에 섭취되거나 흡수된 모든 물질(예: 중금속-납, 박테리아 독소, 또는 화학적 독소-알코올 또는 약물).

톡소포자충증(toxoplasmosis) 신생아의 중추신경계 손상으로 실명에 이르게 하는 원충병.

기관 절개술(tracheostomy) 외과적 수술로 목의 구멍을 통해 환자가 호흡할 수 있도록 만들어진 기도. 일반적으로 기관 절개술을 받은 아동은 발성을 위해 성대를 사용할 수 없다. 기관 절개술의 장기적인 사용이 개방기도를 유지하기 위해 필요한 경우에는 성대가 영구적으로 손상될 수 있다.

치료(treatment) 질병이나 질환의 작용을 치료하거나, 제거하거나, 완화하기 위해 사용되는 모든 수단. 때때로 요법, 관리, 중재와 동의어로 사용된다. 이러한 용어의 사용에 대한 약속은 전문가 사이의 효과적인 의사소통에 필수적이다. 다학문적 팀의 구성원이 논의하기 전에 이러한 용어들의 의미를 이해하는 것이 필요하다.

삼염색체(trisomy) 어떤 염색체 쌍의 여분 염색체. 염색체 21번이 삼염색체성일 때 발생하는 질환이 다운증후군이다.

극소저출생체중아(very low birth weight; VLBW) 1000g 이하의 출생체중.

WIC(women, infants, & children) 여성, 유아 및 아동을 위한 특별한 보조 식품 프로그램으로서 연방정부의 자금으로 이뤄지고, 아동을 양육하는 여성과, 영아와 아동의 건강을 증진하기 위해 개발된 프로그램.

찾아보기

<ㄱ>

<ㄴ>

<ㄷ>

<ㄹ>

<ㅁ>

<ㅂ>

<ㅅ>

<ㅇ>

<ㅈ>

<ㅊ>

<ㅋ>

<ㅌ>

<ㅍ>

<ㅎ>

<기타>

역자 소개

임영옥(orff@pcu.ac.kr)

현, 배재대학교 보육교사교육원 교수
공주대학교 사범대학 특수교육학과 교육학박사(2006)
Royal Conservatory of Music – Orff Teacher's Certification(1996)

♣ 주요 저서 및 논문

- 임영옥(2000). 오르프교수법을 적용한 유아공동체놀이 프로그램의 실제. 서울: 창의사고
- 이희자, 임영옥(2008). 아동 음악과 동작(제3판). 서울: 형설
- 임영옥, 조광순(2007). 가족과 또래 상호작용촉진오르프 음악활동중심 프로그램이 발달지체 영아의 사회적 반응 및 참여행동에 미치는 영향. 정서·행동장애연구, 23(1), 77-103.
- 임영옥, 조광순(2006). 발달장애 유아를 위한 오르프 음악활동중심 프로그램의 개발 밑 적용 효과. 유아교육연구, 26(6), 225-251.

전병운(jeonun@kongju.ac.kr)

현, 공주대학교 사범대학 특수교육학과 교수
　공주대학교 교육과학 연구원장
단국대학교 사범대학 특수교학과 교육학박사(1994)

♣ 주요 저서 및 논문

- 전병운(2009). 특수교육 교과교육(제2판). 서울: 교육과학사.
- 전병운, 서정은(2007). 호흡 및 구강운동훈련이 경직형 뇌성마비아동의 자음정확도와 발성 호기 시간에 미치는 효과. 한국지체부자유아교육학회, 49, 135-160.
- 전병운, 김영희(2007). 발달장애아동을 위한 웹기반 진단·평가 연계 중재프로그램 전문가 시스템 효과 검증. 특수교육연구, 42(1), 145-164.
- 고진복, 전병운(2006). KIDS VOICE를 활용한 AAC 중재가 뇌성마비아동의 어휘표현에 미치는 효과. 언어청각장애연구, 11(2), 145-163.

조광순(Kwang-Sun Cho Blair; kblair@fmhi.usf.edu)

현, University of South Florida 아동가족학과 교수
공주대학교 사범대학 특수교육학과 교수(1999~2006)
University of Arizona 철학박사(1996)

♣ 주요 저서 및 논문

- 김경숙, 조광순 외 9인 공저(2008). 유아특수교육개론(제2판). 서울: 학지사
- 조광순, 전병운, 유재연, 이순석(2003). 영아 발달진단도구 개발을 위한 타당화. 특수교육 저널: 이론과 실천, 4(4), 1-19.
- Blair, K. C., Umbreit, J. & Bos, C. (1999). Using functional assessment and children's preferences to improve the behavior of young children with behavioral disorders. *Behavioral Disorders, 24(2)*, 151-166.
- Blair, K. C., Umbreit, J., Dunlap, G., & Jung, G. (2007). Promoting inclusion and peer participation through assessment-based intervention. *Topics in Early Childhood Special Education, 27(3)*, 134-147.

영아의 의사소통장애: 진단·평가 및 중재

Communication Disorders in Infants and Toddlers: Assessment and Intervention, 3/E

인 쇄 일	2009년 4월 25일 초판인쇄
발 행 일	2009년 4월 30일 초판발행
저 자	Frances P. Billeaud 지음
역 자	임영옥·전병운·조광순 옮김
발 행 인	구본하
발 행 처	도서출판 **박학사**
주 소	서울시 마포구 서교동 460-26 동아빌딩 2층
전 화	(02)3142-3764~5
팩 스	(02)3142-3766
E-mail	pakhaksa@kornet.net
웹사이트	www.pakhaksa.co.kr
등록번호	제10-2230호

가격 22,000원 ISBN 978-89-91633-54-4